FOCLÓIR FEALSAIMH

COLMÁN Ó HUALLACHÁIN, O.F.M.

Réamhrá le

MONSEIGNEUR LOUIS DE RAEYMAEKER

Uachtarán Ard-Institiúid na Fealsúnachta

Ollscoil Louvain

AN GÚM
Baile Átha Cliath

An chéad chló 1958

An t-eagrán seo 1993

© Rialtas na hÉireann, 1993

ISBN 1-85791-071-0

Ba é an Clóchomhar Tta a d'fhoilsigh an leabhar seo an chéad lá. Foilsítear an t-eagrán seo le caoinchead an fhoilsitheora sin.

Arna chlóbhualadh in Éirinn ag
Muintir Chathail, Teoranta

Le ceannach ón
Oifig Dhíolta Foilseachán Rialtais,
Sráid Theach Laighean,
Baile Átha Cliath 2
nó ó dhíoltóirí leabhar

An Gúm, 44 Sráid Uí Chonaill Uacht., Baile Átha Cliath 1.

Clár

ALMAE · SVAE · SVORVMQVE · MATRI
CATHOLICAE · VNIVERSITATI · LOVANIENSI
PRO · ANTIQVA · PIETATE
HVNC · LIBRVM · DEDICAT
HIBERNVS
IDEMQVE · FRATER · MINOR

RÉAMHRÁ

LOIN d'être une chose anonyme et artificielle, la langue, considérée dans sa réalité profonde, se trouve intégrée dans l'activité personnelle. Elle tient à celle-ci aussi intimement que l'organisme humain tient à l'esprit qui l'anime. Or, c'est à bon droit que saint Thomas d'Aquin souligne, avec la plus grande vigueur, l'unité foncière de la matière et de l'esprit dans la substance de l'homme. Pour ce faire, le Docteur Angélique va jusqu'à appeler l'âme spirituelle le principe de corporéité de l'organisme humain et jusqu'à appeler la matière substantielle le principe d'individuation de l'homme tout entier, y compris de sa réalité spirituelle. Dès lors, il n'y a pas lieu de s'étonner que chaque langue incarne une sensibilité à l'existence et une qualité d'expérience qui lui sont propres. Et comme la langue est de nature sociale, c'est la vie culturelle de toute une communauté qu'elle reflète et conserve. Comment donc reprocher à un peuple de s'attacher à sa langue comme à son âme !

Ce n'est pas à dire que la langue ne comporte pas également une part conventionnelle. De nos jours, cette part se développe beaucoup, à mesure que la technique, qui est impersonnelle, envahit plus largement l'existence et à mesure aussi que tous les secteurs de la science et de la culture s'organisent sur le plan international et requièrent, pour autant, un vocabulaire d'usage universel.

Ces observations valent pleinement pour le secteur philosophique, dont la signification est, tout à la fois, personnelle et universelle. C'est pourquoi, il est indispensable de fixer avec soin le vocabulaire philosophique. On sera reconnaissant au R. P. Colmán Ó Huallacháin de s'être attelé à cette tâche redoutable et d'avoir porté ses efforts dans une double direction: il a tenu à puiser dans les trésors de la littérature irlandaise, qui révèle le génie authentique d'une civilisation millénaire, et, par ailleurs, il s'est préoccupé de garder le contact avec le langage philosophique international en usage aujourd'hui.

C'est dans la cité de Louvain que nous avons le plaisir d'écrire cet avant-propos, dans la cité brabançonne où fut établi, il y a plus de trois siècles, le Collège Franciscain Irlandais de Saint-Antoine, qui joua un rôle important dans la vie religieuse de l'Irlande et qui demeure encore florissant de nos jours. Nous sommes d'autant plus heureux d'écrire ces lignes, que l'Auteur du présent Vocabulaire Philosophique est un éminent docteur de l'Institut Supérieur de Philosophie de l'Université de Louvain. C'est de tout coeur que nous félicitons le R. P. Colmán Ó Huallacháin d'avoir mené son entreprise à bonne fin et c'est en toute sincérité que nous souhaitons à son oeuvre le plus franc succès.

L. DE RAEYMAEKER,
Président de l'Institut Supérieur de Philosophie
à l'Université de Louvain.

Louvain, le 21 juillet 1958.

BROLLACH

IS é gnó an fhealsaimh an ghnáth-thuiscint ar an duine agus ar an saol a dhoimhniú agus a shoiléiriú. Chuige sin ní mór an ghnáth-chaint (uirlis na gnáth-thuisceana) a shaothrú go mbíonn sí réidh chun smaoineamh ar chruinneas neamhghnách a chur in iúl.

An té sin ar dual dó bheith ar lorg na heagnaíochta, an fealsamh, ní ceart dó faillí a dhéanamh in aon chuid d'oidhreacht tuisceana an chine dhaonna, cibé acu le córas eolaíoch, nó leis an bhfírinne a gheofaí as aithne bheoga ar mheon na seanmhuintire, a bhaineann an tuiscint sin.

Le míle go leith bliain ar a laghad tá lúbadh agus aclú á ndéanamh ar an ngnáth-theanga Ghaeilge d'fhonn go bhfónfadh sí do riachtanais smaointeoirí. I gcás na fealsúnachta, mar sin, ní hionann ar fad an teanga náisiúnta seo againne agus teangacha neamhfhorbartha áirithe nach mór leathnú agus athchóiriú a dhéanamh orthu chun iad a chur in oiriúint do riachtanais ár linne. Óir tá an Ghaeilge á húsáid leis na cianta chun gnó na fealsúnachta mar eolaíocht a dhéanamh. Go deimhin is leor tagairt do liosta na bhfoinsí atá leis an leabhar seo le fianaise a fháil go rabhthas ag tabhairt faoi phríomhfhealsúnacht thraidisiúnta Iarthair Eorpa .i. an Scolaíochas, a phlé i nGaeilge, i bhfad sular smaoineadh ar a leithéid a dhéanamh i dteangacha atá lánfhorbartha, ar nós an Bhéarla, na Fraincise, agus na Gearmáinise. Ach chosc imeachtaí na staire an saothrú comhleanúnach. Dá dheasca sin, an Gael ar mhian leis seilbh a fháil ar oiread agus ab fhéidir d'eagnaíocht a mhuintire féin, agus nach n-obfadh d'aon chuid d'oidhreacht choiteann an chine dhaonna fré chéile, níor mhór dó, measaim, aithris a dhéanamh ar Ghaeilgeoirí Ré na nGluaiseanna, ar Ghaeilgeoirí na Scoileanna Leighis sa 15ú céad, ar Ghaeilgeoirí na nOllscoileanna Eorpacha sa 17ú céad, agus bheith sásta go ndéanfaí forbairt áirithe ar ghnáth-theanga Ghaeilge a linne.

Mura ndéanfaí an múnlú agus an t-eagrú riachtanach is baolach go mbeadh maolú ar ár gcumas chun an fhírinne a shealbhú. Óir ní bheadh sé soiléir, cuir i gcás, cé acu *doute* nó *suspicion* ba mhian le smaointeoir a chur in iúl nuair a thráchtfadh sé ar an '' amhras'', cé acu *illimité* nó *infini* an bhrí a bheadh aige le '' neamhtheoranta'', cé acu *fondamental* nó *original* ba chiall le ''bunúsach'' aige, cé acu *subséquent* nó *consécutif* nó *cohérent* nó *continu* a thuigeadh sé leis an bhfocal '' leantach''. Níorbh fhurasta focail Ghaeilge faoi leith a fháil ar *unité* agus ar *unicité*, ar *matière*, *matérialité*, *matérialisme*, *matérialiste*, ar *idée*, *idéal*, *idéalité*, *idéalisme*, *idéaliste*, *idéologie*, *idéation*, ná ar go leor eile. Níorbh fhéidir a dhéanamh amach go cruinn, éasca, cinnte cé acu *contradiction* nó *comparaison*, nó *opposition*, nó *contrariété*, nó *conversion* nó *inversion* a bheadh i gceist i gcásanna inar ghá idirdhealú a dhéanamh. Ba deacair trácht i nGaeilge ar an difríocht a aithníonn na fealsúna idir *acte* agus *action*, idir *distinction*, *division* agus *séparation*, idir *essence* agus *existence*, idir *égalité* agus *identité*, idir *nationalité* agus *nationalisme*, idir *foi* agus *religion*, idir *serment* agus *voeu*, idir *réalisme* agus *chosisme*, idir *exclusion* agus *exception*, idir *raison*, *rationalité*, *raisonnement*, *rationalisme* agus mar sin de. Ní fhágtar foghlaimeoirí na Gaeilge gan eolas ar an riachtanas a bhíonn ag feirmeoirí agus iascairí le go leor focail speisialta dá ngnóthaí féin de bhreis ar an méid a theastódh ó mhuintir na cathrach. Riachtanais speisialta den chineál sin atá i gceist i gcás an fhealsaimh a chuireann roimhe a ghnó féin a dhéanamh i nGaeilge. Is fíor gurbh fhéidir leis teacht gan an téarmaíocht trí ráite beaga a chur in úsáid in áiteanna áirithe. Ach d'éireodh deacrachtaí nuair ba ghá dó tagairt d'ábhar na téarmaíochta sa mhéid go mbeadh gluaiseacht nó teoiric éigin ag baint go sonrach leis an ábhar sin (mar shampla, *essentialisme, existentialisme, conceptualisme*). Agus uaireanta d'fhónfadh sé foirmeacha aidiachta agus claontuisil ainmfhocal a bheith ar fáil i gcóir an ábhair (féach mar shampla *die transzendentale Einheit der Apperzeption*, a theastódh dá mba mhian le duine trácht ar thuairimí Kant gan cur leis na deacrachtaí trí dhiúltú d'fhocail ab fhéidir a úsáid go réidh in abairtí Gaeilge agus a bheadh ag freagairt don fhoirmle úd a d'úsáideadh an fealsamh Gearmánach féin).

I dTuarascáil UNESCO ar *Scientific and technical translating and other aspects of the language problem* aithníodh an bunphrionsabal seo : sula bpléitear smaointe teicniúla go héifeachtúil i dteanga ar bith ní amháin gur gá eolas ar an teanga féin a bheith ag an scríbhneoir, ach ní mór téarmaí teicniúla a bheith aige a mbainfeadh na léitheoirí astu an chiall chruinn chéanna bhí aige féin leo (*cf.* leathanach 209).

Do réir an phrionsabail sin, nuair a bhí cúrsaí ollscoile i nGaeilge le fáil san fhealsúnacht, agus éileamh orthu ó mhic léinn a bhí inniúil chucu de thairbhe a gcuid meánoideachais a bheith faighte acu i nGaeilge (ar mhodh chomh cumasach sin gur bhuaigh cuid acu scoláireachtaí), mheas mé go raibh sé in am líomhadh agus eagrú de réir a riachtanais a dhéanamh ar an téarmaíocht. Is ar éigin a d'fhéadfaí na fir agus na mná óga a oiliúint go cuí dá ngairmeacha beatha, ná na mac-chléirigh a ullmhú go coinsiasach don tsagartacht, dá mb'fhíor an ráiteas a cuireadh i gcló timpeall an ama chéanna mar thuairisc ó chuairteoir cairdiúil ar chumas na Gaeilge i ngnóthaí na haimsire seo : " *la traduction d'un ouvrage philosophique en gaélique est une entreprise à peu près impossible* " (Camille BOURNIQUEL, *Irlande*, Paris, 1955, leathanach 119). Ach is amhlaidh a tugadh an oiliúint sin don dream a d'iarr í, agus an chuid acu atá i mbun a ngnóthaí anois chruthaíodar leis na torthaí a bhaineadar amach ina gcuid scrúduithe, idir thuata agus eaglasta, in Éirinn agus thar lear, nach raibh aon easnamh ná laige le sonrú ina gcuid oideachais.

I rith an achair a raibh caoi agam an fhealsúnacht a mhúineadh trí Ghaeilge thug mé faoi liosta téarmaíochta a chur i dtoll a chéile do na ranganna a bhí agam sa Eipistéimeolaíocht, sa Meitifisic, sa Diagacht Nádúrtha agus san Eitic. B'éigean dom aire a thabhairt do bhrainsí éagsúla na fealsúnachta, agus do na heolaíochta atá teorantach léi. Mheasas gur ghá focail a chur san áireamh nach bhfuil ciall theicniúil leo, ach a bheadh ag teastáil chun go mbeifí ábalta tuiscint chruinn a bhaint as an gcaint a dhéanfaí i dtaobh na fealsúnachta—"admháil", "áibhéileach", "dóchúil ", "lárú", mar shamplaí. Sé an fáth ar chuireas isteach focail eile, ar nós "meánaosta" (*entre deux ages*) agus " uaisliú " (*anoblir, ennoblir*) d'fhonn iad d'idirdhealú ó fhocail atá cosúil leo, mar " meánaoiseach" (*médiéval*) agus " uasadh " (*sublimer*). Uaireanta thugainn faoi deara nárbh fholáir téarmaí áirithe a sheachaint ar chúis nár bhain go díreach le hábhar na príomhchéille acu, ach de bhrí gur

x

bhaolach go dtiocfadh meascán in ábhar éigin eile de dheasca a n-úsáide
—cuir i gcás, dá dtabharfaí "dearmad" ar an gciall a chuirtear in iúl
freisin leis an bhfocal "earráid", b'fhéidir go gcuirfeadh sé as do
shíceolaithe nuair a bheidís ag trácht ar an gcuimhne.

Rinne mé iarracht an liosta iomlán de phríomhriachtanais an tosnaith-
eora san fhealsúnacht a chur san áireamh ag scaoileadh faidhbe ar leith
dom, mar thiocfadh téarmaí salach ar a chéile dá dtoghfaí ina gceann agus
ina gceann iad. Sin é an fáth ar fhéachas le rialtacht a lorg sna foircinn
ar shraitheanna de théarmaí a raibh cosúlacht acu lena chéile. Bhaineas
úsáid as "–eolaíocht", cuir i gcás, chomh fada agus a mheas mé ab
fhéidir é, sna háiteanna a mbeadh –ologie, –ology, –ologia, etc., i dteangacha
eile. Tar éis dom scrúdú a dhéanamh ar liosta fada de na téarmaí ar
–ismus, –istisch, –ist (nó –ism, –istic, –ist; –isme, –istique, –iste; -ismus,
–isticus, –ista) is críoch dóibh, chinn mé ar iad a thiontó trí na foircinn
seo a leanas a chur leis an eilimint bhunúsach—bíodh sin ina fréamh nó
ina focal, dúchasach nó iasachta. I gcás –ist (nó –iste, nó –ista) de ghnáth
chuir mé "–(a)í" leis an mbunfhocal (m.sh. ábharaí, traidisiúnaí).
I gcás –istisch (nó –istic, nó –istique, nó –isticus) chuir mé "–(a)íoch"
leis an mbunfhocal (m.sh. ábharaíoch, traidisiúnaíoch), ach amháin
nuair a tharla "–íoch" nó "–iach" ina dheireadh; sna cásanna sin is
"–úil" a d'úsáid mé (m.sh. aindiachúil). I gcás –ismus (nó –ism, nó
–isme) chuir mé "–achas" leis an mbunfhocal go hiondúil (m.sh.
ábharachas, traidisiúnachas), "–as" nuair a bhí "–ic" nó "–(a)íoch"
i ndeireadh na mbunfhocal (m.sh. criticeas), agus "–aíocht" nuair a bhí
"–as" i ndeireadh an bhunfhocail (m.sh. rachmasaíocht, monasaíocht,
Mainicéasaíocht).

Bhain mé oiread agus d'fhéad mé as an gciste Gaeilge atá sna
gluaiseanna, i lámhscríbhinní na meánaoise, sna foclóirí a scríobhadh
nó a clódh ón 17ú céad i leith, sa litríocht agus i gcaint na ndaoine, sular
ghlac mé le téarmaí nua don ghnó áirithe a bhí le déanamh agam .i.
buneolas ar an bhfealsúnacht a sholáthar do mhic léinn ón nGalltacht
agus ón nGaeltacht ar mhian leo a gcuid ardoideachais a bheith in alt
leis an oiliúint a fuaireadar sna meánscoileanna A. Chuir mé nod (G)
le téarmaí arbh eol dom aon áit ar baineadh úsáid astu sa litríocht, etc.
D'oir sé don ghnó a bhí ar siúl agam go minic glacadh leis na téarmaí
a sholáthraigh saothruithe a mhair nuair ba láidre an Ghaeilge ná mar
atá sí faoi láthair, agus ba chuma liom dá mba iasachtaí léannta *ad
hoc* cuid mhór de na téarmaí úd ós rud é gur bhaineadar le hábhar nach
mbeadh ar eolas ag an slua i dteanga ar bith.

Nuair a cheap mé gurbh éigean téarma úrnua Gaeilge a sholáthar
thug mé aird ar mholtaí an *Société française de philosophie* i dtaobh
ceapadóireacht dá leithéid. San fhoclóir a d'fhoilsigh an cumann sin, i
ndeireadh na gcuntas ar na téarmaí fealsúnachta is tábhachtaí ó thaobh
staire agus ó thaobh úsáide ar fud na hEorpa, moltar "fréamh idir-
náisiúnta" mar bhunús le haghaidh ceapadh téarmaí saorga. Trí dhul i
muinín na bhfréamhacha idirnáisiúnta (*FI*) sin, chomh fada agus ab
fhéidir liom de réir na Gaeilge, mheas mé go seachnóinn meascán le
téarmaí agus le teangacha eile, óir cumadh na fréamhacha sin sa gcaoi
go mbeidís ag luí le príomhtheangacha an domhain. Táim faoi chomaoin
ag foilsitheoirí an fhoclóra a thug cead an leas seo a bhaint as saothar

a bhfuil údarás idirnáisiúnta faighte aige le leithchéad bliain anuas .i. *Vocabulaire technique et critique de la philosophie*, André LALANDE.

Ag gabháil don obair seo dhom mheas mé gur bheag an chabhair do Ghaeilgeoirí é dá bhfaighinn locht ar théarma ar bith, nó dá bhfágfainn ar lár é le míthaitneamh dó, nó ar chúis eile, *mura mbeinn ullamh ar théarma éigin a mholadh ina áit.* Chonacthas dom go dtiocfadh de sin go dtabharfainn ar smaointeoirí na linne seo bheith míshásta leis an bhfocal áirithe Gaeilge ab eol dom a bheith á mholadh don chás, agus gan aon chabhair á thabhairt agam dóibh chun leagan níos sásúla (dar liom) a chur ina áit. Nárbh ionann sin agus bheith ag moladh dóibh dul i muinín na bhfocal Gallda mura mbeadh an cumas acu féin cibé téarma a bhí riachtanach a sholáthar nó a aimsiú ? Is deacair dul ar aghaidh leis an smaoineamh trí Ghaeilge má méadaítear ar na '' blúiríní eachtrannacha'' gan cruth a chur orthu ar chaoi go bhféadfaí iad a fhí isteach i ngréasán na teanga dúchais. Shíl mé riamh gur luígh sé ar lucht teagaisc na n-ábhar trí Ghaeilge moltaí *deimhneacha* éigin a dhéanamh maidir le ceartú lochtanna ar théarmaíocht agus líonadh bearnaí. Sin é faoi deara dom tosú ar úsáid a bhaint as roinnt mhaith téarmaí nach dtaitníonn go rómhaith liom féin, ach go bhfuil súil agam go ndéanfar moltaí deimhneacha chun iad a leasú, nó cinn níos fearr a chur ina n-áit, sula gcáinfeadh éinne iad ar chuma a chlaonfadh na daoine a hoileadh trí Ghaeilge chun cúl a thabhairt leis an teanga sin mar mheán smaoinimh ar an ábhar.

Ba é Seosamh Ó DUIBHGINN, eagarthóir *Feasta* (Iris Chonnradh na Gaedhilge) a d'iarr orm an liosta téarmaíochta a thoghas dom chuid oibre féin a fhoilsiú do phobal na Gaeilge i gcoitinne. B'eisean a mhol míniú i nGaeilge a chur leis na téarmaí, ba é a sholáthraigh go leor comhairle eile, agus spás foilsithe san iris sin le blianta anuas.

Le súil go mba áis éigin é do lucht smaoinimh trí Ghaeilge an liosta iomlán a bheith acu san aon chnuasach amháin, tá *Foclóir Fealsaimh* á chur amach anois i bhfoirm leabhair. Sa gcéad chuid don fhoclóir gheofar timpeall 2,000 téarma Gaeilge in ord aibítre. I ndiaidh gach focail acu thug mé an phríomhchiall theicniúil a ghabhann leis i mo chuid oibre ag smaoineamh agus ag teagasc dom. Níorbh fhéidir liom gach uile dhreach agus barúil mar gheall ar chiall na bhfocal a lua ina leithéid seo de liosta. Ach rinne mé mo dhícheall deifnídí a sholáthar chun na téarmaí a thogh mé a idirdhealú ó chéile, ionas go bhféadfadh duine ar bith a ghlacfadh leis an liosta seo an teanga náisiúnta a úsáid gan a thuilleadh moille chun ceisteanna fealsúnachta a phlé, agus go dtuigfí go beacht é dá gcuartódh a chuid léitheoirí ciall na bhfocal sa liosta céanna. Chuir mé isteach focail Ghearmáinise (D), Béarla (E), Fraincise (F) agus Laidine (L), in ord aibítre na n-ainmneacha dúchasacha *Deutsch, English, Français* agus *Lingua Latina*, d'fhonn go bhféadfadh mic léinn a gcuid smaoinimh trí Ghaeilge a chomhardú leis an eolas a gheobhaidís i dtéacsleabhair iasachta. I gcás na mbriathra gheofar na foirmeacha den chéad phearsa uatha láithreach i ndiaidh na n-ainmneacha briathartha Gaeilge; foirmeacha na hinfiníde a thugtar i gcás na dteangacha iasachta a d'úsáid mé. Tá treoracha faoi leith as na teangacha sin go Gaeilge le fáil sa dara leath den leabhar. Más trua le daoine áirithe nár luaigh mé teangacha eile chomh maith (m.sh. an Ghréigis, an Iodáilis, an Spáinnis) ní taise domsa é. Ach bhí teorainn chúng leis an am agus leis an gcumas agam, agus chasfaí orm deacrachtaí litrithe agus staire nárbh fhéidir liom a sárú gan dua dá dtosóinn ag scrúdú díorthú na bhfocal. B'éigean dom cuimsiú ar chuspóirí ab fhéidir dom a bhaint amach dáiríre taobh istigh d'achar réasúnta, agus tá suas le cúig bliana caite agam leis an bhfoclóir mar atá sé. Is dócha nár mhiste, cibé scéal é, cuid mhór de na deacrachtaí a chonaic mé a bheith cruinnithe le chéile in aon liosta amháin. Mar, fiú mura nglacfadh daoine áirithe le cuid de na téarmaí a thogh mé, d'fhéadfaidís leas a bhaint as an bhfoclóir seo fós dá bhféachfaidís ar dtús ar an gciall áirithe ba mhian liom a chur in iúl san ábhar, agus ansin—dá mb'eol dóibh féin bealach níos fearr chun an chiall sin a léiriú—dá bhféachfaidís an mbeadh an leagan sin acu ag teastáil le haghaidh céille éigin eile ar an liosta, nó an mbeadh róchosúlacht idir é agus focal a bhí ag teastáil le haghaidh céille eile.

Guím beannacht go buíoch ar na mic léinn agus ar na mac-chléirigh as Ord Ár Slánaitheora agus as Ord na mBráthar Mionúr sa Choláiste Ollscoile, Gaillimh, 1953–1956, a thogh na cúrsaí i nGaeilge agus a chuir faoi deara dom, mar sin, na téarmaí seo a thiomsú agus a chur dá n-úsáid. Murach iad táim cinnte nach bhfaighinn faill an saothar seo a dhéanamh, ná ní bheadh dearbhchruthúnas ar fáil go bhféadfadh toradh a bheith ar a leithéid seo d'obair againn. Táim buíoch chomh maith de mo mháistir, Monseigneur Louis DE RAEYMAEKER, Uachtarán Ard-Institiúid na Fealsúnachta in Ollscoil Chaitiliceach Louvain, a chuir de chomaoin orm an réamhrá a scríobh, den Athair Proinsias SEÁ, s.j., den Athair F. SCHRENK, s.j., den Athair Egon M. KÜTER, o.f.m. den Athair Pádraig Ó SÚILLEABHÁIN, o.f.m., de Sheosamh Ó DUIBHGINN, den Dochtúir Tomás DE BHALDRAITHE, de Shéamas DALTÚN, den Dochtúir John HENNIG, den Dochtúir Ludwig BIELER, agus den Dochtúir Rudolf BOEHM a thug ábhar agus comhairle dom go fial foighneach. Tá mé buíoch de na daoine a d'fhreagair m'iarratas agus a chuir moltaí agus ceartuithe chugam nuair ab fhéidir leas a bhaint astu le linn foilsiú an fhoclóra ar *Feasta*. Is mór atá mé faoi chomaoin ag Doiminic MAC GRÍOR agus a chairde sna Fánaithe as ucht a saothar eagraíochta a chuir ar mo chumas leas a bhaint as na mílte cártaí treorach a d'ullmhaigh mac-chléirigh Froinsiasacha mar eochair d'Fhoclóir Uí Dhuinnín, agus gabhaim buíochas freisin leis na mac-chléirigh i Mánuat a chabhraigh liom chun na treoracha sa leabhar seo a réiteach. Níor chuí dhom gan focal ar leith molta agus buíochais a rá chomh maith leis na clódóirí a rinne an obair fhada dheacair seo go cumasach agus go tuisceanach. Go gcúití Dia a saothar leo go léir. Níl aon duine freagrach sna lochtanna atá ar an bhfoclóir ach amháin an té a bhfuil a ainm leis mar údar.

C. Ó H.

Coláiste Phádraig,
Mánuat.

8 *Meán Fómhair*, 1958.

a.	...	ainmfhocal.	

A Cat. ... ... *Aristoteles* : *Categoriae cum commentario Boethii. Lsí.* Coláiste na Tríonóide, H.2.13, *lgh.* 5–11 agus British Museum, Arundel 333, *fol.* 114–123 (*cf. MMPT* uimhir 2).

A E N ... ... Leabhar Aristodeil dá nglaetar Béasgna Nichomhach, Leabhar I. An Claidheamh Soluis, 1912.

aid. ... ... aidiacht.

ait. ... ... aitreabúide.

Arb. ... ... *Arbor Philosophiae. Ls.* Coláiste na Tríonóide, H.2.13, *lch.* 14 (*cf. MMPT* uimhir 1).

b. ... ... baininscneach.

B C ... ... *Buaidh na Naomhchroiche*, Bonaventura Ó CONCHUBHAIR, O.F.M. Tiontó ar *Triumphus Crucis* le SAVONAROLA. *Ls.* Dún Mhuire, Cill Iníon Léinín, A 29.

B P ... ... *An Bheatha Phléisiúrtha*, An tAthair Fiachra, O.F.M. Cap., Baile Átha Cliath, Sáirséal agus Dill, 1955.

br. ... ... briathartha.

B Ṫ ... ... *Bunadhas na Tráchtála*, Liam Ó BUACHALLA. Baile Átha Cliath, Oifig an tSoláthair, 1944.

Bun.E ... ... *Bunús na hEóluíochta.* Tomás MAC CONRAOI agus Éamonn Ó DONNCHADHA. Baile Átha Cliath, Brún agus Ó Nóláin, gan dáta.

Bur.¹ ... ... *Gaulterus Burley* : *De Potentiis Animae. Ls.* National Library of Scotland, XII (third layer), *fol.* Iv—7v (*cf. MMPT* uimhir 17).

Bur.² ... ... *Gualterus Burley* : *De Potentiis Animae. Ls.* National Library of Scotland, XIII (sixth layer), *fol.* 6r—7r (*cf. MMPT* uimhir 17a).

Bur.³ ... ... *Gualterus Burley* : *De Potentiis Animae. Ls.* University of Edinburgh, Mackinnon : Catalogue Appendix III, *lch.* 313 (*cf. MMPT* uimhir 17b).

G ... ... *Caise Mor Bhréithr* or *The Great Caise.* (Foclóir Béarla-Laidean-Gaeilge), [CRAB]. *Ls. RIA*, 24 Q 19—21.

cf. ... ... *confer.*

CGP ... ... *Commentarius in Gilbertum Porretanum* : *De Sex Principiis. Ls.* Coláiste na Tríonóide, E.4.1, *lgh.* 356a—359b (*cf. MMPT* uimhir 3).

Com. N ... ... *Compendium de Natura. Ls.* Coláiste na Tríonóide, Ḣ.2.8, *lgh.* 57—61 (*cf. MMPT* uimhir 11).

Com.Sc. ... ... *Compendium Scientiae. Ls.* National Library of Scotland, IV (*cf. MMPT* uimhir 21).

Con. ... ... *Foclóir Gaoidhilge-Sacs-Béarla.* Thomas DE VERE CONEYS. Baile Átha Cliath, Irish Society, 1849.

contr. ... ... a chontráir sin, nó os a choinne sin thall.

Contribb. ... ... *Contributions to Irish Lexicography*, Kuno MEYER. Halle (Saale), Max Niemeyer, 1906.

Corpeol.		*Corpeolaíocht agus Sláinteachas*, An tSr. Gabriel le Muire. Baile Átha Cliath, Sáirséal agus Dill, 1957.
Corp. Astron	...	*An Irish Corpus Astronomiae*, F. W. O'CONNELL and R. M. HENRY. London, David Nutt, 1915.
D	...	*Deutsch* .i. Gearmáinis.
De Contemptu	...	*An Irish Version of Innocent III's De Contemptu Mundi*, James GEARY. Washington, Catholic University of America, 1931.
Desid. ...	...	*Desiderius*, Flaithrí Ó MAOLCHONAIRE, O.F.M. 2a eagrán, Baile Átha Cliath, Oifig an tSoláthair, 1941.
Dinn. ...	...	*Foclóir Gaeilge agus Béarla*, Patrick S. DINNEEN. Baile Átha Cliath, Irish Texts Society, 1927.
DIL	...	*Dictionary of the Irish Language* agus *Contributions to a Dictionary of the Irish Language*. Baile Átha Cliath, Royal Irish Academy.
E	...	*English* .i. Béarla.
Eit.	...	*Eitic*, Ceallach Ó BRIAIN, O.F.M. Baile Átha Cliath, Sáirséal agus Dill, 1953.
Eochairsg.	...	*Eochairsgiath an Aifrinn*, Seathrún CÉITINN. Baile Átha Cliath, Patrick O'Brien, 1898.
Eoghan Ruadh OS ...		Amhráin Eoghain Ruaidh Uí Shúilleabháin, Pádraig UA DUINNÍN. Baile Átha Cliath, Connradh na Gaedhilge, 1901.
F	...	*Français* .i. Fraincis.
f.	...	firinscneach.
FI	...	Fréamh idirnáisiúnta as *Vocabulaire technique et critique de la philosophie*, André LALANDE. 6ú eagrán, Paris, Presses Universitaires de France, 1951.
Fis.		*Fisic*, Liam Ó LÚBAIGH agus Murchadh Ó SÍTHIGH. Baile Átha Cliath, Oifig an tSoláthair, 1940.
FT Eag ...	...	*Foras Feasa ar Theagasc na hEaglaise*, Pádraig MAC GIOLLA CHEARA. Baile Átha Cliath, Oifig an tSoláthair, 1937.
G		Gaeilge.
GG	...	Géithe Gréine I, II. Aistidhe duais Oireachtais 1919–1920. Baile Átha Cliath, Connradh na Gaedhilge.
H	...	*Humanitas*, imleabhar I, Baile Átha Cliath, 1930.
HIL	...	*Hessens Irisches Lexikon*. Halle (Saale), Max Niemeyer, 1933.
Holland	...	Holland Collection of Manuscripts, Coláiste Phádraig, Mánuat.
iolr.	...	iolra.
IP V	...	*Instructio Pie Vivendi et Superna Meditandi*, John MACKECHNIE, eagarthóir. London, Irish Texts Society, (1927) 1934.
L	...	*Lingua Latina* .i. Laidin.
Lh	...	*Foclóir Gaoidheilge-Sagsonach— An Irish-English Dictionary*, in *Archaeologia Britannica*, Edward LHUYD. Oxford, 1707.
ls.	...	lámhscríbhinn.
Luc. Fid. ...	...	*Lucerna Fidelium, Lóchrann na gCreidmheach*, Froinsias Ó MAOLMHUAIDH, O.F.M. An Róimh, Propaganda, 1676.

M	...	...	... *A Pronouncing and Etymological Dictionary of the Gaelic Language*, Malcolm MacLENNAN. Edinburgh, John Grant, 1925.
MC	...	...	... *Foclóir Béarla agus Gaedhilge*, L. McCIONNAITH, S.J. Baile Átha Cliath, Oifig an tSoláthair, 1935.
McL	...	...	... Foclóir Béarla-Gaeilge Mhic Giolla Íosa. *Ls.* Coláiste na hOllscoile, Baile Átha Cliath.
MMPT		...	... *Medieval Medico-Philosophical Treatises in the Irish Language*, F. SHAW, S.J. *Féil-sgríbhinn Eóin Mhic Néill.* Baile Átha Cliath, Faoi Chomhartha na dTrí gCoinneal, 1940.
m.sh.	...	...	... mar shampla.
N	...	...	... Foclóir Uí Neachtain. *Ls.* Coláiste na Tríonóide, H.I. 16.
O'B	...	...	... *Focalóir Gaoidhilge-Sax-Bhéarla*, J. O'BRIEN. 2a eagrán, Baile Átha Cliath, 1832.
O'Con.		...	... *Irish-English Dictionary*, P. O'CONNELL. *Ls.* British Mus'um, Eg. 83.
Op.	...	...	... *De Operationibus Occultis Naturae. Ls.* Coláiste na Tríonóide, H.2.8. *lgh.* 69–71 (*cf. MMPT* uimhir 10).
O'Re.		...	... *Sanas Gaoidhilge-SagsBhéarla*, Edward O'REILLY. Baile Átha Cliath, Duffy, 1877.
P		...	... *Vocabularium Latinum et Hibernum*, R. PLUINCÉAD, O.F.M. *Ls.* Marsh's Library, Z 4.2.5.
Parrth. Anma		...	*Parrthas an Anma*, Antoin GEARNON, O.F.M. Louvain, 1645.
PB	...	...	... *Párliament na mBan*, Brian Ó Cuív. Baile Átha Cliath, Institiúid Árd-Léinn Bhaile Átha Cliath, 1952.
PCT	...	...	... *Pairlement Chloinne Tomáis*, O.J. BERGIN. *Gadelica*, I. (1912—1913).
Por. Is	...	...	... *Porphyrius : Isagoge. Lsí.* Coláiste na Tríonóide, E.3.30, *lgh.* 269b—270b agus National Library of Scotland, II, *fol.* 35r—37v (*cf. MMPT* uimhir 4).
Pot. S.	...	...	... *De Potentia Sensitiva et Intellectiva*, etc. *Lsí.* Coláiste na Tríonóide, H.2.8., *lgh.* 66—67 agus H.2.13, *lch.* 124b (*cf. MMPT* uimhir 19).
Princ. N	...	...	... *De Principiis Naturae. Lsí.* Leabharlann Náisiúnta na hÉireann, Phillipps 10297, *lgh.* 333–345 agus British Museum Arundel 333, *fol.* 98r—106r agus British Museum, Addit. 33993, *fol.* 20 (*cf. MMPT* uimhir 6).
QPN	...	...	... *De Quatuor Principiis Naturae. Ls.* British Museum, Addit. 33993, *fol.* 20 (*cf. MMPT* uimhir 13).
q.v.	...	...	... *quod vide* .i. féach ar sin.
RSF	...	...	... *Rialachas S. Froinsias*, P. Ó SÚILLEABHÁIN, O.F.M. Baile Átha Cliath, Institiúid Árd-Léinn Bhaile Átha Cliath, 1953.
RSláinte	...	...	... *Regimen na Sláinte*, Séamus Ó CEITHEARNAIGH. Baile Átha Cliath, Oifig an tSoláthair, 1942-1944.
Rup.	...	...	... *Johannes de Rupella : De Definitione Multiplici Potentiarum Animae. Lsí.* Royal Irish Academy, 24. B.3, *lgh.* 113-124 agus Coláiste na Tríonóide, H.2.12, No. XI, *lgh.* 9—12 (*cf. MMPT* uimhir 15).

SS ... ... Sgathán Spioradálta. *Ls*. Dún Mhuire, Cill Iníon Léinín, A 22.

SS A ... ... *Scáthán Shacramuinte na h Aithridhe*, Aodh Mac Aingil, O.F.M. Louvain, 1618.

T ... ... Téarmaíocht a d'fhoilsigh an Roinn Oideachais. Baile Átha Cliath, Oifig an tSoláthair.

T B ... ... *Tri Biorghaoithe an Bháis*, Séathrún Kéitinn. 2a eagrán, Baile Átha Cliath, Royal Irish Academy, 1931.

T Dlí ... ... Liostaí de théarmaí dlíthiúla (Ionstraimí Reachtúla). Baile Átha Cliath, Oifig an tSoláthair.

T F ... ... *Tosnú na Feallsúnachta*, Seoirse Mac Tomáis. Baile Átha Cliath, Oifig an tSoláthair, 1935.

T Mixt. ... ... S. *Thomas* : *De Mixtione Elementorum. Ls*. Leabharlann Náisiúnta na hÉireann, Phillipps 10297, *lgh*. 345–347 (*cf. MMPT* uimhir 7).

T Mot. ... ... S. *Thomas* : *De Motu Cordis. Ls*. Leabharlann Náisiúnta na hÉireann, Phillips 10297, *lgh*. 347–351 (*cf MMPT* uimhir 8).

Tna B... ... ... *Trasna na Bóinne*, Earnán De Blaghd. Baile Átha Cliath, Sáirséal agus Dill, 1957.

T Op ... ... S. *Thomas* : *De Operationibus Occultis Naturae. Ls*. National Library of Scotland, XII (*third layer*), *fol*. 1 (*cf. MMPT* uimhir 9).

TPN ... ... *De Tribus Principiis Naturae. Ls*. National Library of Scotland, XXVII, *fol*. 1r–2r (*cf. MMPT* uimhir 12).

Tr ... ... *Trompa na bhFlaitheas*, Cecile O'Rahilly, eagarthóir. Baile Átha Cliath, Institiúid Árd-Léinn Bhaile Átha Cliath, 1955.

W ... ... *Dictionarium Latino-Anglo-Hibernicum*, F. Walsh, O.F.M. *Ls*. Marsh's Library, Z 3.1.13.

FOCLÓIR FEALSAIMH

abacas, *a.f.* Tábla (*m.sh.* léiriú ar na tairiscintí a leanfadh go loighciúil de thairiscintí eile). G *FI abak ;* D *Rechenbrett;* E *abacus ;* F *abaque ;* L *abacus.*

abduchtú, *a.f.* **1.** Siollóg le mórleagan cinnte agus mionleagan nach mbeadh níos mó ná dóchúil. **2.** Réasúnadh le conclúid dhóchúil. G *FI abdukt ;* D *Abduktion;* E *abduction ;* F *abduction ;* L *abductio.*

ábhar, *a.f.* **1.** An réaltacht a mbaineann am agus spás léi (*contr.* spiorad). **2.** I réaltachtaí áirithe, an eilimint dá gcuid gur féidir léi foirm (.i. acht, *q.v.*), nó cinntiú, a ghlacadh chuici (*contr.* foirm). G *ACat.,BC ;* D *Materie ;* E *matter ;* F *matière ;* L *materia.*

   ábhar príomhúil (*materia prima*), an eilimint gur féidir í a chinntiú de bh.í na foirme substaintiúla i réaltachtaí áirithe, ach atá ar easpa gach chinntithe (.i. achta) ina héagmaissean.

   ábhar tánaisteach (*materia secunda*), réaltacht le cinntiú (foirm, acht) áirithe cheana gur féidir léi tuilleadh cinntithe a bheith aici de bharr foirm bhreise a ghlacadh chuici (*m.sh.* adhmad a bhféadfaí dealbh a dhéanamh as).

ábharachas, *a.f.* An teagasc adeir nach bhfuil aon ní ann ach réaltacht ábhartha nó réaltacht a bhraitheann ar an ábhar le bheith ann. D *Materialismus ;* E *materialism ;* F *matérialisme ;* L *materialismus.*

ábharaí, *a.f.* Duine a ghlacfadh leis an ábharachas. D *Materialist;* E *materialist ;* F *matérialiste ;* L *materialista.*

ábharaíoch, *aid.* Ag baint leis an ábharachas. D *materialistisch ;* E *materialist, materialistic ;* F *matérialiste ;* L *materialisticus.*

ábhartha, *aid.* ó ábhar. G *Dinn.;* D *materiell, stofflich ;* E *material ;* F *matériel ;* L *materialis.*

ábharthacht, *a.b.* Cáilíocht nó staid an ábhair. D *Materialität ;* E *materiality, materialness;* F *matérialité;* L *materialitas.*

Absalóid, an, *a.b.* An réaltacht atá foirfe go hiomlán agus neamhchoibhneasta le haon ní eile. G *FI Absolut(ə);*

D *das Absolute ;* E *the Absolute;* F *l' Absolu ;* L *Absolutum.*

absalóideach, *aid.* Neamhchoibhneasta, foirfe (*contr.* coibhneasta). G *FI absolut(a) ;* D *absolut ;* E *absolute ;* F *absolu ;* L *absolutus.*

absalóideachas, *a.f.* An tuairim nach bhfuil aon teorainn le ceannas an stáit nó le ceannas an té a bheadh i seilbh na cumhachta sa stát. D *Absolutismus;* E *absolutism;* F *absolutisme;* L *absolutismus.*

absalóideacht, *a.b.* Cáilíocht na réaltachta absalóidí. D *Absolutheit;* E *absoluteness;* F *absoluité;* L *absolutio.*

abúile, *a.b.* Éagumas galrach an intinn a shocrú, nó éagumas gníomhú mar a bheartaítear a dhéanamh. G *aboulia* (*Gréigis);* D *Abulie ;* E *abulia;* F *aboulie ;* L *abulia.*

abúileach, *aid.* ó abúile. D *abulisch ;* E *abulic;* F *aboulique;* L *abulicus.*

acadamh, *a.f.* Scoil fhealsúnachta Phlatóin. G *cf. MC ;* D *Akademie ;* E *Academy ;* F *Académie ;* L *Academia.*

acht. *a.f.* **1.** An fhoirfeacht a thugtar chun bheith i suíbíocht go bhfuil cumas aici an fhoirfeacht sin a ghlacadh ; prionsabal na foirfeachta (*contr.* tualang). **2.** Dlí ó reachtaí. G *DIL, O'B ;* D **1.** *Akt* **2.** *Gesetz ;* E *act ;* F *acte ;* L *actus.*

aohtáil, *a.br.* (achtálaim) Foirfeacht a chur ar fáil i suíbíocht a bhféadfadh a leithéid a bheith aici .i. tualang a thabhairt chun achta. G *DIL, HIL ;* D *aktualisieren;* E *actualize;* F *actualiser;* L *reducere in actum.*

achtáilte, *aid. bhr.* ó achtáil (*contr.* tualangthach, firtiúil). D *aktuell·* E *actual ;* F *actuel* L *actualis.*

acmhainn, *a.b.* Cumas chun gníomhartha áirithe a dhéanamh ; prionsabal na ngníomhartha. G *P, W ;* D *Fähigkeit ;* E *faculty ;* F *faculté ;* L *facultas.*

adamhachas, *a.f.* An teagasc gur as adaimh atá an t-ábhar (*ciall* 1 *supra*) déanta. G *cf. Bun.E ;* D *Atomismus;* E *atomism ;* F *atomisme ;* L *atomismus.*

admháil, *a.br.* (admhaím) Géilleadh go bhfuil fírinne, fiúntas etc., ar fáil. G *Dinn.;* D *zugeben ;* E *admit ;* F *reconnaître, admettre;* L *admittere.*

aestéitic, *a.b.* Eolaíocht, tuiscint, na háilleachta. G *FI estetik* ; D *Ästhetik* ; E *aesthetics*; F *esthétique*; L *aesthetica*.

aestéitiúil, *aid.* Ag baint leis an áilleacht. D *ästhetisch*; E *aesthetic*; F *esthétique*; L *aestheticus*.

agnóise, *a.b.* Éagumas ciall a bhaint as fáltais chéadfaíocha. G *FI agnosie* ; D *Agnosie* ; E *agnosia* ; F *agnosie* ; L *agnosia.*

agnóiseachas, *a.f.* Tuairim nach n-aithníonn fiúntas a bheith sa mcitifisic, (*a*) sa mhéid go séantar go bhfuil ar chumas an duine a dhearbhú nó a shéanadh go bhfuil Dia ann, nó (*b*) sa mhéid go n-admhaítear go bhfuil Dia ann ach go séantar cumas a bheith ag an duine chun a thuiscint ar aon mhodh céard is Dia ann. G *FI agnostikism* ; D *Agnostizismus* ; E *agnosticism* ; F *agnosticisme* ; L *agnosticismus.*

agnóisí, *a.f.* Duine a chloíonn leis an agnóiseachas. G *FI agnostik*; D *Agnostiker*; E *agnostic*; F *agnostique* ; L *agnosticus.*

agnóisíoch, *aid.* Ag baint leis an agnóiseachas. G *FI agnostik*; D *agnostisch*; E *agnostic*; F *agnostique*; L *agnosticus.*

agóid, *a.b.* Ráiteas, réasún, argóint, etc. i gcoinne. G *TDlt.* ; D *Einwand* ; E *objection* ; D *objectio.* L *objectio.*

agóideoir, *a.f.* Duine a dhéanann agóid. G *TDlt.* ; D *Objektor* ; E *objector* ; F *objecteur* ; L *objector.*

agrafóibe, *a.b.* Eagla ghalrach roimh áiteanna fairsinge oscailte. G *agora, phobos* (*Gréigis*) ; D *Agoraphobie, Platzangst* ; E *agoraphobia* ; F *agoraphobie* ; L *agoraphobia.*

áibhéileach, *aid.* Róláidir mar thuairisc, tuairim, etc. G *MC* ; D *übertrieben* ; E *exaggerated* ; F *exagéré, outré* ; L *exaggeratus.*

áibhirseach, *aid.* I gcoinne ; *a.f.* Duine atá i gcoinne. G *cf.* O'Re.; D *gegnerisch, Gegner* ; E *adverse,* a. *adversary* ; F *adverse,* a. *adversaire*; L *adversarius.*

áibhirsiúil, *aid.* Aontaithe sa gcaoi gur os coinne a chéile thall atá péire (focail, ráitis, etc., *m.sh.* Bochtaíodh é, ach níor náiríodh é). D *adversativ* ; E *adversative* ; F *adversatif* ; L *adversativus.*

aibhseacht, *a.b.* Cáilíocht na réaltachta nach mbeadh teorainn lena méad ; an aitreabúid de chuid Dé a fhágann nach bhfuil aon áit gurbh fhéidir é bheith ar iarraidh as. G *cf. Holland* ; D *Unermesslichkeit*; E *immensity*; F *immensité*; L *immensitas.*

aibíd, *a.b.* **1.** Gléasadh nó feistiú mar staid de chuid an choirp. G *Dinn.* ; D *Kleidung* ; E *dress, habit* ;

F *habit, habitus* ; L *habitus.* **2.** Cáilíocht a mhodhnaíonn rud ar chaoi sheasmhach i leith a chríche. G *Dinn., Eit., FTEag ,* O'Re. ; D *Gewohnheit* ; E *habit* ; F *habitus* ; L *habitus.*

aibíd ghnóthaithe (*habitus acquisitus*), aibíd a fhaightear ó chleachtadh (*m.sh.* eolaíocht), arna hidirdhealú ó aibíd a ghabhann le nadúr réaltachta ó thús .i. aibíd inbheirthe (*habitus innatus*) (*m.sh.* bunphrionsabail na hintleachta).

aibíd iondóirte (*habitus infusus*), de réir na diagachta bronntar a leithéid mar bhreis ar an méid is dual don duine go nádúrtha .i. aibíd osnádúrtha.

aibíd oibritheach (*habitus operativus*), aibíd de chuid na neasphrionsabal gníomhaíochta (*m.sh.* suáilce), arna hidirdhealú ó thuiscint na ndiagairí ar "aibíd bheithe" (" *habitus entitativus* ") lena modhnaítear nádúr réaltachta inti féin (*m.sh.* Grásta naomhaithe).

aicíd, *a.b.* **1.** Prionsabal gur dual dó a bheith coibhneasta leis an tsubstaint i rud sa gcaoi nach bhfuil réaltacht ar fáil aige ach amháin de bhrí na substainte (.i. **aicíd chatagóireach,** *contr.* substaint). **2.** An mhéid a luafaí a bheith ag suibíocht mar cháilíocht dá cuid (.i. **aicíd loighciúil** nó **inphreideacháide,** *contr.* eisint), bíodh sin ag gabháil go riachtanach leis an suibíocht áirithe sin, agus léisean amháin (.i. **aicíd dhílís,** *m.sh.* gáire sa duine), nó go neamhriachtanach (.i. **aicíd theagmhasach,** *m.sh.* radharc ag duine). G *BC, Contribb., Eochairsg., P, RSláinte*; D *Akzidens* ; E *accident* ; F *accident* ; L *accidens.*

aicídeach, *aid.* ó aicíd. G *RSláinte, W* ; D *akzidentell*; E *accidental*; F *accidental*; L *accidentalis.*

aicme, *a.b.* Daoine ar chomhchéim shóisialta lena chéile. G *BC* ; D *Klasse* ; E *class* ; F *classe* ; L *classis.*

aicsíom, *a.f.* Ráiteas go nglactar go bhfuil sé soiléir ó na téarmaí féin ann gur fíor an mhéid a chuireann sé in iúl. G *FI axiom* ; D *Axiom* ; E *axiom* ; F *axiome* ; L *axioma.*

aicsíomacht, *a.b.* An bailiúchán de phrionsabail ar a mbeadh eolaíocht dhéaduchtaiteach bunaithe ; staidéar ar aicsíomaí. D *Axiomatik* ; E *axiomatics*; F *axiomatique* ; L *axiomatica.*

aiféala, *a.f.* Brón faoi gníomh a bheadh déanta ag an duine féin, cé nach briseadh deonach dualgais a bheadh i gceist , b'fhéidir. G *MC* ; D *Bedauern*; E *regret* ; F *regret* ; L *dolor.*

áiféiseach, *aid.* In aghaidh rialacha an

réasúin. G *Dinn*.; D *absurd, ungereimt, widersinnig*; E *absurd;* F *absurde* : L *absurdus*.

aificsean, *a.f.* Staid shíceach phléisiúir, neamhphléisiúir, etc. G *FI afekt* ; D *Affektion, Gefühl* ; E *affection* ; F *affection* ; L *affectio*.

aificseanach, *aid. ó* aificsean. D *Gefühls-* ; E *affective* ; F *affectif* ; L *affectivus*.

aificseanacht, *a.b.* **1.** Cumas aificsin. **2.** Cáilíocht an aificsin. D *Affektivität* ; E *affectivity* ; F *affectivité* ; L *affectivitas*.

aifinideacht, *a.b.* Cosúlacht le chéile, ceangal lena chéile, nó tarraingt chun a chéile. D *Affinität, Verwandtschaft* ; E *affinity* ; F *affinité* ; L *affinitas*.

aigne, *a.b.* An leagan bunúsach tuairime, smaoinimh, etc., ag duine áirithe. G *Dinn.* ; D *Mentalität* ; E *mentality* ; F *mentalité* ; L *mentalitas, mentis habitus*.

áilleacht, *a.b.* Cáilíocht a spreagann sásamh i nduine as rud de bhrí go dtagann na tréithe fisiciúla nó morálta ann go slán in ord lena chéile. G *Dinn.* ; D *Schönheit, das Schöne* ; E *beauty, the beautiful* ; F *le beau* ; L *pulchrum*.

ailtéarnach, *aid.* Gach re seal i ndiaidh a chéile. D *abwechselnd, alternierend* ; E *alternate* ; F *alternant, alternatif* ; L *alternans, alternus*.

ailtéarnacht, *a.b.* Rogha idir seo agus siúd, sa gcaoi más fíor (nó más féidir) seo, nach fíor (nó nach féidir) a athrach. G *FI alternans* ; D *Alternative* ; E *alternative* ; F *alternative* ; L *alternatio*.

ailtéarnadh, *a.f.* Bheith gach re seal i ndiaidh a chéile. D *Alternation* ; E *alternation;* F *alternance, alternation* ; L *alternatio*.

ailtireachtúil, *aid.* Ag baint le rangú na n-eolaíochtaí. D *architektonisch* ; E *architectonic* ; F *architectonique* ; L *architectonicus*.

aimhréidh, *aid.* Deacair de dheasca castachta (ábhar feasa, etc.). G *Contribb.*, *P* ; D *verwirrt* ; E *involved, perplexed* ; F *confus* ; L *perplexus*.

aimhréireach, *aid.* I gcoinne, ag neamhréiteach le, coincheap, meon, etc. D *widerstreitend, widerstrebend* ; E *repugnant* ; F *répugnant* ; L *repugnans*.

aimhrialtacht, *a.b.* Feiniméan nach luífeadh leis an méid a bheadh rialta sa gcás a bheadh i gceist. D *Anomalie* ; E *anomaly;* F *anomalie;* L *irregularitas*.

aimhriar, *a.b.* Bheith as ord maidir le slánoibriú, etc. G *DIL* ; D *Störung;* E *disorder* ; F *affection, désordre* ; L *morbus, turbatio*.

　aimhriar feidhme (*morbus functio-*

nalis), oibriú orgáin a bheith as ord, agus easlán dá réir.

aimnéise, *a.b.* Cailliúint nó meath na cuimhne. G *FI amnezi* ; D *Amnesie* ; E *amnesia* ; F *amnésie* ; L *amnesia*.

aimrideacht, *a.b.* Éagumas a bheith torthúil. G *DIL., O'Re.*, *P*; D *Sterilität* ; E *sterility* ; F *stérilité* ; L *sterilitas*.

aimridiú, *a.br.* (aimridím) Déanamh aimrid. G *cf. T* ; D *sterilisieren* ; E *sterilize;* F *stériliser;* L *sterilizare*.

aimsiú láithreach, *a.br.* (aimsím), *a.b.* Fáil amach cá mbeadh réaltacht sa spás nó in imeacht an ama (*m.sh.* sa gcorp, sa gcuimhne). D *lokalisieren;* E *localize;* F *localiser* ; L *localisare*.

aindiachaí, *a.f.* Duine nach n-aithníonn, nó duine a shéanann Dia a bheith ann nó Dia pearsanta a bheith ann. G *P* ; D *Atheist, Gottlose* ; E *atheist;* F *atheé* ; L *atheus*.

aindiachas, *a.f.* Séanadh, nó gan a aithint, Dia a bheith ann. D *Atheismus, Gottlosigkeit;* E *atheism;* F *athéisme* ; L *atheismus*.

　aindiachas praiticiúil (*atheismus practicus*), beatha a chaitheamh faoi mar nach mbeadh Dia ar bith ann.

　aindiachas teoiriciúil (*atheismus theoreticus*), gan a aithint le breithiúnas intleachta go bhfuil Dia ann.

　aindiachas teoiriciúil deimhneach (*positivus*), breithiúnas a thabhairt nach bhfuil Dia ann (séanadh Dia a bheith ann), nó nach bhfuil sé cinnte go bhfuil Dia ann.

　aindiachas teoiriciúil diúltach (*negativus*), aineolas iomlán faoi Dhia.

aineolach, *aid. ó* aineolas. G *Dinn.* ; D *unwissend;* E *ignorant;* F *ignorant;* L *ignarus, inscius*.

aineolas, *a.f.* Easpa eolais. G *Dinn.* ; D *Ignoranz, Unwissenheit* ; E *ignorance* ; F *ignorance* ; L *ignorantia*.

　aineolas aindícheallach (*ignorantia affectata*), aineolas a toilítear d'aonghnó.

　aineolas dochloíte (*ignorantia invincibilis*), aineolas nach féidir a dhíbirt fiú amháin le dúthracht mhorálta.

　aineolas inchloíte (*ignorantia vincibilis*), aineolas gur féidir é a scaipeadh trí dhúthracht mhorálta.

ainmheasartha, *aid.* Le treise mhíchuíosach (maidir le cáilíocht, gníomhaíocht, etc.). G *P* ; D *unmässig* ; E *immoderate, intemperate* ; F *immodéré, intempéré* ; L *immoderatus, intemperatus*.

ainmheasarthacht, *a.b.* Duáilce an duine a bheadh ag géilleadh do na mianta go neamhréasúnta. G *Dinn.*; D *Intem-*

3

peranz, Unmässigkeit; E *intemperance;* F *intempérance* ; L *intemperantia.*

ainmneachas, *a.f.* An teagasc nach bhfuil aon idé uilíoch ag freagairt don ainm uilíoch atá i gcoiteannas ar na rudaí a mheastar a bheith ionann lena chéile (*m.sh.* " cat "); nach bhfuil bunús ar bith dá leithéid d'idé, agus nach bhfuil sa gcás ach ainm go lom. D *Nominalismus* ; E *nominalism* ; F *nominalisme* ; L *nominalismus.*

ainmniú, *a.br.* (ainmním). Ainm a chur ar réaltacht .i. téarma a bheadh mar chomhartha aitheantais uirthi. G *Dinn.*; D *benennen;* E *denominate, name* ; F *dénommer* ; L *denominare.*

ainmniúil, *aid.* De réir ainm amháin. G *TDlí.*; D *nominell, Wort-* ; E *nominal;* F *nominal* ; L *nominalis.*

ainriail, *a.b.* Easpa rialtais, easpa ordúlachta de cheal cumhacht eagraithe. G *W* ; D *Anarchismus* ; E *anarchy* ; F *anarchie* ; L *anarchia.*

ainrialachas, *a.f.* An teagasc polaiteolaíochta a dhearbhódh nár cheart rialtas a bheith ann. D *Anarchismus* ; E *anarchism, anarchy* ; F *anarchie, anarchisme* ; L *anarchismus.*

aipéircheap, *a.f.* Eolas soiléir cómhfhiosach (nó eolas faoi thionchar a aontaithe leis an méid a chuaigh roimhe) i dtaobh ní éigin a bheadh imithe i bhfeidhm ar an gcumas feasa. G *FI* adpercept ; D *Apperzeption, Wahrnehmung* ; E *apperception* ; F *aperception, apperception* ; L *apperceptio.*

aipéircheapúil, *aid.* ó aipéircheap. D *Wahrnehmungs-* ; E *apperceptive* ; F *apperceptif* ; L *apperceptivus.*

aire, *a.b.* Díriú ar fheasa ar ábhar áirithe. G *Dinn.*; D *Aufmerksamkeit;* E *advertence, attention;* F *attention;* L *attentio, advertentia.*

aireachtáil, *a.br.* (airím) **1.** Tabhairt faoi réim an chumais fheasa. **2.** An mhéid a chuirtear ar fáil sa gcumas feasa de bharr gníomh na haireachtála .i. péircheap. G *W* ; D *Perzeption* ; E *perception;* F *perception;* L *perceptio.*

aireachtálachas, *a.f.* An teagasc adeir gur go neamh-mheánach a thugann an duine faoi deara go bhfuil réaltacht eile ann atá idirdhealaithe uaidh féin. D *Perzeptionismus* ; E *perceptionism* ; F *perceptionnisme* ; L *perceptionismus.*

áireamh, *a.br.* (áirím). Uimhir rudaí a fháil amach trína gcomhaireamh ; gach ceann d'uimhir rudaí a thabhairt i dtrácht ina gceann agus ina gceann (*m.sh.* in ionductú). G *Dinn.*; D *aufzählen* ; E *enumerate* ; F *énumérer* ; L *enumerare.*

airg, *a.b.* Gléas, etc., a fhionntar nó a cheaptar as an nua. G *DI L, Dinn.* ; D *Erfindung;* E *invention;* F *invention;* L *inventum.*

airgeadh, *a.br.* (airgim) Ceapadh nó fáil amach airge. G *T* ; D *erfinden* ; E *invent* ; F *inventer* ; L *invenire.*

áiritheacht, *a.b.* An mhéid de réaltacht a d'fhágfadh go mba rud ar leith í ina gné féin. G *cf. Dinn.*; D *Diesheit* ; E *thisness* ; F *eccéité, haeccéité*; L *haecceitas.*

aisbhreathnaitheach, *aid.* Ag féachaint siar ar an méid a bheadh imithe thart. D *rückblickend, zurückblickend;* E *retrospective*; F *rétrospectif* ; L *retrospectivus.*

aisceach, *aid.* Le cáilíocht an ghnímh nár dhual a dhéanamh, agus nach mbeadh ceannfháth seachtrach ar bith lena dhéanamh ; le cáilíocht na tairiscinte nach mbeadh taca ar bith léi. D *grundlos* ; E *gratuitous* ; F *gratuit* ; L *gratuitus.*

aischéimnitheach, *aid.* ó aischéimniú. D *regressiv;* E *regressive;* F *régressif* ; L *regressivus, retrogressivus.*

aischéimniú, *a.f.* Dul siar, dul ar gcúl (go háirithe ó staid níos foirfe ná an staid a shroichtear i ndeireadh na gluaiseachta). G *M* ; D *Regress, Regression* ; E *regress, regression, retrogression* ; F *régression, rétrogression;* L *regressus, retrogressus.*

aiséiteas, *a.f.* An cháilíocht atá ag réaltacht a bhraitheann uirthi féin amháin chun a bheith ann. G *FI asees* ; D *Aseität* ; E *aseity* ; F *aséité* ; L *aseitas.*

aisfhreagairt, *a.br.* (aisfhreagraim) Argóint a chasadh siar in aghaidh an té a d'úsáid í. G *Dinn.* ; D *erwidern* ; E *retort* ; F *rétorquer (rétorsion)* ; L *retorquere (retorsio).*

aisghníomhach, *aid.* ó aisghníomhú. D *rückwirkend;* E *retroactive;* F *rétroactif;* L *retroactivus.*

aisghníomhú, *a.br.* (aisghníomhaím) Gníomhú le héifeacht i leith gnóthaí atá thart cheana (*m.sh.* dlí). D *rückwirken* ; E *retroact* ; F *être rétroactif;* L *retroagere.*

aistreach, *aid.* Ag dul (gluaiseacht, gníomhú, etc.) ó cheann go chéile (*contr.* imeanach, *q.v.*). G *T;* D *transeunt, transitiv;* E *transitive* ; F *transitif;* L *transitivus.*

aistreacht, *a.b.* Bheith aistreach. D *Transitivität;* E *transitivity;* F *transitivité*; L *transitivitas.*

aistriú, *a.br.* (aistrím) Tabhairt (tógáil, gluaiseacht, etc.) ó ionad nó ó shuíochtó go chéile. G *Contribb., Dinn.,*

4

O'C ; D *Ort wechseln, Platz wechseln, übersetzen, versetzen* ; E *transfer, translate* ; F *tranférer* : L *transferre (translatio)*.

áit, *a.f.* Córas de choibhnis a bhíonn idir chorp amháin agus na coirp eile a thógtar mar bhunús tagartha ina leith. G *Dinn.*; D *Ort* ; E *locus, place* ; F *lieu* : L *locus.*

áiteamh, *a.br.* (áitím ar). Tabhairt ar dhuine a ghlacadh go bhfuil rud ceart, fíor, etc. G *Dinn.* ; D *überzeugen* ; E *convince, persuade* ; F *convaincre, persuader* ; L *persuadere.*

aithint, *a.br.* (aithním) **1.** Duine a thabhart ruda faoi deara agus a fhios aige gur chuir sé eolas air (go bhfuair sé fios air) cheana. **2.** Admháil dleathachta, fiúntais, fíorais, etc. G *Dinn.* ; D 1. *wiedererkennen,* 2. *anerkennen* ; E *recognize* ; F *reconnaître* ; L 1. *recognoscere,* 2. *accipere, probare.*

aithne, *a.b.* Ordú (a thugtar le comhlíonadh). G *Dinn.* ; D *Gebot* ; E *commandment, precept* ; F *commandement, précepte* ; L *praeceptum.*

aithreachas, *a.f.* Míshásamh a bheadh ar dhuine faoi ghníomh mícheart a bheith déanta aige, maille le sástacht glacadh le pionós cuí, agus rún gan an gníomh a dhéanamh arís. G *Dinn.*; D *Busse, Reue*; E *repentance* ; F *repentir* ; L *poenitentia.*

aithris, *a.br.* (aithrisim ar) Déanamh gnímh a tugadh faoi deara á dhéanamh cheana. G *Dinn.* ; D *imitieren, nachahmen* ; E *imitate* ; F *imiter* ; L *imitari.*

aithriseachas, *a.f.* Feiniméan, gníomhaíocht, na haithrise a dhéanfadh réaltacht amháin ar réaltacht eile (*m.sh.* ag ainmhithe, á gcur féin in oiriúint dá dtimpeallacht). D *Mimikry, Nachäffung* ; E *mimetism, mimicry;* F *mimétisme;* L *mimetismus.*

áitiúil, *aid.* Ag baint le háit. G *Dinn.*; D *lokal, örtlich* ; E *local* ; F *local* ; L *localis.*

áitiús, *a.f.* Barúil a nglacann duine go cinnte í a bheith ceart. G *TnaB.*; D *Überzeugung* ; E *conviction* ; F *conviction* ; L *persuasio.*

aitreabúid, *a.b.* Foirfeacht nó cáilíocht a bhainfeadh le rud sa gcaoi gurbh fhéidir í a phreideacháideadh air .i. aitreabúideadh ; cáilíocht a bhainfeadh go go dílis le réaltacht. D *Attribut* ; E *attribute* ; F *attribut* ; L *attributum.*

aitreabúideach, *aid.* Le cáilíocht na tairiscinte a dhearbhódh nó a sheánfadh cáilíocht éigin a bheith ag baint le suibíocht. D *attributiv* ; E *attributive* ; F *attributif* ; L *attributivus.*

Alastrachas, *a.f.* An fhealsúnacht a bhí faoi réim i gCathair Alastair ar feadh trí chéad bliain roimh Chríost agus go ceann trí chéad bliain ina dhiaidh. D *Alexandrinismus* ; E *Alexandrinism;* F *alexandrinisme;* L *Alexandrinismus.*

algóirithimeach, *aid.* Ag baint le siombail agus feidhmeanna in áireamh (*m.sh.* san ailgéabar, sa loighistic). D *algorithmisch* ; E *algorithmic* ; F *algorithmique;* L *algorithmicus.*

altach, *aid.* Le cáilíocht na réaltachta go mbeadh ailt inti. D *zusammengefügt* ; E *articulate* ; F *articulé* ; L *articulatus.*

altrúchas, *a.f.* **1.** Meon nó aigne nach bhfuil féinchúiseach. **2.** Córas maireachtála nach bhfuil féinchúiseach. G *FI altruism* ; D *Altruismus* ; E *altruism* ; F *altruisme;* L *altruismus.*

altrúíoch, *aid.* ó altrúchas. D *altruistisch* ; E *altruistic;* F *altruiste;* L *altruisticus.*

altúil, *aid.* Ag baint leis na hailt in orgánacht (*m.sh.* céadfú). D *artikulär, Gelenk·* ; E *articular* ; F *articulaire* ; L *articularis.*

am, *a.f.* Tomhas seichimh ar an athrú cointeanóideach. G *Contribb., Dinn., Lh.* ; D *Zeit* ; E *time* ; F *temps* ; L *tempus.*

amaid, *a.b.* Duine ar an gcéim is laige intleachta, gan tuiscint ná caint aige, lánaoiseach ar aois intinne dhá bhliain. G *Dinn.* ; D *Idiot* ; F ·*diot* ; L *idiota.*

amharc, imeacht as, *a.br.* (imím) Athrú, gluaiseacht, imeacht ruda go dtí nach bhfuil sé le feiceáil. D *verschwinden* ; E *disappear* ; F *disparaître* ; L *ex conspectu recedere.*

amhras, *a.f.* Barúil, gan chinnteacht, go bhfuil rud éigin ar fáil. G *Dinn.* ; D *Verdacht;* E *suspicion;* F *soupçon, suspicion* ; L *suspicio.*

anabaí, breith, *a.b.* **1.** Breith (saolú) a tharlaíonn róluath. **2.** An toradh ar bhreith dá leithéid .i. anabaíocht. G *Dinn.* ; D 1. *Fehlgebären,* 2. *Fehlgeburt, Frühgeburt* ; E 1. *abortion, miscarriage,2. abortion* ; F 1. *avortment,* 2. *avorton* ; L *abortus.*

anagóigeach, *aid.* Cáilíocht an ruda gurbh fhéidir é fheiceáil agus a bheadh ag tabhairt eolais faoi rud nárbh fhéidir a fheiceáil (*m.sh.* eolas ar aingil, etc. a bhainfí as téacsanna sa scrioptúr i dtaobh an tsolais a déanadh ar chéad lá an chruthaithe). D *anagogisch, erhebend* ; E *anagogic* ; F *anagogique* ; L *anagogicus.*

anailís, *a.b.* Idirdhealú na n-eilimintí i rud nó i gcoincheap. G *Eit* ; D *Analyse;* E *analysis* ; F *analyse* ; L *analysis.*

anailíseach, *aid.* ó anailís. D *analytisch* ; E *analytic;* F *analytique;* L *analyticus.*

analach, *a.b.* Comhréir idir na réaltachtaí i ngrúpaí áirithe .i. ionannas de shaghas éigin, nó coibhneas éigin, a bheith idir an coibhneas a bheadh ag na ṗaill lena chéile i ngrúpa amháin, agus an coibhneas a bheadh ag na baill lena chéile sna grúpaí eile, leith ar leith. G *Dinn.,* *HIL.* ; D *Analogie* ; E *analogy* ; E *analogy* ; F *analogie* ; L *analogia.*

   analach chomréireachta (*analogia proportionalitatis*), a bheag nó a mhór de ionannas—agus de dhifríocht dá réir—idir coibhneas na mball i ngrúpa amháin agus coibhneas na mball i ngrúpa eile ; (*a*) **sa gciall neamhbheacht** (*improprie dicta*) nó **mheafarach** (*metaphorica*)—mura bhfuil i gceist ach samhail choibhnis amháin sa gcoibhneas eile, *m.sh.* "rí na n-ainmhí" a thabhairt ar an leon de réir analaí, toisc go gceaptar go bhfuil coibhneas an leoin leis na hainmhithe mar bheadh samhail ar choibhneas an rí leis na daoine ; (*b*) **sa gciall bheacht** (*proprie dicta*)— céim áirithe ionannais a bheith dáiríre idir an dá choibhneas. *m.sh.* Beith Dé agus beith na gcreatúr.

   analach chomhréire (*analogia proportionis* nó *attributionis extrinsicae*), coibhneas seachas ionannas nó cosúlacht a bheith i gceist, *m.sh.* "sláintiúil" a thabhairt de réir analaí ar bhia (.i. cúis na sláinte i nduine) toisc coibhneas cúise leis an gcoibhneas bunúsach idir an tsláinte agus an duine (.i. an péire lena mbaineann an focal " sláinte " ó cheart).

analacháid, *a.b.* Réaltacht atá coibhneasta de réir analaí le réaltacht eile. D *Analogat*; E *analogue*; F *analogué*; I. *analogatum.*

analachúil, *aid.* ó analach. D *analogisch* ; E *analogical*; F *analogique*; L *analogicus.*

anam, *a.f.* Prionsabal na beatha. G *Dinn.* ; D *Seele* ; E *soul* ; F *âme* ; L *anima.*

anamachas, *a.f.* An teagasc adeir go bhfuil spioraid sa dúlra ; cleachtadh reiligiúin dá réir sin. D *Animismus* ; E *animism*; F *animisme* ; L *animismus.*

anamchruthaíochtachas, *a.f.* An teagasc adeir go gcruthaítear an t-anam go neamh-mheánach nuair a ghineann ná tuismitheoirí an corp. D *Kreatianismus* ; E *creationism* ; F *créatianisme* ; L *creationismus.*

anamghiniúnachas, *a.f.* An teagasc adeir go ngintear an t-anam trí nádúr spioradálta na dtuismitheoirí. D *Generatianismus* ; E *generationism* ; F *génératianisme* ; L *generationismus.*

anamnú, *a.br.* (anamnaím) Prionsabal

na beatha a chur ar fáil. G *Contribb.* ; D *beseelen* ; E *animate* ; F *animer* ; L *animare.*

anamshíolrachas, *a.f.* An teagasc adeir go dtugtar an t-anam ar aghaidh ó na tuismitheoirí nuair a ghintear an corp, pé acu trí shíolrú spioradálta nó corpartha a tharlaíonn sé sin don anam. D *Traduzianismus* ; E *traducianism* ; F *traducianisme* ; L *traducianismus.*

ann féin. Gan tionchar réaltachta eile air a bheith i gceist (*m.sh.* neamhspleách ar an bhfios a fhaightear mar gheall air). D *an sich* ; E *in itself* ; F *en soi* ; L *in se.*

anord, *a.f.* Suim réaltachta gan ord ná eagar uirthi. D *Chaos* ; E *chaos* ; F *chaos* ; L *chaos.*

antraipeolaíocht, *a.b.* Staidéar ar nádúr an duine in a iomláine. D *Anthropologie* ; E *anthropology* ; F *anthropologie* ; L *anthropologia.*

antrapalárnach, *aid.* Ag glacadh an duine mar lár an uile. D *anthropozentrisch* ; E *anthropocentric*; F *anthropocentrique* ; L *anthropocentricus.*

antrapamorfachas, *a.f.* Cáilíochtaí, tréithe, an duine a chur i leith réaltachta nach duine é (*m.sh.* Dia, ainmhí). D *Anthropomorphismus*; E *anthropomorphism*; F *anthropomorphisme*; L *anthropomorphismus.*

aoisíoraíocht, *a.b.* An mharthanacht a bhainfeadh le réaltachtaí neamhchorpartha cruthaithe (*m.sh.* aingil, de réir na diagacnta). G *cf. W* ; D *Aevum* ; E *aeveternity*; F *éviternité*; L *aeviternitas.*

aon, *a.f.* Réaltacht neamhroinnte inti féin agus roinnte ón uile eile. G *Dinn.* ; D *Ein* ; E *one* ; F *un* ; L *unum.*

aonad, *a.f.* Indibhid (nó grúpa) a mbreathnaítear uirthi mar aon i measc iomad eile. G *MC, T* ; D *Einheit* ; E *unit* ; F *unité* ; L *unitas.*

aonarach, *aid.* Singil, in a aon cheann amháin. G *Dinn., Lh, O'C, W*; D *einzeln* ; E *single, singular, solitary* ; F *singulier* ; L *singularis.*

aonaracht, *a.b.* Bheith aonarach. G *W* ; D *Singularität*; E *singularity*; F *singularité* ; L *singularitas*

aonarán, *a.f.* Rud, duine, etc., aonarach, in a aonar. G *Dinn.* ; D *Einzelding, Einzelwesen* ; E *single, solitary thing or person,* etc. ; F *une seule chose, un seul homme,* etc. ; L *res, persona,* etc., *una solaque.*

aonchiallach, *aid.* Le ciall ionann i leith na suibíocht nó na gcás go léir dá dtagrann (téarma nó focal). D *eindeutig, univok* ; E *univocal* ; F *univoque* ;

L *univocus.*

aonchiallacht, *a.b.* Bheith aonchiallach.
D *Eindeutigkeit;* E *univocity;* F *univocité* ; L *univocitas.*

aonchineálach, *aid.* Le páirteanna a bheadh ionann lena chéile go hiomlán ó nádúr, ó cháilíocht, ó rangú loighciúil, etc. D *gleichartig, homogen* ; E *homogeneous* ; F *homogène* ; L *homogeneus.*

aondiachas, *a.f.* Teagasc agus reiligiún nach n-aithníonn níos mó ná aon Dia amháin a bheith ann, agus É idirdhealaithe ón saol. D *Monotheismus* ; E *monotheism* ; F *monothéisme* ; L *monotheismus.*

aondiachúil, *aid.* ó aondiachas. D *monotheistisch;* E *monotheistic;* F *monothéiste;* L *monotheisticus.*

aonfhoirmeach, *aid.* Ar ionannas foirme. G *Con.* ; D *gleichförmig* ; E *uniform* ; F *uniforme* ; L *uniformis.*

aonfhoirmeacht, *a.b.* Bheith aonfhoirmeach. G *P;* D *Gleichförmigkeit* ; E *uniformity;* F *uniformité;* L *uniformitas.*

aonidéachas, *a.f.* Staid ghalrach ina mbeadh intinn duine faoi réir ag aon idé amháin, idé shocraithe. D *Monoieismus* ; E *monoideism* ; F *monoïdéisme;* L *monoideismus.*

aonta, *aid.* Ar staid an aoin *(q.v.), (contr.* iolra). G *Dinn.* ; D *ein* ; E *one* ; F *un* ; L *unus.*

aontacht, *a.b.* **1.** Staid an aoin *(contr.* iolracht). **2.** Réaltacht aonta. G *Dinn.* ; D *Einheit* ; E *unity* ; F *unité* ; L *unitas.*

aontaithe, *aid. bhr.* ó aontú. G *Dinn.* ; D *vereinigt;* E *united;* F *uni;* L *unitus.*

aontas, *a.f.* **1.** Réaltachtaí aontaithe .i. tagtha chun aontachta. G *Dinn.* ; D *Vereinigung* ; E *union, unity* ; F *union* ; L *unio.* **2.** Tola aontaithe *(contr.* easaontas). G *Dinn.* ; D *Übereinstimmung* ; E *agreement, union, unity* ; F *accord, union* ; L *consensus.*

aontú, *a.br.* (aontaím) **1.** Déanamh aoin, teacht chun aontachta. G *Dinn.* ; D *vereinigen* ; E *unite* ; F *unir* ; L *unire.* **2.** Teacht ar aontoil. G *Dinn.;* D *übereinstimmen;* E *agree;* F *s'accorder;* L *consentire.*

aontumha, *a.b.* Staid an duine a d'fhanfadh gan pósadh. G *Dinn.;* D *Ehelosigkeit, Zölibat* ; E *celibacy* ; F *célibat* ; L *caelibatus.*

apagóigeach, *aid.* Le cáilíocht an réasúnaithe a léireodh go mbeadh aon ní eile áiféiseach seachas an chonclúid cheart. D *apagogisch;* E *apagogic;* F *apagogique;* L *apagogicus.*

Arastataileach. *aid., a.f.* Ag baint le hArastatail, lena theagasc, lena lean-

tóirí. D *aristotelisch,* (*Aristoteliker*) ; E *Aristotelian;* F *aristotélique, aristotélicien* ; L *Aristotelicus.*

Arastataileachas, *a.f.* Teagasc Arastatail nó a scoile D *Aristotelismus* ; E *Aristotelianism* ; F *aristotélisme* ; L *Aristotelismus.*

ardéirim, *a.b.* An cumas intleachta is airde, go ginearálta nó i leith na cruthaíochta. D *Genie* ; E *genius* ; F *génie* ; L *genium, ingenium eximium.*

argóint, *a.br.* (argóinim) Gabháil d'argóint *(a.b.)* .i. sraith réasúnaithe, a bhíonn go minic mar thacaíocht le tuairim, etc. G *C, Dinn.* ; D *beweisen* (*Argument, Beweis*) ; E *argue* (*argument*) ; F *argumenter* (*argument*); L *arguere* (*argumentum*).

argóinteacht, *a.b.* Modh réasúnaithe, ord argóna. G *Dinn.* ; D *Argumentation* ; E *argumentation* ; F *argumentation* L *argumentatio.*

armóin, *a.b.* Ord a bheith ar na codanna difriúla i réaltacht sa gcaoi nach dtiocfadh siad in aghaidh a chéile. D *Harmonie* ; E *harmony* ; F *harmonie;* L *harmonia.*

    armóin réamhbhunaithe (*harmonia praestabilita*), teagasc Leibniz á rá nach dtéann substaintí i bhfeidhm ar a chéile ach go ngníomhaíonn siad ar bhealaí parailéalacha, agus go mbraitheann a dteacht le chéile ar leagan amach a d'ordaigh Dia dhóibh roimhré ina gceann agus ina gceann (*m.sh. an t-anam agus an corp*).

asamhlú, *a.br.* (asamhlaím) **1.** Glacadh réaltachta isteach i gcóras (nó i suibíocht) sa gcaoi go mbaineann sí feasta go hionann nó go dlúth leis an gcóras (nó leis an suibíocht). **2.** Déanamh cosúil. G *T,* D *angleichen* (*Angleichung, Assimilation*) ; E *assimilate* ; F *assimiler* ; L *assimilare.*

ataráisce, *a.b.* Suaimhneas anma de bharr armóine na gclaonta. D *Ataraxie* ; E *ataraxia* F *ataraxie* ; L *ataraxia.*

atarlú, *a.f.* Tarlú arís, go mórmhór le tréimhsiúlacht. D *Rekurrenz* ; E *recurrence* ; F *récurrence* ; L *recurrentia.*

athbheochan, *a.b.* Filleadh ar bheith beo; athláithriú staideanna comhfheasa. G *Dinn.;* D *Wiederaufleben;* E *revival;* F *réviviscence* ; L *reviviscentia.*

athbhrí, *a.b.* Cáilíocht an téarma nó an ráitis a mbeadh níos mó ná brí amháin le baint as. G *TDlí.* ; D *Zweideutigkeit* ; E *ambiguity* ; F *ambigüité* ; L *ambiguitas.*

athbhríoch, *aid.* ó athbhrí. D *zweideutig;* E *ambiguous;* F *ambigu;* L *ambiguus.*

athchollúchas, *a.f.* An teagasc adeir go mbíonn anamnacha beo athuair i

gcoirp eile. D *Metempsychose, Seelen-
wanderung* ; E *metempsychosis, trans--
migration of souls* ; F *métempsychose,
réincarnation* ; L *metempsychosis, re-
incarnatio.*

athchuimhne, *a.b.* Tabhairt nó teacht
chun cuimhne arís, agus an toradh a
bheadh air sin sa bhfios. G *Bur¹.,* C ;
D *Erinnerung*; E *recollection, reminis-
cence* ; F *souvenir* ; L *recordatio,
reminiscentia.*

athdhéanamh, *a.br.* (athdhéanaim)
Déanamh arís. G *Dinn.* ; D *wiederholen*;
E *reẇeat* ; F *répeter* ; L *repetere.*

athdhúbaltach, *aid.* Cáilíocht an ráitis
a mbeadh forá ann ag athlua na
suibíochta, agus ag insint cúis an
cheangail idir suibíocht agus preid-
eacháid (*m.sh.* Tá Críost mar Dhia do-
mharfa ; tá Críost mar dhuine bás-
mhar). G *M, cf. P*; D *reduplicativ* ;
E *reduplicative*; F *réduplicatif*; L *re-
duplicativus.*

athdhúchas, *a.f.* Tréithe dúchasacha a
theacht ar fáil nár léiríodh le roinnt
glún anuas (*m.sh.* tréith dhúchasach ag
Oscar, nár léiríodh in Oisín ná i
bhFionn, ach a bhain le Cumhall).
D *Atavismus*; E *atavism*; F *atavisme* ;
L *atavismus.*

athfhéachaint, *a.br.* (athfhéachaim) Eolas
a bheith á chur ag an intleacht ar a
hoibriú féin. G *C,W* ; D *überlegen* (*Re-
flexion, Überlegung*) ; E *reflect* (*re-
flection*) ; F *réflechir* (*réflexion*) ;
L *reflectere* (*reflexio*).

athghiniúint, *a.b.* **1.** Giniúint, nó

tabhairt beatha, go nua athuair.
G *Contribb., Dinn.* ; D *Wiedergeburt* ;
E *regeneration* ; F *régénération* ;
L *regeneratio.* **2.** Iolrú trí ghiniúint nó
ar mhodh cosúil leis sin (*m.sh.* sa
gcuimhne). D *Reproduktion* ; E *repro-
duction*; F *réproduction*; L *reproductio.*

athiomlánú, *a.f.* An feiniméan a thar-
laíonn nuair a athbheoitear eilimint
chomhfheasa, agus go dtugann sí sin
i láthair na heilimintí go léir a chuaigh
léi cheana. D *Redintegration, Wieder-
herstellung*; E *redintegration*; F *rédin-
tégration* ; L *redintegratio.*

athláithritheach, *aid.* ó athláithriú.
D *repräsentativ, vorstellend*; E *representa-
tive*; F *représentatif*; L *repraesentativus.*

athláithriú, *a.br.* (athláithrím) Athchur
réaltachta ar fáil a bhí ar fáil cheana
sa riocht céanna nó ar mhodh eile.
D *vorstellen*; E *represent*; F *représenter*;
L *repraesentare.*

athluaiteachas, *a.f.* Cáilíocht an ráitis
nach gcuirtear níos mó in iúl sa
bpreideacháid ann ná mar a chiall-
aíonn an tsuibíocht (ofodh **féin**
gur focail dhifriúla atá sa suibíocht agus
sa bpreideacháid). D *Tautologie* ;
E *tautology*; F *tautologie* ; L *tautologia.*

athrá, *a.br.* (athdeirim) Rá arís. G *Dinn.* ;
D *wiederholen* ; E *repeat* ; F *répéter* ;
L *repetere.*

athrú, *a.br.* (athraím) Imeacht ó bheith
ar staid amháin chun bheith ar staid
dhifriúil in a dhiaidh sin. G *C, Contribb.,
O'C* ; D *ändern, verändern, wechseln* ;
E *change* ; F *changer* ; L *mutare.*

---

bailí, *aid.* Éifeachtach toisc a bheith slán
agus leor (i gcás gníomhartha
reachtaithe, riaraithe ; nó maidir le
modh, samplaí, etc., i gcás réasún-
aithe). G *TDlí.* ; D *gültig* ; E *valid* ;
F *valable, valide* ; L *validus.*

bailíocht, *a.b.* Bheith bailí. G *TDlí.* ;
D *Gültigkeit* · Ξ *validity* ; F *validité* ;
L *validitas.*

bailiúchán, *a.f.* Rudaí (ionann le chéile nó
éagsúil le chéile) in aontacht eagraithe nó
neamheagraithe. G *Dinn.*; D *Aggregat,
Anhäufung* ; E *aggregate* ; F *ensemble* ;
L *aggregatio, aggregatum.*

barúil, *a.b.* Rud a cheapfadh duine ba
dhócha bheith fíor de bharr go leor
fianaise chuige sin a bheith aige ina
thaobh, cé nach gceapfadh sé go
mbeadh oiread fianaise aige agus
d'fhágfadh nárbh fhéidir dul amú a
bheith air. G *Luc.Fid., O'Con.* ;
D *Meinung* ; E *opinion* ; F *opinion* ;

L *opinio.*

barúiliú, *a.br.* (barúilím) Barúil a bheith
ag duine. G *cf. Luc. Fid., P*; D *meinen*;
E *opine*; F *opiner*; L *opinari.*

barúilmheas, *a.f.* Fáil amach barúlacha an
phobail (*m.sh.* le córas Gallup). D *Doxo-
metrie* ; E *doxometry* ; F *doxométrie* ;
L *doxometria.*

básmhaireacht, *a.b.* Staid an ruda go
bhfuil an bás i ndán dó. (*contr.* neamh-
bhásmhaireacht). G *Dinn.*; D *Sterblich-
keit*; E *mortality*; F *mortalité*; L *mortalitas*

beacht, *aid.* Le lánchruinneas gan aon
mhaolú, maidir le ciall, áireamh,
dualgas, etc. (*contr.* neamhbheacht,
scaoilte). G *Dinn.* ; D *exakt, genau,
streng* ; E *exact, precise, rigorous,
strict* ; F *exact, précis, rigoureux,
strict* ; L *exactus, strictus.*

beachtaíocht, *a.b.* Breithiúnas ar rud a
dhearbhú go beacht mar chítear é a
bheith .i. beachtaíocht a bhaint as an

rud. G *Dinn* ; D *Kritik* ; E *critique* ;
F *critique* ; L *critica*.

beaichte, *a.b.* Bheith beacht. G *Dinn*. ;
D *Exaktheit, Genauigkeit, Strenge* ;
E *exactitude, precision, rigorousness,
strictness* ; F *exactitude, précision* ;
L *exacta diligentia*.

beannaitheach, *aid.* Ag soláthar beannaith-
eachta. D *beseligend* ; E *beatific* ;
F *béatifique* ; L *beatificus*.

beannaitheacht, *a.b.* Staid lánsástachta
a bhainfeadh beith réasúnach amach.
G *HIL, O'Con., W* ; D *Seligkeit,
Glückseligkeit* ; E *beatitude* ; F *béatitude*;
L *beatitudo*.

bearna, *a.b.* Spás beag ar oscailt idir na
codanna d'iomlán éigin. G *Dinn*. ;
D *Lücke, Zwischenraum*; E *gap, inter-
stice* ; F *brêche, interstice, solution de
continuité* ; L *interstitium*.

beartaithe, *aid. bhr.* D'aontoisc ; de réir
na céime deireanaí i ngníomh toiliúil
(*q.v.*) .i. bheith socraithe (cinntithe) ina
ghníomh tar éis na nithe a spreagfadh
an gníomh a bheith feicthe agus
meáite ag an ngníomhaí. D *absichtlich,
vorsätzlich* ; E *deliberate, intentional,
of set purpose* ; F *délibéré, intentionel* ;
L *deliberatus*.

beartú, *a.br.* (beartaím) Cinneadh na
saorthola ar chuspóir faoi leith a
bhaint amach ; bheith ar intinn rud
éigin faoi leith a dhéanamh. G *P* ;
D *beabsichtigen* ; E *intend, resolve* ;
F *avoir l'intention* ; L *intendere,
statuere*.

béasa, *a.f. iol.* Iompar a measfaí é bheith
faoi réir na hintleachta agus na tola.
D *Benehmen, Betragen* ; E *conduct* ;
F *conduite* ; L *cf. se gerere*.

béascna, *a.b.* Iomlán na modhanna
iompair ba ghnáth a bheith ag grúpa
daonna. D *Sitte, Sitten* ; E *manners,
mores* ; F *moeurs* ; L *mores*.

beatha, *a.b.* **1.** An gníomhú spontáineach
(*q v.*) agus imeanach (*q.v.*) i mbeith-
eanna áirithe go mbaineann céim faoi
leith neamhspleáchais leo i leith na
timpeallachta. **2.** An t-am idir coim-
peart agus bás. **3.** Analach (ó thaobh
imeanachta go háirithe) le feiniméin na
beatha (*ciall* 1), (*m.sh.* beatha spiorad-
álta, beatha Dé). G *Dinn*.; D *Leben* ;
E *life* ; F *vie* ; L *vita*.

beathúil, *aid.* Ag baint leis an mbeatha
nó riachtanach di. G *Dinn*. ; *P* ;
D *Lebens-, vital* ; E *vital* ; F *vital* ;
L *vitalis*.

beathúlachas, *a.f.* Aon teagasc adeir gur
de phrionsabal ar leith seachas
cáilíochtaí fisic-ceimiciúla is ea an
bheatha (*contr.* meicneachas). D *Vita-
lismus* ; E *vitalism* ; F *vitalisme* ;
L *vitalismus*.

béil, *aid. aitr.* I gcaint labhartha (*contr.* i
scríbhinn, scríofa). G *Dinn*.; D *mündlich*;
E *oral, verbal*; F *verbal*; L *verbalis*.

beith, *a.br.* (táim) Céadoibíocht na
hintleachta a aithnítear inti féin agus
nach féidir a shainmhíniú : is í an
bheith an mhéid a aithnítear á dhéanamh
ag an uile rud "nach bhfuil gan a
bheith ann". *a.b.* Réaltacht, rud ar
bith atá ann ar aon mhodh. G *B C,
Lh, O'Con., T F, W* ; D *Sein, ein
Seiendes* ; E *being, entity* ; F *être* ;
L *ens, esse.* .

beithe, *aid. aitr.* Ag baint le eisint nó
eiseadh réaltachta, seachas lena hoibriú
amháin. D *entitiv*; E *entitive*; F *entitif*;
L *entitivus*.

beo, *aid.* I seilbh na beatha (*contr.* marbh,
neamhbheo). G *Dinn*. ; D *lebend,
lebendig* ; E *alive, living* ; F *vivant* ;
L *vivus*.

beoga, *aid.* Le cáilíochtaí cosúil leis an
mbeatha, nó de réir na beatha (*contr.*
marbhánta). G *Dinn*. ; D *lebendig* ;
E *lively, vital*; F *vif*; L *vitalis, vividus*.

beogacht, *a.b.* Bheith beoga. G *Dinn.,
O'Con., P* ; D *Lebendigkeit, Vita-
lität* ; E *liveliness, vitality*; F *vitalité,
vivacité* ; L *vitalitas*.

bitheolaíocht, *a.b.* An eolaíocht a dhéan-
ann staidéar ar fhciniméin ghinearálta
na beatha. G *M C* ; D *Biologie* ;
E *biology* ; F *biologie* ; L *biologia*.

boltanach, *aid.* Ag baint leis an mboltnú
.i. céadfú na mboladh. G *O'R, T* ;
D *Geruchs-* ; E *olfactory* ; F *olfactif* ;
L *olfactivus*.

bréagadh, *a.br.* (bréagaim) Mealladh go
bréagach, falsa. G *Dinn*. ; D *betrügen
irreführen* ; E *delude* ; F *abuser,
tromper* ; L *decipere, deludere*.

bréagchéadfú, *a.f.* Eispéireas ar aireach-
táil chéadfaíoch nuair nach mbeadh
spreagadh dá réir ar fáil chor ar bith.
D *Halluzination* ; E *hallucination* ;
F *hallucination* ; L *hallucinatio*.

bréagnú, *a.br.* (bréagnaím) A chruthú
nach ceart tuairim, maíomh, etc.
G *Dinn., Luc.Fid.*; D *widerlegen* ;
E *disprove, refute* ; F *réfuter* ; L *refutare*.

breathnú, *a.br.* (breathnaím) Tabhairt faoi
deara go haireach chun tuairisc bheacht
a sholáthar ar fháltais (*contr.*
turgnamh a dhéanamh). G *O'Con*. ;
D *beobachten* ; E *observe* ; F *observer* ;
L *observare*.

breithiúnas, *a.f.* **1.** An dearbhú intinne
lena n-aithnítear go bhfreagraíonn (nó
nach bhfreagraíonn) tuiscint áirithe go
ceart d'oibíocht áirithe. **2.** Ráiteas ag
léiriú a leithéide de dhearbhú. **3.**
Cinneadh údarásach ar an réiteach i

9

gcúis dlí, etc., agus a léiriú san os ard.
G *GG, Lh, O'Con., PB* ; D *Urteil* ;
E *judgement;* F 1, 2. *jugement,* 3. *décision, arrêt* ; L *judicium.*

breithiúnas anailíseach (*judicium analyticum*), nuair is ionann ar fad leis an ábhar faoi thrácht (nó nuair is eisintiúil nó dílis dó) an mhéid a dhearbhaítear mar thuiscint ina thaobh (.i. baineann an tuiscint go riachtanach leis an ábhar faoi thrácht, mar a fheictear ó anailís na gcoincheapaí sa mbreithiúnas), (*m.sh.* Tá an duine réasúnach).

breithiúnas sintéiseach (*judicium syntheticum*), nuair nach aon ní eisintiúil ná dílis de chuid an ábhair faoi thrácht a dhearbhaítear mar thuiscint ina thaobh (*m.sh.* Tá an duine seo tinn).

breithiúnas meánach (*judicium mediatum*), de thoradh réasúnaithe a dhéantar.

breithiúnas neamh-mheánach (*judicium immediatum*), gan réasúnadh, bunaithe ar an aithne dhíreach

brí, *a.b.* Neart, fórsa, cumas tionchar a chur i bhfeidhm (*m.sh.* rud a bheith ann de bhrí ruda eile). G *Lh, Luc. Fid., PB* ; D *Kraft, Vermögen* (*kraft, vermöge*) ; E *virtue* (*in, by, virtue of*) ; F *vertu* (*en vertu de*) ; L *virtus* (*virtute*), *vis* (*vi*).

briatharchath. *a.f.* Conspóid a tharlódh de dheasca cialla éagsúla a bheith á mbaint as na focail a bheadh i gceist. D *Logomachie, Wortstreit* ; E *logomachy* ; F *logomachie* ; L *logomachia.*

briathartha, *aid.* **1.** Ag baint le focail. **2.** Le briathar (*m.sh.* ráiteas le briathar ann). G *Dinn.* ; D 1. *verbal, wörtiich,* 2. *verbal, zeitwortlich;* E *verbal;* F *verbal;*

L *verbalis.*

brionglóideach, *aid.* Ag baint le brionglóidí. D *Traum-* ; E *oneirical* ; F *onirique* ; L *oniricus.*

buaic. *a.b.* An pointe is airde ó thaobh foráis (*m.sh.* i scoil fhealsúnachta). G *Dinn.;* D *Gipfel* ; E *acme* ; F *acmé* ; L *summum, fastigium.*

buaine, *a.b.* Bheith buan. G *Dinn.* ; D *Fortdauer* ; E *permanence, perpetuity;* F *permanence, perpétuité;* L *permanentia, perpetuitas.*

buan, *aid.* Ag fanacht ann gan beann ar imeacht aimsire, gan críochnú le haimsir (*contr.* sealadach). G *Dinn.* ; D *dauernd, immerwährend;* E *permanent, perpetual* ; F *permanent, perpetuel* ; L *permanens, perpetuus.*

buille faoi thuairim, *a.f.* Barúil agus gan go leor fianaise ar fáil le taispeáint go mbeadh sé ceart. G *Dinn.* ; D *Mutmassung, Vermutung* ; E *guess, conjecture* ; F *conjecture* ; L *conjectura.*

bunúil, *aid.* Le cáilíocht an ruda go mbeadh nithe eile mar aithris air ; ionmholta toisc gan bheith in a aithris ar rudaí eile. D *original, Ur-* ; E *original* ; F *original* ; L *originalis.*

bunús, *a.f.* An mhéid ar a dtógtar rud (nó go n-éiríonn sé aisti), agus a mbraitheann déanamh an ruda uirthi dá réir sin. G *Dinn.* ; D *Grundlage* ; E *basis, foundation* ; F *base* ; L *fundamentum.*

bunúsach, *aid.* ó bunús G *Dinn.;* D *fundamental, grundlegend* ; E *basic, fundamental;* F *fondamental;* L *fundamentalis.*

buntomhas, *a.f.* Aon cheann de na treonna in a dtomhastar sínteacht coirp, G *T;* D *Dimension;* E *dimension;* F *dimension* ; L *dimensio.*

---

caighdeán, *a.f.* **1.** Réaltacht a ghlactar mar bhunús le comparáid nó le meastúchán, nó mar chuspa le haithris air. **2.** Céim chomparáide. G *T* ; D *Norm* ; E *criterion, standard* ; F 1. *étalon,* 2. *niveau* ; L *criterium, norma, regula.*

cáilíocht, *a.b.* **1.** Modhnú ar réaltacht inti féin a fhágann í ar an gcaoi nó sa riocht a bhfuil sí. **2.** I gcás breithiúnais, é bheith deimhneach nó diúltach. G *Dinn., HIL, P, T* ; D *Qualität* ; E *quality* ; F *qualité* ; L *qualitas.*

cáilíocht phríomhúil(*qualitas primaria*). modhnú a bhaineann le cainníocht (*m.sh.* gluaiseacht, cruth).

cáilíocht thánaisteach (*qualitas secundaria*), modhnú atá ina oibíocht do chéadfa ar leith (*m.sh.* boladh).

cáilíochtúil, *aid.* Ag baint le cáilíocht. D *qualitativ;* E *qualitative;* F *qualitatif;* L *qualitativus.*

cáilitheach, *aid.* Ag soláthar nó ag ciallú cáilíochta. D *qualifizierend;* E *qualifying;* F *qualificatif;* L *qualificativus.*

cáiliú, *a.br.* (cáilím) Soláthar nó ciallú cáilíochta. D *qualifizieren* ; E *qualify* ; F *qualifier* ; L *qualificare.*

cainníocht, *a.b.* **1.** Inroinnteacht réaltachta (.i. páirteanna lasmuigh de pháirteanna eile a bheith ag an réaltacht). **2.** I gcás téarma nó ráitis, é bheith á ghlacadh go pairticleártha nó go huilíoch. G *De Contemptu, W* ; D *Quantität* ; E *quantity* ; F *quantité* ; L *quantitas.*

cainníochtú, *a.br.* (cainníochtaím) Cainníocht téarma a shocrú. D *quantifizieren* ; E *quantify* ; F *quantifier* ; L *quantificare.*

cainníochtúil, *aid.* Ag baint le cainníocht. D *quantitativ* ; E *quantitative* ; F *quantitatif* ; L *quantitativus.*

cairdeas, *a.f.* Cion beirte dá chéile ar mhaithe lena chéile agus de bhrí go n-aithneoidís an mhaith ina chéile. G *Dinn.*; D *Freundschaft* ; E *friendship*; F *amitié* ; L *amicitia.*

cairdineálta, *aid.* : **suáilce ch.,** Ceann de na ceithre suáilcí (ceartas, críonnacht, measarthacht, foirtile) ar a mbunaítear rangú na suáilcí. G *C, HIL, Luc.Fid., P, PB* ; D *Kardinaltugend* ; E *cardinal virtue* ; F *vertu cardinal* ; L *virtus cardinalis.*

Cairtéiseach, *aid.* Ag baint leis an bhfealsamh Descartes (.i. Cartesius) nó lena lucht leanúna agus a dteagasc. *a.f.* Leantóir de chuid Descartes. D *kartesische, kartesianische, Kartesianer* ; E *Cartesian* ; F *cartésien* ; L *Cartesianus.*

caitheamh, *a.br.* (caithim) Díothú le húsáid (*m.sh.* fuinneamh). G *HIL, Dinn.* ; D *aufwenden* ; E *expend* ; F *consommer, dépenser*; L *consumere, expendere.*

calaois, *a.b.* Cur i gcéill bréagach ; gníomh dá réir sin. G *Dinn., TDlí.* ; D *Betrug, Schwindel* ; E *fraud* ; F *fraude*; L *fraus.*

canablacht, *a.b.* Ithe feola daonna. D *Kannibalismus* ; E *cannibalism* ; F *cannibalisme*; L *cannibalismus, anthropophagia.*

canóin, *a.b.* Reacht eaglasta, riail treoir. G *HIL, O'C,W* ; D *Kanon* ; E *canon* ; F *canon* ; L *canon.*

canónta, *aid.* ó canóin. G *Dinn.* ; D *kanonisch* ; E *canonical* ; F *canonique* ; L *canonicus.*

caoi, *a.b.* Ócáid fhabhrúil ; saoirse chun rud a dhéanamh. G *Dinn.*; D *die günstige Gelegenheit* ; E *opportunity* ; F *occasion* ; L *opportunitas.*

caoinfhulaingt, *a.b.* Seasamh an duine nach gcuirfeadh isteach ar dhaoine eile mar gheall ar thuairimí a bheith acu nach n-aontódh sé féin leo ; ceadú áirithe iompair, etc., do dhaoine eile, bíodh go mbeadh an t-iompar sin de réir tuairimí nach n-aontódh an ceadaitheoir leo. G *T* ; D *Toleranz* ; E *toleration* ; F *tolérance* ; L *tolerantia.*

caolchúiseach, *aid.* Le fíorghrinneas idirdhealaithe (ar mhaithe le beaichte). G *BC* ; D *subtil* ; E *subtle* ; F *subtil* ; L *subtilis.*

carachtar, *a.f.* **1.** Iomlán na dtréithe síceacha i nduine, go háirithe maidir le seasmhacht na gníomhaíochta aige. **2.** Seasmhacht inmholta phearsanachta. G *Dinn.* ; D *Charakter* ; E *character* ; F *caractère* ; L *character.*

carachtaracht, *a.b.* Córas idéithe a léiriú le comharthaí. D *Charakteristik* ; E *characteristic* ; F *caractéristique* ; L *ars characteristica.*

carachtareolaíocht, *a.b.* Roinn den síceolaíocht a dhéanann staidéar ar charachtair. D *Charakterologie, Charakterkunde* ; E *characterology* ; F *caractérologie* ; L *characterologia.*

carnach, *aid.* Ag bailiú nirt de bharr breis a fháil i ndiaidh a chéile. G *T Dlí.* ; D *kumulativ* ; E *cumulative* ; F *cumulatif*; L *cumulativus.*

cás, *a.f.* Ócáid, tarlú, fíoras ar leith, go háirithe de ghrá sampla. G *T Dlí., W* ; D *Fall* ; E *case, instance* ; F *cas* ; L *casus.*

cás coinsiasa (*casus conscientiae*), gnó faoi leith mar ábhar le socrú de réir na moráltachta.

cásaisteach, *a.f.* Diagaire a phléann le cásanna coinsiasa mar ábhar staidéir, etc. G *cf. C* ; D *Kasuist* ; E *casuist* ; F *casuiste* ; L *casuista.*

cásaisteacht, *a.b.* Staidéar na ndiagairí ar chásanna coinsiasa. D *Kasuistik* ; E *casuistry* ; F *casuistique* ; L *casuistica.*

catagóir, *a.f.* **1.** Ceann de na cineálacha is uachtaraí, is leithne, i rangú na mbeitheanna .i. preidicimint (*m.sh.* substaint, cáilíocht, cainníocht, coibhneas áit, am, suíomh, gníomhú, fulaingt, sealbhú). **2.** Kant : coincheap bunúsach sa tuiscint ghlan ; foirm *a priori* den fhios (*m.sh.* cainníocht, cáilíocht, coibhneas, módúlacht, agus a gcuid foranna). G *cf. P* ; D *Kategorie* ; E *category* ; F *catégorie* ; L *categoria.*

catagóireach, *aid.* Gan choinníoll (*m.sh.* ráiteas simplí gan hipitéis gan ailtéarnacht ag dearbhú nó ag séanadh; dualgais áirithe, de réir Kant.) G *Eit.* ; D *kategorisch* ; E *categorical* ; F *catégorique* ; L *categoricus*

catagóiréama, *a.f.* Caoi le preideacháideadh ar shuibíocht (*m.sh.* mar chineál, mar dhifríocht de chuid na suibíochta). D *Kategorem*; E *categorema*; F *catégorème* ; L *categorema.*

catagóiréamach, focal, *aid., a.f.* Focal a thuigfí ann féin (*m.sh.* ainmfhocal, aidiacht) seachas focail nach mbeadh ciall le baint astu in éagmais focail eile (*m.sh.* cónasc nó réamhfhocal). D *kategorematisch* ; E *categorematic* ; F *catégorématique* ; L *categorematicus.*

cataileipse, *a.b.* Staid phateolaíoch, easpa corraithe toiliúla, easpa athraithe ar leagan amach na mball, laghdú ar líon na n-idéithe, etc. D *Katalepsie;* E *catalepsy* ; F *catalepsie* ; L *catalepsia.*

cathú, *a.f.* Spreagadh chun drochghnímh. G *Dinn.* ; D *Versuchung* ; E *temptation* ; F *tentation* ; L *tentatio.*

ceachtartha, *aid.* Ó dhá thaobh i leith a chéile. D *beiderseitig, gegenseitig, reziprok, wechselseitig* ; E *mutual, reciprocal* ; F *mutuel, réciproque* ; L *mutualis, reciprocus.*

céadbheart, *a.f.* Coinníoll, tairiscint réamhtheachtach (*m.sh.* " má thagann Séan . . ."). D *Bedingungssatz, Protasis* ; E *protasis* ; F *protase* ; L *protasis.*

céadfa, *a.f.* Orgán, acmhainn chéadfaithe (*m.sh.* súil, cluas, rádharc, boltnú). G *Dinn.* ; D *Sinn* ; E *sense* ; F *sens* ; L *sensus.*

céadfaíoch, *aid.* ó céadfa. G *BG, GG* ; D *sensitiv, sensorisch* ; E *sensitive, sensory*; F *sensitif, sensoriel*; L *sensitivus.*

céadfaíochas, *a.f.* An teagasc adeir nach bhfuil fios ná tothlú ar bith ann seachas an céadfú. D *Sensualismus* ; E *sensationalism, sensationism, sensism, sensualism* ; F *sensualisme* ; L *sensualismus.*

céadfaíre, *a.f.* Acmhainn lárnach a d'aontódh an mhéid a spreagtar trí na céadfaí go léir. D *Sensorium* ; E *sensorium*; F *sensorium*; L *sensorium.*

céadfú *a.br.* (céadfaím) Fáil an fheiniméin shícigh atá mar thoradh ar spreagadh fiseolaíoch an chomhfheasa (.i. gan áireamh na taithí, na gcuimhní, etc., atá páirteach san aireachtáil mar iomlán). G *P* ; D *durch die Sinne empfinden (Empfindung)* ; E *sense (sensation)* ; F *sentir (sensation)* ; L *sentire (sensatio).*

céadghabháil, *a.b.* Glacadh úinéireachta ar mhaoin thréigthe, nó ar mhaoin gan úinéir. D *Besitznahme, Einnahme* ; E *occupation* ; F *occupation* ; L *occupatio.*

ceadú, *a.br.* (ceadaím) Cead a thabhairt ; staonadh ó chur i gcoinne. G *Dinn.* ; D *erlauben, zulassen* ; E *allow, permit* ; F *permettre* ; L *permittere.*

ceangal, *a.f.* Nasc aontaithe. G *Dinn.* ; D *Verbindung, Zusammenhang* ; E *connection* ; F *connexion, liaison* ; L *connexio, nexus.*

ceangaltóir, *a.f.* Cuid den chóras síocorgánach a chuireann ceangal ar fáil idir na céadfaí (.i. na glacadóirí) agus na matáin agus na faireoga (.i. na héifeachtóirí). G *Dinn.* ; D *Konnektor* ; E *connector* ; F *connecteur*; L *connector.*

ceann spríce, *a.f.* An áit ar a ndírítear chun é a bhaint amach ag deireadh aistir. G *Dinn.* ; D *Bestimmung, Ziel* ; E *destination, goal* ; F *destination* ; L *destinatio.*

ceannasach, *aid.* I seilbh cheannais .i. san áit is airde, gan teorainn, in ord éigin (*m.sh.* an stát san ord polaitiúil). D *souverän* ; E *sovereign* ; F *souverain* ; L *cf. soberanitas.*

ceannfháth, *a.f.* Réasún gníomhaithe (.i. spreagadh intleachtúil). G *Dinn.*; D *Beweggrund, Motiv* ; E *motive* ; F *motif* ; L *motivum.*

ceansacht, *a.b.* Géillsine umhal uiríseal. G *Dinn.* ; D *Sanftmut* ; E *meekness* ; F *mansuétude* ; L *mansuetudo.*

céardas, *a.f.* Eisint ruda. D *Quiddität, Washeit* ; E *quiddity* ; F *quiddité* ; L *quidditas.*

ceart, *aid.* De réir an cheartais. G *Dinn.*; D *gerecht* ; E *just* ; F *juste* ; L *justus.* *a.f.* Cuid ar leith den mhéid (.i. na cearta)is dual a bheith ag duine de bhrí gur duine é, nó de bhrí go gceadaíonn údarás, etc., dó é. G *Dinn.* ; D *Recht* ; E *right* ; F *droit* ; L *jus.*

ceartas, *a.f.* An tsuáilce a chlaonas duine chun a cheart féin a thabhairt do chách. G *Eit., T Dlí.* ; D *Gerechtigkeit* ; E *justice* ; F *justice* ; L *justitia.*

ceartú, *a.br.* (ceartaím) **1.** Rud a chur sa riocht ar dhual dó go beacht bheith ann. G *Dinn.* ; D *berichtigen, richtigstellen* ; E *correct, rectify* ; F *rectifier* ; L *rectificare.* **2.** Cur in iúl do duine céard ba dhual dó a dhéanamh dá gceapfaí nach mbeadh sé á dhéanamh. G *Dinn.* ; D *korrigieren, zurechtweisen* ; E *correct*; F *corriger* ; L *corrigere.*

ceast, *a.f.* Grúpa iata sóisialta nach mbainfeadh duine leis ach de réir dhúchais. D *Kaste* ; E *caste* ; F *caste* ; L *casta, ordo.*

céimíocht, *a.b.* Ionad, rang, coibhneasta (i leith daoine, réaltachtaí, eile). D *Status, Zustand* ; E *status* ; F *status, statut* ; L *status.*

céimnithe, *aid.bhr.* Roinnte de réir céimeanna tomhais. G *cf. Dinn.* ; D *in Grade abgestuft* nó *gestuft* ; E *graduated* ; F *gradué* ; L *graduatus.*

céimseach, *aid.* Ag dul ar aghaidh i gcéimeanna diaidh ar ndiaidh. G *Dinn.* ; D *graduell, gradweis* ; E *gradual* ; F *graduel* ; L *gradualis.*

ciall, *a.b.* An mhéid faoi leith a bheadh le tabhairt mar fhios le focal (nó le comhartha ar bith eile dá leithéid) de bhrí an chumais áirithe a bhainfeadh leis chun an gnó sin a dhéanamh (.i. an fios áirithe sin a chur in iúl). G *Dinn.* ; D *Bedeutung, Sinn* ; E *meaning, sense, signification* ; F *sens, signification* ; L *sensus, significatio.*

ciallú, *a.br.* (ciallaím). Bheith in ann ciall áirithe a chur in iúl mar a dhéanann comhartha. G *Dinn.*; D *bedeuten*; E *mean, signify*; F *signifier*; L *significare.*

cian-, cianda, *aid.* I bhfad amach ó. G *Dinn.*; D *entlegen*; E *remote*; F *éloigné, lointain*; L *remotus.*

cianúlas, *a.f.* Faid scarúna san am nó sa spás. G *Dinn.*; D *Abstand*; E *distance*; F *distance*; L *distantia.*

cinaestéiseach, *aid.* Ag baint le corraí na colla a chéadfú. G *FI*; D *kinästhetisch*; E *kinaesthetic*; F *kinesthésique, kinésique*; L *cinaestheticus.*

cine, *a.f.* Grúpa daonna go léireodh tréithe colla (*m.sh.* dath) acu suim éigin de thréithe a bheith i gcoiteannas le chéile acu ó dhúchas, á ndealú amach ó ghrúpaí eile. G *Dinn.*; D *Rasse*; E *race*; F *race*; L *stirps.*

cineál, *a.f.* Grúpa de ghnéithe ; idé uilíoch a léiríonn an chuid sin d'eisint ruda atá i gcoiteannas aige le gnéithe eile de rudaí mar é (*m.sh. ainmhí* i leith an duine agus an chapaill) G *P*; D *Genus*; E *genus*; F *genre*; L *genus.*

cineálach, *aid.* ó cineál. G *Dinn.*; D *generisch*; E *generic*; F *générique*; L *genericus.*

cineamaitic, *a.b.* Staidéar ar an gcorraí, go teibí, gan trácht ar na fórsaí ba bhun leis. D *Kinematik*; E *kinematics*; F *cinématique*; L *cinematica.*

cinéatach, *aid.* Ag baint leis an gcorraí, D *kinetisch*; E *kinetic*; F *cinétique*; L *cineticus.*

ciníoch, *aid.* ó cine. D *Rassen-*; E *racial*; F *de race, ethnique*; L *ethnicus.*

ciníochaí, *a.f.* Duine a ghlacfadh leis an gciníochas. E *racialist*; F *racialist*; L *racialista, racista.*

ciníochas, *a.f.* Teagasc adeir go bhfuil cinnteacht nó tábhacht faoi leith ag baint le difríochtaí ciníocha ; gníomhú dá réir sin. D *Rassentheorie*; E *racialism*; F *racisme*; L *racismus.*

cinneadh, *a.br.* (cinnim) Teacht ar shocrú amháin seachas a chéile. G *Dinn.*; D *entscheiden, sich entschliessen*; E *decide, determine*; F *décider*; L *decidere.*

cinniúint, *a.b.* Cumhacht éigin a chinnfeadh coraí an tsaoil roimh ré ar chaoi nárbh fhéidir athrú a chur ar pé rud a bheadh i ndán a thitim amach. G *Dinn.*; D *Schicksal, Verhangnis*; E *fate*; F *fatum*; L *fatum.*

cinniúnachas, *a.f.* An tuairim go bhfuil cúrsaí an tsaoil socraithe roimh ré ionas nach féidir iad d'athrú, agus géillsine dá réir do na tarluithe. D *Fatalismus*; E *fatalism*; F *fatalisme*;

L *fatalismus.*

cinniúnaí, *a.f.* Duine a ghlacann leis an gcinniúnachas. D *Fatalist*; E *fatalist*; F *fataliste*; L *fatalista.*

cinnte, *aid.* Inghlactha go sásúil mar fhios gan imní earráide ; siúráilte. G *Dinn.*; D *gewiss, sicher*; E *certain, sure*; F *certain, sûr*; L *certus.*

cinnteachas, *a.f.* 1. An tuairim eolaíoch adeir gur féidir gach feiniméan a mhíniú go hiomlán leis na feiniméin a thagann roimhe. 2. An tuairim shíceolaíoch adeir nach bhfuil saoirse tola ann. 3. An tuairim mheitifisiciúil adeir go bhfuil an uile rud in alt lena chéile, agus cinntithe go hiomlán. D *Determinismus*; E *determinism*; F *déterminisme*; L *determinismus.*

cinnteacht, *a.b.* Bheith cinnte ; siúráilteacht (*contr.* dabht, barúil). G *Dinn.*; D *Gewissheit, Sicherheit*; E *certainty, certitude*; F *certitude*; L *certitudo.*

    cinnteacht neamh-mheánach nó im-fhiosach (*immediata vel intuitiva*), de bharr na fianaise (*q.v.*) a thugas an breithiúnas féin leis (*m.sh.* Is mó an t-iomlán ná aon pháirt de).

    cinnteacht mheánach nó dhioscúrsach (*mediata vel discursiva*), de bharr fianaise an réasúnaithe le haghaidh an bhreithiúnais (*m.sh.* Is mó an tír ná an contae, mar páirt den tír iomlán is ea an contae).

    cinnteacht mheitifisiciúil (*metaphysica*), bunaithe ar eisint an ábhair feasa, ar phrionsabail na beithe aige. (*m.sh.* Ní féidir níos mó ná Dia amháin a bheith ann).

    cinnteacht fhisiciúil (*physica*), bunaithe ar dhlíthe an nádúir (*m.sh.* Múchtar tine le huisce).

    cinnteacht mhorálta (*moralis*), 1. Bunaithe ar iontaoibh mhorálta agus síceolaíoch as daoine (*m.sh.* Is air atá an locht mar d'admhaigh sé féin é sin); 2. Bunaithe ar oiread fianaise agus go mbeadh sé míréasúnta gan bheith sásta gníomhú dá réir i ngnáth-chúrsaí an tsaoil (*m.sh.* Chlis ar an siopa seo deich n-uaire cheana, ní gnó rathúil a déantar ann) ; 3. Barúil (*q.v.*).

    cinnteacht phraiticiúil (*practica*), cinnteacht mhorálta (*ciall* 2).

    cinnteacht apaidicteach (*apodictica*), bunaithe ar fhianaise nárbh fhéidir gan ábhar na cinnteachta a bheith fíor (*m.sh.* Is mó an t-iomlán ná aon pháirt de).

cinntí, *a.f.* Duine a chlaíonn leis an gcinnteachas. D *Determinist*; E *determinist*; F *déterministe*; L *determinista.*

cinntithe, *aid. bhr.* Arna chinntiú.

13

D *determiniert*; E *determined*; F *déterminé* ; L *determinatus*.
cinntitheach, *aid.* Ag cinntiú. D *determinierend* ; E *determinant* ; F *déterminant* ; L *determinans.*
cinntiú, *a.br.* (cinntím). **1.** Fágáil gur i riocht áirithe nó ar mhodh áirithe, seachas a chéile, a fhanfaidh nó a ghníomhóidh réaltacht. G *Dinn.*, W ; D *bestimmen* ; E *determine* ; F *détermininer*; L *determinare.* **2.** Riocht nó modh áirithe seachas a chéile a bheadh ar réaltacht de dheasca a cinntithe (*ciall* 1.). G *Dinn.*; D *Bestimmung*; E *determination*; F *détermination*; L *determinatio.*
cinsireacht, *a.b.* **1.** Smacht oifigiúil ar fhoilseacháin, litreacha, etc., de ghrá moráltachta, leasa mhíleata, etc. **2.** Freud: Smacht neamhchomhfhiosach a bhacfadh eilimintí plúchta sa bhfochomhfhios ó éirí chun an chomhfheasa. **3.** Diagacht: Meastúchán údarásach eaglasta ar thuairimí. G *T* ; D *Zensur* ; E *censorship* ; F *censure* ; L *censura.*
ciorcal lochtach, *a.f., aid.* An argóinteacht a thabharfadh faoi dhá ráiteas a chruthú de bhrí a chéile. G *Luc. Fid.* ; D *Zirkelbeweis, circulus vitiosus*; E *vicious circle*; F *Cercle vicieux*; L *circulus logicus, circulus vitiosus.*
ciorrú, *a.br.* (ciorraím) Dochar a dhéanamh do cholainn, saothar, etc., trí roinn a bhaint de nó a chur ó mhaith. G *Dinn.* ; D *verstümmeln*; E *mutilate*; F *mutiler*; L *mutilare.*
Ciréanach, *aid.*, De réir an teagaisc a bhí ag Aristippus Ciréanach adúirt gur sa bpléisiúr céadfaíoch faoi smacht an réasúin atá an sonas le fáil. G *Eit.* ; D *kyrenaisch*; E *Cyrenaic*; F *cyrénaïque*; L *Cyrenaicus.*
clann, *a.b.* An mhuintir a shíolródh go díreach ó dhuine, a pháistí. G *Dinn.* ; D *Familie, Kinder* ; E *children, family* ; F *enfants, famille* ; L *liberi.*
claochlú, *a.f.* Athrú cáilíochta. G *Dinn.*; D *Alteration, Änderung*; E *alteration* ; F *altération* ; L *alteratio.*
claonadh, *a.f.* Treorú deimhneach ar fhórsa, ar ghníomh spontáineach. G *BC, P, W* ; D *Neigung, Tendenz* ; E *inclination, propensity, tendency* ; F *inclination, tendance* ; L *inclinatio.*
claonloighic, *a.b.* Réasúnadh mícheart. D *Paralogismus, Fehlschluss*; E *paralogism*; F *paralogisme*; L *paralogismus.*
clástrafóibe, *a.b.* Eagla, nó imní ghalrach roimh áiteanna cúnga dúnta. (*contr.* agrafóibe) D *Klaustrophobie*, E *claustrophobia*; F *claustrophobie*; L *claustrophobia.*
cleachtadh, *a.br.* (cleachtaim) Déanamh

go minic nó de ghnáth. G *Dinn.*; D *üben* ; E *practise* ; F *pratiquer* ; L *exercere, exercitare.*
cleipteamáine, *a.b.* Claonadh galrach chun goid. D *Kleptomanie* ; E *kleptomania* ; F *cleptomanie* ; L *cleptomania.*
cloisteáil, *a.b.* An feidhmiú céadfaíoch atá gabhálach ar fhuaimeanna. G *Dinn.* ; D *Hören* ; E *hearing* ; F *audition, entendre, ouïr* (*ouïe*) ; L *auditio.*
cnuasachas, *a.f.* Cineál sóisialachais a mholfadh úinéireacht stáit i gcás na meán táirgithe. D *Kollektivismus* ; E *collectivism*; F *collectivisme*; L *collectivismus.*
cnuasaitheach, *aid.* Ag baint le iomad rudaí a thógtar le chéile mar ghrúpa. D *gesamt, kollektiv* ; E *collective* ; F *collectif* ; L *collectivus.*
coibhéiseach, *aid.* Ar ionannas fiúntais. G *cf. Dinn.*; D *äquivalent, gleichwertig* ; E *equivalent* ; F *équivalent* ; L *aequivalens.*
coibhéiseacht, *a.b.* Bheith coibhéiseach. D *Äquivalenz, Gleichwertigkeit*, E *equivalence*; F *équivalence*; L *aequivalentia.*
coibhneas, *a.f.* An bhaint idir dhá réaltacht a tuigtear le i leith a chéile. G *Dinn.*; D *Beziehung, Relation* ; E *relation* ; F *relation* ; L *relatio.*
coibhneasacht, *a.b.* Bheith coibhneasta. D *Relativität* ; E *relativity* ; F *relativité* ; L *relativitas.*
coibhneasaí, *a.f.* Duine a ghlacfadh le coibhneasaíocht. D *Relativist*; E *relativist*; F *relativiste*; L *relativista.*
coibhneasaíoch, *aid.* Ag baint le coibhneasaíocht. D *relativistisch*; E *relativist*; F *relativiste* ; L *relativisticus.*
coibhneasaíocht, *a.f.* **1.** Teagasc adeir go bhfuil gach uile fhios coibhneasta. **2.** Teagasc adeir go bhfuil an mhoráltacht coibhneasta. D *Relativismus* ; E *relativism*; F *relativisme*; L *relativismus.*
coibhneasta, *aid.* I gcoibhneas. D *relativ*; E *relative* ; F *relatif* ; L *relativus.*
coigeartú, *a.br.* Na torthaí ar shraith de thurgnaimh, etc., a shocrú i gcoibhneas le chéile chun freagairt do chúinsí nua a chuirtear san áireamh. G *Dinn.*; D *anpassen, ausrichten*; E *adjust* ; F *ajuster*; L *accommodare, aptare, componere.*
coilíneacht, *a.b.* Áitreabh daoine mar bhuíon i dtir seachas a dtír féin. G *Dinn.* ; D *Kolonie* ; E *colony* ; F *colonie* ; L *colonia.*
coimeádach, *aid.* A chosnódh ar athrú ar bith (nó ar athrú róthapaidh) pé staid láithreach atá ar chúrsaí áirithe.

G T; D *konservativ*; E *conservative*;
F *conservateur*; L *conservativus*.
coimeádachas, *a.f.* Teagasc nó polasaí
coimeádach. D *Konservatismus*; E *conservatism*; F *conservatisme*; L *conservatismus*.
coimhdeacht, *a.b.* Cáilíocht na réaltachtaí
a mbeadh coibhneas rialta eatorthu
(iad a bheith comhuaineach, nó ceann
acu bheith ag athrú de réir mar d'athródh an ceann eile). G *cf. Dinn.*;
D *Konkomitanz*; E *concomitance*; F *concomitance*; L *concomitantia*.
coimhlinteach, *aid.* Ag baint le coimhlint
(*m.sh.* don bheatha, etc.). D *agonistisch*;
E *agonistic*; F *agonistique*; L *agonisticus*.
coimhthiú, *a.br.* (coimhthím) Maoin,
tréithe, etc., d'athrú ón té ar leis iad.
D *entfremden, veräussern*; E *alienate*;
F *aliéner*; L *alienare*.
coimpléasc, *a.f.* **1.** Grúpa eagraithe
d'eilimintí fisiciúla nó loighciúla. **2.** Bailiúchán de thuairimí, mothúcháin, etc.,
a bheadh mar aonad ag imirt ar ranna
eile den bheatha shíceach. G *cf. Dinn.*;
D *Komplex*; E *complex*; F *complexe*;
L *complexus*.
coimpléascúil, *aid.* Le go leor eilimintí
ann. D *komplex*; E *complex*; F *complexe*; L *complexus*.
coinbhéarta, *a.b.* An ráiteas a bhainfí
amach trí choinbhéartú ráitis eile.
D *umgekehrte Proposition, umgekehrter
Satz*; E *converse*; F *converse*; L *conversum*.
coinbhéartú, *a.br.* Déaduchtú neamhmheánach ráitis nua le suibíocht ann
a chinntítear le preideacháid an chéadráitis, agus le haitreabúid na suibíochta
sa gcéad ráiteas mar phreideacháid ann
(*m.sh.* Ní leisceoir aon Éireannach; ní
Éireannach aon leisceoir). D *umkehren*;
E *convert*; F *convertir*; L *convertere*.
coinbhinsean, *a.f.* Socrú a dhéanfaí le
haontacht choitianta nó cheachtartha;
nós imeachta, prionsabal eolaíochta,
etc., a ghlacfaí de bharr réitithe dá
leithéid. D *Konvention, Übereinkunft,
Vertrag*; E *convention*; F *convention*;
L *conventio*.
coinbhinseanachas, *a.f.* An teagasc a
mheasfadh gur coinbhinsin iad na
prionsabail go léir. D *Konventionalismus*; E *conventionalism*; F *conventionalisme*; L *conventionalismus*.
coinbhinseanúil, *aid.* Ag baint le coinbhinsean. D *konventionell*; E *conventional*; F *conventionnel*; L *conventionalis*.
coinbhleacht, *a.f.* An bhaint idir dhá
chlaonadh, chumhacht, phrionsabal,
etc., a bheadh frithráiteach dá chéile
agus ag feidhmiú in éadan a chéile i
leith na hoibíochta céanna. G *Dinn.*;

D *Konflikt, Widerstreit*; E *conflict*;
F *conflit*; L *conflictio*.
coincheap, *a.f.* Idé, idé theibí ghinearálta.
G *FI koncept*; D *Begriff*; E *concept*;
F *concept*; L *conceptum*.
coincheapachas, *a.f.* An teagasc adeir
nach bhfuil aon ní réalta mar bhunús
le coincheapaí, ach gurb í an intleacht
amháin is údar leo. (*m.sh.* Gan aon
bhunús réalta, seachas soláthar ár
n-intleachta, a bheith lenár dtuiscint
ar "chat"). D *Konzeptualismus*;
E *conceptualism*; F *conceptualisme*;
L *conceptualismus*.
coincheapadh, *a.br.* (coincheapaim) Fáil
na gcoincheapaí. D *einen Begriff bilden*;
E *conceive*; F *concevoir*; L *concipere*.
coincréiteach, *aid.* Gan bheith teibí
D *konkret*; E *concrete*; F *concret*;
L *concretus*.
coinneálacht, *a.b.* Cumas gan scaoileadh
le fáltais shíceacha. G *T*; D *Retentivität,
gutes Gedächtnis, Treue des Gedächtnisses*;
E *retentiveness*; F *pouvoir de retenir*;
L *facultas memoria retinendi, memoriae
tenacitas*.
coinníoll, *a.f.* Eilimint den mhéid a bheadh
riachtanach (seachas cúis, *q.v.*) le go
bhféadfadh réaltacht a bheith ar
staid áirithe (*m.sh.* Gan aon bhac a
bheith ar ghníomhú na cúise a chuirfeadh an réaltacht ar fáil sa riocht a
bheadh i gceist). G *Dinn.*; D *Bedingung*; E *condition*; F *condition*; L *condicio*.
coinsias, *a.f.* Breithiúnas praiticiúil a
thaispeánas do dhuine céard tá le
déanamh agus céard tá le seachaint sa
ngníomhaíocht mhorálta aige ar ócáid
faoi leith G *Dinn.*; D *Gewissen*;
E *conscience*; F *conscience*; L *conscientia*.
  coinsias cinnte (*conscientia certa*),
nuair a thugtar breithiúnas ar ghníomh
gan aon fhaitíos faoi earráid a
dhéanamh—bíodh an breithiúnas ceart
nó mícheart.
  coinsias fíor, nó **ceart** (*conscientia
vera, recta*), nuair atá an breithiúnas
bunaithe dáiríre ar an dlí morálta.
  coinsias earráideach (*conscientia
erronea*), nuair is breithiúnas é nach
bhfuil bunús dáirire leis sa moráltacht.
  coinsias dabhtmhar (*conscientia dubia*),
nuair a thugtar an breithiúnas agus
faitíos earráide ag gabháil leis.
  coinsias scaoilte (*conscientia laxa*),
nuair a dhéantar neamhchás de dhualgais ar chúiseanna éadroma.
  coinsias scrupallach (*conscientia
scrupulosa*), nuair a mhéadaítear oibleagáidí morálta ar bheagán ábhair.
  coinsias aimpléiseach (*conscientia*

perplexa), nuair a cheaptar—go hearráideach—go sárófar an dlí morálta pé ceann de na bealaí gníomhaíochta a roghnófar sa gcás.

cointeanóid, *a.b.* Aontacht go ngabhann inroinnteacht gan teorainn léi. D *Kontinuum, Ununterbrochenes*; E *continuum*; F *continu* ; L *continuum*.

cointeanóideach, *aid.* Aonta agus le inroinnteacht gan teorainn. G *A Cat., TPN*; D *kontinuierlich, ununterbrochen*; E *continuous* ; F *continu* ; L *continuus*.

cointeanóideacht, *a.b.* Bheith cointeanóideach. D *Kontinuität*; E *continuity* ; F *continuité* ; L *continuitas*.

coireolaíocht, *a.b.* Eolaíocht speisialta na gcoireanna. D *Kriminologie*; E *criminology* ; F *criminologie*; L *criminologia*.

coiriúil, *aid.* Ag baint le coir .i. locht trom in aghaidh na moráltachta. G *TDlí.*; D *kriminal, kriminell, Straf-*; E *criminal* ; F *criminel* ; L *criminalis*.

coirp, *aid. ait.*, Ag baint le corp an duine (*contr.* síceach, spioradálta, etc.). G *Dinn.*; D *somatisch* ; E *somatic* ; F *somatique* ; L *corporeus, somaticus*.

coirpín, *a.f.* Mír bhídeach ábhair (mar a thiocfadh i gceist i dteoiricí áirithe eolaíochta agus fealsúnachta). D *Körperchen, Korpuskel, Korpusculum* ; E *corpuscle* ; F *corpuscule* ; L *corpusculum*.

coirtéis, *a.b.* Screamh orgáin (*m.sh.* inchinne). D *Kortex*; E *cortex*; F *écorce* ; L *cortex*.

coiteann, *aid.* Ag baint mar an gcéanna le breis is ceann amháin (*m.sh.* leas coiteann). G *Dinn.* ; D *gemeinsam* ; E *common* ; F *commun* ; L *communis*.

comhaimseartha, *aid.* Ag baint leis an aon tréimhse amháin (*m.sh.* dhá bheatha dhá iris, etc.). G *MC, W*; D *zeitgenössisch*; E *contemporary, contemporaneous*; F *contemporain*; L *contemporaneus, eiusdem aetatis*.

cómhalartach, *aid.* Le cáilíocht an cheartais a thabharfadh ar dhaoine príobháideacha malartú maoine, oibleagáide, etc., a dhéanamh de réir ionannais. G *Eit.*; D *ausgleichend, kommutativ* ; E *commutative* ; F *commutatif* ; L *commutativus*.

comhardachas, *a.f.* An teoiric adeir nach bhféadfadh an diagacht agus an eolaíocht a bheith ag teacht i gcoinne a chéile. D *Konkordismus* ; E *concordism* ; F *concordisme* ; L *concordismus*.

comhardacht, *a.b.* Bheith ag réiteach nó ag teacht lena chéile. G *W*; D *Übereinstimmung*; E *concordance, agreement* ; F *concordance* ; L *concordantia*.

" **modh na comhardachta** " Bealach ionduchtaíthe de chuid Stuart Mill : nuair nach bhfuil ach an t-aon imthoisc amháin i gcoiteannas sna cásanna go dtarlaíonn feiniméan éigin a bheith ann, is í an imthoisc sin is cúis leis an bhfeiniméan (nó is éifeacht de chuid an fheiniméin í). (*m.sh.* Tugann Mill foirmle leis na cinnlitreacha inti ag seasamh do réamhtheachtaithe na dtarluithe agus na mionlitreacha do na hiardteachtaithe. Dá réir sin, más féidir dhá chás a chomharthú mar seo: ABC—*abc*, ADE—*ade*, ansin baintear amach an chonclúid seo : tá A mar chúis le *a*).

comhartha, *a.f.* Réaltacht gurb í a feidhm eolas a thabhairt ar réaltacht eile. G *Dinn.* ; D *Zeichen* ; E *sign* ; F *signe* ; L *signum*.

comharthú, *a.br.* (comharthaím) Eolas a thabhairt ar rud le comhartha (*m.sh.* le téarma, le geáitse). G *Dinn.*; D *bezeichnen*; E *signify*; F *signifier* ; L *significare*.

comhbhraiteacht, *a.b.* Ionannas maidir le mothúcháin, aireachtáil, etc., i réaltacht amháin ag freagairt dá leithéid i réaltacht eile. D *Sympathie* ; E *sympathy* ; F *sympathie* ; L *sympathia*.

comhcheangal, *a.br.* **1.** (comhcheanglaím) Snaidhmeadh ceachtartha le chéile. G *Dinn.*; D *assoziieren, verbinden, zugesellen*; E *associate*; F *associer* ; L *adsociare*. **2.** Cáilíocht na bhfeiniméan síceach a mhúsclódh a chéile sa gcomhfhíos ; grúpa d'fheiniméin dá leithéíd. D *Assoziation* ; E *association*; F *association* ; L *associatio*.

comhcheangaltachas, *a.f.* An tuairim gur de réir an chomhcheangail a thagann forás faoin mbeatha shíceach (i gcúrsaí smaoinimh, etc.). D *Assoziationspsychologie* ; E *associationism* ; F *associationnisme* ; L *associationismus*.

comhcheangaltacht, *a.b.* Cáilíocht an phróisis chomhcheangaltaigh (*m.sh.* sa síceolaíocht, sa loighic). D *Assoziativität* ; E *associativity* ; F *associativité* ; L *associativitas*.

comhchur, *a.br.* (comhchuirim) **1.** Tabhairt eilimintí le chéile in aon réaltacht amháin. **2.** Réaltacht déanta d'eilimintí a tugadh le chéile mar sin. G *P, W*. D 1. *zusammensetzen* (*Zusammensetzung*). 2. *Zusammengesetzte*; E *cf. composed of* (*composition*), 2. *composition*; F 1. *composer* (*composition*), 2. *composé* ; L 1. *componere* (*compositio*), 2. *compositum*.

comhchurtha, *aid. bhr. ó* comhchur. D *zusammengesetzt* ; E *composed* ; F *composé* ; L *compositus*.

comhdhóchúlachas, *a.f.* An teagasc adeir gur féidir glacadh le barúil a cheadódh saoirse ghníomhaíochta más rud é nach mó ná ar chothrom· dóchúlachta léi atá pé barúil a d'áiteodh go bhfuil dlí le comhlíonadh sa gcás. D *Äqui-probabilismus* ; E *equiprobabilism* ; F *équiprobabilisme*; L *aequiprobabilismus*.

comhéigean, *a.b.* Fórsa a chuirfeadh iachall ar dhuine gníomhú, etc. G *Dinn.* ; D *Zwang* ; E *coercion, compulsion, constraint* ; F *contrainte* ; L *coercitio.*

comhéigneach, *aid. ó* comhéigean. D *zwingend* ; E *coercive* ; F *coercitif* ; L *coercitivus.*

comhéigniú, *a.br.* (comhéigním) Comhéigean a imirt ar dhuine. G *C* ; D *nötigen, zwingen* ; E *coerce, compel* ; F *contraindre* ; L *coercere.*

comhfhéideartha, *aid.* I gcumas a bheith ann i dteanta a chéile. L *compossibilis.*

comhfhios. *a.f.* Aithne an duine ar a staideanna agus a ghníomhartha féin ; oibíocht na haithne sin. G *P, W*; D *Bewusstsein* ; E *consciousness* ; F *conscience psychologique* ; L *conscientia.*

    comhfhios simplí nó spontáineach (*simplex vel spontanea*), gan gníomhú na haithne a idirdhealú ón méid a aithnítear.

    comhfhios athfhéachanach (*reflexiva*), idirdhealú a bheith á dhéanamh idir an aithint a bheadh ar siúl ag an duine féin agus na heilimintí ina staid féin a bheadh á n-aithint aige.

comhfhiosach, *aid. ó* comhfhios. G *W* ; D *bewusst* ; E *conscious* ; F *conscient* ; L *conscius.*

comhlánú, *a.br* (comhlánaím). An mhéid ba riachtanach a sholáthar chun iomlán a bheith ann. G *Dinn;* D *ergänzen* ; E *complement, complete* ; F *compléter* ; L *complere.*

comhlíonadh, *a.br.* (comhlíonaim). Déanamh go réir éilimh éigin. G *Dinn;* D *erfüllen, vollbringen* ; E *fulfill* ; F *accomplir, exécuter* ; L *complere, exsequi, implere.*

comhluadar, *a.f.* Grúpa de dhaoine atá aontaithe le chéile de bharr cosúlacht nó gaol oibíochtúil a bheith eatarthu (ní gá go mbeadh a n-aontacht bunaithe ar thuiscint ná ar thoil) ; grúpa le coinníollacha coiteanna beatha acu (*m.sh.* aicme, náisiún, teaghlach). G *cf. Dinn.* ; D *Gemeinde, Gemeinschaft* ; E *community* ; F *communauté*; L *communitas.*

comhoibriú, *a.br.* (comhoibrím). Oibriú as lámha a chéile. G *Dinn.* ; D *beitragen, mitwirken, zusammenwirken* ; E *collaborate, cooperate* ; F *coopérer,* con-

courir, *collaborer* ; L *collaborare, cooperari.*

comhordú, *a.br.* (comhordaím). Réiteach a dhéanamh i leith a chéile ar chúiseanna, ranna, eilimintí, coincheapaí, etc. D *beiordnen (Beiordnung), koordinieren (Koordination), nebenordnen (Nebenordnung)*; E *coordinate*; F *coordonner (coordination)*; L *coordinare (coordinatio).*

comhréir, *a.b.* Ionannas idir ghrúpaí d'eilimintí coibhneasta (*m.sh.* Deirtear gurb ionann an fhírinne i leith na hintleachta agus an solas i leith na súile). D *Proportion, Verhältnis* ; E *proportion* ; F *proportion* ; L *proportio.*

comhsheasmhach, *aid.* Ag réiteach leis féin, maidir le gach uile eilimint ann i leith a chéile ; daingean dá réir sin (*m.sh.* iompar duine, argóint). G *cf. P* ; D *konsequent* ; E *consistent* ; F *ayant de la consistance* ; L *secum consentiens, sibi constans.*

comhthacaíocht, *a.b.* Neartú le (fianaise duine eile, etc). G *TDlí.* ; D *Bekräftigung, Bestätigung* ; E *corroboration* ; F *corroboration* ; L *corroboratio.*

comhthacú, *a.br.* (comhthacaím le) Comhthacaíocht a sholáthar. G *TDlí.* ; D *bekräftigen, bestätigen* ; E *corroborate*; F *corroborer* ; L *corroborare.*

comhtharlú, *a.br.* (comhtharlaíonn). Titim amach ag an am céanna (go háirithe de thaisme). G *W* ; D *zusammenfallen, zusammentreffen* ; E *coincide* ; F *coïncider* ; L *uná (in idem tempus) incidere.*

comhthoradh, *a.f.* Ráiteas a leanann go neamh-mheánach de chonclúid argóna. D *Korollarium*; E *corollary*; F *corollaire*; L *corollarium.*

comhuaineach, *aid.* Ag an am céanna. D *gleichzeitig* ; E *simultaneous* ; F *simultané* ; L *simultaneus.*

comórtas, *a.f.* Iomaíocht le chéile chun duais, sochar, etc., a bhaint amach. G *Dinn.* ; D *Konkurrenz, Wettbewerb* ; E *competition* ; F *concours, concurrence*; L *certamen.*

comparáid, *a.b.* Meas réaltachta i leith réaltachta eile. G *Dinn.*; D *Vergleich, Vergleichung* ; E *comparison*; F *comparaison* ; L *comparatio.*

comparáideach, *aid.* Ag baint le comparáid. G *Dinn.*; D *komparativ, vergleichend*; E *comparative*; F *comparatif*; L *comparativus.*

cónascach, *aid.* Le cáilíocht na tairiscinte comhchurtha go mbeadh míreanna inti ceangailte le "agus" nó, dar le húdair áirithe, go mbeadh coinníoll léi. D *konjunktiv* ; E *conjunctive* ; F *conjonctif* ; L *conjunctivus.*

conclúid, *a.b.* Eolas a bhaintear amach de thoradh argóinteachta. G *Luc.Fid.,* *O'B* ; D *Folgerung, Konklusion, Schluss, Schlussatz* ; E *conclusion* ; F *conclusion* ; L *conclusio.*

conclúideach, *aid.* In ann conclúid a sholáthar go ceart. D *entscheidend, konklusiv* ; E *conclusive* ; F *concluant, conclusif* ; L *conclusivus.*

conradh, *a.f.* **1.** Socrú foirmiúil idir dhaoine a cheanglódh iad féin chun rud éigin a thabhairt dá chéile, a dhéanamh, nó a fhágáil gan déanamh. G *Dinn.;* D *Kontrakt, Vertrag* ; E *contract* ; F *contrat* ; L *contractus,* **2.** Socrú foirmiúil dá leithéid idir stáit. G *MC* ; D *Vertrag;* E *treaty;* F *traité;* L *foedus.*

conspóid, *a.b.* Díospóireacht ar cheist idir daoine nach n-aontaíonn le chéile mar gheall uirthi. G *Dinn.* ; D *Streit* ; E *contention, dispute, polemics;* F *dispute, polémique* ; L *contentio, disputatio.*

conspóideach, *aid.* Ag baint le conspóid (*m.sh.* scríbhinní). G *cf. Dinn.;* D *polemisch, Streit-;* E *polemic, polemical;* F *polémique;* L *polemicus.*

constaic, *a.b.* Oibíocht a choiscfeadh fórsa, gluaiseacht, etc. G *Dinn.;* D *Hindernis;* E *impediment, obstacle;* F *obstacle* ; L *impedimentum, obstaculum.*

contrártha, *aid.* **1.** Leis an éagsúlacht is mó is féidir idir dhá choincheap den chineál céanna. (*m.sh.* bán agus dubh, mór agus beag). **2.** I gcás ráiteas uilíoch, iad a bheith difriúil ó cháilíocht .i. ceann acu dearbhach agus an ceann eile séantach (*m.sh.* Tá chuile fhear ollscoile tuisceanach ; níl aon fhear ollscoile tuisceanach). **3.** I gcás gluaiseachtaí, iad a bheith ar mhalairt treo, in aghaidh a chéile (*m.sh.* Baile Átha Cliath go Gaillimh, Gaillimh go Baile Átha Cliath). G *Dinn.* ; D *konträr* ; E *contrary* ; F *contraire* ; L *contrarius.*

copail, *a.b.* An briathar "bheith" i dtairiscint phreideacháideach. G *MC* ; D *Kopula* ; E *copula* ; F *copule* ; L *copula.*

copaileach, *aid.* Le cáilíocht na tairiscinte a dhearbhódh nó a shéanfadh aon phreideacháid amháin i dtaobh níos mó ná aon tsuibíocht amháin. D *kopulativ;* E *copulative;* F *copulatif;* L *copulativus* ;

córas, *a.f.* Cnuasach eagraithe d'eilimintí ag brath ar a mbaint lena chéile (orgáin, smaointe, etc.) G *Dinn.;* D *System* ; E *system* ; F *systèm̥e* ; L *systema.*

córasach, *aid.* ó córas. D *systematisch* ; E *systematic* ; F *systématique* ; L *sys-*

tematicus.

corp, *a.f.* Rud ábhartha inchéadfaithe. G *Dinn.* ; D *Körper* ; E *body;* corps ; L *corpus.*

corpán, *a.f.* Corp mairbh. G *Dinn.* ; D *Leiche, Leichnam* ; E *corpse* ; F *cadavre, corps mort* ; L *cadaver.*

corpartha, *aid.* Le nádúr coirp, ábhartha. G *C, Lh.* ; D *körperlich* ; E *corporeal;* F *corporel* ; L *corporalis.*

corraí, *a.f.* **1.** Gluaiseacht (*q.v.*). **2.** Achtáil a dhéanaí ar thualang ar bith. G *Dinn.;* D *Bewegung* ; E *movement, motion* ; F *mouvement* ; L *motio.*

corraitheach, *aid.* Ag baint le corraí. G *cf. Dinn.;* D *bewegend, motorisch* ; E *mobile, moving, motor* ; F *mobile, mouvant* ; L *mobilis.*

corraitheoir, *a.f.* Réaltacht a bheadh mar chúis le réaltacht eile bheith ina chorraitheach, .i. ag corraí .D *Beweger;* E *mover* ; F *moteur* ; L *motor.*

cosc, *a.br.* (coiscim). Bac a chur ar fheidhmiú (*m.sh.* ar oibriú matáin, faireoga, etc.) G *Dinn.* ; D *hemmen, inhibieren* ; E *inhibit* ; F *inhiber* ; L *inhibere.*

cosmagnaíocht, *a.b.* Scéalaíocht, córas teagaisc, faoin gcaoi ar thosaigh an domhan. G *FI kosmogoni* ; D *Kosmogonie* ; E *cosmogony* ; F *cosmogonie* ; L *cosmogonia.*

cosmas, *a.f.* An domhan sa mhéid gur iomlán ordúil é. D *Kosmos;* E *cosmos* ; F *cosmos* ; L *cosmos.*

cosmeolaíoch, *aid.* ó cosmeolaíocht. D *kosmologisch* ; E *cosmological* ; F *cosmologique* ; L *cosmologicus*

cosmeolaíocht, *a.b.* An chuid de fhealsúnacht an nádúir ina ndéantar staidéar ar an domhan neamhorgánach. G *FI kosmologi* ; D *Kosmologie* ; E *cosmology* ; F *cosmologie* ; L *cosmologia.*

cosúlacht, *a.b.* Tagairt dhá réaltacht dá chéile de bhrí go mbeadh tréithe áirithe mar an gcéanna ag baint leo araon. G *Dinn.* ; D *Ähnlichkeit* ; E *likeness, resemblance, similarity* ; F *ressemblance, similitude;* L *similitudo.*

cothromaíocht, *a.b.* Staid an choirp nó an chórais a bheadh faoi thionchar ag fórsaí a chúiteodh go cothrom dá chéile. D *Äquilibrium, Gleichgewicht* ; E *equilibrium;* F *équilibre;* L *aequilibrium.*

cothromas, *a.f.* Seintimint i leith an cheartais, fiú i gcás nach mbeadh dlí deimhneach ag freastal air. G *Dinn., TDlí.* ; D *Billigkeit* ; E *equity;* F *équité* ; L *aequitas.*

cothú, *a.br.* (cothaím). **1.** Feidhmiú mar bhia. **2.** Riar a cháis a sholáthar do

dhuine. G *Dinn.*; D 1. *nähren*
2. *ernähren*; E 1. *nourish, provide nutri-
ment*, 2. *keep, support*; F 1. *nourrir*,
2. *entretenir, nourrir, soutenir* ;
L 1. *nutrire*, 2. *sustinere, sustentare*.
crá, *a.f.* Fulaingt intinne de dheasca
na héiginnteachta, etc., i mbeatha
an duine. G *Dinn.*; D *Angst* ;
E *anguish* ; F *angoisse* ; L *angor*.
crapadh, *a.br.* (crapaim) Éirí níos lú
G *Dinn.*; D *zusammenziehen*; E *contract,
shrink* ; F *contracter* ; L *contrahere*.
creatúil, *aid.* Le cuma na fírinne (bíodh
nár ghá an scéal, etc., bheith fíor
dáiríre). D *scheinbar* ; E *specious* ;
F *spécieux* ; L *specie, speciosus*.
créatúr, *a.f.* Réaltacht chruthaithe (*cf.*
cruthú, *ciall* 2). G *Dinn.*; D *Geschöpf,
Kreatur, Wesen* ; E *creature* ;
F *créature* ; L *creatura*.
creideamh, *a.f.* Glacadh go daingean le
tuairimí ar chúiseanna seachas fianaise
na tuisceana (*m.sh.* ar údarás duine a
thuillfeadh muinín). G *Dinn.* ;
D *Glaube, Glauben* ; E *belief, faith* ;
F *croyance, foi* ; L *fides*.
creitíneacht, *a.b.* Staid an chreitín .i.
amaid mhíchumtha; easpa foráis choirp
agus intleachta de dheasca locht
faireoige. D *Kretinismus* ; E *cretinism* ;
F *crétinisme* ; L *cretinismus*.
críne, *a.b.* Staid na mball, etc., a sheargann
agus a chailltear nuair atá deireadh lena
bhfeidhmiú ; sean-aois (ó 80—90
bliain). G *Dinn.* ; D *Hinfälligkeit* ;
E *caducity* ; F *caducité* ; L *caducitas*.
críochnú, *a br.* (críochnaím). Deireadh a
chur le gnó, etc. G *Dinn.*; D *aufhören mit,
enden* ; E *end, finish, terminate* ;
F *achever, finir, terminer*; L *finire,
terminare*.
críonnacht, *a.b.* An tsuáilce a chlaonas
chun na meáin chearta ghníomhaithe
a thoghadh. G *Eit., Luc.Fid.*, *P* ;
D *Klugheit*; F *prudence*; F *prudence*;
L *prudentia*.
critic, *a.b.* Beachtaíocht fhealsúnach ar
fhiúntas an fheasa. G *FI kritik* ;
D *Kritik* ; E *criticism, critique* ;
F *critique* ; L *critica*.
criticeas, *a.f.* Fealsúnacht atá bunaithe ar
theoiric an fheasa ; teagasc Kant.
G *FI kriticism* ; D *Kritizismus* ;
E *criticism*; F *criticisme* ; L *criticismus*.
criticiúil, *aid.* ó critic. D *kritisch*; E *critical*;
F *critique* ; L *criticus*.
cruth, *a.f.* Foirm sheachtrach réaltachta,
a cuma, a déanamh. G *Dinn.*;
D *Gestalt*; E *shape*; F *forme*; L *figura,
forma.*
crutha íocht, *a.b.* An mhéid a sholáthraítear
le gníomhú cruthaitheach. G *Dinn.*;
D *Erschaffung, Schöpfung* ; E *creation*;

F *creation* ; L *creatio*.
cruthaíochtachas, *a.f.* An teagasc adeir
gur de thoradh cruthaithe (agus nach
amháin de thoradh eagraithe) atá an
saol ann. E *creationism*; F *créationnisme*;
L *creationismus*.
cruthaitheach, *aid.* ó cruthú. D *schöp-
fend* ; E *creative* ; F *créatif*; L *creativus*.
cruthaitheoir, *a.f.* An té a chruthaíonn.
G *Dinn.* ; D *Schöpfer* ; E *creator* ;
F *créateur* ; L *creator*.
cruthú, *a.br.* (cruthaím) **1.** Fianaise na
fírinne, an fhiúntais, etc., a chur ar
fáil le argóint nó ar mhodh eile ;
soláthar cruthúnais. G *MC, TDlí* ;
D *beweisen* ; E *prove* ; F *démontrer,
prouver* ; L *demonstrare, probare*.
2. An gníomh diaga a thugann ann agus
a choimeádann ann réaltachtaí nár
thada iad dá uireasa ; soláthar cruth-
aíochta. G *Dinn.* ; D *schaffen* ;
E *create* ; F *créer* ; L *creare*.
cruthúnas, *a.f.* An mhéid a sholáthraítear
chun fírinne, fiúntas, etc., a thaispeáint;
toradh an chruthaithe (*ciall* 1).
G *TDlí.* ; D *Beweis* ; E *proof* ;
F *démonstration, preuve*; L *demonstratio*.
cuimhne, *a.b.* Feidhm chomhfheasa a
choimeádann greim áirithe ar réal-
tachtaí ar mhodh gur féidir iad
a athláithriú sa gcomhfhios níos déannaí
mar réaltachtaí a bhí ann nó a tharla
cheana. G *Dinn.* ; D *Gedächtnis ;*
E *memory* ; F *mémoire* ; L *memoria*.
cuimhneamh, *a.br.* (cuimhním) Gníomhú
na cuimhne. G *Dinn.* ; D *sich erinnern* ;
E *remember* ; F *se rappeler, se souvenir* ;
L *meminisse*.
cuimse, *a.b.* Bailiúchán na míreanna
tuiscinte i dtaobh réaltachta a bheadh
i gceist i gcoincheap (in idé) na réaltachta
sin. D *Inhalt, Komprehension* ; E *com-
prehension, intension*; F *comprehension*;
L *comprehensio*.
cúis, *a.b.* **1.** Réaltacht go mbraitheann
réaltacht eile ar a tionchar deimhneach.
2. San eolaíocht : réamhtheachtach
go tairismheach ; feiniméan i gcoibh-
neas feidhme le feiniméan eile. (*contr.*
éifeacht). G *Dinn.* ; D *Ursache* ;
E *cause* ; F *cause* ; L *causa*.

cúis ábhartha (*causa materialis*), an
mhéid as a ndéantar réaltacht (*contr.*
cúis fhoirmiúil).

céadchúis (*causa prima*), gan í féin
bheith ag brath ar chúis eile (*contr.*
dara chúis).

cianchúis (*causa remota*) nó **cúis
mheánach** (*causa mediata*), imríonn a
tionchar ar chúis eile atá mar údar leis
an éifeacht (*contr.* neaschúis nó cúis
neamh-mheánach).

cúis chuspóireach (*finalis*), is ar a son

a dhéantar rud. (*contr.* cúis éifeachtach).

dara chúis (*secunda*), braitheann sí féin ar chúis nó ar chúiseanna eile (*contr.* céadchúis).

cúis éifeachtach (*efficiens*), is í a dhéanann réaltacht na héifeachta (*contr.* cúis chuspóireach).

cúis eiseamláireach (*exemplaris*), idé na cúise cuspóirí.

cúis eistreach (*extrinseca*), gabhann sí páirt i réaltacht a chur ar fáil (*contr.* cúis intreach).

cúis fhisiciúil (*physica*), murab ionann agus cúis mhorálta (a théann i bhfeidhm ar ghníomhaí intleachtúil) téann sí seo i gcionn uaithi féin ar an éifeacht (*contr.* cúis mhorálta).

cúis fhoirmiúil (*formalis*), fágann sí gur saghas faoi leith éifeachta a chuirtear ar fáil (*contr.* cúis ábhartha).

cúis intreach (*intrinseca*), gabhann sí páirt i ndéanamh na héifeachta inti féin, *m.sh.* cúis ábhartha, cúis fhoirmiúil (*contr.* cúis eistreach).

cúis ionstraimeach (*instrumentalis*), úsáidtear í mar uirlis chun an éifeacht a thabhairt i gcrích (*contr.* cúis phríomha).

cúis mhorálta (*moralis*), trí mhealladh múineadh, etc., tugann sí ar ghníomhaí intleachtúil éifeacht a thabhairt i gcrích (*contr.* cúis fhisiciúil).

neaschúis (*proxima*) nó **cúis neamh-mheánach** (*immediata*), is uirthi a bhraitheann an éifeacht go díreach. (*contr.* cianchúis, cúis mheánach).

cúis phríomha (*principalis*), baineann sí úsáid as uirlis nó ionstraim (*contr.* cúis ionstraimeach).

cúiseolaíocht, *a.b.* Staidéar ar na cúiseanna éifeachtacha le sraith d'fheiniméin D *Ätiologie*; E *etiology*; F *étiologie*; L *aetiologie*.

cúisíocht, *a.b.* Cáilíocht chúise, baint chúise le héifeacht. D *Kausalität*; D *causality, causation*; F *causalité*; L *causalitas*.

cúisiú, *a.br.* (cúisím) Bheith mar chúis le héifeacht. *a.f.* Gníomh cúise i leith a héifeachta. G *Dinn.*; D *verursachen* (*Kausation*); E *cause* (*causation*); F *causer* (*causation*); L *causare* (*causatio*).

cúiteamh, *a.br.* (cúitím) Cothromaíocht a chur ar fáil arís idir dhá réaltacht, idir dhá fhiúntas. G *Dinn*; D *kompensieren*; E *compensate*; F *compenser*; L *compensare*.

cúiteamhachas, *a.f.* An teagasc adéarfadh gurbh fhéidir glacadh le barúil nach gceanglódh comhlíonadh an dlí ach a cheadódh saoirse ghníomhaíochta, dá mba rud é gur dhócha dáiríre an bharúil sin a bheith ceart, agus go mbeadh go leor riachtanais phraiticiúil i gceist

chun cúiteamh a dhéanamh as gan breis den dóchúlacht a bheith ar thaobh na barúla sin. D *Kompensationismus*; E *compensationism*; F *compensationisme*; L *compensationismus, systema compensationis*.

cultas, *a.f.* Na deasghnáis, paidreacha, etc., lena dtugtar adhradh do Dhia, etc. D *Kult, Kultus*; E *cult*; F *culte*; L *cultus*.

cultúr, *a.f.* Oilteacht an té a mbeadh forbairt déanta ar na hacmhainní daonna ann; bealach maireachtála daonna. G *MC*; D *Kultur*; E *culture*; F *culture*; L *cultura*.

cúlú, *a.br.* (cúlaím). Tarraingt siar. G *Dinn.*; D *Rückschritte machen, sich zurückziehen von, zurückgehen*; E *go back, recede, withdraw*; F *se retirer*; L *se recipere*.

cumadh, *a.br.* (cumaim). Déanamh trí chur le chéile (*m.sh.* smaoineamh, argóint). G *cf. Dinn.*; D *konstruieren*; E *construct*; F *construire*; L *construere*.

cumannachas, *a.f.* Cineál sóisialachais a bheadh i gcoinne na húinéireachta príomháidí ar mheáin táirgithe agus ar earraí caiteora mar an gcéanna; córas Marx. D *Kommunismus*; E *Communism*; F *communisme*; L *communismus*.

cumannaí, *a.f.* Duine a ghlacfadh leis an gcumannachas. D *Kommunist*; E *communist*; F *communiste*; L *communista*.

cumannaíoch, *aid.* Ag baint leis an gcumannachas, de réir an chumannachais. D *kommunistisch*; E *communistic*; F *communistique*; L *communisticus*.

cumas, *a.f.* An mhéid gurbh fhéidir le duine, acmhainn, etc., a dhéanamh. G *Dinn.*; D *Aufnahmefähigkeit, Kapazität*; E *capability, capacity*; F *capacité, puissance*; L *capacitas*.

cumhacht, *a.b.* Cumas rialaithe agus riaraithe; údarás. G *Dinn.*; D *Gewalt, Macht*; E *power*; F *pouvoir*; L *potestas*.

cuspa, *a.f.* Réaltacht go mbeadh aithris le déanamh air, a bheadh mar chaighdeán, mar shampla. D *Muster*; E *model*; F *modèle*; L *exemplar*.

cuspóir, *a.f.* An chríoch sa mhéid gur uirthi a dhírítear mar réaltacht le baint amach; an mhéid gur ar a shon a dhéantar réaltacht. G *Dinn.*; D *Zweck*; E *end, purpose*; F *fin*; L *finis*.

cuspóireach, *aid.* Ag baint le cuspóir. G *Dinn.*; D *final, zielstrebig, zweckmässig*; E *final*; F *final*; L *finalis*.

cuspóireachas, *a.f.* Teagasc a mhíneodh ord (*m.sh.* sa saol) trí thuiscint go mbeadh cuspóireacht mar bhun leis.

D   Finalismus ;   E   finalism ;
F finalisme ; L finalïsmus.
cuspóireacht, a.b. Bheith dírithe ar

chuspóir. G Dinn.; D Finalität, Teleologie,
Zweckmässigheit ; E finality, teleology ;
F finalité, téléologie; L finalïtas, teleologia.

---

dabht. a.f. Cur ar cairde breithiúnais faoi
cé acu is fíor nó nach fíor é ráiteas,
etc. ; fionraí breithiúnais (ciall 1).
G Eoghan Ruadh OS ; D Zweifel ;
E doubt ; F doute ; L dubium.
dáileach, aid. ó dáileadh. D austeilend;
E distributive; F distributif; L distribu-
tivus.
dáileadh, a.br. (dáilim) Roinnt amach.
G TDlí.; D austeilen; L distribute;
F distribuer ; L distribuere.
daille, a.b. Staid an duine nach mbeadh
aon radharc aige. G Dinn.; D Blind-
heit ; E blindness ; F cécité; L caecitas.
Daltúnachas, a.f. Éagumas dathanna áir-
ithe a aithint, nó éagumas dathanna a
aithint óna chéile. D Daltonismus ;
E Daltonism; F daltonisme; L Daltonis-
mus.
daonchairdeas, a.f. Báidh le leas na ndaoine
agus saothar dá réir. D Menschen-
freundlichkeit, Philanthropie ; E human-
itarianism, philanthropy ; F human-
itarisme, philanthropie ; L philanthropia.
daonchairdiúil, aid. ó daonchairdeas.
D philantropisch; E humanitarian,
philantropic ; F humanitaire, philan-
tropique ; L philanthropicus.
daonlathas, a.f. Córas polaitiúil a
d'fhágfadh ceannas ag na cathraith-
eoirí mar iomlán. G MC; D Demokratie;
E democracy; F démocratie; L democratia.
daonna, aid. Ag baint leis an duine.
G Dinn. ; D menschlich ; E human ;
F human ; L humanus.
daonnachas, a.f. Teagasc, gluaiseacht, etc.,
d'fheicfeadh tábhacht faoi 'leith i
bhfiúntas an duine (m.sh. iarracht an
duine a mhóradh le haithris ar chuspaí
liteartha, etc., ón seanshaol ; glacadh
leis an duine mar chaighdeán fiúntais
agus cumais ; aire do na hairíona a
bhaineann leis an duine go háirithe
—forbairt ealaíonta, eolaíoch, etc.—
i dtosach ar chuspóirí na beatha
ainmhí). D Humanismus ; E humanism;
F humanisme ; L humanismus.
daththdhaille, a.b. Céadfú an tsolais (dubh
agus bán) agus éagumas dathanna a
chéadfú. D Farbenblindheit ; E colour-
blindness ; F cécité chromatique ;
L caecitas chromatica.
déachas, a.f. Teagasc a mheasfadh dhá
phrionsabal a bheith ann agus gan iad
ag teacht ar ionnanas léna chéile ar
aon mhodh (m.sh. an smaoíneamh mar

shubstaint amháin agus an tsínteacht,
mar shubstaint eile, dar le Descartes ; an
teoiric a mhíneodh cén chaoi a bhfuil
an t-olc ann, le prionsabal maith agus
prionsabal olc a thuiscint san réaltacht
mar iomlán m.sh. Mainicéasaíocht).
D Dualismus ; E dualism ; F dualisme ;
L dualismus.
deacht, a.f. Ráiteas gonta a chuirfeadh
téis nó riail in iúl. D Diktum; E dictum;
F dictum ; L dictum.
déacht, a.b. Bheith dúbailte ann féin.
D Dualität ; E duality ; F dualité ;
L dualitas.
deachtóir, a.f. Ceannasaí stáit go mbeadh
seilbh aige (go sealadach b'fhéidir) ar
iomlán na cumhachta. G T ;
D Diktator ; E dictator ; F dictateur ;
L dictator.
déachtúil, aid. Ag baint le déacht (i gcás
coibhnis loighciúla idir dhá théarma).
D dyadisch ; E dyadic ; F dyadique ;
L dyadicus.
déaduchtaitheach, aid. ó déaduchtú.
D deduktiv ; E deductive; F déductif ;
L deductivus.
déaduchtú, a.br. (déaduchtaím). Fírinne
a bhaint amach mar chonclúid ó
ráiteas nó ó ráitis (contr. ionductú).
G FI dedukt ; D ableiten, deduzieren
(Deduktion) , E deduce (deduction) ;
F déduire (déduction) ; L deducere
(deductio).
dea-ghníomhaíocht, a.b. Déanamh maith-
easa do dhaoine eile, de bhreis ar an
méid ba dhual a dhéanamh. G cf. Dinn.;
D Wohltätigkeit ; E beneficence ;
F bienfaisance ; L beneficentia.
dealramhach, aid. De réir cosúlachta ; sa
mhéid gur féidir a fheiceáil (murab
ionann agus an chaoi a bheadh dáiríre)
(m.sh. bás dealramhach, mors apparens).
G TDlí. ; D scheinbar ; E apparent,
seeming ; F apparent ; L apparens,
specie.
dea-mheas, a.br. (dea-mheasaim) Breith-
iúnas a thabhairt ar thaobh ruda,
a aithint go mbeadh ceart nó tairbhe
ag baint leis. G Dinn.; D approbieren,
billigen, genehmigen, gutheissen; E ap-
prove ; F approuver ; L approbare.
dea-mhéin, a.b. Cáilíocht an té a mbeadh
a thoil leagtha ar leas duine eile a
dhéanamh. G Dinn. ; D Wohlwollen ;
E benevolence ; F bienveillance ;
L benevolentia.

21

dea-mhéineach, *aid. ó* dea-mhéin. D *wohlwollend* ; E *benevolent* ; F *bienveillant* ; L *benevolens.*

déanach, *aid.* I ngar do dheireadh tréimhse ; tar éis an ama chuí. G *Dinn* ; D *spät* ; E *late* ; F *tard* ; L *serus, tardus.*

déanamh, *a.br.* (déanaim). **1.** Cur i ngníomh. G *Dinn.*; D *ausführen* ; E *do, execute* ; F *exécuter, faire* ; L *exsequi, perficere.* **2.** Cúisiú nó cur ar fáil le cruthú, táirgeadh, comhchur, etc. G *Dinn.*; D *machen* ; E *make* ; F *faire* ; L *facere.*

dearbhach, *aid. ó* dearbhú (*ciall* 2). D *affirmativ*; E *affirmative*; F *affirmatif*; L *affirmativus.*

dearbhú, *a.br.* (dearbhaím) **1.** Ráiteas ar bith a thabhairt amach faoi mar a bheadh an fhírinne ann. G *Dinn.* ; D *behaupten* ; E *affirm, assert* ; F *affirmer* ; L *affirmare, asserere.* **2.** Tabhairt amach mar bhreithiúnas go mbeadh ionannas áirithe idir suibíocht agus preideacháid (*contr.* séanadh). G *Dinn.* ; D *affirmieren, bejahen* ; E *affirm* ; F *affirmer* ; L *affirmare.*

dearbhúil, *aid.* Kant : le cáilíocht na ráiteas a bhainfeadh le bheith ann mar fhíoras, seachas le riachtanas. D *assertorisch* ; E *assertoric* ; F *assertorique* ; L *assertoricus.*

dearmad, *a.br.* (dearmadaim) Ligean as an gcuimhne. G *Dinn.* ; D *vergessen* ; E *forget* ; F *oublier* ; L *oblivisci.*

dea-thoil, *a.b.* Staid tola an té a bheadh ar a dhícheall chun réiteach leis an dlí morálta, etc. Kant : an toil a ghéillfeadh do dhualgas, gan aon aird ar ábhar an dualgais. G *Dinn.* ; D *guter Wille* ; E *goodwill* ; F *bonne volonté* ; L *bona voluntas.*

déchiallach, *aid.* Le breis agus aon chiall amháin (*m.sh.* comhartha, téarma). G *T* ; D *äquivok*; E *equivocal*; F *équivoque* ; L *aequivocus.*

déchiallacht, *a.b.* Cáilíocht an chomhartha, etc., déchiallaigh. D *Äquivok*; E *equivocity*; F *équivocité* ; L *aequivocitas.*

défhiúsach, *aid.* Le dhá fhórsa dheimhneacha, nó le dhá chiall, ag teacht in aghaidh a chéile (*m.sh.* deora, a bheadh mar chomhartha áthais chomh maith le bheith mar chomhartha bróin). D *doppeldeutig*; E *ambivalent*; F *ambivalent* ; L *ambivalens.*

deifníd, *a.b.* Ráiteas a chuirfeadh in iúl deifnídiú áirithe. G *FI definir*; D *Begriffsbestimmung, Definition* ; E *definition*; F *définition* ; L *definitio.*

deifnídiú, *a.br.* (deifnídím) Na " teoranta " le coincheap a dhéanamh amach trí na pointí eolais a thiocfadh i gceist ann a léiriú ; tréithe réaltachta a liostáil chun a hionad i rangú a chinntiú. D *definieren* ; E *define* ; F *définir* ; L *definire.*

deighilteach, *aid.* Cáilíocht an ráitis a chuirfeadh ailtéarnacht (*q.v.*) in iúl (*m.sh.* Tá sé beo nó tá sé marbh) ; cáilíocht na siollóige (*q.v.*) go mbeadh ráiteas deighilteach mar mhórleagan inti (*m.sh.* Tá sé beo nó tá sé marbh ; níl sé marbh ; dá bhrí sin tá sé beo). G *MC* ; D *disjunktiv* ; E *disjunctive* ; F *disjonctif* ; L *disjunctivus.*

deilbheolaíocht, *a.b.* Staidéar ar dhéanamh (cruth, foirm sheachtrach) réaltachtaí (*m.sh.* ainmhithe, plandaí, focail, sochaithe, etc.) D *Morphologie* ; E *morphology* ; F *morphologie*; L *morphologia.*

deimhneach, *aid.* **1.** An cháilíocht a bhainfeadh le haon ní go mbeadh teacht i láthair aige mar réaltacht ann féin, gur mhó é ná cealú réaltachta éigin a bheadh ann roimh ré (*m.sh.* radharc ; *contr.* diúltach, easnamhach). **2.** Ag ordú go ndéanfaí gníomh, murab ionann agus bheith ag cosc gnímh (*m.sh.* aithne ; *contr.* diúltach). G *Dinn.* ; D *positiv, wirklich, zuverlässig* ; E *positive* ; F *positif* ; L *positivus.*

dé-ionadas, *a.f.* Corp a bheith i ndá ionad ag an am céanna. D *Bilokation* ; E *bilocation* ; F *bilocation*; L *bilocatio.*

deireadh, *a.f.* Críochnú réaltachta (*m.sh.* gníomhaíocht, sínteacht, etc.), an pointe nach mbeadh aon cheann eile níos sia anonn ná é; críoch. G *Dinn.*; D *Ende* ; E *end* ; F *fin* ; L *finis.*

deireanach, *aid. ó* deireadh. D *End-, letzte* ; E *final, last, ultimate* ; F *dernier* ; L *ultimus.*

deochraí, *aid.* Ag baint le deochrú. G *MC*; D *differential* ; E *differential* ; F *différentiel* ; L *differentialis.*

deochrú, *a.br.* (deochraím) Éirí nó déanamh difriúil; éirí nó déanamh níos difriúla ná mar bhí cheana. G *T*; D *differenzieren* ; E *differentiate* ; F *différentier* ; L *differentiare.*

deonach, *aid.* De dheoin an ghníomhaí, ag brath ar thoiliú gan iallach. D *frei, freiwillig*; E *voluntary*; F *volontaire* ; L *voluntarius.*

déscaradh, *a.br.* (déscaraim) Coincheap cineáil a roinnt i ndá choincheap gné, ionas go mbeadh sínteacht an dá choincheap sin le chéile ionann le sínteacht an chéad choincheapa. (*m.sh.* páistí : páistí fir agus páistí mná). D *Dichotomie, Zweiteilung* ; E *a. dichotomy* ; F *a. dichotomie* ; L *a.*

dichotomia.

déshúileach, *aid.* An cháilíocht a bheadh ag an radharc a gheofaí ar oibíochtaí leis an dá shúil ag an am céanna. D *zweiäugig*; E *binocular*; F *binoculaire*; L *binocularis.*

Dia, *a.f.* Sár-réaltacht a chruthaigh an uile rud finideach, agus a thugann aire dóibh go léir. G *Dinn.*; D *Gott*; E *God* ; F *Dieu* ; L *Deus.*

diachaí, *a.f.* Duine a ghlacfadh le diachas. D *Theist*; E *theist*; F *théiste*; L *theista.*

diachas, *a.f.* Teagasc a d'aithneodh go bhfuil Dia pearsanta ann. D *Theismus* ; E *theism* ; F *théisme* ; L *theismus.*

diachúil, *aid.* De réir, ar thaobh, diachais. D *theistisch* ; E *theistic, theistical*; F *théiste* ; L *theisticus.*

diaga, *aid.* Ag baint le Dia, lena cháilíochta, etc. G *Dinn* ; D *göttlich*; E *divine* ; F *divin* ; L *divinus.*

diagach, *aid.* Ag baint le heolaíocht na diagachta. D *theologisch* ; E *theological*; F *théologique* ; L *theologicus.*

diagacht, *a.b.* (.i. diagacht naofa). Trácht de réir córais eolaígh ar na fírinní atá le fáil ó fhoinsí an fhoilsithe. G *Dinn.*; D *Theologie* ; E *divinity, theology* ; F *théologie* ; L *theologia.*

    diagacht nádúrtha (*theodicaea, theologia naturalis*), an chuid den fhealsúnacht a dhéanfadh staidéar ar Dhia bheith ann agus ar na hairíona a bhaineann leis. D *Theodizee*; E *theodicy*; F *théodicée.*

diagaire, *a.f.* Duine a bheadh ag gabháil don diagacht G *Dinn* ; D *Gottesgelehrter, Theologe*; E *theologian*; F *théologien* ; L *theologus.*

diagú, *a.br.* (diagaím). Déanamh Dia de réaltacht. G *P* ; D *vergöttern* (*Vergötterung, Apotheose*) ; E *apotheosize* (*apotheosis*), *deify* (*deification*), *divinize* (*divinization*) ; F *apothéoser* (*apothéose*), *déifer* (*déification*), *diviniser* (*divinisation*) ; L *deificare* (*deificatio, apotheosis*).

dialachtaí, *a.f.* Duine a bheadh ag gabháil don dialachtaic. D *Dialektiker* ; E *dialectician* ; F *dialecticien* ; L *dialecticus.*

dialachtaic, *a.b.* Gnéithe agus feidhmeanna réasúnaithe de chineálacha éagsúla de réir na dteagasc a bhí ag fealsúna áirithe (*m.sh.* Platón, Arastatail, Kant, Hegel); loighic, ealaín na díospóireachta. G *cf.* *Arb.* ; D *Dialektik* ; E *dialectic* ; F *dialectique*; L *dialectica.*

dialachtaiciúil, *aid.* ó dialachtaic. D *dialektisch* ; E *dialectical*; F *dialectique*; L *dialecticus.*

dialathach, *aid.* ó dialathas. D *theokratisch*; E *theocratic* ; F *théocratique* ; L *theocraticus.*

L dialecticus.

dialathas, *a.f.* Córas polaitiúil nach mbeadh an t-údarás sibhialta ann idirdhealaithe ón údarás reiligiúnach, agus go mbeadh na sagairt i gceannas ann. D *Theokratie* ; E *theocracy* ; F *théocratie* ; L *theocratia.*

diamhair, *aid.* Cáilíocht na réaltachta nárbh fheasach a cúis. G *Dinn.*; D *geheim, okkult* ; E *occult* ; F *occulte* ; L *occultus.*

diamhrachas, *a.f.* Staidéar ar fhórsaí diamhair, agus iontaoibh as a leithéid. D *Okkultismus* ; E *occultism* ; F *occultisme* ; L *occultismus.*

dian, *aid.* Le céim mhór, ard, láidir dianais. G *Dinn.* ; D *heftig, intensiv, stark* ; E *intense* ; F *intense* ; L *intensus.*

dianas, *a.f.* Cáilíocht (de chuid na bhfeiniméan agus na gcáilíochtaí síceacha) nach féidir a thomhas go díreach inti féin, bíodh go ngabhann méad agus laghad léi (méad agus laghad nach bhfuil de réir na sínteachta, *m.sh.* dianas áthais). G *Dinn.* ; D *Intensität, Stärke* ; E *intensity* ; F *intensité* ; L *intensitas.*

dias, *a.f.* Teagasc a d'aithneodh Dia pearsanta a bheith ann, ach a shéanfadh an foilsiú. D *Deismus* ; E *deism* ; F *déisme* ; L *deismus.*

diasaí, *a.f.* Duine a ghlacfadh leis an dias. D *Deist* ; E *deist* ; F *déiste* ; L *deista.*

diasaíoch, *aid.* Ag baint, ag gabháil, leis an dias. D *deistisch* ; E *deistic, deistical*; F *déiste* ; L *deisticus.*

diasamh, *a.f.* Duine a thaobhódh leis an diasúnacht. D *Theosoph*; E *theosoph, theosopher* ; F *théosophe* ; L *theosophus.*

diasúnacht, *a.b.* Teagasc (ón sean-Ghréig, ón India) faoi bhunús an tsaoil agus an anma, agus faoin gcaoi arbh fhéidir teacht chun teagmháil le saol na spiorad. D *Theosophie* ; E *theosophy* ; F *théosophie* ; L *theosophia.*

dícheangal, *a.f.* Scaradh ó chéile a dhéanfaí ar eilimintí síceacha a bhí mar chodanna d'aontacht cheana. D *Dissoziation*; E *dissociation*; F *dissociation*; L *dissociatio.*

díchollaithe, *aid.* Gan bheith ionchollaithe níos mó. D *entkörpert* ; E *disembodied* ; F *désincorporé* ; L *disincarnatus.*

díchostúil, *aid.* Cáilíocht na gcoincheapaí nach mbeadh coibhneas eatarthu mar a bheadh idir ghné agus a chineál féin, ná idir dhá ghné den chineál céanna (*m.sh.* marbh agus ceolmhar). D *disparat* ; E *disparate* ; F *disparate* ; L *disparatus.*

díchuspóireacht, *a.b.* Haeckel : easpa

23

cuspóireachta i bhfíorais bhitheol-aíocha. D *Dysteleologie*; E *dysteleology*; F *dystéléologie* ; L *dysteleologia*.

difríocht, *a.b.* An mhéid a d'fhágfadh réaltacht neamhionann le réaltacht ·eile ; an coibhneas idir nithe gurbh fhéidir iad a aithint ó chéile. G *Dinn*; D *Differenz, Unterschied* ; E *difference* ; F *différence* ; L *differentia*.

difríocht ghnéitheach (*differentia specifica*), an mhéid a d'idirdhealódh gnéithe den chineál céanna ón gcineál ann féin, agus óna chéile mar ghnéithe (*m.sh.* I gcineál na n-*ainmhithe* is í an réasúnacht difríocht ghnéitheach an *duine*).

"**modh na difríochta**" Bealach ionduchtaithe de chuid Stuart Mill : Má bhíonn an uile imthoisc, seachas aon cheann amháin, i gcoiteannas sa gcás a dtarlaíonn, agus sa gcás nach dtarlaíonn, feiniméan, agus gur sa gcás a dtarlaíonn an feiniméan is ea fhaightear an imthoisc a bhíonn in easnamh sa gcás eile, is í an imthoisc sin is cúis leis an bhfeiniméan (nó is cuid riachtanach den chúis í) nó is éifeacht de chuid an fheiniméin í. (*m.sh.* Tugann Mill foirmle leis na cinnlitreacha inti ag seasamh do réamhtheachtaithe na dtarluithe agus na mionlitreacha do na hiardteachtaithe. Dá réir sin, más féidir dhá chás a ⌐homharthú mar seo ABC-*abc*, Bc-*bc*, ansin baintear amach an chonclúid seo : tá A mar chúis le *a*).

difriú, *a.br.* (difrím ó) Difríocht a bheith idir dhá réaltacht. G *Dinn* ; D *sich unterscheiden, verschieden sein* ; E *differ*; F *différer* ; L *differre*.

difriúil, *aid.* ó difríocht. D *unterschieden, verschieden*; E *different* ; F *différent* ; L *differens*

díghníomhú, *a.f.* Scoil Freud: Gníomhú a shaorfadh duine ó mhothúcháin mhúchta, etc., a dhéanfadh dochar mura ndéanfaí pé tarlú ba bhun leo a athmhaireachtan sa samhlaíocht. D *Abreagieren*; E *abreaction*; F *abréaction* ; L *abreactio*.

díl, *a.b.* An mhéid a bhainfeadh le gach uile réaltacht d'aon chineál amháin, agus nach mbainfeadh le réaltacht ar bith eile. (*m.sh.* cumas gáire an duine). D *Eigene* ; E *proper* ; F *propre*; L *proprium*.

díláithriú, *a.br.* (díláithrím). Cur as áit. G *MC* ; D *verlegen, verrücken, verschieben* ; E *displace* ; F *déplacer* ; L *dimovere*.

dileama, *a.f.* Argóint, bunaithe ar ailtéarnacht (*q.v.*), a thaispeánfadh go mbeadh an chonclúid chéanna le

baint as ceachtar taobh den ailtéarnacht. (*m.sh.* Le seoladh slán abhaile níorbh fholáir dó éalú ó *Scylla* agus ó *Charybdis* ; ach ní éireoidh leis éalú ó *Scylla*, sin nó ní éalóidh sé ó *Charybdis* ; dá bhrí sin ní sheolfaidh sé slán abhaile). G *FI dilem* ; D *Dilemma* ; E *dilemma* ; F *dilemme* ; L *dilemma*.

dílis, *aid.* Ag baint le nithe go mbeadh an t-aon nádúr amháin iontu, agus leosan amháin, mar go leanfadh den nádúr ach gan bheith mar chuid den nádúr. G *cf. Dinn.*; D *eigen*; E *proper*; F *propre* : L *proprius*.

dílseacht, *a.b.* Taobhú gan feall gan faillí le húdarás a d'aithneofaí, le duine go mbeadh éileamh aige ar an taobhú ó chairdeas, muinín, etc. G *Dinn.* ; D *Pflichttreue* ; E *fidelity, loyalty* ; F *fidélité* ; L *fidelitas*.

dílseánach, *a.f.* Duine go mbeadh maoin aige. G *TDlí.* ; D *Eigentümer* ; E *proprietor* ; F *propriétaire* ; L *proprietarius*.

dílsiú, *a.br.* (dílsím chugam). Gabháil ruda mar dhíleas, mar mhaoin. G *Dinn.* ; D *sich aneignen* ; E *appropriate* ; F *s'approprier* ; L *sibi appropriare*.

díluaíocht, *a.b.* Céim síos, tuilleamh oilc, de dheasca mí-iompair (*contr.* luaíocht) D *Verschulden* ; E *demerit* ; F *démérite*.

dímhorálta, *aid.* Gan bhaint le réimse na moráltachta, gan aird ná tuiscint ar an moráltacht. D *amoralisch* ; E *amoral* ; F *amoral* ; L *amoralis*.

dímhothú, · *a.f.* Easnamh mothaithe. D *Apathie* ; E *apathy* ; F *apathie* ; L *apathia*.

dinimic, *a.b.* An chuid den mheicnic a bhaineas leis an gcorraí fisiciúil réalta. G *FI dinamik*; D *Dynamik*; E *dynamics*. F *dynamique* ; L *dynamica*.

dinimiceas, *a.f.* **1.** Gníomhú fuinnimh. **2.** Teagasc a d'aithneodh gur rud eile ar fad an fuinneamh seachas an corraí sna réaltachtaí. D *Dynamismus* ; E *dynamism*; F *dynamisme*; L *dynamismus*.

dinimiciúil, *aid.* Le fórsa nó le fuinneamh gan bheith statach. D *dynamisch* ; E *dynamic*; F *dynamique*; L *dynamicus*.

dínit, *a.b.* Staid a thuillfeadh meas faoi leith (*m.sh.* staid an duine a d'fhágfadh nár cheart é a áireamh choíche mar mheán ach mar chuspóir ann féin). G *Dinn.* ; D *Würde* ; E *dignity* ; F *dignité* ; L *dignitas*.

díobhadh, *a.f.* Cur nó fágáil· as áireamh (*m.sh.* i dturgnamh). G *cf. Dinn.* ; D *Elimination*; E *elimination*; F *élimination* ; L *eliminatio*.

diopsamáine, *a.b.* Íota galrach alcóil.

D *Trunksucht*; E *dipsomania*:
F *dipsomanie*; L *dipsomania*.

diorthú, *a.br.* (díorthaím) · Teacht ó
(*m.sh.* téarma ó theanga eile). G *T*;
D *ableiten, herleiten*; E *derive*;
F *dériver*; L *derivare*.

dioscúrsa, *a.f.* Gníomhaíocht intleachta
a thugtar i gcrích trí chéimeanna idir-
mheánacha (*m.sh.* réasúnadh; *contr.*
imfhios, rinnfheitheamh). G *LF*;
D *Diskurs*; E *discourse*; F *discours*;
L *discursus*.

dioscúrsach, *aid.* ó dioscúrsa. D *diskursiv*;
E *discursive;*F *discursif*; L *discursivus*.

díphearsanú, *a.f.* Staid ghalrach an té
nach n-aithneodh gurb é féin é féin.
D *Entpersönlichung*; E *depersonaliza-
tion*; F *dépersonnalisation*; L *deper-
sonalisatio*.

díraonadh, *a.f.* Sraonadh spontáineach
na n-adamh i bhfealsúnacht Eipiciúrais.
D *Abweichung*; E *declination, clinamen*;
F *déclination*; L *declinatio, clinamen*.

díreach, *aid.* Ar bhealach nach mbeadh
cam ná timpeallach. G *LF*; D *direkt,
gerade*; E *direct*; F *direct*; L *directus*.

díréadach, *aid.* Cáilíocht an smaoinimh
nach mbeadh faoi réir ag rudaí mar
atá siad, ach ag mianta, etc., an smaoin-
teora féin. D *dereistisch*; E *dereistic*;
F *déréistique*; L *dereisticus*.

díreiligiúnach, *aid.* Ar easpa reiligiúin
(*q.v.*). D *irreligiös*; E *irreligious*;
F *irréligieux*; L *irreligiosus*.

dírítheach, *aid.* ó díriú. D *richtend,
weisend*; E *directive*; F *directif*;
L *directive*.

díriú, *a.br.* (dírím ar, chun). Cur, dul,
ar bhealach i dtreo ceann sprice áirithe;
treorú chun cuspóra. G *Dinn.*;
D *leiten, richten, weisen*; E *direct*;
F *diriger*; L *dirigere*.

díscaoileadh, *a.br.* (díscaoilim) Briseadh
anuas in a eilimintí. D *auflösen*;
E *resolve*; F *résoudre*; L *resolvere*.

dispeansáid, *a.b.* Scaoileadh ó cheangal
dlí nó dualgais (go háirithe i ngnóthaí
eaglasta). G *SS*; D *Dispens, Dispen-
sation*; E *dispensation*; F *dispensation*;
L *dispensatio*.

diúltach, *aid.* **1.** Gan fiúntas speisialta na
réaltachta .i. gan teacht i láthair an
ruda nó na cáilíochta, nó eile (*m.sh.* tá an
cháilíocht "neamhfheiceálach" diúl-
tach, ciallaíonn sí gan cumas feiceála
a bheith ag baint le rud mar chloch;
ní hionann sin agus cáilíocht a bheith
easnamhach—cáilíocht den chineál sin
is ea "dall," mar a bheadh an duine,
an t-ainmhí, etc., go mbainfeadh
feiceáil ó nádúr leo, *contr.* deimhneach).
2. Ag cosc gníomh a dhéanamh (*m.sh.*
dlí, aithne, *contr.* deimhneach). G *Dinn.*;

D *negativ*; E *negative*; F *négatif*;
L *negativus*.

diúltú, *a.br.* (diúltaím) Gan glacadh le
rud a thairgeofaí. G *Dinn.*; D *aus-
schlagen, verwerfen*; E *refuse, reject*;
F *refuser, rejeter*; L *recusare, rejicere*.

dlí, *a.f.* **1.** Eagrú an réasúin ar son an
leasa choitinn, fógartha ag an duine
go mbeadh an pobal faoina chúram.
2. San eolaíocht: Insint ghinearálta ar
thorthaí na n-eispéireas, coibhneas
ailgéabrach idir uimhreacha tomhais.
G *Dinn.*; D *Gesetz*; E *law*; F *loi*;
L *lex*.

    an dlí nádúrtha (*lex naturalis*),
breithiúnas an réasúin nádúrtha a
threoraíos gníomhartha an duine de
réir an nádúir dhaonna.

    dlí posaitíbheach (*lex positiva*), treoir
d'iompar daoine a bheadh de réir an
réasúin agus a bhunófaí le toil shaor
reachtaí mar léiriú nó mar chinntiú
ar an dlí nádúrtha.

    an dlí síoraí (*lex aeterna*), suim
rialaithe an uile mar tá in intinn Dé go
síoraí.

dlí-eolaíocht, *a.b.* Fealsúnacht, eolaíocht,
an dlí phosaitíbhigh agus na gceart.
D *Jurisprudenz, Rechtswissenschaft*;
E *jurisprudence*; F *jurisprudence*;
L *jurisprudentia*.

dlínse, *a.b.* Sínteacht éifeachtúlachta an
údaráis. G *TDlí.*; D *Gerichtsbarkeit,
Jurisdiktion*; E *jurisdiction*; F *juri-
diction*; L *jurisdictio*.

dlisteanach, *aid.* Leis na cáilíochtaí a
d'éileodh an dlí (*m.sh.* pósadh, clann).
G *TDlí.*; D *legitim*; E *legitimate*;
F *légitime*; L *legitimus*.

dlíthiúil, *aid.* De réir, ag baint leis, an dlí
posaitíbheach. G *TDlí.*; D *gerichtlich,
gesetzlich, legal, rechtlich*; E *juridical,
legal*; F *juridique*; L *juridicus, legalis*.

dlíthiúlacht, *a.b.* Baint, réiteach, le dlí.
G *TDlí.*; D *Gesetzlichkeit. Legalität,
Rechtmässigkeit*; E *legality*;
F *légalité*; L *legalitas*.

dlúth, *aid.* An-ghar, i bhfoisceacht do lár
gnótha, etc. G *Dinn.*; D *intim,
vertraut*; E *intimate*; F *intime*;
L *intimus*.

dlúthpháirtíochas, *a.f.* An teagasc a
bhunódh an uile dhualgas morálta ar
dhlúthpháirtíocht. D *Solidarismus*;
E *solidarism*; F *solidarisme*; L *solidar-
ismus*.

dlúthpháirtíocht, *a.b.* Cáilíocht na réalt-
achta a mbeadh na codanna inti ag
brath ar a chéile (*m.sh.* orgánacht,
sochaí). D *Solidarität*; E *solidarity*;
F *solidarité*; L *solidaritas*.

do-airithe, *aid.* Taobh amuigh de réim
an chumais feasa (*contr.* inairithe).

D *unmerklich*; E *imperceptible*;
F *imperceptible*; L *imperceptibilis*.

do-athraithe, *aid*. Nárbh fhéidir a athrú.
(contr. inathraithe). D *unveränderlich*;
E *immutable, unchangeable*; F *immuable*; L *immutabilis*.

dobhréagnaithe, *aid*. Nárbh fhéidir a
bhréagnú *(contr.* inbhréagnaithe).
D *unwiderlegbar, unwiderleglich*; E *irrefutable*; F *irréfutable*; L *irrefutabilis*.

dochéadfaithe, *aid*. Le cáilíocht na réaltachta nárbh fhéidir a chéadfú *(q.v.,
contr.* inchéadfaithe). D *nicht
wahrnehmbar*; E *insensible*; F *insensible*; L *insensibilis*.

dochoincheaptha, *aid*. Le cáilíocht na
réaltachta nárbh fhéidir a choincheapadh *(q.v., contr.* inchoincheaptha).
D *unbegreiflich*; E *inconceivable*;
F *inconcevable*.

do-chomhthomhaiste, *aid*. Le cáilíocht na
réaltachtaí nárbh fhéidir a thomhas i
leith a chéile *(contr.* in-chomhthomhaiste)
D *inkommensurabel*, E *incommensurable*;
F *incommensurable*; L *incommensurabilis*.

dochorraithe, *aid*. Le cáilíocht na réaltachta nárbh fhéidir a chorraí.
G *Dinn.*; D *unbeweglich*; E *immobile*;
F *immobile*; L *immobilis*.

dochtachas, *a.f.* Claonadh chun tuairimí
morálta a chuirfeadh teorainneacha go
míchuíosach leis an tsaoirse. D *Rigorismus*; E *rigorism, rigourism*; F *rigorisme*; L *rigorismus*.

dochuibhrinn, *aid*. Le cáilíocht na réaltachtaí nárbh fhéidir a bheith
ann i dteanta a chéile *(contr.* inchuibhrinn). D *unvereinbar*; E *incompatible*;
F *incompatible*; L *incompatibilis*.

dóchúil, *aid*. Le cáilíocht bharúla, etc., gur
dócha í bheith ceart, gur chosúla í
bheith ceart ná bheith ar chaoi eile.
G *Dinn.*; D *wahrscheinlich*;
E *probable*; F *probable*; L *probabilis*.

dóchúlachas, *a.f.* **1.** An teagasc adéarfadh
gurbh fhéidir glacadh le barúil a
cheadódh saoirse gníomhaíochta ar
choinníoll go mbeadh sé dóchúil go
daingean agus go cinnte nach gceanglódh an dlí sa gcás (bíodh féin go
mbeadh sé chomh dóchúil céanna, nó
fiú níos dóchúla, go gceanglódh an
dlí). **2.** An teagasc a shéanfadh gurbh
fhéidir fios cinnte a bhaint amach, ach
a d'aithneodh gurbh fhéidir barúlacha
níos dóchúla ná a chéile a bheith ann.
D *Probabilismus*; E *probabilism*;
F *probabilisme*; L *probabilismus*.

dóchúlacht, *a.b.* Bheith dóchúil.
D *Wahrscheinlichkeit*; E *probability*;
F *probabilité*; L *probabilitas*.

do-earráide, *aid*. Gan cumas dul amú.

D *unfehlbar*; E *infallible*; F *infaillible*;
L *infallibilis*.

dogma, *a.f.* **1.** Barúil a ghlacfaí mar
thalamh slán ag creidmhigh, fealsúna,
etc.; airteagal creidimh. **2.** Kant:
ráiteas a leanfadh go díreach de thoradh
imfheasa ar na coincheapaí ann.
D *Dogma*; E *dogma*; F *dogme*;
L *dogma*.

dogmach, *aid*. ó dogma. D *dogmatisch*;
E *dogmatic*; F *dogmatique*; L *dogmaticus*.

dogmachas, *a.f.* **1.** Teagasc a d'aithneodh
gur féidir an fhírinne a shealbhú
(contr. sceipteachas). **2.** Kant: Dul
ar aghaidh le meitifisic gan chritic.
3. "Máistriúlacht" sa teagasc nó sa
tuairimíocht. D *Dogmatismus*;
E *dogmatism*; F *dogmatisme*;
L *dogmatismus*.

do-idirdhealaithe, *aid*. Le cáilíocht na
n-oibíochtaí smaoinimh nárbh fhéidir
iad d'aithint ó chéile ar cháilíocht
intreach ar bith. D *ununterscheidbar*;
E *indiscernible*; F *indiscernable*;
L *indiscernibilis*.

doiléir, *aid*. Gan bheith soiléir. G *Dinn.*;
D *dunkel, obskur*; E *obscure*; F *obscur*;
L *obscurus*.

doiléireachas, *a.f.* Ainm a chuirfí ar theagasc
nó ar ghníomhú dá gceapfaí go mbeadh
sé ag coinneáil cúl ar shealbhú na
fírinne. D *Obskurantismus*; E *obscurantism*; F *obscurantisme*; L *obscurantismus*.

doilíos, *a.f.* Mothú péine coinsiasa a
bheadh ar dhuine toisc olc a bheith
déanta aige. G *Dinn.*; D *Gewissensangst, Gewissensbiss*; E *remorse*;
F *remords*; L *angor conscientiae,
remorsus*.

domhain, *aid*. Ag síneadh síos i bhfad ón
uachtar; níos faide istigh ná barr
réaltachta *(contr.* éadomhain).
G *Dinn.*; D *tief, tiefgründig*; E *deep,
profound*; F *profond*; L *profundus*.

domhan, *a.f.* An talamh agus na réalta
mar iomlán le chéile. G *Dinn.*;
D *Welt*; E *world*; F *monde*; L *mundus*.

doroinnte, *aid*. Le cáilíocht na réaltachta
nárbh fhéidir a roinnt. D *unteilbar*;
E *indivisible*; F *indivisible*; L *indivisibilis*.

doscartha, *aid*. Le cáilíocht na réaltachtaí
nárbh fhéidir a scaradh ó chéile.
D *untrennbar*; E *inseparable*;
F *inséparable*; L *inseparabilis*.

doscriosta, *aid*. Le cáilíocht na réaltachta
nárbh fhéidir a scrios. D *unzerstörbar*;
E *indestructible*; F *indestructible*;
L *indestructibilis*.

doshásaithe, *aid*. Le cáilíocht na réaltachta nárbh fhéidir a shásamh.

D *unersättlich*; E *insatiable*; F *insatiable*; L *insatiabilis*.

dosheachanta, *aid.* Le cáilíocht na réaltachta nárbh fhéidir a sheachaint (*contr.* inseachanta). D *unvermeidlich*; E *inevitable, unavoidable*; F *inévitable*; L *inevitabilis*.

dothomhaiste, *aid.* Le cáilíocht na réaltachta nárbh fhéidir a thomhas. D *unmessbar*; E *immeasurable*; F *immesurable*; L *immensurabilis*.

dothreáite, *aid.* Le cáilíocht na réaltachta nárbh fhéidir a threá. D *undurchdringlich*; E *impenetrable*; F *impénétrable*; L *impenetrabilis*.

dothuigthe, *aid.* Le cáilíocht na réaltachta nárbh fhéidir a thuiscint. D *unbegreiflich*; E *incomprehensible, unintelligible*; F *incomprehensible*; L *incomprehensibilis, inintelligibilis*.

dreach, *a.b.* Modh go dtiocfadh réaltacht ar amharc, taobh a léireofaí de rud. G *Dinn.*; D *Aspekt*; E *aspect*; F *aspect*; L *aspectus*.

dréim, *a.b.* Iarracht a bhaineas le gníomhú comhfhiosach. G *Dinn.*; D *Streben*; E *conation*; F *conation*; L *conatio*.

dromchla, *a.f.* Aghaidh uachtarach, taobh amuigh, de réaltacht. G *Dinn.*; D *Oberfläche*; E *surface*; F *surface*; L *superficies*.

dromchlach, *aid.* Ag baint leis an dromchla amháin, éadomhain. D *oberflächlich*; E *superficial*; F *superficiel*; L *superficialis*.

duáilce, *a.b.* Drochaibíd; buanleagan tola ar thaobh iompair mhímhorálta. G *Dinn.*; D *Laster, Untugend*; E *vice*; F *vice*, L *vitium*.

dúailceach, *aid.* ó duáilce. D *untugend-*

haft; E *vicious*; F *vicieux*; L *vitiosus*.

dualeolaíocht, *a.b.* Staidéar ar dhualgais, go háirithe ar dhualgais speisialta. D *Deontologie, Pflichtenlehre*; E *deontology*; F *déontologie*; L *deontologia*.

dualgas, *a.f.* An mhéid a bheadh ceangailte ar dhuine a dhéanamh de réir an cheartais; ceangal an cheartais i gcás mar sin. G *Dinn.*, *TDlí*; D *Pflicht*; E *duty*; F *devoir*; L *officium*.

dúbailte, *aid.* Ar oiread réaltachta faoi dhó. G *Dinn.*; D *doppelt*; *zweifach*; E *double, twofold*; F *double*; L *duplex*.

dúchas, *a.f.* Teacht tréithe indibhidiúla, chomh maith le tréithe an chineáil, i dteannta na beatha, anuas ó shinsear go sliocht. G *Dinn.*, *T*; D *Erbe, Vererbung*; E *heredity*; F *hérédité*; L *hereditas*.

dúchasach, *aid.* ó dúchas. D *(ver)erblich*; E *hereditary*; F *héréditaire*; L *hereditarius*.

dúlrachas, *a.f.* Adhradh an dúlra; an tuairim gur iontas faoin dúlra ba bhun leis an reiligiún. D *Naturismus*; E *naturism*; F *naturisme*; L *naturismus*.

dú.bhású, *a.f.* Marú duine a dhéanfadh duine. G *TDlí*; D *Tötung*; E *homicide*; F *homicide*; L *homicidium*.

dúnmharú, *a.f.* Marú duine a dhéanfadh duine eile in aghaidh an dlí agus le tuiscint na maillíse. G *TDlí*; D *Mord*; E *murder*; F *meurtre*; L *caedes, nex, homicidium illicitum*.

dúthracht, *a.b.* Iarracht chúramach; cloí go cúramach le gnó. G *Dinn.*; D *Emsigkeit, Fleiss*; E *diligence*; F *diligence*; L *diligentia*.

éabhlóid, *a.b.* Ceann de shaghsanna faoi leith athruithe a thuigtear ar mhodhanna difriúla, *m.sh.* tuigtear leis athrú le toradh a léireofaí diaidh ar ndiaidh; athrú de réir dlí éigin sa réaltacht athraitheach féin; athrú le asamhlú eilimintí agus oiriúnú d'imthosca; athrú gan forás bheith i gceist ann ó riachtanas; athrú mar chineálacha difriúla ag éirí as aon chineál amháin, nó mar chineál ag teacht ar fáil as cineál eile, etc. (*contr.* buaine, réabhlóid, ionbhlóid, forás, etc.). D *Evolution, Entwicklung*; E *evolution*; F *évolution*; L *evolutio.*

éabhlóideachas, *a.f.* Córas eolaíoch nó fealsúnach bunaithe ar an éabhlóid. D *Evolutionismus, Entwicklungstheorie*; E *evolutionism*; F *évolutionisme*,

évolutionnisme; L *evolutionismus.*

éabhlóidí, *a.f.* Duine a ghlacfadh leis an éabhlóideachas. D *Evolutionist, Anhänger der Evolutionstheorie*; E *evolutionist*; F *évolutioniste*; L *evolutionista.*

eacstais, *a.b.* Staid an té a bheadh thar barr a chéille faoi thionchar mothúcháin, grásta, etc. G *Dinn.*; D *Ekstase*; E *ecstasy*; F *extase*; L *ecstasis.*

eacstaiseach, *aid.* Ag baint le heacstais. D *ekstatisch.* E *ecstatic*; F *extatique*; L *ecstaticus.*

eactaplasm, *a.f.* Taispeánadh a soláthrófaí as corp an té bheadh mar mheán i gcúrsaí spioradachais. D *Ektoplasma*; E *ectoplasm*; F *ectoplasme*; L *ectoplasma.*

eadráin, *a.b.* Tabhairt faoi socrú conspóide ag duine a thoghfaí ag an dá

thaobh chun an gnó a réiteach eatarthu.
G *TDlí* ; D *Arbitrage, Schiedsspruch* ;
E *arbitration*;   F *arbitrage, arbitration*;
L *arbitratio*.

eadránaí, *a.f.*   Duine a dhéanfadh
eadráin. G *TDlí* ; D *Schiedsrichter*;
E *arbiter, arbitrator* ;   F *arbitre* ;
L *arbiter*

éaduchtú, *a.br.* (éaduchtaím) Foirm nua a
achtáil (*q.v.*) i réaltacht chorpartha.
D *eduzieren (Eduktion)* ;   E *educe*
(*eduction*) ;   F *tirer, faire sortir*
(*éduction*) ;   L *educere (eductio)*.

eagnaí, *a.f.* Duine a bheadh i seilbh na
heagnaíochta. G *Dinn.* ;   D *Weiser* ;
E *sage* ; F *sage* ; L *sapiens*.

eagnaíocht, *a.b.* Tuiscint cheart (a bheadh
beoga, domhain) ar mhaireachtáil go
maith. G *Dinn.* ;   D *Weisheit* ;
E *wisdom* ; F *sagesse* ; L *sapientia*.

eagraíocht, *a.b.* Feidhm an eagraithe ;
toradh an eagraithe. G *T* ; D *Organisation* ; E *organization* ; F *organisation* ;
L *organisatio*.

eagrú, *a.br.* (eagraím) Socrú in ord
oibrithe. G *T* ;   D *organisieren* ;
E *organize* ; F *organiser* ; L *organizare*.

éagsúil, *aid.* Le difríocht intreach agus
cáilíochta. G *Dinn.*; D *verschieden* ;
E *diverse*; F *divers*; L *diversus*.

éagumas, *a.f.* **1.** Gan chumas (*m.sh.* maidir
le feidhmiú acmhainne, maidir le
sealbhú cearta, etc., de réir an dlí).
G *Dinn., TDlí*;   D *Unfähigkeit* ;
E *incapacity* ;   F *incapacité* ;   L *incapacitas*. **2.** Easpa cumais (*m.sh.*
gníomh an phósta a dhéanamh).
D *Unfähigkeit, Impotenz*; E *impotency*;
F *impuissance* ; L *impotentia*.

ealaín, *a.b.* Tuiscint na rialacha agus na
modhanna le hoibreacha a dhéanamh.
G *Dinn.* ; D *Kunst* ; E *art* ; F *art* ;
L *ars*.

ealaíonta, *aid.* Ag baint le healaín, de
réir na healaíne. D *künstlerisch* ;
E *artistic* ; F *artistique* ; L *artificiosus*.

éalang, *a.b.* Easnamh cáilíochta, etc.,
ba dhual bheith ar fáil i réaltacht.
G *Dinn.* ;   *Fehler, Mangel* ; E *defect* ;
F *manque* ; L *defectus, vitium*.

earráid, *a.b.* An mhéid nach mbeadh fíor a
ghlacadh nó a dhearbhú mar fhírinne,
nó an mhéid a bheadh fíor a ghlacadh
nó a dhearbhú mar neamhfhírinne.
G *Dinn.* ; D *Irrtum* ; E *error, mistake* ;
F *erreur* ; L *error*.

easnamh, *a.f.* An mhéid ba dhual bheith
ann a bheith as láthair. G *Dinn.*;
D   *Beraubung* ;   E   *deficience,
privation* ;   F *privation* ; L *privatio*.

eicléicteachas, *a.f.* Modh nó córas teagaisc
eicléictiúil, G *FI eklektism, eklek-*

ticism ; D *Eklektizismus* ; E *eclecticism*:
F *éclectisme* , L *eclecticismus*.

eicléictiúil, *aid.* Ag baint le heilimintí
teagaisc a phiocadh as córais dhifriúla
agus a chur le chéile. D *eklektisch*;
E *eclectic* ; F *éclectique* ; L *eclecticus*.

éifeacht, *a.b.* Toradh na cúisíochta ; an
réaltacht a bhraithfeadh ar chúis
(*contr*. cúis). G *Dinn.*;   D *Effekt,
Wirkung* ;   E *effect* ;   F *effet* ;
L *effectus*.

éifeachtach, *aid.*   Déanmhasach ; le
cáilíocht na cúise a chuirfeadh éifeacht
ar fáil, a thabharfadh éifeacht sa
déanamh (murab ionann agus an chúis
gur ar a son a dhéanfaí an gníomh a
chuirfeadh an éifeacht ar fáil .i. an
chúis   chuspóireach).   G   *Dinn.* ;
D *wirksam* ;   E *effective, efficient* ;
F *efficient* ; L *efficiens*.

éifeachtúil, *aid.* Ábalta ar fheidhmiú de
réir a chuspóra, ábalta gníomhú mar
ba dhual a dhéanamh (*contr.* míéifeachtúil). G *Dinn.* ; D *wirkungsfähig* ;   E *effectual, efficacious* ;
F *efficace* ; L *efficax*.

éifeachtúlacht, *a.b.*   Bheith éifeachtúil.
D *Wirkungsfähigkeit, Wirkungskraft* ;
E *efficacy* ; F *efficacité* ; L *efficacitas*.

éigeart, *a.f.* Gníomh i gcoinne an cheartais.
G *Dinn.* ;   D *Unrecht* ;   E *injustice* ;
F *injustice* ; L *injuria*.

éigeartas, *a.f.* Duáilce an easpa cheartais.
D   *Ungerechtigkeit* ;   E   *injustice* ;
F *injustice* ; L *injustitia*.

éiginnte, *aid.* Le cáilíocht na réaltachta
finidí gurbh fhéidir síormhéadú theacht
uirthi ; le cáilíocht na dtairiscintí
loighcíúla nach mbeadh an chainníocht
léirithe iontu. G *cf. Dinn.* ;   D *unbeschränkt* ; E *indefinite* ; F *indéfini* ;
L *indefinitus*.

eileacht, *a.b.* Cáilíocht an ruda eile, .i.
neamhionannas leis an rud a bheadh
faoi thrácht ; cáilíocht an duine thall.
D *Andersheit, Anderssein*; E *otherness*;
F *altérité* ; L *alteritas*.

eilimint, *a.b.* Ceann de na codanna i
réaltacht   coimpléascúil.   G   *SS* ;
D *Element* ; E *element* ; F *élément* ;
L *elementum*.

eimpíreach, *aid.* Ag brath ar fháltais
na gcéadfaí (gan ceisteanna faoi nádúr,
etc., na réaltachtaí a áireamh).

G *FI empirik;* D *empirisch;* E *empirical;* F *empirique;* L *empiricus.*

eimpíreachas, *a.f.* Teagasc a shéanfadh aon fhios a bheith ann ach an mhéid a gheofaí le céadfú (gan fios oschéadfaíoch ar bith a aithint). D *Empirismus;* E *empiricism;* F *empirisme;* L *empirismus.*

eimpírí, *a.f.* Duine a ghlacfadh leis an eimpíreachas. D *Empíriker;* E *empiricist;* F *empiriste;* L *empirista.*

eimpíríoch, *aid.* Ag baint le eimpíreachas. D *empiristisch;* E *empiricist;* F *empiriste;* L *empiristicus.*

eintéilicíocht, *a.b.* An prionsabal inmheánach i mbeith a dhíreodh chun a cuspóra í. G *FI enteleki;* D *Entelechie;* E *entelechy;* F *entéléchie;* L *entelechia.*

eintiméim, *a.b.* Siollóg (*q.v.*) ina mbeadh ceann de na céimeanna argóna (de na réamhleaganacha) intuigthe (*m.sh.* Is réaltacht ábhartha gach corp. Mar sin ní corp é an t-anam). G *FI entimem;* D *Enthymem;* E *enthymeme;* F *enthymème;* L *enthymema.*

Eipiciúrach, *aid.* Ag baint le teagasc Eipiciúrais. *a.f.* Duine a ghlacfadh leis an teagasc sin. D *epikurisch, Epikureer;* E *epicurean, a. epicurean, epicure;* F *épicurien;* L *epicureus.*

Eipiciúrachas, *a.f.* Teagasc Eipiciúrais á rá gurb é pléisiúr na beatha ina hiomláine an mhaith is mó. D *Epikureismus;* E *epicureanism;* F *épicurisme;* L *epicurismus.*

eipicíréim, *a.b.* Siollóg (*q.v.*) ina mbeadh tacaíocht chruthúnais le gach céim. G *FI epikerem;* D *Epikeirem;* E *epicheirema;* F *epichérème;* L *epichirema.*

eipifeiniméan, *a.f.* Breis, gur chuma ann ró as í, a ghabhfadh le feiniméan (*q.v.*). G *FI epiphenomen;* D *Begleiterscheinung;* E *epiphenomenon;* F *épiphénomène;* L *epiphenomenon.*

eipifeiniméanachas, *a.f.* Teagasc adéarfadh nach bhfuil sa gcomhfhios ach eipifeiniméan le feidhmiú an chórais néarógaigh. D *Epiphenomenismus;* E *epiphenomenism;* F *épiphénoménisme;* L *epiphenomenismus.*

eipisiollóg, *a.b.* Siollóg a mbeadh conclúid siollóige eile mar chéim argóna inti; cuid de shraith réasúnaithe (de ilsiollóg) a bheadh i gceist, le conclúid oirshiollóige mar réamhleagan san eipisiollóg. G *FI episilogism;* D *Episyllogismus;* E *episyllogism;* F *épisyllogisme;* L *episyllogismus.*

eipistéimeolaíocht, *a.b.* Meastúchán eolaíoch ar fhiúntas an fheasa; critic. D *Erkenntnistheorie;* E *epistemology;*

F *épistémologie;* L *epistemologia.*

eisceacht, *a.b.* Réaltacht nach luífeadh leis an méid a bheadh rialta sa gcás. G *TDlí;* D *Ausnahme;* E *exception;* F *exception;* L *exceptio.*

eisceadh, *a.br.* (eiscim) Réaltacht a fhágáil nó a áireamh mar eisceacht. G *TDlí.;* D *ausnehmen;* E *except;* F *excepter;* L *excipere.*

eisdíritheacht, *a.b.* Cáilíocht an duine a mbeadh a aire dírithe ar dhaoine agus ar rudaí taobh amuigh, in ionad ar a chomhfhios féin. D *Extraversion;* E *extraversion;* F *extraversion;* L *extraversio.*

eiseach, *aid.* Ag baint leis an eiseadh. D *existenzial;* E *existential;* F *existentiel;* L *existentialis.*

eiseachas, *a.f.* Fealsúnacht a thabharfadh tús áite don eiseadh is dual don duine. D *Existenzialismus, Existenzphilosophie;* E *existentialism;* F *existentialisme;* L *existentialismus.*

eiseadh, *a.br.* (eisim). **1.** Bheith ann. G *DIL;* D *da sein, existieren;* E *exist;* F *exister;* L *existere.* **2.** An prionsabal is bun le rud bheith ann. (*contr.* eisint). G *DIL;* D *Dasein, Existenz;* E *existence;* F *existence;* L *existentia.*

eiseamláir, *a.b.* Cuspa a ngníomhódh cúis éifeachtach dá réir (*m.sh.* idéithe Phlatóin, idé na cúise cuspóirí). G *De Contemptu;* D *Exemplar, Muster, Vorbild;* E *exemplar;* F *exemplaire;* L *exemplar.*

eiseamlárach, *aid.* ó eiseamláir. D *exemplarisch, vorbildlich;* E *exemplary;* F *exemplaire;* L *exemplaris.*

eiseamlárachas, *a.f.* Teagasc a d'aithneodh gurb é Dia atá mar eiseamláir ag na créatúir go léir. D *Exemplarismus;* E *exemplarism;* F *exemplarisme;* L *exemplarismus.*

eisí, *a.f.* Duine a ghlacfadh le heiscachas. D *Existenzialist;* E *existentialist;* F *existentialiste;* L *existentialista.*

eisiamh, *a.br.*(eisiaim). Dúnadh amach, cur as áireamh. G *cf. W;* D *ausschliessen;* E *exclude;* F *exclure;* L *excludere.*

eisiatach, *aid.* ó eisiamh. D *ausschliesslich;* E *exclusive;* F *exclusif;* L *exclusivus.*

eisileachas, *a.f.* An teagasc adéarfadh gur trí eisileadh a tharlaíonn an domhan a bheith ann. D *Emanatismus, Emanationslehre, Emanationstheorie;* E *emanatism;* F *émanationnisme, émanatisme;* L *emanatismus.*

eisileadh, *a.br.* (eisilim). Teacht de riachtanas mar éifeacht ó Dhia (seachas bheith cruthaithe go saor); teacht ó fhoinse. G *W;* D *ausstrahlen,*

(*Ausstrahlung*), *emanieren*, (*Emanation*) ; E *emanate* (*emanation*) ; F *découler*, *émaner* (*émanation*) ; L *emanare* (*emanatio*).

eisint, *a.b.* **1.** An prionsabal is bun le céard é rud ar leith. (*contr.* eiseadh). **2.** Coinchcap den mhéid de rud is údar le céard é (eisint loighciúil, ionann le céardas, *quidditas*). D *Essenz, Wesenheit* ; E *essence* ; F *essence* ; L *essentia*.

eisintiúil, *aid. ó* eisint. D *essentiell, wesentlich* ; E *essential* ; F *essentiel* ; L *essentialis*.

eisíoch, *aid.* Ag baint leis an eiseachas. D *existenzialistisch* ; E *existentialist* ; F *existentialiste* ; L *existentialisticus*.

eisiomprach, *aid.* Ag tabhairt amach ; cáilíocht na néaróga a chuireann gluaiseacht ar aghaidh ó néarlár go matán nó faireog. E *efferent* ; F *efférent* ; L *efferens*.

eisiúint, *a.br.* (eisím). Cur amach. G *cf. TMil.*; D *aussenden* ; E *issue* ; F *émettre, lancer* ; L *emittere*.

eisnádúrtha, *aid.* Os cionn cumais chréatúir éigin (*m.sh.* an duine), ach gan a bheith os cionn cumais an uile chréatúir (mar a bheadh réaltacht osnádúrtha). D *aussernatürlich* ; E *preternatural*; F *préternaturel*; L *praeternaturalis*.

eispéireas, *a.f.* Dul i bhfeidhm réaltachta go neamh-mheánach ar an gcomhfhios a shaibhreofaí dá bharr (*m.sh.* fios duine air féin bheith ann, teagmháil chorraitheach—seachas eolas a gheofaí ó argóint nó ó thuairisc, etc.). G *cf. Corp. Astron.* ; D *Erfahrung* ; E *experience* ; F *expérience* ; L *experientia*.

eispéireasach, *aid. ó* eispéireas. D *Erfahrungs-* ; E *experiential*; F *expérientiel* ; L *experientialis*.

eispéiriú, *a.br.* (eispéirím). Fáil eispéiris. D *erleben* ; E *experience* ; F *expériencer*; L *experiri*.

éisteacht, *a.b.* An céadfa lena gcloistear fuaimeanna. G *Dinn.* ; D *Gehör* ; E *hearing*; F *ouïe* ; L *auditus*.

eistreach, *aid.* Gan bheith in eisint na réaltachta ná i ndeifníd na hidé a bheadh i gceist. (*contr.* intreach)

D *äusserlich*; E *extrinsic*; F *extrinsèque*; L *extrinsecus*.

eithne, *a.b.* An chuid lárnach de réaltacht go mbaileodh codanna eile den réaltacht timpeall uirthi (*m.sh.* comhchur na bprótón in adamh, go mbeadh leictreoin thart timpeall air). G *T* ; D *Kern* ; E *nucleus* ; F *noyau* ; L *nucleus*.

eitic, *a.b.* Eolaíocht nádúrtha phraiticiúil faoi ionracas morálta. G *Eit.* ; D *Ethik*; E *ethics*; F *éthique*; L *ethica*.

eiticiúil, *aid. ó* eitic. D *ethisch* ; E *ethical* ; F *éthique* ; L *ethicus*.

eitneach, *aid.* Ag baint le grúpa nádúrtha daoine a mbeadh an teanga agus an cultúr céanna acu. D *ethnisch* ; E *ethnic* ; F *ethnique* ; L *ethnicus*.

eitneagrafaíocht, *a.b.* Staidéar tuairisceach ar na modhanna beatha ag grúpaí daoine. D *Ethnographie* ; E *ethnography* ; F *ethnographie* ; L *ethnographia*.

eitneolaíocht, *a.b.* An eolaíocht a chuireann síos ar cháilíochtaí fisiciúla na gciníocha. D *Ethnologie* ; E *ethnology* ; F *ethnologie* ; L *ethnologia*.

eodaemanachas, *a.f.* Teagasc a ghlacfadh le sonas pearsanta nó sóisialta mar phrionsabal na moráltachta. G *Eit.*; D *Eudämonismus* ; E *eudemonism* ; F *eudémonisme* ; L *eudaemonismus*.

eolaí, *a.f.* Duine a bheadh oilte ar eolaíocht. G *Dinn.* ; D *Wissenschaftler;* E *scientist* ; F *homme de science, savant* ; L *scientificus*.

eolaíoch, *aid.* De réir na heolaíochta. D *wissenschaftlich* ; E *scientific* ; F *scientifique* ; L *scientificus.*.

eolaíocht, *a.b.* Fírinní cinnte a bheadh i gceangal le chéile go loighciúil mar chóras. G *T* ; D *Wissenschaft* ; E *science* ; F *science* ; L *scientia*.

eolaíochtas, *a.f.* Claonadh chun na tuairime gurb í an eolaíocht barrchéim agus iomlán an fheasa agus gur leor í chun gach fadhb dhaonna a réiteach. E *scientism* ; F *scientisme* ; L *scientismus*.

eotanáise, *a.b.* Críoch a chur leis an mbeatha chun faoiseamh a thabhairt ó phian. D *Euthanasie* ; E *euthanasia*; F *euthanasie* ; L *euthanasia*.

---

fadhb, *a.b.* Fíoras a nochtfaí mar dheacracht toisc gan a réasún a bheith soiléir ach gurb amhlaidh nár mhór é a lorg *m.sh.* trí mhodhanna na heolaíochta. G *Dinn.* ; D *Problem* ; E *problem* ; F *problème* ; L *problema*.

faillí, *a.b.* Fágáil gnímh ar lár cé gur dual é dhéanamh. G *Dinn.* ; D *Unterlassung* ; E *omission* ; F *omission* ; L *omissio*.

fadú, *a.br.* (fadaím) Réaltacht a dhéanamh níos faide, níos sia. G *Dinn.*

30

D *verlängern* ; E *lengthen, prolong* ; F *allonger, prolonger, rallonger* ; L *extendere, longius facere, producere*.

failliú, *a.br.* Faillí a dhéanamh. G *Dinn.* ; D *unterlassen* ; E *omit* ; F *omettre* ; L *omittere*.

falsa, *aid.* Bréagach, ar easpa fírinne. G *Dinn.* ; D *falsch* ; E *false* ; F *faux* ; L *falsus*.

falsacht, *a.b.* Bheith falsa ; gan bheith fíor. G *Dinn.* ; D *Falschheit* ; E *falseness, falsity* ; F *fausseté* ; L *falsitas*.

falsán, *a.f.* Argóint a threoródh duine amú ; locht ar shiollóg. G *Dinn.*; D *Trugschluss;* E *fallacy;* F *fausseté, sophisme* ; L *fallacia*.

falsánach, *aid.* ó falsán. D *trügerisch* ; E *fallacious* ; F *fallacieux* ; L *fallax*.

fáltais, *a.f. iol.* Imthosca a gheofaí ar fáil (mar bhun le fadhb, etc.) G *cf. Dinn.*; D *Annahmen, Data, Gegebenes;* E *data* ; F *données* ; L *data*.

fanacht, *a.b.* Staid an té a bheadh ullamh le rud a mbeadh súil aige leis. G *Dinn.*; D *Erwartung* ; E *waiting* ; F *attente* ; L *expectatio, manere*.

fanaiceach, *a.f.* Díograiseoir buile; duine a bheadh ag gabháil le tuairim, gluaiseacht, gnó, etc. agus gan aon srian réasúnta aige air féin. D *Fanatiker* ; E *fanatic* ; F *fanatique* ; L *fanaticus*.

fanaiceachas, *a.f.* Iompar fanaicigh. D *Fanatismus* ; E *fanaticism* ; F *fanatisme* ; L *fanatismus*.

fantaise, *a.b.* An comhartha lena sealbhódh an comhfhios oibíocht inchéadfaithe a bheadh as láthair ; íomhá (*q.v.*). D *Phantasma* ; E *phantasm* ; F *phantasme* ; L *phantasma*.

fantaiseacht, *a.b.* Cumas chun na fantaisí a chur ar fáil ; íomháineacht, (go háirithe ag Descartes). D *Phantasie;* E *phantasy* ; F *phantasie* ; L *phantasia*.

farasbarr, *a.f.* An mhéid a bheadh le cois, an mhéid nach dteastódh nuair a bheadh gnó éigin curtha i gcrích (*m.sh.* nuair a bheadh costais glanta). D *Überschuss* ; E *surplus* ; F *surplus* ; L *residuum*.

fáthchiallacht, *a.b.* Siombalacht a d'úsáidfí chun tuairisc a thabhairt ar smaoineamh, ar scéal, etc. G *cf. Dinn.*; D *Allegorie;* E *allegory;* F *allégorie;* L *allegoria*.

fealsamh, *a.f.* Duine a bheadh ag gabháil don fhealsúnacht. G *DIL* ; D *Philosoph;* E *philosopher* ; F *philosophe* ; L *philosophus*.

fealsúnach, *aid.* Ag baint le fealsúnacht. D *philosophisch* ; E *philosophical* ; F *philosophique* ; L *philosophicus*.

fealsúnacht, *a.b.* Staidéar ar na réasúin is

domhaine leis an bhfios agus leis an réaltacht. G *Dinn.* ; D *Philosophie;* E *philosophy* ; F *philosophie* ; L *philosophia*.

fearannas, *a.b.* Sa loighic, grúpa de nithe faoi thrácht go dtuigfí foirmlí ina leith. G *cf. Dinn.*; D *Bereich, Gebiet* ; E *domain* ; F *domaine* ; L *dominium.*

fearrachas, *a.f.* Tuairim na ndaoine a chreidfeadh gurbh fhéidir an saol a fheabhsú (murab ionann agus tuairimí na soirbhí agus na ndoirbhí). D *Meliorismus;* E *meliorism;* F *méliorisme* ; L *meliorismus*.

féideartha, *aid.* Taobh istigh den mhéid a d'fhéadfadh bheith ann ; gan bheith frithráiteach mar idé (.i. a cuid eilimintí bheith inchuibhrinn (*q.v.*) —murab ionann is "ciorcal cearnógach"). D *möglich* ; E *possible* ; F *possible* ; L *possibilis*.

féidearthach, *a.f.* Réaltacht sa mhéid go mbeadh sí ábalta bheith ann. G *cf. P* ; D *Mögliche* ; E *possible* ; F *possible* ; L *possibile*.

féidearthacht, *a.b.* Cáilíocht na réaltachta féideartha. G *P;* D *Möglichkeit* ; E *possibility* ; F *possibilité* ; L *possibilitas*.

féidearthacht eistreach (*extrinseca*), cáilíocht na réaltachta go mbeadh cúis ann dáirire a bheadh in ann í chur ar fáil (*m.sh.* pléascadh adamhach).

féidearthacht fhisiciúil (*physica*), cáilíocht na réaltachta nár shárú ar dhlíthe an nádúir í bheith ann (*m.sh.* cúigrín; cúigear in aon bhreith).

féidearthacht intreach (*intrinseca*), cáilíocht na réaltachta go mbeadh a cuid eilimintí inchuibhrinn (nach mbeidís frithráiteach le chéile, *m.sh.* teach óir).

féidearthacht mhorálta (*moralis*), cáilíocht na réaltachta a luífeadh le pé coinníollacha daonna ba ghá chun í bheith ann (*m.sh.* athbheochan theanga).

feidhm, *a.b.* An gníomhú ba dhual d'orgán ar leith ; bailiúchán gníomhaíochta chun críche áirithe. G *Dinn.* ; D *Funktion* ; E *function* ; F *fonction* ; L *functio*.

feidhmiúil, *aid.* ó feidhm. D *Funktion ,* E *functional* ; F *fonctionnel* ; L *functionalis*.

féin, *a.f.* **1.** An tsuibíocht i staid na "spontáineachta simplí" sula mbeadh comhfhios aici i dtaobh na beithe pearsanta aici féin (.i. ar an ' mise '). **2.** An tsuibíocht a bheadh comhfhiosach i dtaobh a mise féin. D *Ich, Selbst;* E *I* ; F *égo, je* ; L *ego*.

féinchaomhnú, *a.f.* Coinneáil slán ó na

hoilc a bhagródh ar dhuine. D *Selbsterhaltung* ; E *self-preservation* ; F *conservation de soi* ; L *se servare*.

féinchinneadh, *a.f.* Beartú, socrú, an duine féin ar an ní a dhéanfadh sé. D *Selbstbestimmung* ; E *autodetermination* ; F *autodétermination* ; L *autodeterminatio*.

féindiúltadh, *a.f.* Srian a chur ag dhuine lena chlaonta, trí staonadh go deonach de shásamh a lorg dó féin. D *Selbstverleugnung, Selbstverneinung* ; E *self-abnegation* ; F *abnégation de soi-même, renoncement à soi-même* ; L *abnegatio sui*.

féinfhios, *a.f.* An fios a bheadh ag duine mar gheall air féin, a aithne air féin. D *Selbsterkenntnis* ; E *self-knowledge* ; F *connaissance de soi* ; L *conscientia sui*.

feiniméan, *a.f.* **1.** Réaltacht ar bith a thiocfadh taobh istigh de réim na gcéadfaí nó an chomhfheasa. **2.** Fíoras eolaíoch. **3.** Oibíocht sa ríocht go gcuirfí eolas uirthi suite san am agus sa spás. G *FI fenomen*; D *Erscheinung, Phänomen* ; E *phenomenon* ; F *phénomène* ; L *phenomenon*.

feiniméanachas, *a.f.* **1.** Teagasc nach n-aithneodh go bhfuil aon tsubstaint sa réaltacht, á rá nach bhfuil inti ach an mhéid a léirítear don fhios mar fheiniméan. **2.** Teagasc a shéanfadh gur mó ná sraith d'fheiniméin an fiosaí ann féin. D *Phänomenalismus* ; E *phenomenalism* ; F *phénoménisme* ; L *phenomenismus*.

feiniméanaí, *a.f.* Duine a ghlacfadh le feiniméanachas. D *Phänomenalist* ; E *phenomenalist* ; F *phénoméniste* ; L *phenomenista*.

feiniméanaíoch, *aid.* Ag baint le feiniméanachas. D *phänomenalistisch* ; E *phenomenalistic* ; F *phénoméniste* ; L *phenomenisticus*.

feiniméaneolaíoch, *aid.* ó feiniméaneolaíocht. D *phänomenologisch*; E *phenomenological* ; F *phénoménologique* ; L *phenomenologicus*.

feiniméaneolaíocht, *a.b.* Staidéar ar fheiniméin, ar fheiniméin an chomhfheasa go háirithe ; modh fealsúnachta Husserl. D *Phänomenologie* ; E *phenomenology* ; F *phénoménologie* ; L *phenomenologia*.

féinimheabhrú, *a.f.* Idéithe nach measfaí go staidéartha a éirí san intinn de dheasca oibrithe áirithe in intinn an duine féin. D *Autosuggestion* ; E *autosuggestion* ; F *autosuggestion* ; L *autosuggestio*.

féinlárnach, *aid.* Le cáilíocht an duine go mbeadh a aire sa gcéad áit aige ar a leas féin, gan beann ar dhaoine eile,

agus go mbeadh gach gnó dá mheas aige de réir a leasa féin. D *egozentrisch* ; E *egocentric, selfcentred* ; F *égocentrique*.

féinmharú, *a.f.* Lámh a chur ag duine ina bhás féin. G *TDli.* ; D *Selbstmord*; E *suicide* ; F *suicide* ; L *suicidium*.

féinriail, *a.b.* Cáilíocht na réaltachta a chinnteodh di féin na rialacha gníomhaíochta aici. D *Autonomie*; E *autonomy*; F *autonomie*; L *autonomia*.

feinrialaitheach, *aid.* Le cáilíocht na réaltachta a chinnteodh di féin na rialacha gníomhaíochta aici. D *autonom* ; E *autonomous* ; F *autonome*; L *autonomus*.

féinspéiseachas, *a.f.* Teagasc morálta a ghlacfadh le leas an duine féin mar fhoinse na dtuiscintí agus na bprionsabal morálta. D *Egoismus* ; E *egoism* ; F *égoïsme* ; L *egoismus*.

féinspéisí, *a.f.* Duine féinlárnach (*q.v.*). D *Egoist* ; E *egoist* ; F *égoïste* ; L *sui amator*.

feitiseachas, *a.f.* Cultas na bhfeitisí .i. nithe ábhartha mar áitreabh na spiorad. G *FI fetichism* ; D *Fetischismus* ; E *fetishism*; F *fétichisme*; L *feticismus*.

fiach, *a.f.* An mhéid a bheadh ag duine amháin ar dhuine eile. G *Dinn.* ; D *Schuld* ; E *debt* ; F *dette*; L *debitum*.

fianaise, *a.b.* Ábhar a léireodh, a chruthódh, nó a bheadh mar thaca le heolas. G *Dinn.* ; D *Zeugnis* ; E *evidence, testimony*; F *témoignage*; L *testimonium*.

ficsean, *a.f.* Cumadóireacht maille le fios nach mbeadh aon réaltacht ag freagairt di. G *FI Fiktivaj* ; D *Fiktion*; E *fiction*; F *fiction*; L *fictio*.

fidéachas, *a.f.* Séanadh go bhféadfadh an intleacht na bunphrionsabail a dhéanamh amach (nó cruthúnas a sholáthar go bhfuil Dia ann, etc.) as a stuaim féin sa gcaoi nárbh fholáir dul i muinín an chreidimh gan réasún sna hábhair sin. D *Fideismus, Glaubensphilosophie* ; E *fideism* ; F *fidéisme* ; L *fideismus*.

finideach, *aid.* Cáilíocht na réaltachta a bhféadfadh réaltachtaí eile, d'aonord léi féin, bheith á teorannú. D *endlich*; E *finite*; F *fini*; L *finitus*.

fionnadh, *a.br.* (fionnaim) Réaltacht a fháil amach, eolas a chur ar réaltacht G *Dinn.* ; D *entdecken, erfinden* ; E *discover* ; F *découvrir, inventer* ; L *invenire*.

fionraí, *a.br.* (fionraím) Fanacht gan gníomh áirithe a dhéanamh go ceann tamaill. G *TDli.* ; D *zurückhalten* ; E *suspend* ; F *suspendre* ; L *retinere*.

fíor, *a.b.* An déanamh a bheadh ar shiollóg (*q.v.*) de réir ionad an mheántéarma sna réamhleaganacha (*m.sh.* an chéad fhíor : Is fear macánta gach fealsamh ; Is fealsamh gach loighceoir ; Is fear macánta gach loighceoir). D *Figur* ; E *figure* ; F *figure* ; L *figura. aid.* Le cáilíocht na firinne (*q.v.*), (*contr.* falsa). G *Dinn.* ; D *wahr* ; E *true* ; F *vraie* ; L *verus.*

fíoraíocht, *a.b.* An déanamh eagraithe iomlán ar na fáltais a mbeadh cumas feasa na gcéadfaí (go háirithe) gabháltach orthu (*m.sh.* fíor gheoiméadrúil, fonn). G *Dinn.* ; D *Gestalt* ; E *configuration, form* ; F *configuration, forme* ; L *configuratio, forma.*

fíoras, *a.f.* Ceann ar bith de fháltais réalta an eispéiris. G *TDlí.* ; D *Tatsache* ; E *fact* ; F *fait* ; L *factum*

fíorú, *a.br.* (fíoraím). Tacaíocht a sholáthar nó a lorg chun a thaispeáint go mbeadh firinne ar fáil. G *TDlí.* ; D *verifizieren* ; E *verify* ; F *vérifier* ; L *probare.*

fios, *a.f.* Toradh an ghnímh imeanaigh (*q.v.*) a d'fhágfadh oibíocht i seilbh na gcéadfaí nó na hintleachta .i. an sealbhú áirithe sin ar an oibíocht. G *Dinn.* ; D *Kenntnis*; E *knowledge*; F *connaissance* ; L *cognitio.*

fiosú, *a.br.* (fiosaím) Seilbh intleachta nó chéadfaíoch a ghabháil ar oibíocht. G *W, cf. C, O'R* ; D *kennen*; E *know*; F *connaître* ; L *cognoscere.*

fíreata, *aid.* Gan cur i gcéill, gan fhimineacht, le hintinn go díreach de réir mar bheadh le tuiscint ón gcaint, etc. D *aufrichtig*; E *sincere* ; F *sincère* ; L *sincerus.*

fírinne, *a.b.* Réiteach an bhreithiúnais leis an oibíocht ar a dtráchtann sé ; réiteach na hintinne leis an réaltacht. G *Dinn.* ; D *Wahrheit* ; E *truth* ; F *vérité* ; L *veritas.*

fírinneacht, *a.b.* Cáilíocht an bhreithiúnais nó an té nach mbeadh falsacht ag baint leis (*m.sh.* Dia). D *Wahrhaftigkeit*; E *truthfulness, veracity*; F *véridicité* ; L *veracitas.*

fírtiúil, *aid.* Le cáilíocht na tualangthachta gníomhaí (*m.sh.* Deirtear go mbeadh eolas go fírtiúil ar an ngeoiméadracht go léir ag an ngeoiméadraí). G *Eit.* ; D *virtuell*; E *virtual* ; F *virtuel* ; L *virtualis.*

fiseolaíocht, *a.b.* Staidéar ar fheidhmiú na n-orgán difriúil sna réaltachtaí beo. D *Physiologie* ; E *physiology* ; F *physiologie* ; L *physiologia.*

fisic, *a.b.* Staidéar ar airíona an ábhair agus an fhuinnimh. G *MC* ; D *Physik* ; E *physics* ; F *physique* ; L *physica.*

fisicí, *a.f.* Duine a bheadh ag gabháil don fhisic. G *MC* ; D *Physiker* ; E *physicist* ; F *physicien* ; L *physicus.*

fisiciúil, *aid. ó* fisic. D *physisch*; E *physical*; F *physique* ; L *physicus.*

fiúntas, *a.f.* An mhaitheas a d'aithneofaí i réaltacht, an mhéid den réaltacht a thuillfeadh meas maitheasa di. D *Wert*; E *value*; F *valeur*; L *valor.*

fiúntaseolaíocht, *a.b.* Staidéar ar fhiúntais. D *Axiologie* ; E *axiology* ; F *axiologie* ; L *axiologia.*

flaitheas, *a.f.* Fo-ordú pearsana, idéithe, etc., i sraith uachtarachta de réir caighdeáin éigin. G *Dinn.*; D *Hierarchie* ; E *hierarchy*; F *hierarchie* ; L *hierarchia.*

fleigmeatach, *aid.* Le meon mall fuarchúiseach. D *phlegmatisch* ; E *phlegmatic* ; F *phlegmatique*; L *phlegmaticus.*

fócas, *a.f.* Pointe comhchruinnithe (*m.sh.* ag gathanna inréimneacha solais, etc.) D *Brennpunkt* ; E *focus* ; F *foyer* ; L *focus.*

fochomhfhios, *a.f.* Na staideanna lagchomhfheasa ina n-iomláine. D *das Unterbewusste, Unterbewusstsein*; E *subconscious, subconsciousness*: F *subconscient, subconscience* ; L *subconscientia.*

fochontráir, *a.b.* Ceachtar de dhá thairiscint phairticleártha a bheadh ag teacht in aghaidh a chéile ó thaobh cáilíochta loighciúla de. D *Subkonträr* ; E *subcontrary* ; F *subcontraire* ; L *subcontraria.*

fofhoirgneamh, *a.f.* Bunús ceilte leis an méid a bheadh le tabhairt faoi deara de réaltacht (*m.sh.* gníomh áirithe neamhchomhfhiosach). D *Unterbau* ; E *infrastructure* ; F *infrastructure* ; L *infrastructura.*

fógairt, *a.br.* (fógraím) Cur os ard, tabhairt le fios don phobal (*m.sh.* dlí). G *cf. Dinn.* ; D *verkündigen* ; E *promulgate* ; F *promulguer* ; L *promulgare.*

fo-ghlacadh, *a.br.* (fo-ghlacaim). Rud (nó cineál rudaí) a thuiscint mar chuid de chineál níos leithne. D *subsumieren* ; E *subsume* ; F *subsumer* ; L *subsumere.*

fóibe, *a.b.* Eagla ghalrach roimh rud éigin nó roimh bheith i suíomh éigin. D *Phobie* ; E *phobia* ; F *phobie* ; L *phobia.*

fóillíocht, *a.b.* Aimsir shaor ó shaothar. G *Dinn.* ; D *Freizeit, Musse* ; E *leisure* ; F *loisir* ; L *otium, tempus vacuum.*

foilsiú, *a.br.* (foilsím) Fios a ligean le duine nó le daoine ; fios á dheonú ag Dia go hosnádúrtha. G *GG* ; D *offenbaren (Offenbarung)*; E *reveal (revelation)* ; F *révéler (révélation)* ; L *revelare (revelatio).*

foinse, *a.b.* Prionsabal nó saothar bunúsach a mbeadh eolas le baint as (*contr.*

saothar—a bheadh bunaithe ar fhoinse).
G *cf. Dinn.*; D *Quelle, Ursprung*;
E *fount, source*; F *source*; L *fons.*

foinsí na moráltachta (*fontes mora-litatis*), na prionsabail a chinntíonn
moráltacht an ghnímh dhaonna (oib-
íocht, imthosca, cuspóir).

foirbhiú, *a.br.* (foirbhím). Tabhairt chun
na hiomláine is dual; achtáil a
dhéanamh go hiomlán ar an tual-
ang i réaltacht. G *Dinn., RSláinte,
W*; D *perfektionieren, vervollkommnen;*
E *perfect*; F *perfectionner*; L *perficere.*

foirceann, *a.f.* Ceachtar den dá phointe
is sia anonn ó chéile (*m.sh.* tosach agus
deireadh réaltachta). G *Dinn.*;
D *Extrem, äusserstes Ende*; E *extreme*;
F *extreme*; L *extremum.*

foircinn na siollóige (*extrema
syllogismi*), an mórthéarma agus an
miontéarma, seachas an meántéarma.

foircneach, *aid.* An-mhíchuíosach, gan
teorainn réasúnta (*m.sh.* tuairimí). G *T;*
D *extrem*; E *extreme*; F *extrême*;
L *extremus.*

foirfe, *aid.* Le foirfeacht. G *Dinn., P;*
D *perfekt, vollkommen*; E *perfect*;
F *parfait*; L *perfectus.*

foirfeacht, *a.b.* Iomlán maitheasa.
G*Dinn.,P, W*; D *Vollkommenheit*; E *per-
fection*; F *perfection*; L *perfectio.*

foirgneamh, *a.f.* Eagrú na n-eilimintí in
iomlán; iomlán eagartha. G *cf. Dinn.*;
D *Struktur*; E *structure*; F *structure*;
L *structura.*

foirm, *a.b.* **1.** An prionsabal a d'fhágfadh
a maitheas áirithe féin ag réaltacht
(.i. a d'fhágfadh a leithéid áirithe
nádúir inti, le gníomhaíocht agus
cruth, etc., dá réir). **2.** Ord na n-eilimintí
sa smaoineamh (*m.sh.* ord na mbreith-
iúnas sa réasúnadh) seachas an
t-ábhar a bheadh i gceist sna heilimintí
(*m.sh.* fírinne na mbreithiúnas).
G *TDlí.*; D *Form*; E *form*; F *forme*;
L *forma.*

foirm aicídeach (*forma accidentalis*),
an prionsabal ba bhun le cinntiú
aicídeach a bheith ar réaltacht (*m.sh.*
le haois, seachas óige, a bheith ar
dhuine. *contr.* foirm shubstaintiúil).

foirm shubstaintiúil (*forma substantia-
lis*), prionsabal na céad-achtála ar ghlan-
tualang an ábhair phríomh-
úil—an mhéid a d'fhágfadh eisint
ábhartha chinntithe ann (*m.sh.* feoil,
seachas arán nó rud ar bith eile. *contr.*
foirm aicídeach).

foirmeacha a priori Kant, an chaoi
áirithe a gcuirfeadh an intleacht, ó
nádúr, ord eolaíochta ar eispéiris.
m.sh. le suíomh spáis agus ama; de
réir na gcatagóirí (*q.v.*) agus na n-idéithe

(*q.v.*).

foirmitheach, *aid.* Ag imirt tionchair
ar chruth, déanamh, leagan amach.
D *bildend. formativ, gestaltend*; E *form-
ative*; F *formatif*; L *formativus.*

foirmiú, *a.br.* (foirmím) Soláthar foirme.
G *cf. Dinn.*; D *informieren*; E *inform*;
F *informer*; L *informare.*

foirmiúil, *aid.* ó foirm. G *MC, P, W;*
D *formal, formell*; E *formal; F formel;*
L *formalis.*

foirmiúlachas, *a.f.* Barr tábhachta a
thabhairt don fhoirm (cialla éagsúla).
(*m.sh.* sa loighic—tosach a thabhairt do
rith na hargóinteachta in ionad don
ábhar; foirmiúlachas morálta Kant—
aird ar fhoirm na moráltachta (dar
leis) .i. riail uilíoch a cheanglódh cách,
in ionad trácht ar chuspóirí na ngníomh-
artha). D *Formalismus*; E *formal-
ism*; F *formalisme*; L *formalismus.*

foirmle, *a.b.* Insint bheacht ar an riail
atá le leanúint chun gníomh de shaghas
faoi leith a dhéanamh. G *T*; D *Formel*;
E *formula*; F *formule*; L *formula.*

foirtile, *a.b.* An tsuáilce a choimeádann
smacht an réasúin ar an eagla agus
ar an dánaíocht i nduine a bheadh faoi
dheacrachtaí agus i gcontúirt, go mór-
mhór dá mbeadh air aghaidh a thabhairt
ar an mbás. G *Dinn., O'B, O'R;*
D *Seelenstärke*; E *fortitude*; F *forti-
tude*; F *fortitude*; L *fortitudo.*

folaigh, *aid.* I bhfolach; gan bheith ris.
G *Dinn.*; D *latent*; E *latent*;
F *latent*; L *latens.*

follasach, *aid.* Soiléir le tabhairt faoi
deara. G *TDlí.*; D *augenscheinlich,
manifest, offenbar*; E *apparent, mani-
fest, patent*; F *manifeste, patent*;
L *manifestus.*

folús, *a.f.* Easpa gach uile ábhair, nó
ábhair áirithe, nó ábhair inmheáite,
i spás. G *T*; D *Leere, Vacuum*;
E *vacuum, void*; F *vacuum, vide*;
L *vacuum.*

folúsaí, *a.f.* Duine a mhaífeadh an folús
a bheith ann. D *Vacuist*; E *vacuist*;
F *vacuiste*; L *vacuista.*

fóntach, *aid.* Fiúntach chun teacht ar
fhiúntas eile; úsáideach. G *Dinn.*;
D *nützlich*; E *useful*; F *utile*; L *utilis.*

fóntachas, *a.f.* Teagasc morálta a
ghlacfadh leis an leas indibhidiúil nó
coiteann mar bhunphrionsabal (*m.sh.*
teagasc Stuart Mill). D *Nützlichkeits-
theorie, Utilitarismus*; E *utilitarian-
ism*; F *Utilitarisme*; L *Utilitarismus.*

fóntaí, *a.f.* Duine a ghlacfadh leis an
bhfóntachas, nó a chlaonfadh chuige
sin. D *Utilitarier*; E *utilitarian*;
F *utilitaire, utilitariste*; L *utilitarista.*

fóntaíoch, *aid.* Ag baint leis an

34

bhfóntachas. D *utilitaristisch*; E *utilitarian*; F *utilitaire, utilitariste*; L *utilitaristicus*.

fo-ordaithe, *aid. bhr.* Ar chéim níos ísle i leith réaltachta eile. D *untergeordnet*; E *subordinate*; F *subordonné*: L *subordinatus*.

fo-ordú, *a.br.* (fo-ordaím) Réaltacht a bheith á fágáil faoi bhun réaltachta eile (*m.sh.* ag brath ar an réaltacht eile, nó i bhfo-roinn de chuid na réaltachta eile sin—mar a bheadh gné i gcineál). D *subordinieren (Subordination)*; *unterordnen (Unterordnung)*; E *subordinate*; F *subordonner*; L *subordinare*.

forás, *a.br.* (forásaim). **1.** Teacht chun cinn d'éabhlóid diaidh ar ndiaidh. D *entwickeln*; E *develop*; F *développer*; L *evolvere*. **2.** Dul chun cinn céim ar chéim. G *cf. Dinn.*; D *Entwicklung*; E *development*; F *développement*; L *evolutio*.

forchéimniú, *a.br.* (forchéimním). Dul ar aghaidh go háirithe diaidh ar ndiaidh agus gan aon chéim ar gcúl, bíodh go bhféadfadh bris a bheith sa ngluaiseacht). D *fortschreiten*, E *progress*; F *faire des progrès*; L *progredi*.

forchéimnitheach, *aid.* Le cáilíocht na réaltachta, na gluaiseachta, etc., a bheadh ag dul ar aghaidh. G *MC*; D *fortschrittlich*, E *progressive*; F *progressif* L *progressivus*.

foréigean, *a.f.* Imirt ar dhuine le fórsa fisiciúil; dul in aghaidh nádúir ruda. G *Dinn.*; D *Zwang*; E *violence*; F *violence*; L *violentia*.

foréigneach, *aid.* ó foréigean. G *Dinn.*; D *zwingend*; E *violent*; F *violent*; L *violentus*.

fórsa, *a.f.* Údar seachtrach gníomhaíochta a d'fhéadfadh athrú a dhéanamh ar an staid shosa nó chorraithe a bheadh ar chorp. G *Dinn.*; D *Kraft*; E *force*; F *force*; L *vis*.

fortórmach, *a.f.* Biseach, méadú de bharr fáis, suimithe, etc. G *Dinn.*; D *Zuwachs*; E *accretion*; F *accroissement*; L *accretio*.

foshraith, *a.b.* An mhéid de réaltacht a mbraithfeadh a cuid aicídí agus feiniméin uirthi. D *Substrat, Substratum*; E *substrate, substratum*; F *substrat, substratum*; L *substratum*.

fo-shuíomh, *a.f.* **1.** An mhéid a ghlacfaí mar bhunús le heolaíocht (bíodh an mhéid sin soiléir inti fein, nó de bharr eolaíochta eile). **2.** An mhéid nárbh fholáir a ghlacadh mar bhunús le teoiric, etc., cé nach mbeadh an mhéid sin soiléir ná fiú amháin inchruthaithe. D *Postulat*; E *postulate*; F *postulat*;

L *postulatum*.

fostaí, *a.f.* Duine a bheadh ag obair do dhuine eile. G *TDlí.*; D *Angestellter*, *Arbeitnehmer*; E *employee*; F *employé*; L *opifex, operis acceptor*.

fostóir, *a.f.* Duine a mbeadh duine eile ag obair dó. G *TDlí.*; D *Arbeitgeber*; E *employer*; F *employeur*; L *dominus, operis dator*.

fothairseachúil, *aid.* Ag baint leis an' méid den bheatha shíceach nach mbeadh follasach sa gcomhfhios (*contr.* ostairseachúil). D *subliminal*; E *subliminal*; F *subliminal*; L *subliminalis*.

freagra, *a.f.* Ráiteas, etc., chun pé mhéid a d'fhiafrófaí a thabhairt le fios. G *Dinn.*; D *Antwort*; E *answer*, *reply, response*; F *réponse*; L *responsum*.

freagrach, *aid.* Faoi dhualgas i leith ruda éigin. G *Dinn.*; D *verantwortlich*; E *responsible*; F *responsable*; L *responsabilis*.

freagracht, *a.b.* Cáilíocht na beithe neamhspleáí nár mhór dhi a dualgas i leith gníomhartha áirithe, etc. a admháil os comhair údaráis a bheadh i gceannas uirthi, *m.sh.* Dia. G *Dinn.*; D *Verantwortlichkeit*; E *responsibility*; F *responsabilité*; L *responsabilitas*.

fréamh. *a.f.* Bunúdar, prionsabal, réaltacht a dtiocfadh rud éigin di, a dtagadh rud éigin aisti, nó dá barr. G *Dinn.*; D *Wurzel*; E *root*; F *racine*; L *radix*.

fréamhach, *aid.* **1.** Ag baint leis an fréamh. **2.** Gan srian, gan teorainn. G *T*; D *radikal*; E *radical*; F *radical*, L *radicalis*.

freasúra, *a.f.* Cur i gcoinne. G *Dinn.*; D *Opposition, Widerstand*; E *opposition*; F *opposition*; L *oppositio*.

freineolaíocht, *a.b.* Teoiric a mheas go léirítear tréithe charachtair agus cumais síceacha le cruth seachtrach an chinn a thaispeánfadh a suíomh san inchinn. D *Phrenologie*; E *phrenology*; F *phrénologie*; L *phrenologia*.

fritéis, *a.b.* **1.** Contrárthacht. **2.** An dara céim i ndialachtaic Hegel .i. séanadh na téise (roimh aontú na téise agus na fritéise i sintéis, mar chonclúid na dialachtaice). D *Antithese*; E *antithesis*; F *antithèse*; L *antithesis*.

frithchur, *a.f.* Infeiriú neamh-mheánach ó bhreithiúnas amháin chun breithiúnais eile go mbeadh an tsuibíocht ann frithráiteach ar phreideacháid an chéad bhreithiúnais (*m.sh.* Is amadán gach duine béalscaoilte: ní duine béalscaoilte éinne neamhamadánta). G *P*; D *Kontraposition*; E *contraposition*; F *contraposition*; L *contrapositio*.

frithdhleathacht, *a.b.* Dhá dhlí, dhá phrionsabal, nó dhá chruthúnas a bheith ag teacht go hiomlán in aghaidh a chéile (go frithráiteach) i gcás faoi leith. D *Antinomie*; E *antimony*; F *antinomie*; L *antinomia*.

frithghníomhú, *a.f.* Gníomh a spreagfaí i mbeith le feidhmiú ruda eile ina leith, nó de dheasca a feidhmithe féin i leith ruda eile. G T; D *Gegenwirkung, Reaktion*; E *reaction*; F *réaction*; L *reactio*.

frithghiniúint, *a.b.* Cosc giniúna. G *cf. MC*; D *Empfängnisverhütung*; E *contraception*; F *contraception*; L *contraceptio*.

frithghníomhach, *aid.* In aghaidh dul chun cinn (*m.sh.* maidir le leasú sóisialta). D *reaktionär, rückschrittlich*; E *reactionary*; F *réactionnaire*; L *reactionarius*.

frithghníomhaí, *a.f.* Duine frithghníomhach. D *Reaktionär*; E *reactionary*; F *réactionnaire*; L *reactionarius*.

frithloighceacht, *a.b.* Cothromaíocht idir réasúin ar son agus i gcoinne. D *Antilogie*; E *antilogy*; F *antilogie*; L *antilogia*.

frithluail, *a.b.* Frithghníomh áirithe i gcóras na néaróg a tharlódh go huathoibríoch (*q.v.*) le spreagadh áirithe (*m.sh.* uisce faoi na fiacla ar bhlaiseadh úill). G *Corpeol.*; D *Reflex, Reflexbewegung*; E *reflex, reflex action*; F *réflexe, acte réflexe*; L *reflexus, actio reflexa*.

frithrá, *a.br.* (frithráim) Dearbhú agus séanadh an aon ruda amháin ag an am céanna. G C, P, TF, W; D *widersprechen (Widerspruch)*; E *contradict (contradiction)*; F *contredire (contradiction)*; L *contradicere (contradictio)*.

frithráiteach, *aid. ó* frithrá. D *kontradiktorisch, widersprechend*; E *contradictory*; F *contradictoire*; L *contradictorius*.

   tairiscintí frithráiteacha (*propositiones contradictoriae*) nó **frithráiteacha** (*contradictoriae*), tairiscintí a thiocfadh in aghaidh a chéile i gcainníocht agus i gcáilíocht ag an am céanna (*m.sh.* Níl aon mhac léinn dúthrachtach ann;

tá mic léinn dúthrachtacha ann).

frithshuíomh, *a.f.* Freasúra idir staideanna comhfheasa (a bheadh níos treise iontu féin de bharr an imeartais in aghaidh a chéile, *m.sh.* dubh agus bán). D *Kontrast*; E *contrast*; F *contraste*.

fuaimeolaíocht, *a.b.* Staidéar ar na fuaimeanna. D *Akustik*; E *acoustics*; F *acoustique*; L *acustica*.

fuílleach, *a.f.* An mhéid a bheadh fágtha, an t-iarmhar. G *Dinn.*; D *Residuum, Rückstand, Überrest*; E *residue*; F *résidu*; L *residuum*.

   "**modh na bhfuílleach**", Bealach ionduchtaithe de chuid Stuart Mill: má baintear d'fheiniméan an mhéid de a thuigtear (as ionduchtuithe eile) a bheith mar éifeacht ar réamhtheachtaithe áirithe, ansin is ionann fuílleach an fheiniméin agus éifeacht na réamhtheachtaithe eile. (*m.sh.* Má thuigtear go bhfuil ceangal cúisíochta idir ABC agus *abc*, agus más eol gurb é A is cúis le *a*, agus gurb é B is cúis le *b*, ansin is féidir a ghlacadh leis an gconclúid go bhfuil C mar chúis le *c*).

fuinneamhachas, *a.f.* An teoiric a déarfadh nach bhfuil sa réaltacht chorpartha ar fad ach fórsaí, agus gan aor tacaíocht ábhair a bheith leo. D *Energetik*; E *energetics*; F *énergétique, énergétisme*; L *energismus*.

fulaingt, *a.br.* (fulaingím) Glacadh le gníomhú, .i. bheith mar oibíocht ar a mbeadh gníomhú ag feidhmiú (*contr.* gníomhú). G *Dinn.*; D *leiden, passiv sein*; E *to be passive*; F *pâtir*; L *pati*.

fulangach, *aid. ó* fulaingt. G *Dinn.*; D *passiv*; E *passive*; F *passif*; L *passivus*.

fulangacht, *a.b.* Cáilíocht na réaltachta go mbeadh gníomhú ag feidhmiú uirthi .i. fulangaí. G *Dinn.*; D *Passivität*; E *passivity*; F *passivité*; L *passivitas*.

fulangaí, *a.f.* An réaltacht go ngabhfadh gníomhú i bhfeidhm uirthi (*contr.* gníomhaí) G *Dinn.*; D *Patient*; E *patient*; F *patient*; L *patiens*.

---

gá, *a.f.* Díth réaltachta a bheadh ag teastáil. G *Dinn.*; D *Bedarf, Bedürfnis Not*; E *need*; F *besoin*; L *indigentia*.

gabhálach (ar), *aid.* Ábalta, oiriúnach, chun réaltacht nó staid a ghlacadh. G *cf. Por.Is.*; D *aufnahmefähig, empfänglich, rezeptiv*; E *receptive*; F *réceptif*; L *receptivus*.

gabhálacht, *a.b.* Bheith i riocht chun gabhála le réaltacht nó le staid, etc. D *Empfänglichkeit, Rezeptivität*; E *receptivity*; F *réceptivité*; L *receptivitas*.

gaireacht, *a.b.* Cáilíocht na réaltachaí a bheadh le hais a chéile in am nó i spás, nó (trí mheafar) sa gcomhfhios. G *Dinn.*; D *Angrenzung, Kontiguität*; E *contiguity*; F *contiguité*; L *contiguitas*.

gáireachtach, *aid.* Le cumas gáire a dhéanamh. G *Por. Is.* ; D *des Lachens fähig* ; E *risible* ; F *risible* ; L *risibilis.*

galarghinteach, *aid.* Mar údar galair. G *T* ; D *krankheiterregend* ; E *morbific* ; F *morbifique* ; L *morbificus.*

galrach. *aid.* Ag baint le galar, staid easláinte, mífholláine. G *Dinn.* ; D *krankhaft, morbid* ; E *morbid* ; F *morbide* ; L *aeger, morbidus.*

gealtacht, *a.b.* Staid easláinte intinne. G *TDlí.* ; D *Geistesgestörtheit, Irrsinn, Wahnsinn* ; E *insanity, lunacy* ; F *folie, démence* : L *amentia, dementia insania.*

geanmnaíocht, *a.b.* An tsuáilce a chlaonas chun úsáide an ghnéis de réir an réasúin, i staid an mhaighdeanais, an phósta, nó na baintreachta. G *Dinn.*; D *Keuschheit*; E *chastity*; F *chasteté*; L *castitas.*

géire, *a.b.* Cumas na gcéadfaí chun na spreagthaí laga a aithint, nó chun spreagthaí an-chosúla a idirdhealú. G *Dinn.*; D *Schärfe*; E *acuity, sharpness* ; F *acuité* ; L *acuitas.*

geisteáltachas, *a.f.* Teoiric na muintire a mheasfadh tosach tábhachta a bheith leis an bhfíoraíocht, leis an gcruth mar iomlán, seachas leis na heilimintí in aireachtáil, etc. D *Gestalttheorie* ; E *configurationism, Gestaltism* ; F *théorie de la forme* ; L *gestaltismus.*

gineach, *aid.* Ag baint leis an gcaoi a gcuirfí feiniméan, idé, etc., ar fáil, (*m.sh.* deifníd ghineach—tagairt don chaoi a ndéanfaí rud). G *cf. Dinn.* ; D *genetisch* ; E *genetic* ; F *génétique* ; L *geneticus.*

ginearálta, *aid.* Gan bheith speisialta (*m.sh.* "ainmhí", murab ionann agus "cat") ; sa loighic, cáilíocht an téarma a thabharfaí ar chineál rudaí (*m.sh.* "cat", *contr.* téarma singil, agus cnuastéarma). G *Dinn., RSláinte*; D *allgemein*; E *general*; F *général* ; L *generalis.*

ginearálú. *a.br.* (ginearálaím) Leathnú a dhéanamh ar thuiscint i dtaobh an mhéid a thabharfaí faoi deara ag gabháil le roinnt rudaí go dtí go dtuigfí é bheith ag baint le gach uile rud den chineál céanna. D *verallgemeinern* ; E *generalize* ; F *généraliser* ; L *generalisare, generatim praedicare.*

gineolaíocht, *a.b.* Staidéar ar an ndúchas. D *Genetik* ; E *genetics* ; F *génétique* ; L *genetica.*

giniúint, *a.br.* (ginim) Tabhairt ar bheith ann (do shubstaint de chineál nua, do réaltacht bheo, etc.). G *Dinn.* ; D *erzeugen* ; E *beget, engender, generate* ; F *engendrer* ; L *generare, gignere.*

giniúnach, *aid.* Ag baint le giniúint na mbeitheanna beo, etc. G *Dinn.*; D *zeugend* ; E *generative*; F *génératif*; L *generativus.*

ginmhilleadh, *a.f.* Toradh na giniúna daonna a lot, a chur as an mbroinn roimh am. G *TDlí.* ; D *Abtreibung* ; E *procured abortion* ; F *avortement* ; L *abortus.*

giorracht, *a.b.* Cáilíocht an ruda nach mbeadh fada. G *Dinn.*; D *Kürze* ; E *shortness*; F *brièveté*; L *brevitas.*

glacadh, *a.br.* (glacaim) **1.** Tógáil isteach, gabháil, etc., na réaltachtaí a chuirfí ar fáil. G *Dinn.* ; D *empfangen* ; E *receive* ; F *recevoir* ; L *recipere.* **2.** Talamh slán a dhéanamh de thuairim (*m.sh.* go sealadach, mar bhunús argóinte, etc.), G *cf. Dinn.*; D *annehmen*; E *suppose* ; F *supposer* ; L *supponere.*

glacan, *a.f.* Ceann ar bith de na slite le tuiscint a bhaint as téarma i rá. G *cf. Dinn.* ; D *Supposition* ; E *supposition* ; F *supposition* ; L *suppositio.*

    glacan ábhartha (*suppositio materialis*), breathnú ar théarma go simplí mar fhocal i dteanga áirithe (*m.sh.* "Tá trí litreacha i g"cat"", *contr.* glacan foirmiúil).

    glacan cnuasaitheach (*suppositio collectiva*), i gcás téarma san uimhir iolra, an tuiscint go mbeifí ag tagairt don ghrúpa de rudaí dá dtógáil in éineacht le chéile (*m.sh.* "Bhuaigh na cathraitheoirí an cogadh", *contr.* glacan dáileach).

    glacan dáileach (*suppositio distributiva*), i gcás téarma san uimhir iolra, an tuiscint go mbeifí ag tagairt don uile cheann ar leith den uimhir de rudaí a bheadh i gceist (*m.sh.* "Vótáil na cathraitheoirí sa toghchán", *contr.* glacan cnuasaitheach).

    glacan foirmiúil (*suppositio formalis*), ciall an téarma (*m.sh.* "Ainmhí is ea cat." *contr.* glacan ábhartha.

    glacan loighciúil (*suppositio logica*), breathnú ar an téarma mar chomhartha ar choincheap ruda (*m.sh.* "Tá 'an Taoiseach' mar phreideacháid sa mbreithiúnas seo, 'is é an Taoiseach é'". *contr.* glacan réalta).

    glacan réalta (*suppositio realis*), breathnú ar an dtéarma mar thagairt do rud faoi mar a bheadh sé sin ann go réalta (in ionad faoi mar a bheadh coincheap an ruda), (*m.sh.* "Tá an Taoiseach sa mbaile", *contr.* glacan foirmiúil).

glan, *aid.* **1.** Gan meascadh le heilimintí seachtracha. **2.** Gan bhreis (mar cheartú, mar mhaolú, etc.). G *Dinn.* ; D **1.** *rein,* **2.** *bloss*; E *pure* ; F *pur* ; L *purus.*

37

glóir, *a.b.* Aithne fhiúntais a bheadh ar fheabhas, maille le meas air agus moladh mar bheadh ag dul do réaltacht ar fheabhas. D *Ehre* ; E *glory* ; F *gloire* ; L *gloria.*

glóir bhunúsach, nó oibíochtúil (*gloria fundamentalis vel objectiva*), an fiúntas a thuillfeadh meas agus moladh don réaltacht go mbainfeadh sé léi. (.i. glóir bhunúsach intreach—*intrinseca*), nó don údar (.i. glóir bhunúsach eistreach—*extrinseca*).

glóir fhoirmiúil nó shuibíochtúil *gloria formalis vel subjectiva*), aithne fhiúntais ar fheabhas, maille le moladh beartaithe dó, pé acu ba é sealbhóir an fhiúntais a d'aithneodh agus a mholfadh é (.i. glóir fhoirmiúil intreach) nó duine eile (.i. glóir fhoirmiúil eistreach).

gluaiseacht, *a.b.* Dul nó cur ó áit go chéile sa spás. D *Ortsveränderung* ; E *locomotion* ; F *locomotion* ; L *locomotio.*

gnách, *aid.* Mar atá i gcónaí nó beagnach i gcónaí, iondúil. G *Dinn.* ; D *gewöhnlich* ; E *usual* ; F *usuel* ; L *usualis.*

gnáthamh, *a.f.* An t-iompar, an ghníomhaíocht, a chleachtaítear de ghnáth. G *Dinn.* ; D *Routine* ; E *routine* ; F *routine* ; L *consuetudo.*

gné, *a.b.* **1.** Eisint ruda arna chinntiú go hiomlán (*m.sh.* ainmhí réasúnach—duine). **2.** Grúpa de bheitheanna beo a mbeadh tréithe cinntithe faoi leith acu á ndealú amach ó bheitheanna eile, agus na tréithe sin ag teacht anuas le dúchas i mbaill an ghrúpa. **3.** Samhail oibíochta, sna céadfaí nó san intinn (go minic san uimhir iolra sa gciall seo —gnéithe). G *Dinn.*, *W* ; D *Spezies,* ". *Art, Gattung.* E *species* ; F *espèce* ; L *species.*

gné-eolaíocht, *a.b.* Staidéar ar an mbaint idir carachtar agus cosúlacht na ndaoine D *Physiognomik* ; E *physiognomics*; F *physiognomie* ; L *physiognomia.*

gnéitheach, *aid.* ó gné. G *Dinn., W* ; D *spezifisch*; E *specific*; F *spécifique* ; L *spécificus.*

gnéitheacht, *a.b.* Carachtar an ruda ghnéithigh. D *Spezifizität* ; E *specificity*; F *spécificité* ; L *specificitas.*

gníomh, *a.f.* Achtáil an tualaing aicídigh, na gcumas a bheadh ag substaint, (*m.sh.* oibriú na n-acmhainní i nduine—toiliú, fiosú). G *Dinn.*; D *Handlung, Tat* ; E *action, deed* ; F *action* ; L *actio.*

gníomh aistreach (*actio transitiva*), gníomh a ghabhfadh i bhfeidhm ar rud eile seachas an tsuibíocht ab údar leis (*m.sh.* tógáil tí).

gníomh imeanach (*actio immanens*), gníomh a thosódh agus chríochnódh sa tsuibíocht chéanna, mar fhoirbhiú uirthi inti féin (*m.sh.* smaoineamh).

gníomhach, *aid ó* gníomh. G *Dinn.* ; D *aktiv, tätig* ; E *active* ; F *actif* ; L *activus.*

gníomhachas, *a.f.* An teagasc adeir gur trí ghníomhú beatha atá seilbh na fírinne le fáil. D *Aktivismus*; E *activism*; F *activisme* ; L *activismus.*

gníomhacht, *a.b.* Cáilíocht an ruda ghníomhaigh (*contr.* fulangacbt). G *Dinn.* ; D *Aktivität, Tätigheit* ; E *activity* ; F *activité* ; L *activ.tas.*

gníomhachtú, *a.br.* (gníomhachtaím) Buanú nó treisiú gníomhachta nádúrtha. D *aktivieren* ; E *activate* ; F *activer* ; L *activare, ugitare.*

gníomhaí, *a.f.* An té a dhéanfadh gníomh. G *Dinn.* ; D *Agent* ; E *agent* ; F *agent* ; L *ugens.*

gníomhú, *a.br.* (gníomhaím). Gníomh (*q.v.*) a dhéanamh. G *Dinn.*; D *tätig sein,* *wirken* ; E *act, do action* ; F *agir* ; L *agere.*

gnóis, *a.b.* Teagasc diasúnach (a bailíodh as foinsí págánacha sa dara céad) a mhaígh go mbeadh eolas ar bheith Dé le fáil ag dream tofa áirithe. D *Gnosis* ; E *gnosis* ; F *gnose* ; L *gnosis.*

gnóisí; *a.f.* Duine a ghlacfadh le gnóiseachas .i. creideamh sa ngnóis. D *Gnostiker* ; E *gnostic* ; F *gnostique* ; L *gnosticus.*

gnóthaithe, *aid.* Faighte de bhreis ar nádúr, ar bhronnadh faoi leith, etc. (*m.sh.* aibídí áirithe). G *cf. Dinn.* ; D *erworben* ; E *acquired* ; F *acquis* ; L *acquisitus.*

grá, *a.f.* Gluaiseacht na céadfaíochta agus na tcla (go háirithe) chun réaltachta a d'aithneofaí mar mhaith. G *Dinn.* ; D *Liebe* ; E *love* ; F *amour* ; L *amor.*

grafachas, *a.f.* Iomlán na dtréithe scríbhneoireachta sa mhéid go léireoidís meon, carachtar, staid, etc., an scríbhneora. D *Graphismus*; E *graphism*; F *graphisme* ; L *graphismus.*

grafeolaíocht, *a.b.* Staidéar ar an ngrafachas. D *Graphologie* ; E *graphology* ; F *graphologie* : L *graphologia.*

gránna, *aid.* Ar easpa an oird chuí imeasc na dtréithe fisiciúla nó morálta ar chaoi go spreagfadh míshásamh. G *Dinn.*; D *hässlich*; E *ugly*; F *laid*; L *deformis, foedus.*

héadónachas, *a.f.* Gach teagasc morálta (agus go háirithe scoil Chiréine) a mheasfadh gurb iad fáil an phléisiúir agus seachaint na péine an ardmhaith, aonphrionsabal na moráltachta. G *FI hedonism* ; D *Hedonismus* ; E *hedonism* ; F *hédonisme* ; L *hedonismus.*

héadónaíoch, *aid.* Ag baint leis an héadónachas. D *hedonisch* ; E *hedonist* ; F *hédoniste* ; L *hedonisticus.*

Héigealaíoch, *aid.* Ag baint le teagasc nó le lucht leanúna an fhealsaimh Georg Friedrich Wilhelm Hegel (1770-1831) .i. Héigeal. D *hegelisch*; E *Hegelian*; F *hégélien* ; L *Hegelianus.*

heirméiniútaic, *a.b.* Idirmhíniú na dtéacsanna fealsúnacha nó na dtéacsanna reiligiúnacha. G *FI hermeneutik* ; D *Hermeneutik* ; E *hermeneutics* ; F *herméneutique* ; L *hermeneutica.*

heirméatachas, *a.f.* **1.** Teagasc fealsúnach in ainm a bheith bunaithe ar leabhair ársa na hÉigipte **2.** Ailcheimiceas na meánaoise (a measadh, mar an gcéanna, a bheith ag brath ar a leithéid de leabhair). D *Hermetismus* ; E *hermetism* ; F *hermétisme* ; L *hermetismus*

heitrighnéasacht, *a.b.* Tarraingt ghnéasúil i ndaoine chun daoine atá ar malairt ghnéis leo féin. D *Heterosexualität* ; E *heterosexuality*; F *hétérosexualité* ; L *heterosexualitas.*

híleamorfach, *aid.* Ag baint le híleamorfachas. D *hylemorphisch* ; E *hylemorphic* ; F *hylémorphique* ; L *hylemorphicus.*

híleamorfachas, *a.f.* Teagasc fealsúnach a mhíneodh an t-ábhar leis an tuiscint go bhfuil dhá phrionsabal comhchurtha ann .i. ábhar príomhúil agus foirm shubstaintiúil. D *Hylemorphismus* ; E *hylemorphism* ; F *hylémorphisme* ; L *hylemorphismus.*

híleasóchas, *a.f.* Teagasc fealsúnach a mheasfadh gach uile ábhar a bheith beo, ann féin nó de bharr anma dhomhain nó chruinne. G *FI hilozoism* ; D *Hylozoismus*; E *hylozoism*; F *hylozoisme* ; L *hylozoismus.*

hipeastáis, *a.b.* Indibhid réasúnta, pearsa. G *FI hipostaz* D *Hypostase* ; D *hypostasis*; F *hypostase*; L *hypostasis.*

hipitéis, *a.b.* **1.** An mhéid a ghlacfaí de réir dóchúlachta go dtí go ndéanfaí í a fhíorú, nó í a phromhadh. **2.** Míniú sealadach ar fheiniméan, teoiric. G *FI hipotez* ; D *Hypothèse* ; E *hypothesis* ; F *hypothèse* ; L *hypothesis.*

hipitéiseach, *aid.* ó hipitéis. D *hypothetisch*; E *hypothetical* ; F *hypothétique* ; L *hypotheticus.*

hipneois, *a.b.* Staid shíceach (a chuirfí ar fáil go saorga) cosúil leis an suansiúl. G *FI hipnot* ; D *Hypnose* ; E *hypnosis*; F *hypnose* ; L *hypnosis.*

hipneoiseachas, *a.f.* Feiniméin ag gabháil le hipneois, úsáid a bhaintear aisti, modhanna chun í a thabhairt ann, etc. D *Hypnotismus* ; E *hypnotism* ; F *hypnotisme* ; L *hypnotismus.*

histéire, *a.b.* Staid ghalrach néarógach (le féininmheabhrú furasta, dícheangal, aimhriar feidhmeanna dá deasca). D *Hysterie*; E *hysteria* ; F *hystérie* ; L *hysteria.*

histéireach, *aid.* ó histéir. D *hysterisch* ; E *hysterical* ; F *hystérique* ; L *hystericus.*

hómaighnéasacht, *a.b.* Tarraingt ghnéasúil chun a chéile i ndaoine atá ar aonghnéas le chéile. D *Homosexualität* ; E *homosexuality* ; F *homosexualité* ; L *homosexualitas,*

hómalach, *aid.* Le cáilíocht na réaltachtaí a bheadh ag freagairt dá chéile (maidir le suíomh, déanamh, cainníocht, etc.) G *FI homolog*; D *homolog*; E *homologous*; F *homologue* ; L *homologus.*

---

iardteachtach, *aid.* I ndiaidh (tarlaithe, etc.) ; chun deiridh maidir le am, áit, ord. D *subsekutiv* ; E *subsequent* ; F *subséquent* ; L *subsequens.*

iarmartach, *aid.* Ag leanúint de. G *TDlí.*; D *folgend* ; E *consequential* ; F *conséquent* ; L *consequens.*

iarmbeart, *a.f.* An clásal faoi choinníoll i dtairiscint choinníollach (*m.sh.* "marófar é" sa dtairiscint : "má thagann Seán, marófar é"). D *Apodosis, Nachsatz* ; E *apodosis* ; F *apodose* ; L *apodosis.*

iarphósta, *aid.* Ag baint leis an dtréimhse tar éis an phósta. D *nach der Hochzeit* ; E *post-nuptial* ; F *postnuptial* ; L *postnuptialis.*

iasachtaí, *a.f.* An té a ghlacfadh rud ar iasacht. G *TDlí.*; D *Borger* ; E *borrower* ; F *emprunteur* ; L *commodatarius, qui commodatum accipit.*

iasachtóir, *a.f.* An té a thabharfadh rud ar iasacht. G *TDlí.* ; D *Leiher, Verleiher*; E *lender* ; F *prêteur* ; L *commodans, qui commodatum dat.*

idé, *a.b.* Coincheap, tuiscint céard é réaltacht ar leith. G *GG* ; D *Idee, Vorstellung* ; E *idea* ; F *ideé* ; L *idea.*

idéagram, *a.f.* Comhartha a sheasfadh go díreach do choincheap (d'idé)—seachas bheith ag seasamh d'fhoghar a sheasfadh don choincheap .i. seachas fónagram. (*m.sh.* " ? ", " x ".i. comhartha an mhéadaithe) D *Ideogramm* ; E *ideogram*; F *idéogramme*; L *ideogramma*.

idéal, *a.f.* Idé mar chuspa. D *Ideal* ; E *ideal* ; F *idéul*; L *ideale*, *perfectissima species*.

idéalach, *aid.* Ag baint le hidé, le hidé mar chuspa ; gan réaltacht ach amháin mar idé. G *GG* ; D *ideal, ideell*; F *ideal* ; F *idéal* ; L *idealis*.

idéalachas, *a.f.* Teoiric a thabharfadh tosach don intleacht thar oibíocht na hintleachta .(an réaltacht) .i. an intleacht bheith mar bhunús lena hoibíocht. D *Idealismus* ; E *idealism* ; F *idéalisme* ; L *idealismus*.

idéalacht, *a.b.* Carachtar an ruda nárbh fhéidir eolas a chur air ach amháin mar fheiniméan intleachta, nó leis an intleacht. D *Idealität* ; E *ideality* ; F *idéalité* ; L *idealitas*.

idéalaí, *a.f.* Duine a ghlacfadh leis an idéalacbas. D *Idealist; E *idealist* ; F *idéaliste* ; L *idealista*.

idéalaíoch, *aid* .Ag baint leis an idéalachas de réir an idéalachais. D *idealistisch* ; E *idealist idealistic* ; F *idéaliste* ; L *idealisticus*.

idé-eolaíoch, *aid.* Ag baint leis an idé-eclaíocht. D *ideologisch* ; E *ideological* ; F *idéologique* L *ideologicalis*.

idé-eolaíocht, *a.b.* Iomlán na dtuairimí fealsúnacha agus reiligiúnacha a bheadh ag aicme nó ag náisiún áirithe ; spéacláireacht gan beann ar an réaltacht, nó faoi thionchar (neamhchomhfhiosach) *m.sh.* na heacnamaíochta. D *Ideologie* ; E *ideology* ; F *idéologie* ; L *ideologia*.

idéú, *a.f.* Déanamh, coincheapadh, na n-idéithe agus a gceangal le chéile. D *Ideation* ; E *ideation* ; F *idéation* ; L *ideatio*.

idirdhealú, *a.br.* (idirdhealaím) Aithint difríochta idir réaltachtaí, smaointe, etc. .i. gan iad a bheith aonta. G *MC, P, W* ; D *unterscheiden (Unterscheidung)* ; E *distinguish, make a distinction between (distinction)* ; F *distinguer (distinction)* ; L *distinguere (distinctio)*.

idirdhealú loighciúil (*distinctio logicalis*, nó *rationis*), dhá idé gan bheith aonta. (*A*) **Idirdhealú loighciúil imleor** (*adequata*), idir idéithe rudaí, agus na rudaí sin a bheith idirdhealaithe agus scartha ó chéile iontu féin, *m.sh.* cat agus éan. (*B*) **Idirdhealú loighciúil neamhimleor** (*inadaequata*), idir idéithe réalt achtaí, agus na réaltachtaí sin gan bheith idirdhealaithe agus scartha

ó chéile iontu féin—tá na cineálacha seo ann : (i) **firtiúil** (*virtualis*, nó *rationis ratiocinatae*), idir thuiscintí ar dhreachanna difriúla den aon réaltacht amháin ; tá na foranna seo ann, (*a*) **iomlán** (*completa*) nó **foirfe** (*perfecta*), sa gcás nach cuid dá chéile iad na hidéithe, *m.sh.* " corpartha " agus "réasúnach" mar idéithe ar dhuine ; (*b*) **neamhiomlán** (*incompleta*) nó **neamhfhoirfe** (*imperfecta*), sa gcás gur chuid de idé amháin an idé eile, *m.sh.* "duine" agus "ainmhí", ó tharlaíonn go gciallaíonn "duine" ainmhí réasúnach (sin idirdhealú loighciúil firtiúil neamhiomlán **aonchiallach** —*univoca*) ; " beith " agus " duine", ó tharlaíonn go rannpháirtíonn "duine" sa mbeith (sin idirdhealú loighciúil firtiúil neamhiomlán **analachúil**— *analogica*). (ii) **glan-**(*pura*) nó **briathartha** (*verbalis* nó *rationis ratiocinantis*), gan bheith i gceist ach céimeanna soiléire san idé chéanna, *m.sh.* "duine", "ainmhí réasúnach".

idirdhealú réalta (*distinctio realis*), dhá réaltacht gan bheith aonta iontu féin (*A*) **Idirdhealú réalta imleor** (*adaequata*) idir réaltacht agus réaltacht eile— gan ár dtuiscint orthu a chur san áireamh chor ar bith—tá dhá chineál ann : (i) **fisiciúil** (*physica*), idir rud agus rud eile—bídís spioradálta nó ábhartha, *m.sh.* anam agus anam eile, bord agus cathaoir ; (ii) **meitifisiciúil** (*metaphysica*), idir réaltachtaí nach rudaí iomlána iad ná fós páirteanna gurbh fhéidir iad a scaradh ó chéile, *m.sh.* prionsabail mheitifisiciúla ar nós " eisint " agus " eiseadh ", "ábhar príomhúil" agus "foirm shubstaintiúil". (*B*) **idirdhealú réalta neamh-imleor** (*inadaequata*), idir réaltachtaí gur ionann le chéile i bpáirt iad, *m.sh.* duine agus a anam.

idirghabháil, *a.br.* (idirghabhaim). Feidhmiú mar idirphearsa chun réiteach a dhéanamb idir bheirt, etc. G *Dinn.*; D *vermitteln zwischen* ; E *go between, mediate* ; F *s'entremettre, s'interposer* ; L *se interponere*.

idirlinn, *a.b.* Seal idir dhá phointe ama G *T* ; D *Intervall, Zwischenzeit* ; E *interval* ; F *intervalle* ; L *intervallum*.

idirmheánach, *aid.* Ag baint le réaltacht éigin a bheith ag teacht idir dhá fhoirceann (*m.sh.* idir tosach agus deireadh, idir contráireacha). G *Dinn.*, *W* ; D *mittel-, zwischen-* ; E *intermediary, intermediate, mediate* ; F *intermédiaire* ; L *intermedius*.

idirmhíniú, *a.br.* (idirmhíním). Taispeáint cén tuiscint a bheadh le baint as

40

ráiteas, scríbhinn, fíoras etc. G *Dinn.*,
W; D *auslegen, interpretieren*; E *inter-
pret*; F *interpréter*; L *interpretare*.

ilchiallach, *aid.* Le go leor cialla (*m.sh.*
comhartha, focal). D *mehrdeutig* ;
E *plurivocal*; F *plurivoque*; L *plurivocus*.

ilchiallacht, *a.b.* Cáilíocht an chomhartha
etc., go bhféadfaí go leor cialla a bhaint
as. D *Mehrdeutigkeit* ; E *plurivocity* ;
F *plurivocité, plurivoque* ; L *plurivocitas*.

ilchineálach, *aid.* De shaghsanna éagsúla,
le páirteanna a bheadh éagsúil le chéile.
G *M C* ; D *heterogen, ungleichartig,
verschiedenartig* ; E *heterogeneous, varied,
various* ; F *hétérogène* ; L *heterogeneus*.

ilcheardach, *aid.* Ag baint le go leor
ceardanna (*m.sh.* scoil). G *Dinn.* ;
D *polytechnisch* ; E *polytechnical* ;
F *polytechnique* ; L *polytechnicus*.

ilchumasc, *a.f.* Meascadh gan riail ná ord.
D *Genischtheit* ; E *promiscuity* ;
F *promiscuité* ; L *promiscuitas*.

ildiachaí, *a.f.* Duine a ghlacfadh leis an
ildiachas. D *Polytheist* ; E *polytheist* ;
F *polythéiste* ; L *polytheista*.

ildiachas, *a.f.* Fealsúnacht nó reiligiún a
d'admhódh breis agus aon dia amháin
a bheith ann. D *Polytheismus* ;
E *polytheism*; F *polythéisme*; L *poly-
theismus*.

ildiachúil, *aid.* Ag baint leis an ildiachas.
D *polytheistisch* ; E *polytheist* :
F *polythéiste* ; L *polytheisticus*.

ilghineachas, *a.f.* An tuairim gur ó bhreis
agus aon lánúin amháin a shíolraigh na
ciníocha difriúla (*contr.* aonghineachas).
D *Polygenismus* ; E *polygenism* ;
F *polygénisme* ; L *polygenismus*.

ilionadú, *a.f.* Corp a bheith suite ag an
aon am amháin i mbreis agus aon
ionad leor amháin (.i. ionaid sách
fairsing ó nádúr chun go rachadh an
corp isteach iontu). E *multilocation* ;
F *multilocation* ; L *multilocatio*.

imchlúdach, *a.br.* (imchlúdaím) Bheith
mar chlúdach thart ar fad ar rud.
D *einhüllen, einwickeln* ; E *envelop* ;
F *envelopper* ; L *involvere, involucro
circumdare*.

imeanach, *aid.* Ag fanacht taobh istigh
de réaltacht (i gcás gnímh : ag tosú
sa tsuibíocht ghníomhach agus ag
críochnú mar fhoirfeacht sa tsuibíocht,
m.sh. smaoineamh, beatha, *contr.* ais-
treach : i gcás ruda : taobh istigh,
m.sh. séanann na Scolaithe go bhfuil an
ceart sa tuairim phandiachúil go bhfuil
Dia láithreach agus gníomhach sa
domhan agus é mar chuid den domhan,
go himeanach, *contr.* idirdhealaithe go
réalta, tarchéimnitheach). G *FI
immanent*. D *immanent* ; E *immanent* ;
F *immanent* ; L *immanens*.

imeanachas, *a.f.* Teagasc a déarfadh gur
féidir an t-ord morálta agus reiligiún-
ach a mhíniú mar réaltacht a thagann
go spontáineach as comhfhios an duine
D *Immanentismus* ; E *immanentism* ;
F *immanentisme* ; L *immanentismus*.

imeanaí, *a.f.* Duine a ghlacfadh leis an
imeanachas. D *Immanentist* ; E *im-
manentist* ; F *immanentiste* ; L *im-
manentista*.

imeanaíoch, *aid.* Ag baint leis an
imeanachas. D *immanentistisch* ;
E *immanentist* ; F *immanentiste* ;
L *immanentisticus*.

imfhios, *a.f.* Fios díreach gan idirmheán,
gan réasúnadh, *m.sh.* radharc Dé ar
fhírinne, greim ár n-intleacht ar fhírinne
na gcéadphrionsabal (*contr.* dioscúrsa).
G *DIL* ; D *Anschauung, Intuition, in-
tuitives Erkennen* ; E *intuition* ;
F *intuition* ; L *intuitio*.

imfhiosach, *aid.* ó imfhios D *anschaulich,
intuitiv* ; E *intuitive* ; F *intuitif* ;
L *intuitivus*.

imfhiosachas, *a.f.* Teagasc a bhunódh an
fhealsúnacht ar an imfhios in ionad ar
an réasún dioscúrsach (*m.sh.* teagasc
Bhergson). D *Intuitionismus* ; E *in-
tuitionism* ; F *intuitionisme, intuition-
nisme* ; L *intuitionismus*.

imghníomhú, *a.br.* Dul i bhfeidhm ar a
chéile. D *Interaktion* ; E *interaction* ;
F *interaction* ; L *interactio*.

imirt, *a.br.* (imrím ar). Dul i bhfeidhm ar,
cur isteach ar. G *Dinn.* ; D *affizieren,
wirken auf*; E *affect* ; F *affecter* ;
L *afficere*.

imleor, *aid.* Leor ar fad (*m.sh.* idé a
ghabhfadh an uile eolas ar oibíocht).
D *adáquat* ; E *adequate* ; F *adéquate* ;
L *adaequatus*.

impleacht, *a.b.* An mhéid a bheadh im-
pleachtaithe. D *Implikation* ; E *impli-
cation* ; F *implication* ; L *implicatio*.

impleachtaithe, *aid.* bhr. ó impleachtú.
D *implizit* ; E *implicit, implied* ;
F *implicite* ; L *implicitus*.

impleachtú, *a.br.* (impleachtaím). A fhágáil
go léanfadh tuiscint (nó iarmart nó
léiriú achtáilte eolais) de réamhleagan,
ráiteas, dlí etc. G *FI implik, cf. P*;
D *implizieren* ; E *imply* ; F *impliquer* ;
L *implicare*.

imprisean, *a.f.* **1.** An t-athrú fiseolaíoch
a tharlódh ar chéadfa de bharr a
spreagtha. **2.** Hume : céadfú nó
mothú (.i. " péircheap beoga ") seachas
idé (.i. " péircheap lag "). D *Eindruck,
Impression* ; E *impression* ; F *impres-
sion* ; L *impressio*.

impspleáchas, *a.f.* Brath ar a chéile.
D *Interdependenz* ; E *interdependence* ;
F *interdépendance* ; L *interdependentia*.

imtharraingt, *a.f.* Tarraingt i leith a chéile (*m.sh.* tionchar ar iompar a chéile i gcás na n-ainmhí) D *Wechselanziehung* ; E *interattraction* ; F *interattraction* ; L *interattractio.*

ináirimh, *aid.* Le cáilíocht na réaltachtaí gurbh fhéidir iad a áireamh, a líon a dhéanamh amach. D *zählbar* ; E *numerable* ; F *qu'on peut compter* ; L *numerabilis.*

inaisiompaithe, *aid.* I gcumas dul ar an mbealach contrártha, ar cheachtar treo gluaiste nó athraithe. D *umkehrbar* E *reversible*; F *réversible*; L *reversibilis.*

inathraitheacht, *a.b.* Cáilíocht na réaltachta gurbh fhéidir athrú a theacht uirthi. D *Veränderlichkeit* ; E *changeability,* *variability* ; F *variabilité* ; L *variabilitas.*

inbhéarta, *a.b.* An ráiteas a bhainfí amach le inbhéartú ráitis eile. D *inverser Satz* ; E *inverse* ; F *inverse* ; L *inversum.*

inbhéartaithe, *aid. bhr. ó* inbhéartú. D *invers, invertiert*; E *inverse*; F *inverse*; L *inversus.*

inbhéartú, *a.br.* (inbhéartaím) **1.** Déaduchtú neamh-mheánach ráitis nua agus an tsuibíocht ann a bheith frithráiteach do shuibíocht an chéad ráitis (*m.sh.* Níl aon neamhfhírinne inmholta ; tá fírinní éigin inmholta). **2.** Malairt a dhéanamh ar ord (*m.sh.* cáilíochtaí na ngnéas i leith a chéile .i. fir agus mná). D *invertieren* ; E *invert* ; F *inverter* ; L *invertere.*

inbheirthe, *aid.* Ag baint le duine ón uair a shaolófaí é (seachas an mhéid a gheofadh sé ina dhiaidh sin). D *angeboren* ; E *innate, native* ; F *inné* ; L *innatus.*

inbheirtheachas, *a.f.* Claonadh sa síceolaíocht chun tosach a thabhairt do fháil tréithe, eispéiris, etc. nuair a bheirtear an duine thar a bhfáil le saothrú, etc. (*m.sh.* aithint an spáis). D *Nativismus* ; E *nativism* ; F *nativisme* ; L *nativismus.*

inbheirtheacht, *a.b.* Cáilíocht na réaltachta inbheirthe. D *Angeborenheit* ; E *innateness* ; F *innéité*; L *innatitas, innatitudo, qualitas innata.*

inbhreathnaitheach, *aidiacht ó* inbhreathnú. D *introspektiv, selbstbeobachtend* ; E *introspective* ; F *introspectif* ; L *introspectivus.*

inbhreathnú, *a.br.* (inbhreathnaím) Aire á thabhairt ag dhuine do imeachtaí a chomhfheasa féin; scrúdú comhfheasa. D *Selbstbeobachtung* ; E *introspection*; F *introspection* ; L *intra aspicere, introspectio.*

inchéadfaithe, *aid.* Le cáilíocht na réaltachta a d'fhéadfadh dul i bhfeidhm ar chumas céadfaithe. D *sinnlich* ;

E *sensible* ; F *sensible* ; L *sensibilis.*

inchinn, *a.b.* An t-ábhar néarógach ar fad taobh istigh den bhlaosc sa duine. G *Dinn.* ; D *Gehirn* ; E *brain* ; F *cerveau* ; L *cerebrum.*

inchinniú, *a.f.* Gníomhaíocht fhiseolaíoch na hinchinne a bheadh mar choinníoll le gníomhaíocht shíceach. D *Gehirnwirkung, Zerebrieren* ; E *cerebration* ; F *cérébration* ; L *cerebratio.*

inchinntithe, *aid.* Le cáilíocht na réaltachta gurbh fhéidir cinntiú a dhéanamh uirthi. D *bestimmbar* ; E *determinable* ; F *déterminable* ; L *determinabilis.*

inchoinbhéartaithe, *aid.* Le cáilíocht na réaltachta gurbh fhéidir coinbhéartú a dhéanamh uirthi. D *konvertierbar, umkehrbar* ; E *convertible* ; F *convertible* ; L *convertibilis.*

inchóipeáilteacht, *a.b.* Cáilíocht na réaltachta gurbh fhéidir í a chóipeáil. D *Nachahmbarkeit* ; E *imitability* ; F *imitabilité* ; L *imitabilitas.*

inchomparáide, *aid.* Le cáilíocht na réaltachtaí gurbh fhéidir comparáid a dhéanamh eatorthu. G *P* ; D *vergleichbar* ; E *comparable* ; F *comparable* ; L *comparabilis.*

inchonspóide, *aid.* Le cáilíocht an ghnó gurbh fhéidir bheith ag conspóid ina thaobh. D *bestreitbar* ; E *disputable* ; F *discutable* ; L *disputabilis.*

inchorraithe, *aid.* Le cáilíocht na réaltachta gurbh fhéidir í a chorraí, nó gurbh fhéidir léi corraí. D *beweglich, mobil* ; E *mobile, movable* ; F *mobile* ; L *mobilis.*

inchorraitheach, *a.f.* Rud inchorraithe. D *Bewegliches*; E *mobile, movable body*; F *mobile* ; L *mobile, res mobilis.*

inchreidte, *aid.* Le cáilíocht na tairiscinte, etc., gurbh fhéidir í a chreidiúint. G *C, BC, LF*; D *glaublich*; E *believable, credible* ; F *croyable* ; L *credibilis.*

inchreidteacht, *a.b.* Cáilíocht na tairiscinte gurbh fhéidir í a chreidiúint. D *Glaublichkeit*; E *credibility*; F *crédibilité* ; L *credibilitas.*

inchuibhrinn, *aid.* Le cáilíocht na gcoincheapaí, na réaltachtaí, etc., gurbh fhéidir iad a bheith ann i dteannta a chéile (*m.sh.* " ciorcal órga," seachas " ciorcal cearnógach "). D *vereinbar, verträglich* ; E *compatible* ; F *compatible*; L *compatibilis.*

indéanta, *aid.* Le cáilíocht an ghnímh gurbh fhéidir é a thabhairt i gcrích. G *Dinn.* ; D *ausführbar, tunlich* ; E *practicable*; F *praticable*; L *practicabilis.*

indibhid, *a.b.* **1.** Rud le réaltacht dá chuid féin amháin aige. **2.** Rud idirdhealaithe ó rudaí eile i ngné áirithe, gurbh fhéidir é a aithint ó na rudaí eile sa ngné chéanna de bharr "nótaí indibhidiúla" (.i. ag baint leis féin amháin) a bheith aige. G *T F* ; D *Einzelding, Einzelwesen, Individuuṁ* ; E *individual* ; F *individuel* ; L *individualis*.

indibhidiú, *a.f.* Deochrú na hindibhide ón gcineál uilíoch agus ó gach bhall eile den chineál seachas í féin. G *FI individuig* ; D *Individuation* ; E *individuation* ; F *individuation* ; L *individuatio*.

indibhidiúlachas, *a.f.* **1.** Teagasc sóisialta a thabharfadh tosach don indibhid thar an sochaí mar phrionsabal na gceart, etc. **2.** Teagasc dá leithéid nach n-aithneodh na cearta ach amháin ag na hindibhidí. D *Individualismus* ; E *individualism* ; F *individualisme* ; L *individualismus*.

indibhidiúlacht, *a.b.* Cáilíocht na réaltachtaí indibhidiúla. D *Individualität, individuelle Eigentümlichkeit* ; E *individuality* ; F *individualité* ; L *individualitas*.

indírithe, *aid.* Le tréith mheoin an duine a bheadh claonta chun bheith ag tabhairt aire dá chomhfhios féin níos mó ná do imeachtaí an tsaoil ina thimpeall. D *introvers, introvertiert, nach innen gekehrt*; E *introversive, introve*rtive ; F *introverti* ; L *introversus*.

indíritheach, *a.f.* Duine le meon indírithe. D *Introvertierter* ; E *introvert* ; F *introverti* , L *introversus*.

indíritheacht, *a.b.* Tréith mheoin an duine a bheadh claonta chun bheith ag tabhairt aire dá chomhfhios féin níos mó ná do imeachtaí an tsaoil ina thimpeall. (*contr.* eisdíritheacht) D *Introversion*; E *introversion*, F *introversion* ; L *introversio*.

infeireas. *a.f.* An chonclúid a bhainfí amach ó bhreithiúnas (nó ó bhreithiúnais) a bheadh ceangailte léi agus a ghlacfaí mar fhírinne. G *FI inferaj* ; D *Folgerung, Schluss* ; E *inference*; F *inférence* ; L *inferentia*.

infeiriú, *a.br.* (infeirím). Baint amach infeiris. G *FI infer* ; D *folgern, inferieren, schliessen* ; E *infer* ; F *inférer* ; L *inferre*.

infhiosaithe, *aid.* Le cáilíocht na réaltachta gurbh fhéidir eolas a chur uirthi, fios a fháil mar gheall uirthi, D *erkennbar* ; E *cognoscible, knowable* ; F *cognoscible* ; L *cognoscibilis*.

infhiosaitheacht, *a.b.* Cáilíocht na réaltachta gurb fhéidir eolas a chur uirthi, fios a fháil mar gheall uirthi. D *Erkennbarkeit*; E *cognoscibility, knowability* ; F *cognoscibilité* ; L *cognoscibilitas*.

infhoirfe, *aid.* Le cáilíocht na réaltachta gurbh fhéidir í a thabhairt chun na foirfeachta ba dhual, di. D *vervoll-*

kommnungsfähig, perfektibel; E *perfectible* ; F *perfectible* ; L *perfectibilis*.

infinideach, *aid.* Le cáilíocht na hinfinide (.i. réaltacht nach mbeadh finideach (*q.v.*). D *unendlich ;* E *infinite ;* F *infini ;* L *infinitus*.

inghreamaithe, *aid.* Istigh i, ina chuid de, réaltacht nó d'iomlán loighciúil, etc. D *inhärent* ; E *inherent* ; F *inhérent* ; L *inhaerens*.

inghreamú, *a.br.* (inghreamaíonn i). Bheith istigh i, bheith mar chuid de, réaltacht, d'iomlán loighciúil, etc. D *Inhärenz*; E *inhere* ; F *inhérer* ; L *inhaerere*.

inleagtha (ar), *aid.* Le cáilíocht na maitheasa nó an oilc go mbeadh gníomhaí daonna freagrach as. G *Eit.*; D *imputierbar, zurechnenbar*; E *imputable* ; F *imputable* ; L *imputabilis*.

inleagthacht, *a.b.* An cháilíocht a d'fhágfadh gníomhaí daonna freagrach mar údar as maitheas nó·olc a dhéanfadh sé. G *Eit*; D *Zurechnungsfähigkeit*; E *imputability* ; F *imputabilité* ; L *imputabilitas*.

inmheabhrú, *a.f.* Íomhánna, idéithe, a chur ar fáil sa duine de dheasca iompair dhuine eile, nó uaireanta de dheasca staideanna intleachta au duine féin ; gníomhú neamhchomhfhiosach neamhthoilithe a spreagadh trí idéithe den chineál sin. D *Eingebung, Suggestion* ; E *suggestion* ; F *suggestion*; L *suggestio*.

inmheánach, *aid.* Taobh istigh ; le feiceáil ag an gcomhfhios (seachas ag na céadfaí), etc. G *Dinn.*; D *inner* ; E *interior, internal* ; F *intérieur, interne* ; L *internus*.

inmhianaithe, *aid.* Le cumas mian a spreagadh. D *wünschenswert* ; E *desirable* ; F *désirable* ; L *desiderabilis*.

inmhianaitheacht, *a.b.* Cáilíocht na réaltachta go mbeadh cumas inti mian a spreagadh. D *das Wünschenswerte* ; E *desirability* ; D *désirabilité* ; L *desiderabilitas*.

inphreideacháide, *aid.* Cáilíocht na heiliminte loighciúla gurbh fhéidir í a úsáid go ceart mar phreideacháid i mbreithiúnas. D *prädikabel* ; E *predicable* ; F *prédicable* ; L *praedicabilis*.

inphreideacháideach, *a.f.* Aon cheann de na slite gurbh fhéidir eilimint loighciúil a bheith mar phreideacháid ar shuibíocht i mbreithiúnas (mar chineál, mar ghné, mar dhifríocht, mar dhíl nó mar aicíd). D *cf. Prädikabelien* ; E *predicable* ; F *prédicable*; L *praedicabile*.

inrannpháirtithe, *aid.* Le cáilíocht na réaltachta go bhféadfaí bheith rannpháirteach (*q.v.*) inti. E *participable ;*

F *participable* ; L *participabilis*.
inréimneach, *aid*. Ag teacht chun an aon phointe amháin. G *T* ; D *konvergierend, zusammenlaufend* ; E *convergent* ; F *convergent* ; L *convergens*.
inréimneacht, *a.b.* Cáilíocht na réaltachtaí a thiocfadh !e chéile in aon phointe amháin, nó na n-argóintí a chríochnódb leis an aon chonclúid amháin. G *T* ; D *Konvergenz, Zusammenlaufen* ; E *convergence, convergency* ; F *convergence*; L *convergentia*.
inroinnte, *aid*. Le cáilíocht na réaltachta gurbh fhéidir í a roinnt. G *MC* ; D *teilbar* ; E *divisible* ; F *divisible* ; L *divisibilis*.
insroichte, *aid*. Le cáilíocht na réaltachta nó na stáide gurbh fhéidir í a shroichint, í a bhaint amach. D *erreichbar* ; E *attainable* : F *qu'on peut atteindre* ; L *adeptabilis, attingibilis*.
instinn, *a.b.* Claonadh agus cumas nádúrtha inbheirthe in ainmhí chun gníomhartha a bheadh ag freagairt do riachtanais na hinibhíde agus na gné ; an ghníomhaíocht a ghabhfadh lena leithéid de chumas agus a gheofaí ó dhúchas i ngach ainmhí faoi leith sna gnéithe difriúla .i. gníomhaíocht instinneach. G *FI instinkt*; D *Instinkt*; E *instinct*; F *instinct*; L *instinctus*.
instinneach, *aid*. De réir instinne. D *instinktiv*; E *instinctive* ; F *instinctif* ; L *instinctivus*.
instinniúil, comhleá. An teoiric adeir go n-éiríonn gach uile phróiseas intleachta as aontú na n-instinní beatha agus báis. E *instinctual fusion*.
intadhaill, *aid*. Le cáilíocht an ruda a bheadh in a oibíocht inghlactha ag céadfa an tadhaill. D *tastbar* ; E *tangible* ; F *tangible* ; L *tangibilis*.
intadhaille, *a.b.* Cáilíocht an ruda intadhaill. D *Tastbarkeit* ; E *tangibility* F *tangibilité* ; L *tangibilitas*.
intinn, *a.b.* **1.** Iomlán na gcumas, na staid, na gníomhaíochta, a bhaineas leis an gcomhfhios. G *Dinn* ; D *Geist, Sinn*; E *mind* ; F *esprit* ; L *mens*. **2.** (a) Díriú na hintleachta ar a hoibíocht chun í a ghabháil chuici mar fhios .i. intinn fhoirmiúil (*intentio formalis*) ; (b) an oibíocht de réir mar bheadh sí os comhair na hintleachta .i. intinn oibíochtúil (*intentio obiectiva*). G *cf. Dinn.* ; D *Intention* ; E *intention* ; F *intention* ; L *intentio*. **An chéad intinn** (*prima intentio*), (a) **foirmiúil**: gníomhú na hintleachta agus í ag sealbhú oibíochta go díreach, *m.sh.* ag fáil eolais ar theach ; (b) **oibíochtúil** : an oibíocht a shealbhófaí de bharr na

gníomhaíochta sin, *m.sh.* teach mar eilimint fheasa .i. coincheap tí. **An dara intinn** (*secunda intentio*), (a) **foirmiúil**: gníomhú athfhéachainteach na hintleachta a chuirfeadh eolas ar a gníomhú feasa féin i leith oibíochta, *m.sh.* mo ghníomh feasa ar mé bheith ag fáil feasa ar theach ; (b) **oibíochtúil** : an fios a gheofaí lena leithéid de ghníomhú athfhéachainteach, *m.sh.* m'fhios ar an bhfios (.i. ar an gcoincheap) a bheadh agam ar theach. **3.** Díriú na tola ar chuspóir. G *Dinn.*; D *Absicht* ; E *intention* ; F *intention* ; L *intentio*. **Intinn aibídeach** (*intentio habitualis*), ionann agus toiliú aibídeach .i. an toil a bheith dírithe uair éigin ar ghníomhú, ach gan an gníomhú a bheith faoi thionchar an toilithe le linn a dhéanta, cé nach mbeadh an toiliú curtha ar ceal riamh. (*m.sh.* duine a dhéanfadh rún Ola Dhéanach a ghlacadh, ach a bheadh gan aithne le linn a glactha). **Intinn fhirtiúil** (*intentio virtualis*), ionann agus toiliú firtiúil .i. an toil a bheith dírithe cheana ar ghníomhú, agus an gníomhú a bheith faoi thionchar an toilithe sin bíodh nach dtabharfadh an intleacht faoi deara é ar uair an ghníomhaithe (*m.sh.* socrú ar Bhaiste a dhéanamh, ach bheith ag smaoineamh ar ghnótha eile ar fad le linn a dhéanta). **Intinn ghníomhach** (*intentio actualis*), ionann agus toiliú gníomhach .i. an toil a bheith dírithe ar ghníomh a dhéanamh le linn a dhéanta (*m.sh.* socrú ar dhuine a mhaslú agus focail a rá agus iad á dtuiscint mar mhasla).
intinne, *aid. aitr.* Ag baint leis an intinn (*ciall* 1.), go háirithe leis an intleacht mar chumas. D *Geistes-, mental* ; E *mental* ; F *mental* ; L *mentalis*.
intinniúil, *aid.* Dírithe ó eisint ar sprioc (*m.sh.* ár gcumas feasa atá dírithe ar oibíochtaí). D *intentional* ; E *intentional*; F *intentional* ; L *intentionalis*.
intinniúlacht, *a.b.* Cáilíocht na réaltachta intinniúla. D *Intentionalität* ; E *intentionality* ; F *intentionalité* ; L *intentionalitas*.
intleacht, *a.b.* An cumas feasa uachtarach, seachas céadfú agus iomháineacht. G *Dinn.* ; D *Intellekt, Verstand* ; E *intellect* ; F *intellect* ; L *intellectus*.
  intleacht fhulangach (*intellectus passivus*) nó **intleacht fhéideartha** (*intellectus possibilis*), an cumas a ghabhfadh chuige coincheap.
  intleacht ghníomhach (*intellectus agens*), an prionsabal a d'fhágfadh nithe céadfaithe inghafa ag an intleacht fhulangach trí cháilíochtaí na hábhar-

thachta a fhágáil ar leataobh, trí
theibhiú.

intleacht phraiticiúil, (*intellectus
practicus*), an intleacht fhulangach
sa mhéid go mbeadh sí ag plé le fios ar
mhaithe le gníomhú.

intleacht spéacláireach (*intellectus
speculativus*), an intleacht fhulangach
sa mhéid go mbeadh fios inti mar
fhírinne, gan aon tagairt do ghníomhú
dá réir.

intleachtú, *a.f.* Gníomh na hintleachta.
D *Intellektion* ; E *intellection* ;
F *intellection* ; L *intellectio*.

intleachtúil, *aid.* Ag baint leis an intleacht.
D *intellektuell* ; E *intellectual* ;
F *intellectuel* ; L *intellectualis*.

intleachtúlachas, *a.f.* Teagasc a mheasfadh
gur cuma nó intleachtú gach uile
ghníomhú síceach, nó fiú gach uile
réaltacht ; teagasc a thabharfadh
tosach don intleacht, a mheasfadh gur
le gníomh intleachta a shroicheann an
duine a chríoch dheireanach, etc.
D *Intellektualismus*; E *intellectualism* ;
F *intellectualisme* ; L *intellectualismus*.

intodhchaíoch, *aid.* Cáilíocht na réalt-
achta a d'fhéadfadh a bheith ann san
am le teacht dá gcomhlíonfaí coinníoll
éigin (*m.sh.* go dtoileofaí í) : *a.f.*
Réaltacht sa mhéid go mbreathnófaí
uirthi mar fhéidearthacht le teacht ar
chomhlíonadh coinníll. D *futuribel*
(*Futuribles*); E *futurible*; F *futurible* ;
L *futuribilis* (*futuribilium*).

intomhaiste, *aid.* Le cáilíocht na réaltachta
gurbh fhéidir í a thomhas, a miosúr a
dhéanamh amach. D *messbar* ;
E *measurable* ; F *mesurable* ; L *mensu-
rabilis*.

intothlaithe, *aid.* Le cáilíocht an ruda
gurbh fhéidir é a thothlú .i. díriú air
mar shásamh inchéadfaithe nó spior-
adálta. D *appetibel, begehrenswert* ;
E *appetible* ; F *appétible*; L *appetibilis*.

intreach, *aid.* Ag baint le nádúr réalt-
achta, lena dheifníd (*contr.* eistreach).
D *innerlich* ; E *intrinsic* ; F *intrinsèque*;
L *intrinsecus*.

intruaillithe, *aid.* Le cáilíocht na réalt-
achta gurbh fhéidir athrú cáilíochta a
theacht uirthi sa gcaoi go mbeadh foirm
shubstaintiúil eile aici .i. gur rud eile a
bheadh ann. D *vergänglich, verweslich* ;
E *corruptible* ; F *corruptible* ; L *cor-
ruptibilis*.

intuigthe. *aid.* Le tuiscint impleachtaithe.
G *Dinn.* ; D *mitverstanden* ; E *under-
stood* ; F *sous-entendu* ; L *subaudidu-
rus*.

intuisceana, *aid.* Le cáilíocht na réaltachta
gurbh fhéidir í a thuiscint. D *in-
telligibel* ; E *intelligible* ; F *intelligible* ;

L *intelligibilis*.

íochtar, *a.f.* An taobh thíos de rud, an
chuid ab ísle G *Dinn.* ; D *der untere
Teil* ; E *bottom, lower part* ; F *bas* ;
L *pars inferior*.

íochtarach, *aid.* ó íochtar. G *Dinn.* ;
D *unter* ; E *inferior, lower* ; F *in-
férieur* ; L *inferior*.

íochtaránach, *aid.* Ag baint le híochtarán
.i. le duine (nó le réaltacht) ar chéim
níos ísle ná ceann eile. G *Dinn.* ;
untergeordnet, subordiniert ; E *subject,
subordinate* ; F *subordonné* ; L *sub-
ordinatus*.

iolabairt, *a.b.* Ráiteas nó tairiscint go
mbeadh níos mó ná ciall amháin le
baint as nó aisti; ráiteas athbhríoch.
D *Amphibolie* ; E *amphibology* ;
F *amphibologie* ; L *amphibologia*.

ioláithreacht, *a.b.* Bheith i níos mó ná aon
ionad amháin ag an aon am amháin.
D *Mulipräsenz, vervielfältigte Anwesen-
heit* ; E *multipresence* ; F *multiprésence*;
L *multipraesentia*.

iolra, *aid.* D'uimhir níos mó ná aon.
G *Dinn.* ; D *mehrfach, vielfach* ;
E *multiple, plural* ; F *multiple, plural* ;
L *multiplex, pluralis*.

iolrachas, *a.f.* An teagasc adéarfadh gur
mó ná aon tsubstaint amháin atá sa
saol go léir .i. go bhfuil indibhidí
neamhspleácha ann(*contr.* monasaíocht).
D *Pluralismus* ; E *pluralism* ;
F *pluralisme* ; L *pluralismus*.

iolracht, *a.b.* Cáilíocht na réaltachtaí
iolra. D *Mehrheit, Vielheit* ; E *multi-
plicity, plurality* ; F *multiplicité, plura-
lité*, L *multiplicitas, pluralitas*.

iolraí, *a.f.* Duine a ghlacfadh le iolrachas.
D *Pluralist*; E *pluralist* ; F *pluraliste* ;
L *pluralista*.

iolraíoch, *aid.* Ag baint le iolrachas.
D *pluralistisch*; E *pluralist, pluralistic* ;
F *pluralistique* ; L *pluralisticus*.

iolrú, *a.br.* (iolraím). Méadú a dhéanamh
ar uimhir réaltachtaí. G *Dinn.* ;
D *multiplizieren, vermehren, verviel-
fältigen* ;. E *multiply* ; F *multiplier* ;
multiplicare.

iomaíocht, *a.b.* Coimhlint idir dhaoine
chun a chéile a shárú. G *Dinn.* ;
D *Konkurrenz, Mitbewerbung* ; E *com-
petition, rivalry* ; F *concurrence* ;
L *aemulatio, certamen*.

iomarca, *a.b.* Breis agus dóthain, níos mó
ná mar is dual a bheith G *Dinn.*.;
D *Übermass, Übermässigkeit* ;
E *excess* ; F *excès* ; L *excessus, nimium*.

iomarcach, *aid.* ó iomarca. G *Dinn.* ;
D *übermässig* ; E *excessive* ;
F *excessif* ; L *excessivus, nimius*.

íomha, *a.b.* An comhartha lena dtabharfaí
os comhair an chomhfheasa rud in-

45

chéadfaithe a bheadh as láthair, fantaise. (*m.sh.* Túr Pisa os comhair m'intinne faoi láthair agus mé i Mánuat). G *Dinn.*; D *Vorstellung*; E *image*; F *image*; L *imago*.

íomháineach, *aid.* Ag baint le íomhá. G *Dinn.*; D *imaginär*; E *imaginary*; F *imaginaire*; L *imaginarius*.

íomháineacht, *a.b.* Cumas dhéanta na n-íomhánna. G *Dinn.*; D *Imagination, Einbildungskraft, Vorstellungsgabe*, E *imagination*; F *imagination*; L *imaginatio*.

íomháineacht chruthaitheach (*imaginatio creativa*), cumas íomhánna nua a dhéanamh trí íomhánna a gheofaí le céadfú a chur le chéile san intinn mar iomlána nua (*m.sh.* capall órga).

íomháineacht athghiniúnach (*imaginatio reproductiva*), feidhm de chuid na cuimhne céadfaí a thugann ar ais os comhair an chomhfheasa íomhánna ar oibíochtaí inchéadfaithe nach mbeadh i láthair níos mó.

omláine, *a.b.* Cáilíocht na réaltachta a bheadh iomlán. G *Dinn.*; D *Allheit, Ganzheit, Totalität*; E *completeness, totality*; F *totalité*; L *integritas, totalitas*.

iomlán, *aid.* Gan aon chuid in easnamh ná dealaithe amach. G *Dinn.*; D *ganz*; E *complete, whole*; F *complet*; L *completus, integer, totus.* *a.f.* An mhéid a bheadh déanta de chodanna agus go mbreathnófaí uirthi mar réaltacht amháin le chéile. G *Dinn.*; D *Ganzes*; E *whole*; F *tout*; L *totum.*

iomlán loighciúil (*totum logicum*), an rud go mbreathnódh an intinn air mar aon, cé nach mbeadh aontacht réalta ann (*m.sh.* idé uilíoch mar *mhadra*, go mbeadh Bran, Sceolaing, etc., mar " chodanna suibíochtúla " inti).

iomlán réalta (*totum reale*), an rud go mbreathnófaí air mar aon, cé gurbh fhéidir é roinnt i gcodanna a bheadh idirdhealaithe ó chéile mar "chodanna meitifisiciúla" (.i. idéithe lánscartha a bheith orthu, ach gan idirdhealú réalta ann, *m.sh.* "ainmhí" agus "réasúnach" sa duine), nó mar "chodanna fisiciúla" (.i. idirdhealú a bheith idir na codanna go neamhspleách ar ár bhfios ina dtaobh, *m.sh.* codanna in **iomlán** réalta fisiciúil **nádúrtha** (*naturale*), ar nós anam agus corp sa duine; nó codanna in **iomlán** réalta fisiciúil **saorga** (*artificiale*), ar nós cabhail agus

sciatháin ar eitleán; nó mar chodanna in **iomlán** réalta fisiciúil **morálta** (*morale*) .i. trí dhíriú ar chuspóir amháin, ar nós na ndaoine sa stát).

iomlánú, *a.f.* Tabhairt le chéile páirteanna in iomlán. D *Ergänzung, Integration*; E *integration*; F *intégration*; L *integratio.*

iompar, *a.f.* **1.** Gníomhú ruda nó ainmhí nó duine de réir na n-imthoscaí in a gcasfaí é. **2.** Freagairt orgánachta do spreagadh. G*Dinn.*; D *Verhaltung*; E *behaviour, conduct*; F *comportement*; L *se gerere.*

iomprachas, *a.f.* **1.** Modh síceolaíochta nach mbeadh bunaithe ar an inbhreathnú, ach ar thabhairt faoi deara an ghníomhú a dhéanfaí de réir suíomh an ghníomhaí. **2.** Teagasc a mheasfadh gan aon ní síceach a bheith ann seachas frithghníomhaíocht na matán, na néaróg agus na bhfaireog nuair a spreagfaí iad. D *Behaviourismus, Verhaltungsweisenpsychologie*; E *Behaviourism*; F *behaviourisme*; L *Behaviourismus.*

iompraí, *a.f.* Duine a ghlacfadh leis an iomprachas. D *Behaviourist*; E *behaviourist*; F *behaviouriste*; L *behaviourista.*

iomshuí, *a.f.* Athláithriú síceach gan sos, nó mothú gan sos, a choiscfeadh an ghníomhaíocht normálta sa duine. D *Besessenheit, Obsession*; E *obsession*; F *obsession*; L *obsessio.*

ionadaí, *a.f.* Réaltacht a bheadh in **áit** réaltachta eile. D *Ersatz*; E *substitute*; F *substitut*; L *substitutus.*

ionadaíocht, *a.b.* An fheidhm a chomhlíonfadh ionadaithe an phobail nó an rialtais i gcóras an stáit .i. ag gníomhú nó ag labhairt thar cheann na ndaoine go mbeidís ag seasamh in a n-áit ag "déanamh ionadaíochta" dóibh, mar theachtaí uathu. G *T*; D *Vertretung*; E *representation*; F *représentation*; L *repraesentatio.*

ionadas, *a.b.* Modh beithe in áit áirithe, in ionad. G *cf.Dinn.*; D *Ubietät, Ubikation*; E *ubiety*; F *ubiété*; L *ubietas.*

ionann, *aid.* Le cáilíocht an ionannais. G *Dinn.*; D *identisch*; E *identical*; F *identique*; L *idem, identicus*

ionannas, *a.f.* **1.** Buntuiscint nach féidir a shainmhíniú: cáilíocht na huile réaltachta a fhágann gurb í féin í féin. **2.** An cháilíocht a thugtar faoi deara in iomad réaltachtaí nach mbeadh eatorthu ach difriúlacht ó uimhir **agus** gan aon éagsúlacht cháilíochta a bheith

i gceist. G *Dinn.*; D *Identität*; E *identity*;
F *identité* ; L *identitas*.

ionannú, *a.f.* Rudaí a éirí nó a dhéanamh
ionann le chéile. D *Identifikation* ;
E *identification* ; F *identification* ·
L *identificatio.*

ionbhlóid, *a.b.* Dul siar ; dul ó ilchineál-
acht chun aonchineálachta (*contr.*
éabhlóid). D *Involution* ; E *involution*;
F *involution* ; L *involutio.*

ionclúideadh, *a.f.* Coibhneas loighciúil
idir dhá rang a bheadh mar chineál
agus gné i leith a chéile (*m.sh.* ainmhí
agus duine). G *FI inklud*; D *Ein-
schliessung*; E *inclusion*; F *inclusion*;
L *inclusio.*

iondoirteadh, *a.br.* (iondoirtim) Soláthar
cáilíochtaí nua do réaltacht ón taobh
amuigh (*m.sh.* sa diagacht: fios nó
aibíd eile a chuirfeadh Dia ar fáil do
chréatúr). G *cf. LF*; D *einflössen* ;
E *infuse* ; F *infuser* ; L *infundere.*

ionduchtaitheach, *aid.* ó ionduchtú.
D *induktiv*; E *inductive* ; F *inductif*;
L *inductivus.*

ionduchtú, *a.f.* Réasúnadh a bhunódh
conclúid ghinearálta ar an eolas a
gheofaí ar fheiniméin indibhidiúla.
G *FI indukt* ; D *Induktion* ; E *in-
duction* ; F *induction* ; L *inductio.*

ionduchtú foirmiúil (*inductio formalis*)
nó **iomlán** (*completa*), bunaithe ar
eolas ar an nile cheann de na cásanna
go ndéanfadh an chonclúid tagairt
ghinearálta dhóibh (*m.sh.* a rá go mba
Giúdaigh iad na hAspail tar éis dúchas
an dáréag acu a fháil amach).

ionduchtú méadaitheach (*inductio
amplificans*) nó **neamhiomlán** (*in-
completa*), bunaithe ar eolas ar uimhir
áirithe de na cásanna go ndéanfadh an
chonclúid tagairt dóibh go ginearálta
(*m.sh.* a rá go mba Giúdaigh iad na
hAspail toisc go bhfaighfí amach
gurb shin é dúchas a bhí ag uimhir
áirithe acu—abair deichniúr acu).

ionnúil, *aid.* Ar ionannas fiúntais (*m.sh.*
maidir lena mbrí, i gcás tairiscintí
loighciúla). G *Dinn.* ; D *äquipollent
gleichgeltend* ; E *equipollent* ; F *équi-
pollent* ; L *aequipollens.*

ionnúlacht, *a.b.* Cáilíocht na réaltachtaí,
na dtairiscintí, ionnúla. D *Äquipollenz,
Gleichgeltung* ; E *equipollence* ;
D *équipollence* ; L *aequipollentia.*

ionracas, *a.f.* Cáilíocht an duine a
mhairfeadh go ceart de réir na hEitice.
G *Dinn.* ; D *Aufrichtigkeit, Geradheit* ;
E *rectitude* ; F *rectitude* ; L *rectitudo.*

ionraic, *aid.* Le cáilíocht an ionracais.

G *Dinn.* ; D *aufrichtig, gerade* ;
E *upright* ; F *droit* ; L *probus, rectus.*

ionstraimeach, *aid.* Le cáilíocht na
réaltachta a d'úsáidfí mar ionstraim
nó mar uirlis chun gníomhaithe (*m.sh.*
"cúis ionstraimeach" mar pheann).
D *Instrumental-, Werkzeugs-* ; E *instru-
mental* ; F *instrumental* ; L *instru-
mentalis.*

iontas, *a.f.* Mothúchán a spreagfaí ag
oibíochtaí neamhghnáthacha, breátha,
etc. G *Dinn.* ; D *Verwunderung* ;
E *wonder* ; F *étonnement*; L *admiratio.*

íorach, *aid.* De réir na Scolaithe, cáilíocht
na dtothlú a bheadh dírithe ar oibíochtaí
gur dheacair iad a fháil nó iad a
sheachaint .i. na tothluithe íoracha :
dóchas, éadóchas, eagla, dánaíocht
agus fearg. G *Eit.* ; D *iraszibel* ;
E *irascible* ; F *irascible* ; L *irascibilis.*

íoróin, *a.b.* Rud a chur in iúl (mar
mhagadh, etc.) trí labhairt ina thaobh
ar a mhalairt de chaoi seachas mar ba
mhian le duine go dtuigfí ón tagairt ;
taisme a tharlódh mar bheadh magadh
á dhéanamh faoi dhuine (*m.sh.* i
gcás sprionlaitheora—a rá ina thaobh
"nach fial atá sé", nó a chuid airgid
a bheith loiscthe i dtóiteán). G *Dinn.* ;
D *Ironie* ; E *irony* ; F *ironie* ;
L *ironia.*

íoroin Shocraiteach (*ironia socratica*),
lorg eolais trí chur i gcéill go bhfuiltear
aineolach.

íorónta, *aid.* ó íoróin. G *Dinn.*;
D *ironisch* ; E *ironic(al)* ; F *ironique* ;
L *ironicus.*

iosanóimeacht, *a.b.* Cothroime chéime
os comhair an dlí D *Isonomie* ;
E *isonomy* ; F *isonomu* ; L *isonomia.*

iosatóip, *a.b.* Tugtar iosatóipí eilim-
inte ar leith ar na hadaimh dá cuid
a bheadh ar ionannas le chéile maidir
le huimhir adamhach, bíodh nárbh
ionann an meáchan adamhach iontu.
D *Isotop* ; E *isotope* ; F *isotope.*

iosatróipeach, *aid.* Leis na hairíonna
céanna.i ngach aon treo. D *isotropisch* ;
E *isotropic* ; F *isotropique* ;
L *isotropicus.*

íosmhéad, *a.f.* An méad, an chuid, ba lú
ab fhéidir. D *Minimum* ; E *minimum* ;
F *minimum* ; L *minimum.*

iúraistic, *a.b.* Staidéar stairiúil ar lorg
caipéisí, etc. G *FI euristik* ; D *Heuris-
tik* ; E *heuristics*; F *heuristique* ;
L *heuristica.*

iúraisticiúil, *aid.* Dírithe ar fhionnachtain,
ar lorg. D *heuristisch* ; E *heuristic* ;
F *heuristique* ; L *heuristicus.*

lag, *aid.* Sa loighic : le cáilíocht na
dtairiscintí I agus O i gcomparáid
leis na tairiscintí A agus E, nó le
cáilíocht na siollóg a chríochnódh
le conclúid phairticleártha nuair dob
fhéidir conclúid uilíoch a bhaint as na
réamhleaganacha. G *Dinn.*; D *schwach*;
E *weak* ; F *faible* ; L *infirmus*.

lagintinneach, *aid.* Le cumas intinne faoi
bhun an chaighdéain normálta agus níos
airde ná mar bheadh ag amaid ná
ag leibide. G *cf. Dinn.*; D *geistesschwach*;
E *foebleminded* ; F *faible d'esprit*.

lagmheasarthacht, *a.b.* Cáilíocht na
réaltachta nach mbeadh céim fiúntais
thar meán inti. D *Mittelmässigkeit* ;
E *mediocrity*; F *médiocrité*; L *medio-
critas*.

láithreach, *aid.* San áit, sa gcomhluadar,
a bheadh i gceist .i. gan bheith ar
iarraidh ; ag an am atá anois ann,
seachas bheith san am a d'imigh ná
san am atá le teacht. G *Dinn.*;
D *gegenwärtig* ; E *present* ; F *présent* ;
L *praesens*.

láithreacht, *a.b.* Cáilíocht na réaltachta a
bheadh láithreach. G *cf. P,W* ;
D *Gegenwart* ; E *presence* ; F *présence* ;
L *praesentia*.

láithriú, *a.f.* Bheith i láthair, os comhair,
an chomhfheasa go neamh-mheánach.
D *Präsentation, Vorstellung, Vorfüh-
rung*; E *presentation*; F *présentation* ;
L *praesentatio*.

lánaoiseach, *aid.* Fásta suas go hiomlán.
a.f. Duine fásta. G *cf. W* ; D *erwachsen,
Erwachsene* ; E *adult* ; F *adulte* ;
L *adultus*.

lárnach, *aid.* Ag baint leis an lár, sa lár.
D *zentral* ; E *central* ; F *central* ;
L *centralis*.

lárú, *a.br.* (láraím). Déanamh lárnach,
díriú nó treorú nó bailiú chun láir.
D *zentrieren*; E *centralize*; F *centraliser*;
L *centralisare*.

leagan, *a.br.* (leagaim), síos. Tógáil,
suíomh, mar hipitéis, mar bhonn le
hargóint, etc. G *cf. Dinn* ; D *stellen* ;
E *posit* ; F *poser* ; L *ponere*.

leama, *a.f.* Bunús cruthaithe ar a dtógtar
cruthúnas eile. G *Fl lem* ; D *Lehn-
satz* ; E *lemma* ; F *lemme* ; L *lemma*.

leantach, *aid.* Ag teacht i ndiaidh a
chéile gan bhris. G *MC* ; D *aufeinander-
folgend* ; E *consecutive* ; F *consécutif* ;
L *consecutivus*.

léargas, *a.f.* Radharc ar eolas i dtaobh
ruda. G *cf. Dinn.* ; D *Einsicht* ;
E *light, insight* ; F *aperçu*.

leas, *a.f.* Maith do dhuine nó do dhaoine.
G *Dinn.* ; D *Wohlfahrt* ; E *good,
interest, welfare* ; F *bien, bien-être* ;
L *bonum*.

leathan, *aid.* Gan bheith cúng (*m.sh.*
ciall fhocail). G *Dinn.* ; D *weit* ;
E *broad* ; F *large* ; L *latus*.

leathfhabhrach, *aid.* Claonta ar thaobh
amháin i gconspóid, etc. G *Dinn.* ;
D *parteilich*; E *biased* ; F *partial*;
L *alterius partis studiosior*.

leibideacht, *a.b.* Cumas intinne níos ísle ná
an caighdeán normálta, mar bheadh ag
leibide .i. duine gan d'aois intinne aige
ach idir 2 agus 7. G *cf. Dinn.* ; D *Im-
bezillität* ; E *imbecillity* ; F *imbécillité* ;
L *imbecillitas*.

léim, *a.b.* Lúb ar lár in argóint. G *Dinn.* ;
D *Sprung* ; E *jump* ; F *saut* ;
L *saltus*.

léir, *aid.* Leis an gcáilíocht atá ag an
bhfírinne chun dul i bhfeidhm ar an
intleacht ag soláthar cinnteachta.
G *Dinn.* ; D *evident* ; E *evident* ;
F *évident* ; L *evidens*.

léiráititheach, *aid.* Le oiread de cháilíocht
na fírinne agus nárbh fhéidir nach
ngabhfadh sí i bhfeidhm ar an
intleacht (*m.sh.* i gcás cruthúnais).
D *apodiktisch* ; E *apodictic* ;
F *apodictique* ; L *apodicticus*.

léirchruthú, *a.br.* (léirchruthaím) Soláthar
léirchruthúnais .i. cruthúnas de bharr
argóinte cirte soiléire a bheadh bun-
aithe ar fhírinní nárbh fhéidir a
shéanadh go réasúnta (*m.sh.* prion-
sabail), seachas an cruthúnas a sholáthró-
faí le taispeánadh (*q.v.*) an ní a bheadh
le cruthú. D *beweisen* ; E *demonstrate* ;
F *démontrer* ; L *demonstrare*.

léire, *a.b.* Cáilíocht mar bheadh gile a
bhaineas leis an bhfírinne agus a
fhágann go dtéann sí i bhfeidhm ar
an intleacht ionas go mbíonn cinn-
teacht ar fáil. G *Dinn.*; D *Evidenz* ;
E *evidence* ; F *évidence* ; L *evidentia*.

    léire eistreach (*evidentia extrinseca*),
de bharr údaráis duine eile a chonaic
an fhírinne a bheadh i gceist (*m.sh.*
i gcás an daill : Tá na hAilp go
hálainn; *contr.* léire intreach).

    léire fhisiciúil (*evidentia physica*),
de bharr eolais ar dhlíthe an nádúir
(*m.sh.* Dónn tine adhmad ; *contr.*
léire mheitifisiciúil).

    léire intreach (*evidentia intrinseca*), de
bharr radharc a fháil ar fhírinne na
hoibíochta féin (*m.sh.* Tá an ghrian
geal ; *contr.* léire eistreach).

    léire mheánach (*evidentia mediata*),
de bharr réasúnaithe (*m.sh.* Tuilleann
sé pionós, mar is duine é agus tá sé
freagrach as a mhíghníomhaíocht;
contr. léire neamh-mheánach).

    léire mheitifisiciúil (*evidentia meta-
physica*), de bharr eolais ar nádúr na
réaltachta (*m.sh.* Tá iomlán ruda níos

mó ná cuid de ; *contr.* léire fhisiciúil, léire mhorálta).

léire mhorálta (*evidentia moralis*), de bharr eolais ar nádúr an duine (*m.sh.* Gráíonn an mháthair a leanbh ; *contr.* léire mheitifisiciúil).

léire neamh-mheánach (*evidentia immediata*), de bharr eolais ar an bhfírinne inti féin, seachas ar argóint ná ar údarás, etc. (*m.sh.* Tá an t-iomlán níos mó ná an chuid ; *contr.* léire mheánach).

léireasc, *a.f.* Ráiteas a chuirfeadh in iúl fírinne a bheadh chomh soiléir sin inti féin agus nárbh fhiú bheith ag trácht uirthi. D *Selbstverständlichkeit;* E *platitude, truism ;* F *platitude, truisme.*

léiriú, *a.f.* Fáltas a thabhairt i láthair a chuir'eadh eolas i iúl i dtaobh réaltachta ceilte (*m.sh.* cuma ar an aghaidh a thaispeánfadh staid chomhfeasa). G *cf.Dinn.;* D *Ausdruck;* E *expression;* F *expression ;* L *expressio.*

léirmheastóir, *a.f.* Duine a mheasfadh fiúntas saothair liteartha, etc. G *Dinn.;* D *Kritik ;* E *critic, reviewer ;* F *critique.*

léirmhíniú, *a.br.* (léirmhíním). Ráiteas, etc., a fhágáil ar chaoi go ngabhfadh an fhírinne ann i bhfeidhm ar an intleacht go gcuirfí in iúl di é. D *exponieren ;* F *expound ;* F *exposor ;* L *exponere.*

leithead, *a.b.* Buntomhas ruda ó thaobh go taobh, dronuilleanach leis an bhfaid. G *Dinn. ;* D *Breite ;* E *breadth, width ;* F *largeur ;* L *latitudo.*

leithleasach, *aid.* Le cáilíocht an duine a chuirfeadh spéis thar mar ba cheart ina leas féin. G *Dinn. ;* D *egoistisch, selbstisch ;* E *selfish ;* F *égoiste.*

leithlisiú, *a.br.* (leithlisím). **1.** Cur ar deighilt (*m.sh.* daoine de shaghsanna áirithe, eilimintí smaoinimh, etc.). D *absondern, isolieren ;* E *isolate, segregate;* F *isoler, séparer;* L *segregare.* **2.** Próiseas lena mbaileofaí eilimintí, rudaí, den chineál céanna le chéile ar leataobh (*m.sh.* de réir an gheisteáltachais, eilimintí áirithe á mbailiú le chéile mar aonaid sa gcomhfhios). D *Segregation ;* E *segregation ;* F *ségrégation ;* L *segregatio.*

leor, *aid.* Le dóthain, le oiread agus ba ghá go cuí. G *Dinn.;* D *genügend ;* E *sufficient;* F *suffisant;* L *sufficiens.*

leorghníomh, *a.f.* Pionós a leagfaí nó a ghlacfaí mar leigheas ar locht an pheaca. G *Dinn.;* D *Sühne;* E *atonement ;* F *expiation ;* L *satisfactio.*

liobrálach, *aid.* **1.** Ag baint le liobrálachas. **2.** Ag baint le intinn slán neamhchúng

(*m.sh.* oideachas a d'oirfeadh dá leithéid). G *cf.* T ; D *liberal ;* E *liberal ;* F *libéral ;* L *liberalis.*

liobrálachas, *a.f.* Teagasc polaitíochta, eacnamaíochta, reiligiúin, a thabharfadh tosach áite do shaoirse ghníomhaíochta ar mhaithe le dul chun cinn na ndaoine, gan aon ní bheith le déanamh ag an údarás stáit ach amháin na gníomhaithe a chosaint ar a chéile, gan aon chur isteach a bheith á dhéanamh ar shaoriomaíocht eacnamaíoch, agus deireadh a bheith le connartha idir Eaglais agus stát agus le cinsireacht, etc. D *Liberalismus ;* E *liberalism ;* F *libéralisme ;* L *liberalismus.*

liobrálaí, *a.f.* Duine a ghlacfadh leis an liobrálachas. D *Liberaler ;* E *liberal;* F *libéral ;* L *liberalista.*

lionn dubh, *a.f.* Staid ghalrach bhróin agus anbhainne. G *Dinn. ;* D *Melancholie ;* E *melancholia ;* F *mélancholie ;* L *melancholia.*

locht, *a.f.* **1.** Briseadh dlí.. **2.** Ainghléas ; easnamh ar ord ceart. G *Dinn. ;* D *Fehler,* 1. *Schuld ;* E *defect, fault ;* F *faute ;* L 1. *culpa,* 2. *vitium.*

loighceas, *a.f.* Claonadh chun ord na réaltachta a thuiscint go hiomlán de réir oird thcibí an smaoinimh. D *Logizismus;* E *logicism;* F *logicisme ;* L *logicismus.*

loighceoir, *a.f.* Duine a bheadh ag gabháil don loighic. G *M C;* D *Logiker;* E *logician ;* F *logicien ;* L *dialecticus.*

loighciúil, *aid* Ag baint leis an loighic, de réir na loighce. G *M C ;* D *logisch ;* E *logical ;* F *logique ;* L *logicalis.*

loighic, *a.b.* An eolaíocht a stiúrfadh gníomhú an réasúin ionas go n-oibreodh sé go hordúil, go héasca, agus gan earráid. G *P, W ;* D *Logik ;* E *logic ;* F *logique ;* L *logica.*

loighistic, *a.b.* Loighic a léireodh le córas comharthaíochta an coibhneas a d'fhéadfadh a bheith ann idir thairiscintí. D *Logistik ;* E *logistics ;* F *logistique ;* L *logistica.*

luaíocht, *a.b.* Méadú fiúntais an duine de bhárr dea-ghníomhaíochta. G *Dinn. ;* D *Verdienst ;* E *merit ;* F *mérite ;* L *meritum.*

luaíocht ó cheart (*meritum de condigno*), an fiúntas nó an chéim a gheofaí de réir ceartais go beacht.

luaíocht ó chuios (*meritum de congruo*), an fiúntas nó an chéim a gheofaí mar luach saothair a bheadh tuillte, bíodh nach mbeadh ceart go beacht go bhfaighfí é.

lúcháir, *a.b.* Mothúchán beoga áthais.

G *Dinn.* ; D *Freude* ; E *joy* ; F *joie* ; L *laetitia*.
lucht, *a.f.* An mhéid a bheadh istigh i rud

(*m.sh.* i soitheach, sa gcomhfhios, etc.) G *Dinn.* ; D *Inhalt* ; E *contents* ; F *contenu.*

---

maighiútaic, *a.b.* Próiseas agallaimh a chleachtadh Socraitéas chun eolas a mhúscailt sna daoine. G *Maieutiké* (*Gréigis*) ; D *Maieutik* ; E *maieutic* ; F *maïeutique* ; L *maieutica.*

mailís, *a.b.* Toghadh oilc mhorálta d'aonghnó (seachas géilleadh don olc de dheasca laige nó paisin). G *P,W* ; D *Bosheit* ; E *malice* ; F *malice* ; L *malitia.*

máine, *a.b.* Aimhriar intinne, go háirithe le lionn dubh agus ardspionnadh ag teacht i ndiaidh a chéile, maille le corraíl an-mhór, agus uaireanta gníomhaíocht gharbh. G *FI mani* ; D *Manie* ; E *mania* ; F *manie* ; L *mania.*

Mainicéasaíocht, *a.b.* Fealsúnacht déachúil reiligiúnach de chuid an Pheirsigh Manes, a mheas go bhfuil síorchoimhlint ann idir prionsabal maith agus prionsabal olc. D *Manichäismus* ; E *Manicheism* ; F *manichéisme* ; L *Manichaeismus*

mais, *a.b.* An tomhas ar chainníocht an ábhair i gcorp de réir an luais a chuirfeadh fórsa áirithe leis ; líon meáchain an choirp arna roinnt ar an luasghéarú de bharr iomtharraingte. G *T* ; D *Masse*; E *mass*; F *masse* ; L *massa.*

maith, *aid.* Cáilíocht na beithe sa mhéid go bhfeilfeadh sí do chuspóireacht éigin, go mbeadh sí in ord de réir na cuspóireachta sin (*m.sh.* an cháilíocht a bhainfeadh le gníomh daonna sa mhéid go réiteodh sé leis an nádúr daonna agus an chríoch is dual dó a bhaint amach .i. sa mhéid go mbeadh an gníomh in ord de réir na móráltachta bheadh sé maith). **a.b.** An bheith sa mhéid go mbeadh sí in ord éigin go feiliúnach (*m.sh.* in **ord na réaltachta, in ord na moráltachta**); an bheith sa mhéid go ndíríonn gach mian uirthi (tá an scéal amhlaidh mar éifeacht ar an nádúr is bunúsaí sa maith .i. í bheith in ord go feiliúnach i leith, *m.sh.*, na mianta, mar shásamh ortbu). G *Dinn.* ; D *gut, Gut* ; E *good* ; F *bon, bien* ; L *bonus, bonum.*

maith cheannasach (*summum bonum*), comhlíonadh iomlán na cuspóireachta a bhainfeadh le nádúr ar leith (*m.sh.* sealbhú Dé i gcás an duine).

maith choiteann, (*bonum commune*), ionann le leas coiteann .i. an mhéid a d'fheilfeadh dá lán daoine, nó a bhainfí amach leis an gcomhoibriú a dhéanfadh a lán daoine (*m.sh.* síocháin phoiblí.)

maith fhóntach (*bonum utile*), an mhéid a bainfí amach mar mheán chun cuspóir níos sia anonn a bhaint amach. (*m.sh.* bia chun maireachtála).

maith fhoirfeach (*bonum honestum*), an mhéid a d'fheilfeadh ann féin mar fhneabhsú, mar thabhairt chun iomláine nádúir, gan tagairt do thaitneamh dá bhárr (*m.sh.* an tsuáilce).

maith mhorálta, (*bonum morale*), an mhéid a réiteodh leis an nádúr daonna (*m.sh.* guí mar is dual do chréatúir a dhéanamh).

maith thaitneamhach (*bonum delectabile*), an mhéid a shásódh tothlú le taitneamh (*m.sh.* bia, deoch, etc.).

maitheas, *a.b.* Cáilíocht na beithe sa mhéid gur maith í. G *Dinn.* ; D *Güte* ; E *goodness* ; F *bonté* ; L *bonitas.*

malartach, *aid.* Dul siar is aniar ó staid go chéile, gan bheith seasmhach. G *cf. Dinn* ; D *schwankend* ; E *fluctuating* ; F *flottant* ; L *fluctuans.*

Mánachas, *a.f.* Teoiric á rá gur éirigh gach tuiscint ar an anam agus ar an reiligiún as idé mána .i. ainm pholainéiseach ar fhórsa sa nádúr go bhféadfadh an duine é a ghabháil chuige agus é a úsáid. D *Manismus* ; E *Manism* ; F *manisme* ; L *Manismus.*

maoin, *a.b.* Oibíocht na húinéireachta, an rud go mbeadh ceart ag duine (de thoradh teidil *q.v.*) chun é a shealbhú agus é a choimeád agus é a úsáid le ceart ar leith chuige. G *Dinn.* ; D *Eigentum* ; E *property* ; F *propriété* ; L *proprietas.*

maoithneachas, *a.f.* Staid nó iompar an duine a bheadh rómhór faoi thionchar na seintimintí, nó tugtha do bheith ag gníomhú amhail is dá mbeadh sé mar sin. G *Dinn.* ; D *Sentimentalität* ; E *sentimentalism, sentimentality* ; F *sentimentalisme* ; L *sentimentalismus.*

maolú, *a.br.* (maolaím). Baint anuas de, laghdú ar, dhéine, ghéire, etc., i mbreithiúnas nó i ráiteas. G *TDlí.* ; D *beschränken, mildern* ; E *mitigate, qualify* ; F *mitiger* ; L *mitigare.*

marbhdhraíocht, *a.b.* Fáidheoireacht, fáil amach eolais rúnda, a bheadh in ainm a bheith dá dhéanamh trí theagmháil leis na mairbh. G *P,W* ; D *Nekromantie*;

E *necromancy*; F *necromancie*; L *necromantia*.

marfach, *aid.* In a údar báis. G *Dinn.*, *W*; D *tödlich*; E *deadly*, *mortal*; F *mortel*; L *mortifer.*

marthanach, *aid.* Le cáilíocht na marthanachta. G *Dinn.*; D *dauernd*; E *durative*; F *duratif*; L *durativus.*

marthanacht, *a.b.* Cáilíocht réaltachta sa mhéid go bhfanfadh sí ann, gan dul ar ceal. G *Dinn.*; D *Dauer*; E *duration*; F *durée*; L *duratio.*

Marxachas, *a.f.* Teagasc polaitiúil, eacnamaíoch, sóisialta Karl Marx (1818-1883). D *Marxismus*; E *Marxism*; F *marxisme*; L *Marxismus.*

Marxaí, *a.f.* Duine a ghlacfadh leis an Marxachas. D *Marxist*; E *Marxist*; F *marxiste*; L *marxista.*

Marxaíoch, *aid.* Ag baint leis an Marxachas. D *marxistisch*; E *Marxist*; F *marxiste*; L *Marxisticus.*

masacas, *a.f.* Staid shaofa in a mbainfí pléisiúr collaí as bheith ag fulaingt. D *Masochismus*; E *masochism*; F *masochisme*; L *masochismus.*

matán, *a.f.* Orgán déanta d'fhíochán de chealla fada cnuasaithe i mbeartanna beaga, le crapadh an orgáin seo a dhéantar corraí corpartha an ainmhí. G *Corpeol.*; D *Muskel*; E *muscle*; F *muscle*; L *musculus.*

matánach, *aid.* Ag baint leis na matáin (*m.sh.* céadfú cinéistéiseach). D *Muskel-, muskular*; E *muscular*; F *musculaire*; L *muscularis.*

meá, *u.br.* (meáim) Gabháil den chuid den ghníomh toiliúil lena meastar na fáthanna ar son gníomh a thoiliú agus i gcoinne a thoilithe. G *Dinn.*; D *beraten, überlegen*; E *deliberate*; F *délibérer*; L *deliberare.*

méad, *a.f.* Toirt mhór; cáilíocht na réaltachta gurbh fhéidir í bheith níos mó nó níos lú. G *Dinn.*; D *Grösse*; E *magnitude*; F *grandeur*; L *magnitudo.*

méadú, *a.br.* (méadaím). Éirí níos mó, déanamh níos mó. G *Dinn.*; D (*sich*) *vergrössern*, (*sich*) *vermehren, zunehmen*; E *augment*; F *augmenter*; L *augeri, crescere.*

meafar, *a.f.* Trácht ar oibíocht amháin le téarma a chiallódh oibíocht eile a bheadh cosúil léi (*m.sh.* " srantarnach na stoirme "). G *T*; D *Metapher*; E *metaphor*; F *métaphore*; L *metaphora.*

meafarach, *aid. ó* meafar. D *metaphorisch.* E *metaphorical*; F *métaphorique*; L *metaphoricus.*

meán, *a.f.* **1.** An staid láir idir dhá fhoirceann. **2.** Réaltacht sa mhéid go

bhfónfadh sí chun críoch a bhaint amach tríthi. G *Dinn.*; D *Mitte, Mittel, Medium*; E *mean, means, medium*; F *moyen*; L *medium.* **3.** Sa spioradachas: duine a gceapfaí go mbeadh cumarsáid idir é agus spioraid na marbh. D *Medium*; E *medium*; F *médium*; L *medium.*

meánach, *aid. ó* meán. **1.** Idir dhá fhoirceann (*m.sh.* gan bheith róbheag ná rómhór). G *Dinn.*; D *Durchschnitts-, Mittel-*; E *mean, medium, middle*; F *moyen*; L *medius.* **2.** Ag gníomhú trí mheán de shaghas éigin, go neamhdhíreach. G *cf. Dinn.*; D *mittelbar*; E *mediate*: F *médiat*; L *mediatus.*

meánaoiseach, *aid.* Ag baint leis an meánaois (ó timpeall 476 go dtí timpeall 1500). G *T*; D *mediäval, mittelalterlich*; E *mediaeval, medieval*; F *médiéval*; L *mediaevalis, medii aevi.*

meánaosta, *aid.* Idir óige agus seanaois. G *Dinn.*; D *in mittlerem Alter, in mittleren Jahren*; E *middle-aged*; F *entre deux âges*; L *aetate progrediente.*

measartha, *aid.* Le smacht ar úsáid na nithe inchéadfaithe agus ar na mianta. G *SS, P*; D *mässig*; E *moderate, temperate*; F *modéré, tempéral*; L *moderatus, temperatus.*

measarthacht, *a.b.* An tsuáilce a choimeádann smacht an réasúin ar na mianta. G *Eit.*; D *Mässigkeit*; E *moderation, temperance*; F *tempérance*; L *temperantia.*

meascadh, *a.br.* (meascaim). Cur trína chéile (ciliminti, tréithe, etc.—go háirithe dá mba cheart iad a bheith scartha ó chéile nó idirdhealaithe). G *Dinn.*; D (*ver-*)*mischen, verwechseln*; E *confound, mix* (*up*); F *confondre, mêler*; L *confundere, miscere.*

measotha, *aid.* Trína chéile (eiliminti, tréithe, etc.), gan bheith in éagmais eiliminti seachtracha nó difriúla. G *Dinn.*; D *gemischt*; E *confused, mixed*; F *mélangé, mêlé, mixte*; L *confusus, mixtus.*

measúnaitheach, *aid. ó* measúnú. D *ästimativ, schätzend, wertbestimmend*; E *estimative*; F *estimatif*; L *aestimativus.*

measúnaitheacht, *a.b.* Téarma scolaíoch ar an instinn sna hainmhithe (a fhágann ar a gcumas na nithe a ghabhfadh chun leasa nó chun dochair dóibh a aithint). D *ästimativer Sinn*; E *estimative sense*; F *faculté estimative*; L *vis aestimativa.*

measúnú, *a.br.* (measúnaím). Méid chánach, dhamáiste, fhiúntais, etc., a dhéanamh amach. G *TDlí.*; D *ästi-*

mieren, schätzen ; E *appreciate, assess, estimate* ; F *apprécier, estimer* ; L *aestimare.*

meatacht, *a.b.* Easpa foirtile, G *Dinn.* ; D *Feigheit* ; E *cowardice* ; F *couardise, lâcheté* ; L *ignavia.*

meath, *a.f.* Cailleadh fiúntais (*contr.* forás). G *Dinn.* ; D *Dekadenz* ; E *decadence* ; F *décadence* ; L *decadentia.*

meatoiliú, *a.f.* Toiliú a chlaífeadh leis an méid a d'aithneofaí mar ghníomh a bheadh le déanamh, ach nach rachadh chomh fada leis an intinn a shocrú an mhéid sin a chur i bhfeidhm. D *Velleität* ; E *velleity* ; F *velléité* ; L *vellertas.*

meatuairimiú, *a.br.* (meatuairimím). Buille faoi thuairim a dhéanamh. D *konjizieren, mutmassen, vermuten;* E *conjecture* ; F *conjecturer* ; L *conjectare.*

meatuairimitheach, *aid.* ó meatuairimiú. D *konjektural, mutmasslich* ; E *conjectural;* F *conjectural;* L *conjecturalis.*

meicneachas, *a.f.* **1.** Fealsúnacht a mhíneodh an uile fheiniméan fisiciúil le páirteanna neamhathraitheacha (iontu féin) ag corraí san am agus eagraithe ar shlite éagsúla sa spás, agus a d'aithneodh go gcaithfear idirdhealú a dhéanamh idir ábhar agus fuinneamh (*contr.* fuinneamhachas). **2.** Teoiric eolaíoch a mhíneodh feiniméan fhisiciúla leis an gcorraí. .i. iad a bheith in a sraitheanna, agus gach réamhtheachtaí ag cinntiú iardteachtaí. **3.** Teoiric bhitheolaíoch a mheasfadh nach bhfuil i gceist i bhfeiniméan na beatha ach céim níos aoirde d'fheidhmiú na n-eilimintí fisic-ceimiciúla atá mar bhun le gach feiniméan ábhartha eile (*contr.* beathúlachas). D *Mechanismus;* E *mechanism* ; F *mécanicisme* (moltar é seo amháin a úsáid do chialla 1 agus 3), *mécanisme* ; L *mechanismus.*

meicní, *a.f.* Duine a ghlacfadh le meicneachas. D *Mechanist* ; E *mechanist* ; F *mécaniste* ; L *mechanista.*

meicnic, *a.b.* An chuid den fhisic a bhaineann leis na feiniméin a éiríonn de bharr fórsaí bheith ag dul i bhfeidhm ar choirp. G *Fis., T;* D *Mechanik* ; E *mechanics;* F *mécanique;* L *mechanica.*

meicníoch, *aid.* Ag baint leis an meicneachas. D *mechanistisch,* E *mechanist;* F *mécaniste* ; L *mechanisticus.*

meicníocht, *a.b.* Córas d'fheidhmeanna imspleácha dírithe chun críche amháin. D *Mechanismus* ; E *mechanism* ; F *mécanisme* ; L *mechanismus.*

meicníúil, *aid.* Ag baint le meicnic ; ag oibriú mar inneal gan comhfhios ná

toiliú, etc. D *mechanisch* ; E *mechanical* ; F *mécanique* ; L *mechanicus.*

meigleamáine, *a.b.* Aimhriar intinne a thabharfadh ar dhuine a mheas go háibhéileach go bhfuil sé mór, tábhachtach. D *Megalomanie* ; E *megalomania* ; F *mégalomanie* ; L *megalomania.*

meitealoighciúil, *aid.* Ag baint le staidéar ar chéadphrionsabail agus ar bhunús na loighce ; thar chumas léirithe na foirmiúlachta loighce. D *metalogisch* ; E *metalogical;* F *métalogique* ; L *metalogicus.*

meiteimpíreach, *aid.* Taobh amuigh de chumas gabhála na gcéadfaí. G *FI metempirik* ; D *metempirisch;* E *metempirical* ; F *métempirique* ; L *metempiricus.*

meitifisic, *a.b.* Eolaíocht i dtaobh na beithe mar bheith .i. onteolaíocht. D *Metaphysik* ; E *metaphysics* ; F *métaphysique* ; L *metaphysica.*

meitifisicí, *a.f.* Duine a bheadh ag gabháil den mheitifisic. D *Metaphysiker;* E *metaphysician* ; F *métaphysicien* ; L *metaphysicus.*

meitifisiciúil, *aid.* Ag baint leis an meitifisic sa ngnáthchiall (*cf.* thuas), le réaltacht taobh amuigh de réimse na gcéadfaí, leis na bunphrionsabail riachtanacha, etc. D *metaphysisch* ; E *metaphysical* ; F *métaphysique* ; L *metaphysicus.*

meitisíceach, *aid.* Ag baint le feiniméin intinne a thabharfadh i gceist cumais nach bhfuil mórán eolais in a dtaobh (*m.sh.* teileapaite.). G *FI metapsical* ; D *metapsychisch* ; E *metapsychic, psychic* ; F *métapsychique* ; L *metapsychicus.*

meon, *a.f.* Nádúr duine maidir le claonta, tothluithe, mianta, mothúcháin, etc. G *Dinn.* ; D *Temperament* ; E *temperament* ; F *tempérament* ; L *temperamentum.*

mian, *a.b.* An staid aifeicsin a thiocfadh de bharr múscailt claonadh ag an ngá le sásamh, nó ag íomhá. G *Dinn.* ; D *Begierde* ; E *desire;* F *désir* ; L *desiderium.*

mianach, *a.f.* Ábaltacht nádúrtha chun eolais nó traenála éigin. G *Dinn.* ; D *Eignung* ; E *aptitude* ; F *aptitude* ; L *aptitudo.*

miangas, *a.f.* Paisean .i. tothlú a lorgódh pléisiúr ó oibíocht nach mbeadh sealbhaithe go fóill aige. G *Dinn.* ; D *Konkupiszenz* ; E *concupiscence* ; F *convoitise* ; L *concupiscentia.*

miangasach, *aid.* Mar phrionsabal miangais. G *cf. Dinn.* ; D *Begehrungs-;* E *concupiscible* ; F *concupiscible* ; L *concupiscibilis.*

mianú, *a.br.* (mianaím). Mian a breith ag duine chun oibíochta. G *Dinn.* ; D *begehren* ; E *desire* ; F *désirer* ; L *concupiscere, cupere.*

míchuíosach, *aid.* Thar fóir, áibhéileach *(m.sh.* modh cainte, caitheamh airgid, etc.) G *Dinn.* ; D *ausschweifend,* *extravagant, übertrieben* ; E *extravagant*; F *extravagant* ; L *extravagans.*

míchumadh, *a.br.* (míchumaim) Cur as riocht. D *verunstalten* ; E *deform* ; F *déformer* ; L *deformare.*

míloighciúil, *aid.* Gan bheith de réir na loighce. D *unlogisch* ; E *illogical* ; F *illogique* ; L *illogicus.*

mímhorálta, *aid.* Gan bheith de réir na moráltachta. D *unsittlich, sittenlos,* *unmoralisch* ; E *immoral* : F *immorale*; L *immoralis..*

mímhoráltachas, *a.f.* Teagasc mar bhí ag Nietzche i gcoinne na moráltachta. D *Immoralismus* ; E *immoralism* ; F *immoralisme* ; L *immoralismus.*

mímhoráltacht, *a.b.* Cáilíocht na gníomhaíochta a bheadh i gcoinne na moráltachta ; an ghníomhaíocht a bheadh i gcoinne na moráltachta. G *MC* ; D *Unsittlichkeit, Sittenlosigkeit* *Immoralität* ; E *immorality* ; F *immoralitas.*

minicíocht, *a.b.* Cáilíocht an tarlaithe a bheadh ann go minic ; an uimhir de tharluithe tréimhsiúla a bheadh ann taobh istigh de aonad áirithe ama, nó an uimhir de chásanna áirithe a gheofaí imeasc bailiúchán réaltachtaí go mbeadh baint acu go léir le pé ábhar a bheadh faoi thrácht. C *MC* ; D *Frequenz, Häufigkeit* ; E *frequency*; F *fréquence* ; L *frequentatio.*

mínitheach, *aid.* Le cáilíocht na réaltachta a sholáthródh míniú. D *erklärend,* *explikativ* ; E *explicative* ; F *explicatif* ; L *explicativus.*

míniú, *a.br.* (míním) Fios a dhéanamh soiléir. G *Dinn.* ; D *erklären*; E *explain* ; F *expliquer*; L *explanare, explicare. a.f.* An mhéid ba ghá a chur in iúl chun fios a fhágáil soiléir; an chiall a bheadh le téarma, le réaltacht. G *W* ; D *Erklärung* ; E *explanation*; F *explication* ; L *explicatio.*

mínormálta, *aid.* In aghaidh na rialacha bheadh glactha mar chuspa i gcásanna áirithe. G *FI* ne-normal; D *abnorm,* ; F *anormal*; E *abnormal* ; L *abnormalis.*

míoleolaíoch, *aid.* Ag baint leis an míleolaíocht. D *zoologisch* ; E *zoological* ; F *zoologique* ; L *zoologicus.*

míoleolaíocht, *a.b.* An eolaíocht a chuirfeadh síos ar ainmhithe maidir lena ndéanamh, a bhfeidhmeanna, a bhforás, a n-ainmneacha agus a rangú.

D *Zoologie* ; E *zoology* ; F *zoologie* ; L *zoologia.*

mionaoiseach *a.f.* Duine faoi bhun na haoise nuair a d'fhéadfadh sé a chearta pearsanta agus sibhialta a úsáid go hiomlán. G *T* ; D *Minderjähriger* ; E *minor* ; F *mineur* ; L *minor.*

mionleagan, *a.f.* An réamhleagan *(q.v.)* siollóige go mbeadh an foirceann mion ann .i. suibíocht na conclúide. D *Minor, Untersatz* ; E *minor* ; F *mineure* ; L *minor.*

mionn, *a.f.* Glaoch ar ainm Dé mar bharántas na fírinne. G *Dinn.* ; D *Eid* ; E *oath* ; F *serment* ; L *jusjurandum.*

miontéarma, *a.f.* An foirceann mion .i. suibíocht na conclúide i siollóg. D *Unterbegriff*; E *minor term* ; F *mineur* ; L *terminus minor.*

mí-ordú, *a.f.* Staid na réaltachta a bheadh as ord. G *Dinn., MC* : D *Unordnung* ; E *disorder* ; F *désordre*; L *status sine ordine.*

miotamáine, *a.b.* Claonadh galrach bheith ag aithris eachtraí bréige. D *Mythomanie*; E *mythomania* ; F *mythomanie* ; L *mythomania.*

miotas, *a.f.* **1.** An bailiúchán fáthscéalta a léireodh an creideamh agus na seintimintí reiligiúnacha ag dream faoi leith. **2.** Córas smaointe, etc. nárbh é an fiúntas ba mhó ann an fhírinne a léireodh sé, ach a thionchar mar spreagadh *(m.sh.* "miotas na réabhlóide" ag cumannaigh). G *mythos (Gréigis)*; D *Mythus*; E *myth*; F *mythe*; L *mythus.*

miotasach, *aid.* ó miotas. D *mythisch, mythenhaft* ; E *mythical* ; F *mythique* ; L *mythicus.*

miotaseolaíocht, *a.b.* Staidéar ar mhiotais. D *Mythologie*; E *mythology*; F *mythologie* ; L *mythologia.*

mire, *a.b.* Corraíl thréan neamheagraithe mothúcháin. G *Dinn.* ; D *Geistesstörung, Phrenesie* ; E *frenzy* ; F *frénésie* ; L *phrenesis.*

míréasúnta, *aid.* Cáilíocht na réaltachta nach mbeadh de réir an réasúin *(m.sh.* iompar). G *Dinn.* ; D *unvernünftig* ; E *unreasonable* ; F *déraisonnable* ; L *irrationabilis.*

mise, *a.f.*An tsuibíocht sa mhéid go mbeadh comhfhios aici uirthi féin ; an tsuibíocht mar réaltacht mharthanach go dtarlódh athruithe aicídeacha dí. D *Ich*; E *I, self* ; F *moi* ; L *ego.*

misteach. *a.f.* Duine a bheadh ag gabháil de mhisteachas. D *Mystiker*; E *mystic*; F *mystique* ; L *mysticus.*

misteachas, *a.f.* Creideamh gurbh fhéidir leis an spiorad daonna teagmháil a dhéanamh le bunús na réaltachta agus a bheith aontaithe leis ionas go bhfaigheadh sé eolas uaidh a bheadh **níos** uaisle ná an gnáthfhios ; gníomhaíocht de réir na tuairime sin. D *Mystik*, *Mystizismus*; E *mysticism*; F *mysticisme*; L *mysticismus*.

mistéir, *a.b.* **1.** Fírinne nádúrtha nó osnádúrtha nach bhfuil intuigthe ag an réasún. **2.** Deasghnás rúnda reiligiúin. G *Dinn.* ; D *Geheimnis*, *Mysterium* ; E *mystery* ; F *mystère* ; L *mysterium*.

mistéireach, *aid. ó* mistéir. D *geheimnisvoll*, *mysteriös* ; E *mysterious*; F *mystérieux* ; L *mysteriosus*

mistic, *a.b.* Creideamh sóisialta, etc., nach ndéanfaí iarracht é a shuíomh ar bhun an réasúin. D *Mystik* ; E *mystique* ; F *mystique* ; L *mystica*.

mistiúil, *aid.* Ag baint leis an misteachas. D *mystisch* ; E *mystic*, *mystical* ; F *mystique* ; L *mysticus*.

mód, *a.f.* **1.** Aon chinntiú a dhéanfaí ar réaltacht (*m.sh.* cáilíocht). G *FI mod* ; D *Modus* ; E *mode* ; F *mode* ; L *modus*. **2.** Aon cheann de na foirmeacha a bheadh ar argóinteacht shiollóige de réir mar bheadh difriúlacht cháilíochta agus chainníochta sna réamhleaganacha agus sa gconclúid. G *FI mod* ; D *Schlussmodus* ; E *mood* ; F *mode* ; L *modus*.

modh, *a.f.* Bealach a leanfaí, nó go nglacfaí leis, chun rud éigin a bhaint amach, a dhéanamh, a mhúineadh, a fhoghlaim, etc. ; socrú ábhair staidéir de réir córais. G *Dinn.*; D *Methode* ; E *method* ; F *méthode* ; L *methodus*.

modh-eolaíocht, *a.b.* Staidéar speisialta ar mhodhanna na n-eolaíochtaí. D *Methodologie* ; E *methodology* ; F *méthodologie* ; L *methodologia*.

modhnaitheach, *aid.* Ag baint le modhnú. D *modifikativ*, *modifizierend* ; E *modificative*, *modifying* ; F *modificatif* ; L *modificativus*.

modhnú, *a.br.* (modhnaím) Cinntiú **réaltachta** ar bhealach ar bith. D *modifizieren* ; E *modify*; F *modifier* ; L *modificare*.

modhúil, *aid.* Le suáilce na modhúlachta. G *Dinn.* ; D *sittsam* ; E *modest* ; F *modeste* ; L *modestus*, *pudicus*.

modhúlacht, *a.b.* An tsuáilce a chlaonfadh duine chun gníomhaíochta seachtraí cuí (*m.sh.* i gcaint, in iompar, i bhfeisteas, etc.). G *Dinn.*; D *Sittsamkeit*; E *modesty* ; F *modestie* ; L *modestia*.

módúil, *aid.* Le cá'líocnt na réaltachta go mbeadh mód uirthi. D *modal* ; E *modal* ; F *modal* ; L *modalis*.

módúlacht, *a.b.* **1.** Cáilíocht na réaltachta go mbeadh mód uirthi. **2.** Kant :

cailíocht na dtairiscintí a thaispeánfadh an chaoi go mbainfeadh an phreidcacháid leis an suibíocht iontu (go féideartha, go teagmhasach, go riachtanach). D *Modalität* ; E *modality* ; F *modalité* ; L *modalitas*.

móid, *a.b.* Geallúint leorfhiosach shaor do Dhia rud a dhéanamh a bheadh maith, indéanta, agus níos fearr ná a mhalairt. G *Dinn.*; D *Gelübde* ; E *vow* ; F *voeu* ; L *votum*.

móilín, *a.f.* An chuid ba lú de chorp a d'fhéadfadh bheith ann go neamhspleách agus airíonna an choirp á gcoimeád gan chlaochlú aici. G *T* ; D *Molekül* ; E *molecule* ; F *molécule* ; L *molecula*.

móilíneach, *aid. ó* móilín. G *T* ; D *molekular*; E *molecular*; F *moléculaire*; L *molecularis*.

Móilíneachas, *a.f.* Teagasc a bhí ag Luis Molina, C.Í. (1535–1600) á rá gur le "comhthaobhú diaga" a dhéantar gníomhartha saora an duine, agus go bhfuil eolas ag Dia orthu le "fios meánach" a bheadh aige ar na réaltachtaí a tharlódh san am a bheadh le teacht (nó a d'fhéadfadh tarlú dá mbeadh toiliú leo)— seachas an t-eolas a bheadh aige ar fhéidearthacha (.i. "fios na hintleachta simplí") agus ar réaltachtaí a bheadh ann faoi láthair (.i. " fios an radhairc"). D *Molinismus* ; E *Molinism* ; F *molinisme* ; L *Molinismus*.

Móilíní, *a.f.* Duine a ghlacfadh le Móilíneachas. D *Molinist*; E *Molinist*; F *moliniste* ; L *Molinista*.

Móilíníoch, *aid.* Ag baint le Móilíneachas. D *molinistisch*; E *Molinistic*; F *moliniste*; L *Molinisticus*.

móimintiúil, *aid.* Le cáilíocht na réaltachta nach mbeadh ann ach ar feadh achair an-ghearr. G *W* ; D *augenblicklich*; *momentan* ; E *momentary*; F *momentane*; L *momentaneus*, *momentarius*.

monad, *a.f.* Leibniz : substaint shimplí le prionsabail spioradálta aontachta, gan sínteacht ná fíor aici, le cumas tothlaithe agus peircheaptha—bheadh an uile réaltacht déanta d'iomad chomchurtha dá leithéid de shubstaintí. D *Monade* ; E *monad*; F *monade* ; L *monas*.

monadachas, *a.f.* Teagasc Leibniz i dtacbh na monad. D *Monadismus* ; E *monadism* ; F *monadisme* ; L *monadismus*.

monadaí, *a.f.* Duine a ghlacfadh le monadachas. D *Monadist* ; E *monadist*; F *monadiste* ; L *monadista*.

monadaíoch, *aid.* Ag baint le monadachas. D *monadistisch*; E *monadistic*; F *mona-*

diste ; L *monadisticus*.

monagamas, *a.b.* Córas nach gceadódh don fhear ach aon bhean amháin a phósadh san am amháin, agus gan cead bheith ag bean níos mó ná fear amháin a bheith aici mar an gcéanna. D *Monogamie* ; E *monogamy* ; F *monogamie* ; L *monogamia*.

monamáine, *a.b.* Aimhriar intinne lena mbeadh idé shocraithe ag duine. D *Monomanie* ; E *monomania* ; F *monomanie* ; L *monomania*.

monaplacht, *a.b.* Smacht ar ghnó nó eile gan cur isteach ó éinne (*m.sh.* i gcás maoine, seirbhísí, etc.) D *Monopol* ; E *monopoly;* F *monopole;* L *monopolium*.

monarcachas, *a.f.* Teagasc, gluaiseacht, etc., a mholfadh réimeas polaitiúil ina mbeadh an stát á rialú ag aon duine amháin (*m.sh.* rí). D *Monarchismus* ; E *monarchism* ; F *monarchisme* ; L *monarchismus*.

monarcacht, *a.b.* Réimeas polaitiúil ina mbeadh an stát á rialú ag aon duine amháin (*m.sh.* rí). D *Monarchie* ; E *monarchy* ; F *monarchie;* L *monarchia*.

monasaí, *a.f.* Duine a ghlacfadh le monasaíocht. D *Monist* ; E *monist* ; F *moniste* ; L *monista*.

monasaíoch, *aid.* Ag baint le monasaíocht. D *monistisch;* E *monistic;* F *monistique;* L *monisticus*.

monasaíocht, *a.b.* Teagasc nach n nithneodh ach aon phrionsabal amháin san áit a mheasfadh teagaisc eile breis a bheith ann (*m.sh.* gan aon réaltacht ach ábhar bheith ann). D *Monismus* ; E *monism* ; F *monisme* ; L *monismus*.

móraigeantacht, *a.b.* An tsuáilce a chlaonas an duine chun gníomhartha móra a dhéanamh de réir an uile shaghas suáilce. G *cf. Dinn.* ; D *Grossmut;* E *magnanimity;* F *magnanimité* ; L *magnanimitas*.

morálaí, *a.f.* Duine a bheadh ag gabháil d'eolaíocht na moráltachta. D *Moralist, Sittenlehrer* ; E *moralist* ; F *moraliste* ; L *moralista*. ·

morálta, *aid.* Ag baint nó ag réiteach go cuí le caighdeáin na moráltachta ; de réir nádúr an duine. G *Dinn.* ;

D *moralisch, sittlisch* ; E *moral* ; F *moral* ; L *moralis*.

moráltachas, *a.f.* Claonadh chun na teoirice teibí, in ionad imthoscaí na gníomhaíochta, a áireamh i gcúrsaí na moráltachta ; claonadh gan tábhacht na bhfiúntas eile a aithint le hais ardfhiúntas na gníomhaíochta morálta (*m.sh.* neamhshuim sa rinnfheitheamh). D *Moralismus* ; E *moralism* ; F *moralisme* ; L *moralismus*.

moráltacht, *a.b.* **1.** Cáilíocht na gníomhaíochta daonna a bheadh maith de bhrí go mbeadh sé ag luí leis an gcríoch is dual do nádúr an duine. G *Dinn.* ; D *Moralität, Sittlichkeit;* E *morality* ; F *moralité* ; L *moralitas*. **2.** Iompar daoine i leith caighdeán na gníomhaíochta ba dhual dóibh. G *Dinn.* ; D *Sittlichkeit* ; E *morality, morals ;* F *moralité, moeurs* ; L *moralitas*.

mórleagan, *a.f.* An réamhleagan (*q.v.*) siollóige go mbeadh an foirceann mór ann .i. preideacháid na conclúide. D *Major, Obersatz* ; E *major;* F *majeure;* L *major*.

mórthéarma, *a.f.* An foirceann mór .i. preideacháid na conclúide i siollóg. D *Oberbegriff;* E *major term;* F *majeur* ; L *terminus major*.

mortlaíocht, *a.b.* Uimhir na mbás i gcoibhneas le uimhir áirithe den daonra. G *MC* ; D *Mortalität, Sterblichkeit* ; E *mortality* ; F *mortalité* ; L *mortalitas*.

mothúchán, *a.f.* Corraíl dhomhain láidir shealadach ar an mbeatha shíceach agus fhíseolaíoch (*m.sh.* eagla). D *Emotion, Gefühl, Gemütsbewegung* ; E *emotion;* F *émotion* ; L *emotio*.

mothúchánach, *aid.* ó mothúchán. D *Gefühls·* ; E *emotional;* F *émotionnel;* L *emotionalis*.

múscailt, *a.br.* (músclaím). Tabhairt ar acmhainn na tola dul i ngníomh .i. gníomh múscailte (*actus elicitus*), seachas acmhainn eile bheith á cur i ngníomh ar ordú na tola .i. gníomh ordaithe (*actus imperatus*). G *cf. Dinn.;* D *hervorrufen* ; E *elicit* ; F *éliciter ;* L *elicere*.

---

nádúr, *a.f.* **1.** Eisint ruda sa mhéid gur údar gníomhaíochta í. **2.** Iomlán na rudaí cruthaithe gan na beitheanna réasúnta a chur san áireamh; an dúlra. G *Dinn.,* M, *TF* ; D *Natur* ; E *nature* ; F *nature* ; L *natura*.

nádúrachas, *a.f.* Teagasc á rá nach bhfuil aon ní taobh amuigh den nádúr ann

.i. gan aon ní a bheith sa mbeatha mhorálta nach mbainfeadh leis an mbeatha bhitheolaíoch—í bheith faoi réir na n-instinní, etc. ; gan aon ní osnádúrtha a bheith ann chor ar bith. D *Naturalismus* ; E *naturalism* ; F *naturalisme* ; L *naturalismus*.

nádúraí, *a.f.* Duine a ghlacfadh le

nádúrachas. D *Naturalist;* E *naturalist;* F *naturaliste* ; L *naturalista.*

nádúraíoch, *aid.* Ag baint le nádúrachas. D *naturalistisch* ; E *naturalistic* ; F *naturalistique* ; L *naturalisticus.*

nádúrtha, *aid.* ó nádúr. G *AEN, CGP, Corp. Astron. Por.Is* ; D *Natur-, natürlich* ; E *natural* ; F *naturel* ; L *naturalis.*

naircisíocht, *a.b.* Spéis thar fóir a bheadh ag duine ann féin, agus claonta mínormálta dá réir go minic. D *Narzissismus* ; E *narcissism* ; F *narcissisme* ; L *narcissismus.*

náisiún, *a.f.* Grúpa sóisialta atá aontaithe de bharr comhthuisceana, dúchais, traidisiúin, béasa, etc. G *Dinn.,* cf. *SSA* ; D *Nation* ; E *nation* ; F *nation, nationalité* ; L *natio.*

náisiúnach, *a.f.* Ball de náisiún ; duine le cearta chathraitheora i stát áirithe. G *Dinn.* D *Staatsbürger;* E *national* ; F *national* ; L *membrum nationis, nationalis.*

náisiúnachas, *a.f.* Grá ar leith don náisiún. D *Nationalismus* ; E *nationalism* ; F *nationalisme* ; L *nationalismus.*

náisiúnacht, *a.b.* Seasamh os comhair an dlí a bheadh ag duine mar chathraitheoir i stát áirithe. D *Nationalität* ; E *nationality* ; F *nationalité* ; L *nationalitas.*

náisiúnaí, *a.f.* Duine a ghlacfadh leis an náisiúnachas. D *Nationalist* ; E *nationalist* ; F *nationaliste* ; L *nationalista.*

náisiúnaíoch, *aid.* Ag baint leis an náisiúnachas. D *nationalistisch* ; E *nationalist, nationalistic;* F *nationaliste* ; L *nationalisticus.*

náisiúnta, *aid.* Ag baint leis an náisiún. G *Dinn.* ; D *national* ; E *national* ; F *national* ; L *nationalis.*

náisiúntacht, *a.b.* Cáilíocht na réaltachta náisiúnta. G *Dinn.* ; D *Volkstum, Volkstümlichkeit* ; E *nationality, nationhood* ; F *nationalité* ; L *nationalitas.*

naofa, *aid.* Ag baint le Dia, leis an reiligiún, le foirfeacht mhorálta nó le ardchéim spioradáltachta. G *Dinn.;* D *heilig* ; E *holy* ; F *sacré, saint;* L *sanctus.*

nasc, *a.f.* Impsleáchas dhá réaltacht (*m.sh.* ceann acu a bheith mar chúis leis an gceann eile). G cf. *Dinn.* ; D *Nexus* ; E *nexus* ; F *nexus* ; L *nexus.*

nath, *a.f.* Tairiscint ghonta chiallmhar. G cf. *Dinn.* ; D *Aphorismus* ; E *aphorism* ; F *aphorisme;* L *aphorismus.*

neamhábharachas, *a.f.* Teoiric Bherkeley a shéan go bhfuil ábhar ar bith ann, a mhaígh gan aon réaltacht a bheith ann ach spioraid agus idéithe. D *Immaterialismus* ; E *immaterialism* ; F *immatérialisme* ; L *immaterialismus.*

neamhábharaí, *a.f.* Duine a ghlacfadh leis an neamhábharachas. D *Immaterialist* ; E *immaterialist* ; F *immatérialiste* ; L *immaterialista.*

neamhábharaíoch, *aid.* Ag baint leis an neamhábharachas. D *immaterialistisch;* E *immaterialistic;* F *immatérialistique* ; L *immaterialisticus.*

neamhábhartha, *aid.* Le cáilíocht an ruda nach mbeadh ábhartha. G *Bur.*[1], *cf. Dinn.* ; D *immaterial, stofflos* ; E *immaterial* ; F *immatériel* ; L *immaterialis.*

neamhábharthacht, *a.b.* Cáilíocht na réaltachta nach mbeadh ábhartha. D *Immaterialität* ; E *immateriality* ; F *immatérialité* ; L *immaterialitas.*

neamhairdeall, *a.f.* Staid an duine a bheadh chomh báite i smaointe éigin nach sonródh sé nithe thart air. D *Zerstreutheit* ; E *absent-mindedness* ; F *absence* ; L *distractio.*

neamhbhailí, *aid.* Gan éifeacht, gan fórsa (*m.sh.* os comhair an dlí ; mar argóinteacht). G *TDlí.*; D *ungültig;* E *invalid;* F *invalide* ; L *invalidus.*

neamhbhásmhar, *aid.* Le cáilíocht an ruda nach bhfaigheadh bás. D *unsterblich* ; E *immortal* ; F *immortel;* L *immortalis.*

neamhbhásmhaireacht, *a.b.* Cáilíocht an ruda nach bhfaigheadh bás. D *Unsterblichkeit* ; E *immortality;* F *immortalité* ; L *immortalitas.*

neamhbheacht, *aid.* In éagmais lánchruinnis, gan bheith beacht, le maolú éigin maidir le ciall, áireamh na ndualgas, etc. G cf. *Dinn.* ; D *ungenau;* E *imprecise, inexact;* F *imprécis, inexacte* ; L *parum subtilis, inexactus, impraecisus.*

neamhbheartaithe, *aid.* Cáilíocht an ghnímh nach ndéanfaí d'aon toisc .i. nuair nach tar nía nithe a spreagfadh an gníomh a mheá a chinnfeadh an gríomhaí feidnmiú. D *unvorsätzlich;* E *unintentional;* F *indélibéré;* L *non deliberatus.*

neamhbheith, *a.b.* Gan bheith ann. G *Dinn.,* cf. *TF* ; D *Nicht-sein* ; E *non-being* ; F *non-être* ; L *non-ens.*

neamhbhithghiniúint, *a.b.* Ábhar beo a theacht ó ábhar neamhbheo; giniúint spontáineach. D *Abiogenesis* ; E *abiogenesis* ; F *abiogénèse* ; L *abiogenesis.*

neamhbhraiteach, *aid.* Gan oibíocht a bheith ar fáil sa gcomhfhios ag duine. D *unbewusst, nicht bewusst;* E *unaware* F *à son insu;* L *haud conscius, nescius.*

neamhcheadaithe, *aid.* Le cáilíocht an

ghnímh nár cheadmhach a dhéanamh.
D *unerlaubt* ; E *illicit* ; F *illicite* ;
L *illicitus*.

neamhchinnte, *aid.* Gan bheith cinnte, gan
bheith siúráilte. G *Dinn.* ; D *ungewiss,*
unsicher ; E *uncertain* ; F *incertain* ;
L *incertus*.

neamhchinnteachas, *a.f.* An teagasc a
d'aithneodh go bhfuil saorthoil ag Dia
agus ag daoine. D *Indeterminismus* ;
E *indeterminism* ; F *indéterminisme* ;
L *indeterminismus*.

neamhchinnteacht, *a.b.* Cáilíocht na réal-
tachta nach mbeadh cinnte. D *Ungewiss-*
heit, Unsicherheit ; E *uncertainty* ; F *in-*
certitude ; L *incertitudo*.

neamhchinntí, *a.f.* Duine a ghlac-
fadh leis an neamhchinnteachas. D *In-*
determinist ; E *indeterminist*; F *in-*
déterministe ; L *indeterminista*.

neamhchinntíoch, *aid.* Ag baint le
neamhchinnteachas. D *indeterministisch*;
E *indeterministic* ; F *indéterministique*;
L *indeterministicus*.

neamhchinntithe, *aid.* Le cáilíocht na
réaltachta nach mbeadh cinntithe
(*m.sh.* tairiscint nach léireodh cé acu
uilíoch nó pairticleártha a bheadh an
tsuibíocht inti). D *unbestimmt* ; E *in-*
determinate, undetermined; F *indéterminé*;
L *indeterminatus*.

neamhchinntitheacht, *a.b.* Cáilíocht na
réaltachta nach mbeadh cinntithe.
D *Unbestimmtheit*; E *indetermination*;
F *indétermination*; L *indeterminatio*.

neamhchlaon, *aid.* Gan bheith fabhrúil
do thaobh amháin seachas a chéile
G *cf. Dinn.* ; D *unparteilich, unpartei-*
lisch; E *impartial* ; F *impartial* ; L *im-*
partialis.

neamhchlaontacht, *a.b.* Cáilíocht an duine
an bhreithiúnais, etc., a bheadh neamh-
chlaon. D *Unparteilichkeit*; E *im-*
partiality ; F *impartialité*; L *impartial-*
itas.

neamhchoimpléascúil, *aid.* Le cáilíocht
na dtairiscintí agus na siollóg nach
mbeadh míniú ná cinntiú sna téarmaí
iontu. G *A Cat.* ; D *einfach, unkom-*
pliziert; E *uncomplex*; F *incomplexe* ;
L *incomplexus*.

neamhchoinníollach, *aid.* Gan bheith
faoi choinníoll ar bith. D *nicht bedingt*;
E *unconditional, unconditioned* ; F *in-*
conditionné, sans conditions ; L *sine*
condicionibus, incondicionatus.

neamhchóirithe, *aid.* Cáilíocht na réal-
tachta nach mbeadh ullamh chun
cinntitheachta nó chun foirm éigin a
ghlacadh. D *nicht bereit*; E *indisposed*;
F *indisposé* ; L *non dispositus, in-*
dispositus.

neamhchomhfhios, *a.f.* An chuid de

staideanna síceacha an duine a bheadh
taobh amuigh dá chomhfhios, cé go
mb'fhéidir go mbeidís ag feidhmiú ar
a ghníomhaíocht. D *Unbewusste* ;
E *unconscious*; F *inconscient*; L *incon-*
sciens.

neamhchomhfhiosach, *aid.* ó neamh-
chomhfhios. D *unbewusst* ; E *uncon-*
scious ; F *inconscient* ; L *inconsciens*.

neamhchonclúideach, *aid.* Le cáilíocht na
fianaise, na hargóinteachta, etc., nárbh
fhéidir conclúid chinnte a bhaint astu.
D *inkonklusiv*; E *inconclusive*; F *incon-*
cluant; L *inconclusivus, non conclusivus*.

neamhchorpartha, *aid.* Le cáilíocht na
réaltachta nach mbeadh aon chorp-
arthacht ag baint léi. G *Com.Sc* ;
D *unkörperlich* ; E *incorporeal*; F *in-*
corporel ; L *incorporealis*.

neamhchosúil, *aid.* Le cáilíocht na réalt-
achtaí nach mbeadh cosúil lena chéile.
G *SSA* ; D *unähnlich* ; E *dissimilar* ;
F *dissimilaire* ; L *dissimilis*.

neamhdhíreach, *aid.* Le cáilíocht na
réaltachta nach mbeadh díreach (*m.sh.*
bealach oibrithe). G *MC* ; D *indirekt* ;
E *indirect* ; F *indirect* ; L *indirectus*.

neamhdhlistineach, *aid.* Le cáilíocht an
ghnímh, na staide, etc., nach mbeadh
mar d'éileodh an dlí (*m.sh.* breith).
G *TDlí.* ; D *illegitim, unehelich* ;
E *illegitimate* ; F *illégitime* ; L *illegi-*
timus, non legitimus.

neamhfhéideartha, *aid.* Gan bheith féidear-
tha (*q. v.*). D *unmöglich* ; E *impossible* ;
F *impossible* ; L *impossibilis*.

neamhfhoirfe, *aid.* Le cáilíocht na réalt-
achta nach mbeadh foirfe. G *Desid.,*
Rup, W ; D *unvollkommen* ; E *imperfect* ;
F *imparfait* ; L *imperfectus*.

neamhfhoirfeacht, *a.b.* Cáilíocht na réalt-
achta nach mbeadh foirfe. D *Un-*
vollkommenheit ; E *imperfection* ; F *im-*
perfection ; L *imperfectio*.

neamhfhreagrach, *aid.* Le cáilíocht an
duine nach mbeadh freagrach.
D *unverantwortlich* ; E *not responsible* ;
F *non responsable* ; L *non responsabilis*.

neamh-fhrithráiteach, *aid.* Le cáilíocht na
dtairiscintí, na n-idéithe nach mbeadh
frithráiteach i leith a chéile. D *nicht*
kontradiktorisch ; E *non-contradictory* ;
F *non-contradictoire* ; L *non con-*
tradictorius.

neamhfhulangach, *aid.* Le cáilíocht na
réaltachta nach mbeadh fulangach.
D *unempfindlich*; E *impassive*;
F *impassible*; L *impassibilis, impassivus*

neamhghaolmhar, *aid.* Le cáilíocht na
réaltachtaí nach mbeadh aon bhaint
acu le chéile. D *beziehungslos, ohne Bezug,*
ohne Verbindung ; E *unrelated* ; F *sans*
rapport ; L *non relata inter se, non*

cognata inter se.

neamhghnách, *aid.* Le cáilíocht na réaltachta nach mbeadh ann i gcónaí, nó go minic féin. G *Dinn.*; D *ungewöhnlich* ; E *unusual* ; F *insolite* ; L *insolitus.*

neamhiarmartach, *aid.* Le cáilíocht na tairiscinte nach leanfadh de thairiscint eile (bíodh go mbeifí á rá go leanfadh). D *folgewidrig* ; E *not following from,* *inconsequent* ; F *inconséquent* ; L *inconsequens.*

neamhimleor, *aid.* Gan bheith imleor *(q.v.).* D *unangemessen* ; E *inadequate* ; F *inadéquate* ; L *inadaequatus.*

neamhláithreach, *aid.* Le cáilíocht an ruda nach mbeadh in áit áirithe ag an am a bheadh i gceist. G *McL* ; D *abwesend* ; E *absent* ; F *absent* ; L *absens.*

neamhléir, *aid.* Le cáilíocht na réaltachta nach mbeadh léir. D *nicht evident* ; E *non-evident* ; F *non évident* ; L *non evidens.*

neamhleor, *aid.* Gan bheith leor, gan bheith dóthanach. D *unzulänglich* ; E *insufficient* ; F *insuffisant* ; L *insufficiens.*

neamh-mharfach, *aid.* Le cáilíocht na réaltachta nach mbeadh mar údar báis. D *nicht tödlich* ; E *non-deadly,* *non-fatal* ; F *non mortel*; L *non mortifer.*

neamh-mheánach, *aid.* In éagmais idirmheáin, díreach *(m.sh.* infeiriú ó thairiscint go tairiscint gan idirchéim: ní Corcaíoch aon chníopaire ; ní cníopaire aon Chorcaíoch. *contr.* meánach, *ciall* 2). G *W* ; D *unmittelbar* ; E *immediate* ; F *immédiat* ; L *immediatus.*

neamh-mheánacht, *a.b.* Cáilíocht na réaltachta neamh-mheánaí. G *McL* ; D *Unmittelbarkeit* ; E *immediacy* ; F *immédiation* ; L *immediatio.*

neamhní, *a.f.* Easpa beithe, gan faic a bheith ann. G *Dinn.* ; D *Nichts* ; E *non-entity, nothing* ; F *néant* ; L *nihil.*

neamhniú, *a.br.* (neamhním). Díothú, cur de bheith ann (seachas athrú). G *C, Lh* ; D *vernichten* ; E *annihilate* ; F *anéantir, annihiler* ; L *annihilare, ad nihilum redigere.*

neamhorgánach, *aid.* Gan a bheith ar dhéanamh eagraithe, gan a bheith ar dhéanamh beathúil. D *unorganisch* ; E *inorganic* ; F *inorganique* ; L *inorganicus.*

neamhphearsanta, *aid.* Gan cháilíocht na pearsanachta. G *O'Re.* ; D *unpersönlich*; E *impersonal* ; F *impersonnel* ; L *impersonalis.*

neamhréasúnach, *aid.* Le cáilíocht na réaltachta nach mbeadh aon bhaint acu leis an réasún. D *irrational, vernunftlos* ; E *irrational*; F *irraisonnable, irrationnel* ; L *irrationalis.*

neamhroinnte, *aid.* Le cáilíocht na réaltachta nach mbeadh roinnte. D *Ungeteilt* ; E *undivided*; F *indivis* ; L *indivisus.*

neamhshiollógach, *aid.* Le cáilíocht an réasúnaithe loighciúil nárbh fhéidir a chur i bhfoirm shiollóige. D *asyllogistisch*; E *asyllogistic*; F *asyllogistique*; L *asyllogisticus.*

neamhshonraithe, *aid.* Ar easpa iallaigh nó cinntithe i leith chineáil amháin gníomhaíochta seachas a chéile ; neodrach. D *gleichgültig, indifferent* ; E *indifferent* ; F *indifférent* ; L *indifferens.*

neamhspleách, *aid.* Le cáilíocht na réaltachta nach mbeadh ag brath ar réaltacht eile, a bheadh saor gan a chuid gníomhartha a bheith faoi réir ag éinne eile. G *Dinn.* ; D *autonom selbständig, unabhängig* ; E *autonomous, independent* ; F *autonome, indépendant* ; L *independens.*

neamhspleáchas, *a.f.* Staid an duine nó an ruda nach mbraithfeadh ar réaltacht eile, go mbeadh a ghníomhaíocht faoi réir a thola féin, etc. *(contr.* spleáchas). G *MC* ; D *Autonomie, Selbständigkeit* ; *Unabhängigkeit* ; E *autonomy, independence* ; F *autonomie, indépendance*; L *autonomia, independentia.*

neamhtheoranta, *aid.* Le cáilíocht na réaltachta nach dteagmhófaí le teoranta inti *(m.sh.* teoranta spáis, cumhachta, etc.) G *MC* ; D *unbegrenzt* ; E *unlimited* ; F *illimité* ; L *illimitatus.*

neamhthoiliúil, *aid.* Le cáilíocht an ghnímh nach mbeadh ag brath ar an dtoil. D *unfreiwillig, unwillenlich* ; E *involuntary* ; F *involontaire* ; L *involuntarius.*

néarastaene, *a.b.* Easpa ghalrach fuinnimh choirp agus intinne. D *Neurasthenie* ; E *neurasthenia* ; F *neurasthenie* ; L *neurasthenia.*

néareolaíocht, *a.b.* Staidéar ar dhéanamh agus ar fheidhmeanna an chórais néarógaigh. D *Neurologie* ; E *neurology* ; F *neurologie* ; L *neurologia.*

néarlár, *a.f.* Bailiúchán de chealla néarógacha a mbeadh céadfa nó feidhm eile faoina réir acu. D *Nervenzentrall, Nervenzentrum* ; E *nerve centre*; F *centre nerveux* ; L *centrum neurale.*

néarmhatánach, *aid.* Ag baint le néaróga agus le matáin *(m.sh.* ceangal néarmhatánach). D *neuromuskular* ; E *neuromuscular* ; F *neuromusculaire* ; L *neuromuscularis.*

néaróg, *a.b.* Triopall (mar a bheadh téad)

de mhionsnáithe trína seoltar na
néarthonnta mar spreagtha ó chuid den
cholainn go cuid eile. G *T* ; D *Nerv* ;
E *nerve* ; F *nerf* ; L *nervus.*

néaróg eisiomprach (*nervus efferens*)
nó néaróg lárthcifeach (*nervus centri-
fugus*), a thugann spreagtha ó néarlár
go himeallacha an chórais.

néaróg iniomprach (*nervus afferens*)
nó néaróg láraimsitheach (*nervus centri-
petalis*), a thugann spreagtha ó imeall-
acha an chórais go néarlár.

néarógach, *aid.* Ag baint le córas na
néaróg. G *Corpeol.* ; D *Neural-,
Nerv-, Nerven-, nervös* ; E *neural,
nervous* ; F *nerveux* ; L *neuralis*

néaróin, *a.b.* Ceall néarógach. D *Neuron;*
E *neuron* ; F *neuron* ; L *neuron.*

néaróis, *a.b.* Aimhriar feidhme i gcóras na
néaróg a thiocfadh de dheasca
trioblóide intinne (*m.sh.* néarastaene,
síceastaene, histéire). D *Neurose* ;
E *neurosis* ; F *névrose* ; L *neurosis.*

néaróiseach, *aid.* Ag baint le néaróis. *a.f.*
Duine le néaróis. D *neurotisch,
Neurotiker* ; E *neurotic* ; F *névrosé* ;
L *neuroticus.*

neodrach, *aid.* Gan bheith suite i gcineál
ar leith i gcás cáilíochtaí, ranna
tuairimíochta, taobhanna conspóide,
etc. G *Dinn.* ; D *neutral;* E *neutral* ;
F *neutral* ; L *neutralis.*

nihileachas *a.f.* Teagasc a shéanladh
réaltacht a bheith ann (seachas samhailt-
eacha), nó fiúntas a bheith ann, nó
smacht ar bith a bheith ar aon duine
indibhidiúil. D *Nihilismus* ; E *nihilism;*
F *nihilisme* ; L *nihilismus.*

nihilí, *a.f.* Duine a ghlacfadh le nihileachas.
D *Nihilist* ; E *nihilist* ; F *nihiliste* ;
L *nihilista.*

nihilíoch, *aid.* Ag baint le nihileachas.
D *nihilistisch* ; E *nihilistic;* F *nihilis-
tique* ; L *nihilisticus.*

níosdóchúlachas, *a.f.* An teagasc á rá
nárbh fhéidir glacadh le barúil a
cheadódh saoirse ghníomhaíochta,
mura mbeadh an bharúil sin níos
dóchúla ná an bharúil go mbeadh
dlí ag ceangal sa gcás. D *Probabilio-
rismus* ; E *probabiliorism;* F *probabilio-
risme* ; L *probabiliorismus.*

nirbheána, *a.f.* De réir an Bhúdachais :
aontú an duine le céadphrionsabal
an uile ní, agus críochnú gach comh-
fheasa agus pearsanachta le múchadh
na méine chun maireachtála ; de réir
an Hiondúchais: athaontú le Bráma ;
sa sícainilís : easpa teannais ícigh
intinne, mhothúcháin. D *Nirwana* ;
E *nirvana* ; F *nirvana* ; L *nirvana.*

nochtadh, *a.br.* (nochtaim). Tabhairt le
feiceáil, le fios. G *Dinn.* ; D *enthüllen*

E *disclose* ; F *découvrir, divulguer;*
révéler ; L *patefacere, retegere.*

nóisean, *a.f.* Coincheap nó idé. D *Begriff;*
E *notion;* F *notion* ; L *notio.*

nóiseanúil, *aid.* Ag baint le nóisean.
D *begrifflich;* E *notional;* F *notionnel;*
L *notionalis.*

norm, *a.f.* Caighdeán .i. cuspa, dlí, etc.
lena measfaí fiúntas. G *FI norm* ;
D *Norm* ; E *norm* ; F *norme;* L *norma.*

normálta, *aid.* De réir mar a mheasfaí
go mba chóir réaltacht a bheith, ag
luí leis an gcaighdeán fiúntais. (Son-
raigh go bhféadfadh iompar normálta
—*m.sh.* de réir caighdeán na morált-
achta—a bheith *neamhghnách* in
áiteanna nó ar uaireanta áirithe).
D *normal;* E *normal;* F *normal* ;
L *normalis.*

normáltacht, *a.b.* Cáilíocht an ruda, na
gníomhaíochta, etc., a bheadh
normálta. D *Normalität* ; E *normality* ;
F *normalité* ; L *normalitas.*

normatach, *aid.* Le cáilíocht na heol-
aíochta, an bhreithiúnais, an dlí, etc.,
a leagfadh síos normaí nó a bhainfeadh
le normaí D *normativ* ; E *normative* ;
F *normatif* ; L *normativus*

nós, *a f* Cleachtadh gnách a bheadh
ag pobal áirithe ; gnáthamh seanda
coiteann le fórsa dlí. G *Dinn* ;
D *Gewohnheit* ; E *custom;* F *coutume* ;
L *consuetudo, mos*

nóta, *a f.* Pointe eolais i dtaobh oibíochta.
G *Dinn.* ; D *Note* ; E *note* ; F *note* ;
L *nota.*

nua-aoiseach, *aid.* Ag baint leis an
tréimhse a bheadh ann faoi láthair,
nó leis an tréimhse nach mbeadh i
bhfad imithe thart. D *modern;* E *modern;*
F *moderne* ; L *modernus.*

nua-aoiseachas, *a.f.* Iarracht chun an
sochaí, an pholaitíocht, an fhealsún-
acht, an diagacht, an Eaglais, an
reiligiún Críostaí, a athmhúnlú de
réir tuairimí áirithe i dtaobh meon
na haoise seo. D *Modernismus* ;
E *modernism* ; F *modernisme* ;
L *modernismus.*

nua-aoisí, *a.f.* Duine a ghlacfadh leis an
nua-aoiseachas. D *Modernist* ; E *modern-
ist* ; F *moderniste* ; L *modernista.*

nua-aoisíoch, *aid.* Ag baint leis an nua-
aoiseachas. D *modernistisch;* E *modern-
istic;* F *modernistique;* L *modernisticus.*

nua-bheathúlachas, *a.f.* Teagasc a
d'aithneodh gur de chineál faoi leith
iad na feiniméin bhitheolaíocha, agus
nárbh fhéidir an cineál sin a ionannú
le cineál ar bith eile. D *Neuvitalismus;*
E *neovitalism* ; F *néovitalisme;* L *neo-
vitalismus.*

Nua-Phlatónachas, *a.f.* Teagasc fealsúnach a thosaigh i gCathair Alastair idir an tríú agus an séú céad, agus a bhí ina mheascán de thuairimí Giúdacha, Críostaí, Gréigeacha agus de mhisteachas ɔirthearach. D *Neuplatonismus* ; E *Neo-Platonism* ; F *Néo-Platonisme* ; L *Neo-Platonismus.*

núiméan, *a.f.* De réir teoiric an fheasa ag Kant ba é seo an réaltacht inti féin a bheadh mar bhun leis an bhfeiniméan .i. ábhar feasa nach léireofaí dor intinn ach sa riocht a bheadh aige faoi thionchar an chumais feasa. G *FI noumen* ; D *Noumenon* ; F *noumenon*; F *noumène*; L *noumenon.*

núiméanúil, *aid. ó* núiméan. D *noumenal* ; E *noumenal*; F *nouménal*; L *noumenalis·*

---

obráid, *a.b.* Gníomhú áirithe córasach (*m.sh.* ar bhaill choirp chun leigheas a dhéanamh) ; feidhmiú le siombail, etc., ar rian áirithe chun foirm loighciúil, etc., a athrú. D *Operation*; E *operation*; F *opération* ; L *operatio.*

ócáid, *a.b.* Coinníoll a bheadh fabhrúil chun go ngníomhódh cúis. G *Dinn.*; D *Gelegenheit*; E *occasion*; F *occasion* ; L *occasio.*

ócáideach, *aid. ó* ócáid. G *Dinn.* ; D *gelegentlich, okkasionell*; E *occasional*; F *occasionnel* ; L *occasionalis.*

ócáideachas, *a.f.* An tuairim gur ar ócáid an ghníomhaithe dhaonna a chuireann Dia ar fáil torthaí a ghníomhaithe féin (*m.sh.* teagasc Malebranche, á rá gur le ócáid an mhothaithe chorpartha a sholáthraíonn Dia an fios san anam). D *Okkasionalismus* ; E *occasionalism* ; F *occasionalisme* ; L *occasionalismus.*

ócáidí, *a.f.* Duine a ghlacfadh leis an ócáideachas. D *Okkasionalist* ; E *occasionalist* ; F *occasionaliste* ; L *occasionalista*

ócáidíoch, *aid.* Ag baint le hócáideachas. D *okkasionalistisch*; E *occasionalistic* ; F *occasionalistique* ; L *occasionalisticus.*

oibhéartú *a.br.* (oibhéartaím). Sa loighic: an oibhéarta a bhaint amach i gcás tairiscinte .i. tairiscint eile agus an phreideacháid inti a bheitn frithráiteach i leith preideacháid na céadtairiscinte. (*m.sh.* Níl aon fhear foirfe ; Tá gach fear neamhfhoirfe). D *obvertieren (Obversion)*; E *obvert* ; F *obverter* ; L *obvertere.*

oibíocht, *a.b.* Ábhar feasa, eolaíochta etc. G *Bur.*², *Princ. N, RSláinte, TPN* ; D *Objekt* ; E *object* ; F *objet* ; L *objectum.*

    oibíocht ábhartha (*obiectum materiale*), an mhéid den réaltacht go ndéanfaí staidéar air le heolaíocht (*m.sh.* an duine, ábhar staidéir na hEitice, na Socheolaíochta, etc.

    oibíocht fhoirmiúil (*obiectum formale*), an dreach faoi leith den oibíocht ábhartha ɔ bheadh i gceist in eolaíocht faoi leith—seachas eolaíochta eile a d'fhéadfadh bheith ag plé leis an ábhar céanna (*m.sh.* gníomhaíocht réasúnach neamhspleách an duine san Eitic, beatha an duine sa sochaí sa Socheolaíocht, etc.).

oibíochtú, *a.br.* (oibíochtaím). Toradh an chéadfaithe a thógaint mar a bheadh rud seachtrach ann agus é suite sa ɔpás (cuid den teoiric shíceolaíoch a mhíneodh ár ngníomhú intleachtúil le comhcheangal na n-idéithe). D *Objektivierung*; E *a. objectivation*; F *a. objectivation* ; L *a. objectivatio.*

oibíochtúil, *aid.* Le cáilíocht an ruda a mbeadh an intinn nó an gníomhaí dírithe air (seachas cáilíocht de chuid na hintinne féin nó an ghníomhaí féin). D *objektiv* ; E *objective*; F *objectif* ; L *objectivus.*

oibíochtúlacht, *a.b.* Cáilíocht na réaltachta inti féin (seachas aon cháilíocht de chuid an té a bheadh ag fáil eolais ar an réaltacht nó ag gníomhú i leith na réaltachta). D *Objektivität* ; E *objectivity* ; F *objectivité* ; L *objectivitas.*

oibleagáid, *a.b.* Riachtanas ó cheangal morálta, nó ó cheangal dlí dheimhnigh. G *Dinn., N, Tr* ; D *Verpflichtung* ; E *obligation* ; F *obligation* ; L *obligatio.*

oibleagáidiúil, *aid.* De réir oibleagáide, ag baint le hɔibleagáid. D *verbindlich* ; E *obligatory*; F *obligatoire*; L *obligatorius.*

oibritheach, *aid. bhr. ó* oibriú. G *Pot. An* ; D *operativ* ; E *operative* ; F *opératif* ; L *operativus.*

oibriú, *a.br.* (oibrím). Cur i ngníomn, dul i ngníomh. G *Dinn., Op., TÓp.,* ; D *operieren, wirken* ; E *operate* ; F *opérer* ; L *efficere, operari.*

oideolaíoch, *aid.* Ag baint le heolaíocht nó le cleachtadh na múinteoireachta. D *pädagogisch*; E *pedagogical*; F *pédagogique* ; L *paedagogicus.*

oideolaíocht, *a.b.* Eolaíocht nó cleachtadh na múinteoireachta. G *cf. Dinn.* ; D *Pädagogik*; E *pedagogy*; F *pédagogie* ; L *paedagogia.*

oilteacht, *a.b.* An cháilíocht a bheadh ag duine de thoradh foghlaime. G *cf. Dinn.* ; D *erworbene Kenntnisse* ; E *acquire-*

ments ; F *acquis.*

oirchill, *a.b.* Cúram faoin am a bheadh le teacht ; go háirithe cúram Dé faoin saol. G *Dinn.*, *cf.* N ; D *Vorsehung* ; E *providence* ; F *providence* ; L *providentia.*

oirirc, *aid.* Cáilíocht na réaltachta a bheadh ar ardchéim. G *Dinn..* Lh ; D *erhaben, hervorragend;* E *preeminent, sublime;* F *élévé, sublime,* L *praeeminens, sublimis.*

oirshiollóg, *a.b.* Siollóg mar chuid d'argóinteacht, agus conclúid na síollóige sin a bheith mar réamhleagan do shiollóg eile (.i. eipisiollóg). D *Prosyllogismus;* E *prosyllogism* ; F *prosyllogisme;* L *prosyllogismus.*

olc, *aid.* Le cáilíocht na réaltachta a bheadh ar easpa na maithe ba chuí bheith aici. *a.f.* Easpa maithe cuí. G *Dinn.*; D *schlecht, böse (Übel)* ; E *bad, evil* ; F *mal* ; L *malus (malum).*

olc fisiciúil *(malum physicum),* réaltacht éigin a bheith ar iarraidh den mhéid a theastódh chun go mbeadh rud inchéadfaithe slán.

olc morálta *(malum morale),* gníomhaíocht na beithe reasúnaí a bheith míoiriúnach dá nádúr féin..

olcas, *a.f.* Cáilíocht na réaltachta oilce. G *Dinn.* ; D *Schlechtigkeit, Übel* ; E *badness, evil* ; F *mal* ; L *malitia.*

ollsmachtach, *aid.* Ag baint leis an ollsmachtachas, de réir an ollsmachtachais. D *totalitär* ; E *totalitarian* ; F *totalitaire* ; L *totalitarius.*

ollsmachtachas, *a.f.* Córas a d'fhágfadh na daoine, a gcearta agus a maoin ar fad, faoi smacht iomlán an stáit agus pé aicme nó daoine a bheadh i gceannas air. D *Totalitarismus;* E *totalitarianism;* F *totalitarianisme;* L *totalitarianismus.*

olltáirgeadh, *a.f.* Soláthar earraí go flúirseach le hinniúll. D *Massenproduktion;* E *mass production;* F *production en masse* ; L *productio secundum massam, productio massalis.*

ómós, *a.f.* Seintimint a spreagtar le haithint an fhiúntais mhorálta; staonadh ó aon ní nach réiteodh le duine, áit, riail, éigin, etc. G *Dinn.*; D *Achtung* ; E *respect, reverence* ; F *respect* ; L *reverentia.*

onánachas, *a.f.* 1. Comhriachtain neamhiomlán. 2. Féintruailliú. D *Onanismus;* E *onanism* ; F *onanisme;* L *onanismus.*

onóir, *a.b.* Omós a thabharfaí do dhuine nó do rud a mheasfaí a bheith fiúntach. G *Dinn.*; D *Ehre* ; E *honour;* F *honneur;* L *honor.*

onórú, *a.br.* (onóraím). Tabhairt onóra. G *Dinn., Lh, N* ; D *(ver)ehren* ; E *honour, worship;* F *honorer;* L *honorare.*

ontaighiniúint, *a.b.* Forás na horgánachta indibhidiúla *(contr.* filighiniúint). D *Ontogenese;* E *ontogenesis, ontogeny* ; F *ontogénie, ontogénèse;* L *ontogenesis.*

onteolaí, *a.f.* 1. Duine a bheadh ag gabháil den onteolaíocht. 2. Duine a ghlacfadh le onteolaíochas. D 1. *Ontologe* ; 2. *Ontologist* ; E *ontologist;* F *ontologiste;* L *ontologista.*

onteolaíoch, *aid.* Ag baint leis an onteolaíocht nó leis an onteolaíochas. D *ontologisch* ; E *ontological* ; F *ontologique* ; L *ontologicus.*

onteolaíochas, *a.f.* An teagasc á rá go bhfuil eolas neamh-mheánach cinnte ag duine ar Dhia, agus go bhfuil an t-eolas sin mar bhun le gach fios eile. D *Ontologismus;* E *ontologism;* F *ontologisme;* L *ontologismus.*

onteolaíocht, *a.b.* Staidéar ar an mbeith sa mhéid go bhfuil sí ann ; meitifisic ghinearálta. D *Ontologie;* E *ontology* ; F *ontologie* ; L *ontologia.*

ord, *a.f.* Aontacht ar iolracht ; a lán réaltachtaí a bheith socraithe i leith a chéile mar chóras de réir prionsabal aonta éigin. G *Dinn.* ; D *Ordnung* ; E *order* ; F *ordre* ; L *ordo.*

ordaitheach, *aid. bhr.* ó ordú. *(ciall* 1.) G *Dinn.* ; D *befehlend, imperativ* ; E *imperative* ; F *imperatif* ; L *imperativus.* *a.f.* Ráiteas a chur in iúl go mbeadh sé leagtha ar dhuine rud éigin a dhéanamh. D *Imperativ* ; E *imperative* ; F *impératif.*

ordú, *a.br.* (ordaím). 1. Rud a leagan ar dhuine le déanamh .i. ordú *(a.f.)* a thabhairt. G *Dinn.* ; D *befehlen (Befehl);* E *order* ; F *ordonner (ordre)* ; L *imperare, jubere (jussum, mandatum).* 2. Réiteach i gcóras ordúil. D *ordnen* ; E *order* ; F *ordonner* ; L *ordinare.*

ordúil, *aid.* De réir oird. G *Dinn.* ; D *geordnet, ordentlich* ; E *ordered, orderly;* F *en ordre* ; L *ordinatus.*

orgán, *a.f.* Páirt le feidhm áirithe in iomlán coimpléascúil. G *Bur¹., Bur²., RSláinte* ; D *Organ* ; E *organ* ; F *organe* ; L *organum.*

orgánach, *aid.* Ag baint le hiomlán eagartha a mbeadh páirteanna ann d'fheidhmeanna áirithe *(m.sh.* corp beo) ; ag baint leis an mbeatha. D *Bun. E., Corpeol., cf.* AEN ; D *organisch* ; E *organic;* F *organique;* L *organicus.*

orgánachas, *a.f.* 1. Teagasc adéarfadh gur ó ghníomhú na n-orgán a thosaíonn gníomhaíocht na beatha .i. gur ó bharr a ngníomhú in eagar a thagann an bheatha. 2. Teagasc socheolaíoch a bhreathnódh ar an sochaí mar réaltacht bheo faoi réir ag dlíthe na bitheolaíochta. D *Organizismus;* E *organicism;*

F *organicisme* ; L *organicismus*.

orgánacht, *a.b.* Réaltacht bheo sa mhéid go mbeadh sí déanta d'orgáin; réaltachtaí eile cosúil lena leithéid. D *Organismus*; E *organism;* F *organisme;* L *organismus*.

ortaighiniúint, *a.b.* Feiniméan a d'fhágfadh éabhlóid na n-orgánachtaí ar aon treo do-athraithe i gcónaí. D *Orthogenese ;* E *orthogenesis ;* F *orthogénèse ;* L *orthogenesis*.

oschéadfaíoch, *aid.* Os cionn chumais ghabhála na gcéadfaí. D *suprasensibel;* E *suprasensible;* F *suprasensible ;* L *suprasensibilis.*

oschinntiú, *a.f.* Cinntiú breise a dhéantaí ar mhaithe le crainneas. I dteagasc Freud : íomhá a spreagfaí le cúiseanna ceilte iomadúla. D *Überbestimmtheit, Überdeterminierung;* E *overdetermination;* F *surdétermination;* L *superdeterminatio.*

osduine *a.f.* Cineál duine a bheadh ar chaighdeán beireatais agus maireachtála níos airde ná an duine coiteann ; buaic fhoirfeachta na daonnachta.

D *Übermensch* ; E *superman* ; F *surhomme* ; L *superhomo*.

osnádúrtha, *aid.* Leis an gcáilíocht a bheadh ag réaltacht a sháródh an uile ní nádúrtha (*contr.* nádúrtha), nó a sháródh céim an duine sa nádúr (*contr.* eisnádúrtha). D *übernatürlich ;* E *supernatural ;* F *surnaturel;* L *supernaturalis.*

osordaithe, *aid.* Mar a bheadh cineál i leith gné. D *übergeordnet;* E *superordinate;* F *surordonné;* L *superordinatus.*

osréaltachas, *a.f.* Claonadh ealaíne a thabharfadh tús áite don neamhchomhfhios agus don neamhréasúnacht agus a sheachnódh pleanáil comhfhiosach sa gcumadóireacht. D *Surrealismus;* E *surrealism;* F *surréalisme;* L *suprarealismus, surrealismus.*

ostairseachúil, *aid.* Ar dhéine spreagtha sácn láidir go díreach chun céadfaí a spreagadh nó le go leor de dhifríocht idir dhá údar spreagtha inchéadfaíocha chun go n-aithneofaí ó chéile iad. D *superliminal;* E *supraliminal ;* F *supraliminal ;* L *supraliminalis.*

---

pá, *a.f.* Íocaíocht as obair, freastal, etc G *MC;* D *Lohn* ; E *wages;* F *salaire ·* L *merces*

pailinghiniúint, *a.b.* De réir an stóchais, athbheochan thréimhsiúil shíoraí na dtárluithe; de réir teoiricí áirithe eile, athmharachtáil daoine nó sochaithe. D *Palingenese ;* E *palingenesis ;* F *palingénèse, palingénésie;* L *palingenesis.*

pairéis, *a.b.* Pairilís neamhiomlán a ghabhfadh i bhfeidhm ar na matáin, gan cur isteach ar na céadfaí. D *Parese, Paresis;* E *paresis;* F *parésie ;* L *paresis.*

páirt, *a.b.* Cuid de rud ar bith, eiliminτ a bheadh riachtanach chun an rud a bheith slán (*m.sh.* ball i gcorp). G *Dinn.;* D *Teil ;* E *part ;* F *partie ;* L *pars.*

páirteach, *aid.* Mar pháirt ; neamh iomlán. G *Dinn.;* D *teilweise, Teil ;* E *partial ;* F *partiel ;* L *partialis.*

pairticleártha, *aid.* Neamhuilíoch, speis ialta (*m.sh.* téarma pairticleártha nach dtabharfaí ach ar mhéid éigin d'iomlán na gné: "cuid de na daoine"; tairiscint phairticleártha a mbeadh téarma dá leithéid mar shuibíocht aici : "Tá cuid de na ndaoine tinn"). G *A Cat., Corp. Astron., PB, Tr., W, cf. Dinn.* ; D *besonder, partikular ;* E *particular ;* F *particulier ;* L *particularis.*

paisean, *a.f.* **1.** Tothlú céadfaíoch ; uaireanta tothlú céadfaíoch thar mheán.

2. Claonadn láidir daingnithe mar aibíd a chuirfeadh an bheatha sníceach as alt. G *Dinn.* ; D *Leidenschaft* ; E *passion* ; F *passion ;* L *passio*.

paiteolaíoch, *aid.* Ag baint leis an bpaiteolaíocht ; measta mar rud go mbeadh baint aige le galar, nó mar rud go mbeadh galar mar chúis leis. D *pathologisch ;* E *pathological ;* F *pathologue ;* L *pathologicus.*

paiteolaíocht, *a.b.* An chuid d'eolaíocht an leighis a scrúdódh galair, a gcúiseanna, a nádúr, etc. ; iomlán na dtréithe, na gcoinníollacha, a bhainfeadh le galar áirithe. D *Pathologie;* E *pathology ;* F *pathologie ;* L *pathologia.*

palaegrafaíocht, *a.b.* Staidéar ar sheanlámhscríbhinní. D *Paläographie;* E *paleography ;* F *paleographie ;* L *palaeographia.*

palae-onteolaíocht, *a.b.* Staidéar bitheolaíoch ar ghnéithe agus ar airíona nach bhfuil ann níos mó, trí scrúdú na n-iontaisí. D *Paläontologie;* E *palaeontology;* F *paléontologie;* L *palaeontologia.*

panchalanachas, *a.f.* An teoiric á rá gurb í an áilleacht an fiúntas is bunúsaí ar a mbraitheann gach fiúntas eile. G *pan, kalon (Gréigis)* ; E *pancalisme;* F *pancalisme ;* L *pancalismus.*

pandiachas, *a.f.* Teagasc á rá nach bhfuil idirdhealú idir Dia agus an saol. D *Pantheismus;* E *pantheism;* F *pan-*

théisme ; L *pantheismus*.

panindiachas, *a.f.* An teoiric gur i nDia atá gach rud. D *Panentheismus* ; E *panentheism* ; F. *panenthéisme* ; L *panentheismus*.

panloighceas, *a.f.* Teagasc á rá go bhfuil an uile rud réasúnach, nó ag eascairt as idé is bun leis an iomlán G *FI panlogism* ; D *Panlogismus* ; E *panlogism* ; F *panlogisme*; L *panlogismus*.

panspeirmeachas, *a.f.* An teoiric á rá gur eascair an bheatha as panspeirmí a bhí ariamh sa spás agus a tugadh ar an domhan le oibriú gathanna cosmacha. D *Panspermie*; E *panspermia*; F *panspermie* ; L *panspermia*

parabúile, *a.b.* Gníomhú místuama a dhéanfadh duine abúileach (*q.v.*). D *Parabulie* ; E *paraboulia* ; F *paraboulie* ; L *parabulia*.

paradacsa, *a.f.* Ráiteas a bheadh fíor nó a d'fhéadfadh a bheith fíor, bíodh go mbeadh cuma áiféiseach air nó d'ainneoin is nach leis a bheifí ag súil. G *FI paradox* ; D *Paradox*; E *paradox* ; F *paradoxe* ; L *paradoxon*.

paraestéise, *a.b.* Staid ghalrach i gcéadfa an tadhaill. D *Parästhese* ; E *paraesthesia* ; F *paraesthésie* ; L *paraesthesia*.

parailéalach, *aid.* Le cáilíocht na réaltachtaí nach dtiocfadh le chéile dá fhaid a sínfí iad ; cosúil le chéile nó ionann le chéile maidir le cúrsa, gluaiseacht, gníomhú, etc. G *FI*; D *parallel* ; F. *parallel* ; F *parallèle* ; L *parallelus*.

parailéalacht, *a.b.* Cáilíocht na réaltachtaí parailéalacha. D *Parallelismus*, *Parallelität* ; E *parallelism*; F *parallélisme* ; L *parallelismus*.

paraiméadar, *a.f.* Eilimint a d'athródh an réiteach a gheofaí ar fhadhb nó an t-eolas a chuirfí ar oibíocht, ach nach n-athródh nádúr na faidhbe ná na hoibíochta. D *Parameter* ; E *parameter* ; F *paramètre* ; L *parameter*.

paraintéis, *a.b.* Cur i bp. San eiseachas, fágáil fadhbanna áirithe as áireamh. D *Einklammerung*; F *mettre entre parenthèses*.

paranáia, *a.f.* Galar intinne nach gcuirfeadh isteach ar an gcumas feasa intleachtúil ná céadfaíoch, ach a bhainfeadh le tuairimíocht a bheadh ar éidreoir (*m.sh.* máine géirleanúna). G *FI* ; D *Paranoia*; E *paranoia* ; F *paranoïa* ; L *paranoia*.

paranáíoch, *aid.* Ag baint le paranáia. D *paranoisch*; E *paranoic*; F *paranoïaque*; L *paranoicus*.

paraimnéise, *a.b.* Tuairim earráideach a mheas gur ionann aireachtáil amháin le haireachtáil cosúil leis a tharla cheana, sa gcaoi go gceapfaí go bhfuarthas an aireachtáil is déanaí cheana ; staid ghalrach nuair a dhearmadtar ciall cheart na bhfocal. G *FI* ; D *Paramnesie* ; E *paramnesia* ; F *paramnésie* ; L *paramnesia*.

parlaiminteachas, *a.f.* Córas polaitíochta a roinnfeadh an chumhacht idir parlaimint a reachtódh agus rialtas (faoi smacht na parlaiminte) a d'fheidhmeodh na dlíthe. D *Parlamentarismus*; E *parliamentarianism*; F *parlementarisme* ; L *parlementarismus*.

peaca, *a.f.* Gníomh daonna olc ; cur in agaidh dlí Dé go comhfhiosach saor le smaoineamh, le briathar, le gníomh nó le faillí. G *Dinn.* ; D *Sünde* ; E *sin* ; F *péché* ; L *peccatum*

peannaideach, *aid.* Ag baint le pionós (*m.sh.* dlí peannaideach, péindlí, a cheanglódh de bhrí an phionóis a ghabhfadh lena bhriseadh). G *cf. Dinn.*; D *Straf-* ; E *penal* ; F *pénal*; L *poenalis*.

pearsa, *a.b.* Substaint indibhidiúil le nádúr réasúnach. G *Desid.*, *Dinn.*; D *Person* ; E *person* ; F *personne* ; L *persona*.

pearsa fhisiciúil (*persona physica*), 1. Duine. 2. Corp an duine agus a mhaoin ábhartha.

pearsa mhorálta (*persona moralis*), 1. Sochaí ar bith sa mhéid go mbeadh cearta aige. 2. Gach maith spioradálta (*m.sh.* cáil) a bhainfeadh leis an duine agus a bheadh mar bhun lena fhiúntas daonna.

pearsa shibhialta (*persona civilis*), duine nó dream le cearta agus dualgais a d'aithneofaí os comhair an dlí.

pearsanta, *aid.* Ag baint le pearsa. G *Dinn.*, *W*, D *persönlich*; E *personal*; F *personnel* ; L *personalis*.

pearsantachas, *a.f.* Teagasc a ghlacfadh gur fiúntas bunúsach í an phearsantacht dhaonna. D *Personalismus* ; E *personalism* ; F *personnalisme* ; L *personalismus*.

pearsantacht, *a.b.* Cáilíocht na réaltachta go mba phearsa í. G *Dinn.* ; D *Personalität*, *persönlichkeit* ; E *personality* ; F *personnalité* ; L *personalitas*.

pearsantaí, *a.f.* Duine a ghlacfadh le pearsantachas. D *Personalist* ; E *personalist* ; F *personnaliste* ; L *personalista*.

pearsantaíoch, *aid.* Ag baint le pearsantachas. D *personalistisch*; E *personalistic*; F *personnaliste* ; L *personalisticus*.

pearsantú, *a.br.* (pearsantaím). Breathnú ar réaltacht neamhphearsanta amhail agus dá mbeadh pearsantacht aici. D *personifizieren*; E *personify*; F *personnifier*; L *personificare*.

pearsanú, *a.br.* (pearsanaím). Dul i riocht agus in ainm duine eile. D *jemandes*

Rolle spielen ; E *personate* ; F *jouer le rôle de quelqu'un* ; L *personam alicuius gerere.*

péideolaíocht, *a.b.* Staidéar ar pháistí ó thaobh na síceolaíochta agus na fiseolaíochta. D *Pädologie*; E *paidology*; F *pédologie* ; L *paedologia.*

péire, *a.b.* Dhá cheann a ghabhfadh le chéile. G *Dinn.* ; D *Paar* ; E *pair* ; F *paire* ; L *par.*

peiripitéatach, *aid.* Ag baint le scoil fhealsúnach Arastatail. *a.f.* Duine a bhainfeadh leis an scoil sin. D *peripatetisch (Peripatetiker)* ; E *peripatetic* ; F *péripatétique* ; L *peripateticus.*

peirspictíochas, *a.f.* An tuairim go mbraitheann gach fios ar riachtanais bheatha an fheasaí *(cf.* Nietzsche). D *Perspektivismus* ; E *perspectivism* ; F *perspectivisme* ; L *perspectivismus.*

pian, *a.b.* An mothú deimhneach a leanann de ghortú, de chur isteach ar, de bhac, na gcumas corpartha. D *Schmerz* ; E *pain* ; F *douleur* ; L *dolor.*

pigmí, *a.f.* Duine de chine áirithe Aifriceánach nach mbíonn níos airde ná ceithre nó cúig de throithe nuair a bhíonn sé lánfhásta. G *Eit.* ; D *Pygmäe* ; E *pygmy* ; F *pygmée* ; L *pygmaeus.*

pionós, *a.f.* Olc a d'fhulaingeodh duine de dheasca oilc a chuirfí in a leith *(m.sh.* peannaid toisc dlí a shárú). G *Dinn.* ; D *Strafe* ; E *punishment* ; F *peine, punition* ; L *punitio.*

pionósach, *aid.* Ag baint le pionós, le pionós a chur. D *Straf-* ; E *punitive, punitory* ; F *punitif* ; L *punitivus.*

pionósú, *a.br.* (pionósaím). Pionós a chur ar dhuine. G *Dinn.* ; D *strafen* ; E *punish* ; F *punir* ; L *punire.*

pioramáine, *a.b.* Claonadh galrach rudaí a chur trí thine. D *Pyromanie*; E *pyromania* ; F *pyromanie* ; L *pyromania.*

pioróideachas, *a.f.* Athfhriotal focail gan tuiscint ; plé le focail agus gan tuiscint bheith á fháil ar na hidéithe a bheadh á gcur in iúl leo. D *Psittazismus* ; E *psittacism* ; F *psittacisme* ; L *psittacismus.*

Piorróineachas, *a.f.* Córas fealsúnachta a bhunaigh Phyrrho as Eilis (t. 365—t. 275), a bhunaigh an chéad scoil sceipteachais imeasc na nGréigeach. D *Pyrrhonismus* ; E *Pyrrhonism* ; F *pyrrhonisme* ; L *Pyrrhonismus.*

plandúil, *aid.* Ag baint le beatha nach mbeadh céadfaíocht ná réasún i gceist inti .i. an bheatha phlandúil.

G *BP* ; D *vegetativ* ; E *vegetable* ; F *végétable* ; L *vegetabilis.*

plean, *a.f.* Cóiriú, cuspóir socraithe. G *MC* ; D *Entwurf, Plan* ; E *design, plan* ; F *dessin, plan* ; L *designatio.*

pléisiúr, *a.f.* Taitneamh céadfaíoch nó mothúchánach. G *AEN, Dinn.* ; D *Lust, Vergnügen* ; E *pleasure* ; F *plaisir* ; L *voluptas.*

plútacrátas, *a.f.* Córas sóisialta a d'fhágfadh an chumhacht ag lucht saibhris. D *Geldherrschaft, Plutokratie*; E *plutocracy* ; F *plutocratie*; L *plutocratia.*

pointe, *a.f.* **1.** Rinn ghéar. **2.** Ionad nó céim no ócáid faoi leith sa spás, i dtomhas, nó i sraith tárluithe, etc. G *Dinn.* ; D *Punkt* ; E *point* ; F 1. *pointe,* 2. *point* ; L *punctum.*

polagamach, *aid.* Ag baint le polagamas. D *polygamisch* ; E *polygamous*; F *polygame* ; L *polygamus.*

polagamas, *a.b.* Staid nó coras in a mbeadh níos mó ná fear céile nó bean chéile amháin ag duine. D *Polygamie* ; E *polygamy* ; F *polygamie* ; L *polygamia.*

polaiteolaíocht, *a.b.* Staidéar ar nádúr agus ar fheidhmeanna an stáit. D *Politik* ; E *political science, politics*; F *science politique, politique*; L *politica.*

polaitíocht, *a.b.* Cleachtadh na slite chun teacht nó fanacht i seilbh na cumhachta i stát. G *MC, cf. AEN, TF*; D *Politik*; E *politics*; F *politique* ; L *disciplina rei publicis.*

polaitiúil, *aid.* Ag baint leis an stát, le polaitíocht. G *MC* ; D *politisch* ; E *political* ; F *politique*; L *politicus.*

polandrach, *aid.* Ag baint le polandras. D *polyandrisch* ; E *polyandrous* ; F *polyandre* ; L *polyander.*

polandras, *a.b.* Staid nó córas in a mbeadh níos mó ná fear céile amháin ag an duine amháin. D *Polyandrie*; E *polyandry* ; F *polyandrie* ; L *polyandria.*

polasaí, *a.f.* Plean gníomhaíochta. D *Vorgehen*; E *policy* ; F *ligne de conduite* ; L *ratio.*

posaitíbheach, *aid.* Curtha ar bun de bharr gníomh tola ag Dia nó ag duine *(m.sh.* dlí, seachas an dlí nádúrtha) ; bunaithe ar fhioras *(m.sh.* eolas, seachas an mhéid a gheofaí le hargóint i dtaobh nádúr na nithe a bheadh i gceist). G *FI positiv* ; D *positiv* ; E *positive* ; F *positif* ; L *positivus.*

posaitíbheachas, *a.f.* **1.** Teagasc Auguste Comte, (1798–1857) idir fhealsúnacht agus reiligiún. **2.** Moladh an eolaíocht a bhunú ar an ngaol·buan a bheadh idir réaltachtaí a lorg, in ionad bheith ag trácht ar a nádúr iontu féin, etc. **3.** Agnóiseachas. **4.** Teagasc á rá nach bhfuil aon bhaint idir an dlí agus an t-ord morálta, nó nach bhfuil aon ord morálta ann chor ar bith taobh amuigh den mhéid a leagtar síos le dlí. G *cf. Eit.* D *Positivismus;* E *positivism* ; F *positivisme* ; L *positivismus.*

posaitíbhí, *a.f.* Duine a ghlacfadh le posaitíbheachas. D *Positivist* ; E *positivist* ; F *positiviste* ; L *positivista.*

posaitíbhíoch, *aid.* Ag baint leis an bposaitíbheachas. D *positivistisch* ; E *positivistic* ; F *positiviste* ; L *positivisticus.*

praghas, *a.f.* An mhéid d'éileofaí ar rud a bheadh ar díol. G *Dinn.* ; D *Preis* ; E *price* ; F *prix* ; L *pretium.*

pragmatachas, *a.f.* An teagasc adeir go bhfuil fiúntas agus fírinne na smaointe le meas de réir na dtorthaí a leanfadh díobh. D *Pragmatismus* ; E *pragmatism* ; F *pragmatisme;* L *pragmatismus.*

pragmataí, *a.f.* Duine a ghlacfadh le pragmatachas. D *Pragmatist;* E *pragmatist* ; F *pragmatiste* ; L *pragmatista.*

praiticiúil, *aid.* Ag baint le gníomhú agus úsáideacht. G *cf. TF;* D *praktisch;* E *practical;* F *pratique;* L *practicus.*

preideacháid, *a.b.* I dtairiscint loighciúil, an téarma a léireodh pé fios a dhearbhófaí nó a séanfaí mar gheall ar an rud dá dtagródh an tsuibíocht, G *MC, TF;* D *Prädikat* ; E *predicate* ; F *prédicat* ; L *praedicatum.*

preideacháideach, *aid.* Ag baint le preideacháid. D *prädikativ;* E *predicative* ; F *prédicatif* ; L *praedicativus.*

preideacháideadh, *a.br.* (preideacháidim ar). Dearbhú (nó séanadh) go bhfuil pé fios a luafaí sa bpreideacháid i dtairiscint ionann, i bpáirt, leis an rud dá dtagródh an tsuibíocht. G *cf. TF;* D *prädizieren;* E *predicate;* F *attribuer;* L *praedicare.*

príomh-, príomha, *aid.* I dtosach in ord tábhachta, etc. G *Dinn.* ; D *prinzipiell;* E *principal* ; F *principal* ; L *principalis.*

príomhaíocht, *a.b.* Cáilíocht na réaltachta a bheadh chun tosaigh in ord na cumhachta, an fhiúntais, etc. G *cf. Dinn.* ; D *Primat, Vorrang* ; E *primacy* ; F *primauté* ; L *primatus.*

príomhúil, *aid.* I dtosach maidir le ham, bunú, ord réaltachta, ord smaoinimh, etc. (*contr.* tánaisteach). G *MC* ;

D *primär* ; E *prime, primary;* F *primaire* ; L *primus, primarius.*

prionsabal, *a.f.* An mhéid as a dtiocfadh nó ar a mbraithfeadh réaltacht ar chaoi ar bith. G *MC, TF;* D *Grund, Grundsatz, Prinzip* ; E *principle* ; F *principe* ; L *principium.*

prionsabal loighciúil (*principium logicum*), dlí bunúsach smaoinimh, bunaithe ar nádúr na réaltachta (*m.sh.* prionsabal loighciúil an ionannais: I ngach breithiúnas ceart is ionann an phreideacháid leis an suibíocht; prionsabal an neamh-fhrithrá: ní féidir an phreideacháid chéanna a dhearbhú agus a shéanadh i dtaobh na suibíochta céanna ; prionsabal an mheáin eisiata : níl aon mheán idir dearbhú agus séanadh.

prionsabal meitifisiciúil (*principium metaphysicum*), nó **prionsabal onteolaíoch** (*principium ontologicum*) fírinne bhunúsach mar gheall ar nádúr na beithe (*m.sh.* prionsabal an ionannais : Is ann don uile ní atá, nó is beith í an bheith ; prionsabal an neamh-fhrithrá: ní neamhbheith aon bheith ; prionsabal an mheáin eisiata : níl aon ní idir an bheith agus an neamhbheith).

prionsabal morálta (*principium morale*), bunfhírinne mar gheall ar ord na gníomhaíochta daonna (*m.sh.* déantar maith, ná déantar olc).

próiseas, *a.f.* Sraith d'fheiniméin in ord mar iomlán ; rian gníomhaithe. G *MC;* D *Prozess* ; F *process;* F *procédé* ; L *processus.*

prólatáireach, *aid.* Ag baint leis an aicme a thuilleann a mbeatha ar fad nach mór lena gcuid oibre. *a.f.* Duine nach mbeadh aige mar chothú ach an mhéid a thuillfeadh sé lena chuid oibre. D *proletarisch, Proletarier;* E *proletarian* ; F *prolétaire* ; L *proletarius.*

prólatáireacht, *a.b.* Aicme na bprólatáireach. D *Proletariat* ; E *proletariate* ; F *prolétariat* ; L *proletarii.*

promhadh, *a.f.* Scrúdú lena dhéanamh amach an bhfuil bunús le dearbhú, nó an ndearnadh gnó mar ba chóir, etc. G *Dinn.* ; D *Kontrolle* ; E *check, verification* ; F *vérification* ; L *verificatio.*

prótanóipe, *a.b.* Dathdhaille neamhiomlán: dearg agus uaithne a bheith á meascadh, éagumas an dearg is treise sa speictream a chéadfú ; Daltúnachas. D *Protanopie* ; E *protanopia;* F *protanopie* ; L *protanopia.*

rachmasaí, *a.f.* Úineir rachmais. D *Kapitalist*; E *capitalist*; F *capitaliste*: *L capitalista.*

rachmasaíoch, *aid.* Ag baint le rachmasaíocht. D *kapitalistisch*; E *capitalist*; F *capitaliste*; L *capitalisticus.*

rachmasaíocht, *a.f.* Córas sóisialta a cheadódh go mbeadh úinéirí príomháideacha ar shaibhreas gurbh fhéidir é úsáid le breis saibhris a thuilleamh (trína thaisceadh nó trína úsáid); uaireanta, córas dá leithéid sin agus gan aon tsrian a bheith le méadú ná le húsáid an rachmais. D *Kapitalismus*; E *capitalism*; F *capitalisme*; L *capitalismus.*

radharc, *a.f.* Feidhm na feiceála (céadfaíoch agus intleachta) G *Dinn.*; D *Anschauung, Sehen*; E *sight, vision*; F *vision*; L *visio.*

An Radharc Beannaitheach (*Visio Beatifica*), radharc ar Dhia, a sholáthródh sásamh iomlán buan don té a gheofadh.

radharcach, *aid.* Ag baint le céadfa an radhairc. G *cf. Dinn.*; D *visuell*; E *visual*; F *visuel*; L *visualis.*

ráiteas, *a.f.* Téarma ginearálta ar gach cineál tairiscinte, hipitéise, deachta, etc. D *Aussage*; E *enunciation*; F *éconcé, énonciation*; L *enunciatio.*

rámhaillí, *a.b.* Staid shealadach intleachta le meascadh mór idéithe, agus gan aon bhunús réalta leo go minic. G *Dinn.*; D *Delirium*; E *delirium*; F *délire*; L *delirium.*

rang, *a.f.* Uimhir réaltachtaí dá dtógáil le chéile mar chnuasach iomlán le tréithe i gcoiteannas acu. G *Dinn.*; D *Klasse*; E *class*; F *classe*; L *classis.*

rangú, *a.br.* (rangaím). **1.** Rudaí a shocrú in ord ranga, i leith a chéile i gcóras. G *MC*; D *klassifizieren*; E *classify*; F *classifier*; L *classificare*. **2.** Ord ranganna maidir le cineál rudaí (*m.sh.* nithe beo). G *MC*; D *Einteilung, Anordnung, Klassifikation*; E *classification*; F *classification*; L *classificatio.*

rangú nádúrtha (*classificatio naturalis*) ord de réir eisinte go réalta.

rangú saorga (*classificatio artificialis*), ord de réir cáilíochtaí a thoghfaí de réir tola (*m.sh.* ar son áisiúlachta) níos mó ná de réir tábhacht réalta na gcáilíochtaí.

rannpháirteach, *aid.* Ag baint le rannpháirtiú; ag rannpháirtiú. *a.f.* Duine a bheadh ag rannpháirtiú. G *Dinn.* W; D *partizipierend, Partizipant, Teilhaber, Teilnehmer*; E *participant*; F *participant*; L *participans.*

rannpháirtiú, *a.br.* (rannpháirtím) Sealbhú a dhéanfadh réaltacht iomlán ar an bhfoirfeacht ba dhual di féin nuair nárbh ionann an mhéid sin foirfeachta agus an uile fhoirfeacht den chineál céanna (*m.sh.* beith amháin imeasc na mbeitheanna eile go léir). G *Dinn.*, W; D *partizipieren. teilhaben, teilnehmen*; E *participate*; F *participer*; L *participare.*

rannpháirtiúlacht, *a.b.* Cáilíocht an chórais a mbeadh na baill ann trí rannpháirtiú. G *Dinn.*; D *Partizipierung, Teilhabe, Teilnahme*; E *participation*; F *participation*; L *participatio.*

rathúnachas, *a.f.* Flúirse bheith ar fáil chun riachtanais na ndaoine a shásamh. G *Dinn.*; D *Wohlstand*; E *prosperity*; F *prospérité*; L *prosperitas.*

reachtú, *a.br.* (reachtaím). Déanamh dlíthe. G *Dinn.*; D *Gesetze geben*, E *legislate*; F *légiférer*; L *leges dare.*

réadachas, *a.f.* Claonadh a cheapadh gur rudaí coincréiteacha gach uile réaltacht. F *chosisme.*

réadú, *a.br.* (réadaím). Ceapadh go mba rudaí coincréiteacha na réaltachtaí teibí. D *verdinglichen*; E *reify*; F *réifier*; L *reificare.*

réaduchtú, *a.br.* (réaduchtaím). Fáltais, ráitis, a chur i bhfoirm níos sásúla ó thaobh na loighce (*m.sh.* i bhfoirm shiollóige den chéad fhíor). G *FI redukt*; D *reduzieren* (*Reduktion*); E *reduce* (*reduction*); F *réduire* (*réduction*); L *reducere* (*reductio*).

réalachas, *a.f.* Teagasc adéarfadh go bhfuil réaltacht dá gcuid féin ag na coincheapaí agus go bhfaightear iad ón eispéiriú (*contr.* ainmneachas); teagasc adéarfadh go bhfuil domhan réalta ann idirdhealaithe ó shuibíochtaí an fheasa (*contr.* idéalachas); teoiric a mheasfadh gur cheart go mba aithris bheacht an ealaín ar nithe mar atá siad. D *Realismus*; E *realism*; F *réalisme*; L *realismus.*

réalaí, *a.f.* Duine a ghlacfadh leis an réalachas. D *Realist*; E *realist*; F *réaliste*; L *realista.*

réalaíoch, *aid.* Ag baint leis an réalachas. D *realistisch*; E *realistic*; F *réalistique*; L *realisticus.*

réalta, *aid.* Le cáilíocht an mhéid atá ann. G *P,W*; D *real*; E *real*; F *réel*; L *realis.*

réaltacht, *a.b.* **1.** Cáilíocht an mhéid a bheadh réalta. **2.** Na nithe réalta go léir le chéile. **3.** Aon rud réalta ar bith. G *W*; D *Realität*; E *reality*; F *réalité*; L *realitas.*

réamhbhunaithe, *aid. bhr.* Curtha ar bun roimhré. D *prästabiliert*; E *preestablished*; F *préétabli*; L *praestabilitus.*

réamhchinntiú, *a.br.* Cinntiú roimhré (*m.sh.* gach a bhainfeadh le duine san am le teacht a bheith socraithe cheana ag Dia). D *vorherbestimmen*; E *predetermine*; F *prédéterminer*; L *praedeterminare*.

réamhchlaonadh, *a.f.* Breithiúnas nó tuairim anobann, gan leorscrúdú, gan bheith de réir fíorais an cháis féin. D *Vorurteil* ; E *prejudice* ; F *préjugé*; L *praejudicium*.

réamhchomhfhios, *a.f.* De réir Freud, an chuid den neamhchomhfhios a d'fhéadfadh éirí comhfhiosach. D *Vorbewusstsein* ; E *foreconscious, preconscious* ; F *préconscient* ; L *praeconscientia*.

réamhchorraí fisiciúil. De réir teagaisc áirithe, an réamhchinntiú faoi leith a dhéanfadh Dia ar an uile ní. E *physical premotion*; F *prémotion physique* ; L *praemotio physica*.

réamheolaíocht, *a.b.* Staidéar a bheadh riachtanach mar ullmhú d'eolaíocht (*m.sh.* an loighic mar ullmhú don fhealsúnacht). D *Propädeutik*; E *propaedeutic* ; F *propédeutique*; L *propaedeutica*.

réamhfhios, *a.f.* Fios roimhré (*m.sh.* an t-eolas atá ag Dia ar an uile réaltacht atá le teacht). D *Voraussicht, Vorherwissen* ; E *foreknowledge* ; F *prescience*; L *praescientia*.

réamhfhoirmiú, *a.f.* Forás orgáin nó cáilíochtaí de réir treoir a bheadh cheana sa mbitheog. D *Präformation* ; E *preformation* ; F *préformation* ; L *praeformatio*.

réamhghabháil, *a.b.* De réir na stóch, smaoineamh ginearálta a dhéanfaí go spontáineach de bharr spreagadh aonraic ; ginearálú anobann. D *Antizipation*; E *anticipation*; F *anticipation* ; L *anticipatio*

réamhghlacadh réitigh. Argóint a bheadh bunaithe ar an méid a bheadh le cruthú léi. D *Voraussetzung des zu Beweisenden, Petitio Principii*; E *petition of principle* ; F *pétition de principe* ; L *petitio principii*.

réamhleagan, *a.br.* (reamhleagaim) Glacadh mar bhunús argóna. D *vorausschicken* ; E *premise* ; F *poser des prémisses*; L *praemittere. a.f.* Ceann den dá thairiscint ar a mbunófaí an chonclúid i siollóg (*m.sh*, ceachtar den chéad dá abairt díobh seo: Mairfidh an rud a bhfuil fás faoi ; tá fás faoin nGaeilge ; dá bhrí sin mairfidh an Ghaeilge). D *Prämisse, Vordersatz* ; E *premise, premiss* ; F *prémisse* ; L *praemissa*.

réamhleagan mion (*praemissa minor*) nó **mionleagan** (*minor*), an tairiscint i siollóg a mbeadh an foirceann mion inti .i. suibíocht na conclúide.

réamhleagan mór (*praemissa major*) nó **mórleagan** (*major*), an tairiscint i siollóg a mbeadh an foirceann mór inti .i. preideacháid na conclúide.

réamhordú, *a.f.* Réamhchinntiú i leith cinniúna áirithe, i leith an tslánaithe. D *Prädestination*; E *predestination* ; F *prédestination* ; L *praedestinatio*.

réamhtheacht, *a.f.* An gaol a bheadh ag an rud a thiocfadh chun tosaigh leis an rud a thiocfadh i ndiaidh. G *Dinn*. ; D *Priorität* ; E *anteriority*; F *antériorité* ; L *anterioritas*.

réamhtheachtach, *aid.* Ag teacht roimhré (*m.sh.* coinníoll le feiniméan, réamhleagan i siollóg, etc.). G *Dinn.* ; D *vorhergehend, vorig* ; E *antecedent, anterior, prior* ; F *antécédent, antérieur* ; L *antecedens, anterior*.

réamhtheachtaí, *a.f.* An réaltacht a thiocfadh chun tosaigh ar réaltacht eile. G *Dinn.* ; D *Antezedens* ; E *antecedent*; F *antécédent* ; L *antecedens*.

réasún, *a.f.* **1.** An cumas réasúnaithe, breithiúnais a bhaint amach de bhreithiúnais eile ; cumas smaoinimh nádúrtha an duine (seachas creideamh sa bhFoilsiú, etc.) ; Kant : acmhainn na bprionsabal. **2.** An mhéid a d'fhágfadh réaltacht inghlactha ag an intleacht. G *Dinn. P,W* ; D 1. *Vernunft, Verstand.* 2. *Grund* ; E *reason* ; F *raison* ; L *ratio*.

réasún glan (*ratio pura*), de réir Kant b'í seo feidhm *a priori* an smaoinimh, nach mbeadh ag brath ar an eispéiriú.

réasún praiticiúil (*ratio practica*), an réasún sa mhéid go mbeadh sé ag díriú chun gníomhaíochta (seachas bheith ag plé le tuiscint go lom).

réasún spéacláireach (*ratio speculativa*) nó **réasún teoiriciúil** (*ratio theoretica*), an réasún sa mhéid go mbeadh sé ag plé le smaointe go lom, gan beann ar ghníomhaíocht.

réasúnach, *aid.* Ag baint leis an réasún, le réasún. D *rational* ; E *rational* ; F *rationnel* ; L *rationalis*.

réasúnachas, *a.f.* **1.** Teagasc a dhearbhódh cumas an réasúin chun an fhírinne a bhaint amach (*contr.* sceipteachas), nó an fhírinne a bheith intuigthe le coincheapaí (*contr.* eimpíreachas), nó an fhírinne a bheith ag brath ar an réasún *a priori* (.i. réasúnachas Kant, *contr.* intleachtúlachas), nó an fhírinne a bheith ar fáil de réir caighdeán an réasúin (*contr.* fidéachas, misteachas, pragmatachas, traidisiúnachas). **2.** Gan glacadh le fírinne ar bith seachas an mhéid dob fhéidir a dhéanamh amach le réasún an duine. D *Rationalismus* ; E *rationalism* ; F *rationalisme* ; L *rationalismus*.

réasúnacht, *a.b.* Cáilíocht na beithe réasúnaí. D *Rationalität* ; E *rationality;* F *rationalité* ; L *rationalitas.*

réasúnadh, *a.br.* (réasúnaim). **1.** An cumas smaoinimh a oibriú ag baint breithiúnais as breithiúnais eile. G *cf. Dinn.;* D *schliessen, die Vernunft gebrauchen* ; E *ratiocinate, reason;* F *raisonner* ; L *ratiocinare.* **2.** Próiseas le breithiúnas a bhaint as breithiúnais eile. D *Dinn.;* D *Schliessen* ; E *reasoning;* F *raisonnement* ; L *ratiocinatio.*

réasúnaí, *a.f.* Duine a ghlacfadh leis an réasúnachas. G *Dinn.* ; D *Rationalist* ; E *rationalist* ; F *rationaliste* ; L *rationalista.*

réasúnaíoch, *aid.* Ag baint leis an réasúnachas. D *rationalistisch;* E *rationalistic* ; F *rationaliste* ; L *rationalisticus.*

réasúnta, *aid.* Ag luí le réasún, ciallmhar, measartha. G *Dinn.* ; D *vernünftig* ; E *reasonable* ; F *raisonnable;* L *rationabilis.*

réasúntacht, *a.b.* Cáilíocht na réaltachta réasúnta. G *Dinn.* ; D *Vernünftigkeit* ; E *reasonableness* ; F *raison;* L *rationabilitas.*

reifreann, *a.f.* Cur faoi bhráid an phobail. G *T* ; D *Referendum* ; E *referendum* ; F *référendum* ; L *referendum.*

reiligiún, *a.f.* Eolas de réir creidimh nó réasúin go bhfuil an duine ag brath ar réaltachtaí níos airde ná é féin, ar Dhia nó ar dhéithe, maille le mothaithe agus cleachtaithe dá réir. D *Religion* ; E *religion* : F *religion* ; L *religio.*

reiligiúnach, *aid.* Ag baint le reiligiún. D *religiös* ; E *religious* ; F *religieux* ; L *religiosus.*

réimeas, *a.f.* Staid an té a bheadh in uachtar ag rialú, córas faoi phrionsabal amháin (*m.sh.* " réimeas na gcríoch " ag Kant). G *Dinn.* ; D *Herrschaft, Reich* ; E *reign* ; F *règne;* L *regnum.*

réimse, *a.b.* Achar cuí feidhmithe. G *Dinn.;* D *Feld, Umfang* ; E *field, scope, range* ; F *champ, portée* ; L *scopus.*

réiteach, *a.br.* (réitím le). Teacht go cuí le (caighdeán, etc.) G *Dinn.* ; D *sich richten nach* ; E *agree with, conform to* ; F *être conforme à, être d'accord avec, s'accorder avec* ; L *convenire.* *a.f.* Scaoileadh faidhbe, freagra ceiste. G *Dinn.;* D *Lösung;* E *solution;* F *solution* ; L *solutio.*

rémhíleachas, *a.f.* Teagasc a gheallfadh teacht ré shonais, le smachtú an oilc, mar a tuigeadh as an Apacailips. D *Milleniumslehre* ; E *millenarianism* ; F *doctrine millénaire* ; L *millenarianismus.*

riachtanach, *aid.* Nach bhféadfadh gan bheith (*contr.* teagmhasach) ; nach bhféadfadh gan bheith dá mbeadh coinníollacha áirithe ar fáil ; mar dhualgas morálta. G *Dinn., P* ; D *notwendig* ; E *necessary;* F *nécessaire;* L *necessarius.*

riachtanas, *a.f.* Cáilíocht an mhéid a bheadh riachtanach ; réaltacht riachtanach. G *Dinn.* ; D *Notwendigkeit;* E *necessity* ; F *nécessité;* L *necessitas.*

riail, *a.b.* Foirmle mar threoir do ghníomhaíocht. G *Dinn.* ; D *Regel* ; E *rule* ; F *règle* ; L *regula.*

rialta, *aid.* De réir rialach. G *W;* D *regelmässig* ; E *regular* ; F *régulier* ; L *regularis.*

rialtacht, *a.b.* Cáilíocht na réaltachta rialta. G *Dinn.* ; D *Regelmässigkeit* ; E *regularity* ; F *régularité;* L *regularitas.*

rialtas, *a.f.* Orgán stáit a stiúrfadh an pobal chun an leasa choitinn. G *Dinn.;* D *Regierung;* E *government;* F *gouvernement* ; L *gubernatio.*

rialú, *a.br.* (rialaím). Stiúradh chun críche trí rialacha nó dlíthe a chur i bhfeidhm. G *Dinn.* ; D *regieren* ; E *govern, rule* ; F *gouverner* ; L *gubernare, moderare.*

rianúil, *aid.* De réir modha (*q.v.*). G *Dinn.;* D *methodisch* ; E *methodic, methodical* ; F *méthodique* ; L *methodicus.*

rinnfheitheamh, *a.br.* (rinnfheithim). Díriú na hintinne ar oibíocht gan aon chuspóir eile ach chun sásamh a bhaint as í bheith i láthair, agus chun níos mó eolais a chur uirthi. G *O'NL* ; D *beschauen, kontemplieren;* E *contemplate* ; F *contempler;* L *contemplari.*

rinnfheitheamhach, *aid.* Ag baint leis an rinnfheitheamh. D *beschaulich, kontemplativ* ; E *contemplative;* F *contemplatif;* L *contemplativus.*

rithim, *a.b.* Gluaiseacht le rialtacht agus armóin inti maidir le strus, aiceann, béim, fuaim, imeacht, etc. G *T* ; D *Rhythmus* ; E *rhythm* ; F *rythme* ; L *rhythmus.*

rithimeach, *aid.* Ag baint le rithim. D *rhythmisch;* E *rhythmic;* F *rythmique;* L *rhythmicus.*

rogha, *a.b.* Glacadh na tola le ceann amháin as níos mó ná aon oibíocht amháin a bheadh leagtha roimpi. G *Dinn.* ; D *Wahl;* E *choice, option* ; F *choix, option* ; L *optio.*

roinn, *a.b.* Cuid de réaltacht (de dheasca roinnt na réaltachta). D *Teil;* E *division;* F *division* ; L *divisio.*

roinnt, *a.br.* (roinnim). Iomláine éigin a dháileadh i gcodanna. G *Dinn., W;* D *einteilen* ; E *divide* ; F *diviser;* L *dividere.*

rómánsachas, *a.f.* Claonadh fealsúnach (deireadh 18ú céad agus tosach 19ú céad) chun tús áite a thabhairt don imfhios, don spontáineacht, don bheatha, etc. D *Romantizismus*; E *romanticism*; F *romantisme*; L *ro-manticismus.*

rud, *a.f.* Réaltacht ar bith go bhféadfaí smaoineamh uirthi, seachas prionsabal beithe, nó tarlú, nó pearsa. G *Dinn.*; D *Ding, Sache*; E *thing*; F *chose*; L *res.*

---

sábháilte. *aid.* Saor ó chontúirt. G *Dinn.*; D *sicher*; E *safe*; F *sauf, sûr*; L *tutus.*

sábháilteachas, *a.f.* An teagasc adéarfadh nárbh fhéidir glacadh le barúil a cheadódh saoirse ghníomhaíochta in ionad ceangal dlí nó oibleagáide mura mbeadh an bharúil sin cinnte nó ar a laghad sárdhóchúil. D *Tutiorismus*; E *tutiorism*; F *tutiorisme*; L *tutiorismus.*

sádachas, *a.f.* Staid mínormálta ina mbeadh spreagadh chun pléisiúr collaí a bhaint as pian a chur ar dhaoine eile. D *sadismus*; E *sadism*; F *sadisme*; L *sadismus.*

saibhreacht, *a.b.* Staid an duine a mbeadh saibhreas aige. G *Dinn.*; D *Reichtum*; E *richness*; F *richesse*; L *divitiae.*

saibhreas, *a.f.* Nithe go mbeadh fiúntas eacnamaíochta leo; D *Reichtum*; E *riches*; F *richesse*; L *divitiae.*

saineisceadh, *a.br.* (saineiscim). Réaltacht éigin a fhágáil d'aonghnó taobh amuigh den mhéid a dtabharfaí aire dhó. (*m.sh.* dreach, éigin de choincheap). D *absehen von*; E *prescind from*; L *praescindere.*

sainiú, *a.br.* (sainím). Rud a chinntiú, a shociú ina ghné áirithe féin. D *spezifizieren*; E *specify*; F *spécifier*; L *specificare.*

sáinn, *a.b.* Fadhb loighce dhoscaoilte. G *Dinn.*; D *Aporie*; E *aporia*; F *aporie*; L *aporia.*.

sainordú, *a.f.* Éileamh údarásach; treoir dhlíthiúil d'oifigeach cúirte ordú a chomhlíonadh; duine a thabhairt údaráis do dhuine nó do dhaoine eile gníomhú ar a shon nó in a ainm. G *TDlí.*; D *Erlass, Mandat*; E *mandate*; F *mandat*; L *mandatum.*

sainráite, *aid.* Tugtha amach go díreach, soiléir, gan bheith impleachtaithe (*m.sh.* cead ó uachtarán). G *TDlí.*; D *ausdrücklich*; E *express*; F *exprés*; L *expressus.*

saint, *a.b.* Grá mírialta do mhaoin shaolta. G *Dinn.*; D *Habsucht, Geiz*; E *avarice, covetousness*; F *avarice, convoitise, cupidité*; L *avaritia.*

saintréith, *a.b.* Eilimint sách feiceálach leis an réaltacht a mbainfeadh sí léi a idirdhealú ó réaltachtaí eile. G *cf. MC.*; D *Charakteristikum, Kenn-zeichen, Merkmal*; E *characteristic*; F *charactéristique*; L *characteristicum.*

samhlú, *a.br.* (samhlaím). Íomhá (*q.v.*) a thabhairt os comhair an chomhfheasa. G *Dinn.*; D *sich einbilden*; E *imagine*; F *imaginer*; L *imaginari.* •

saobhadh, *a.f.* Staid na réaltachta a bheadh mínormálta (*m.sh.* i gcás phléisiúra collaí, etc.). G *Dinn.*; D *Perversion*; E *perversion*; F *perversion*; L *perversio.*

saoirse, *a.b.* Easpa gach comhéignithe istigh agus amuigh (*m.sh.* ó riachtanas na mianta a shásamh, ó fhórsa, etc.) G *Dinn.*; D *Freiheit*; E *freedom, liberty*; F *liberté*; L *libertas.*

  saoirse choinsiasa (*libertas conscientiae*), cead gníomhú go seachtrach de réir an choinsiasa, go háirithe i gcúrsaí reiligiúin.

  saoirse chontrárthachta (*libertas contrarietatis*), cumas rogha a dhéanamh idir maith agus olc.

  saoirse fhisiciúil (*libertas physica*), saorchead a bheith ag duine imeacht timpeall, gluaiseacht.

  saoirse fhrithráiteachta (*libertas contradictionis*), saorchead a bheith ag duine gníomhú nó gan gníomhú.

  saoirse mhorálta (*libertas moralis*) nó **saoirse inmheánach** (*libertas interna*), ionann le saoirse na tola nó leis an saorthoil .i. toil nach mbeadh comhéignithe ar bhealach ar bith ach gurb í féin a chinnteodh an ghníomhaíocht (mhorálta) aici.

  saoirse pholaitiúil (*libertas politica*), cumas páirt a ghlacadh de réir an bhunreachta i rialtas an stáit.

  saoirse sheachtrach (*libertas externa*), cumas gníomhaithe gan comhéigean ón dtaobh amuigh (*m.sh.* le fórsa).

  saoirse shibhialta (*libertas civilis*), cumas gníomhú taobh istigh de dhlíthe an stáit.

  saoirse shonraithe (*libertas specificationis*), saorchead gníomhú ar an mbealach seo nó ar an mbealach siúd.

  saoirse smaoinimh (*libertas cogitationis*), saorchead na smaointe a nochtadh le briathar nó i scríbhinn.

saolta, *aid.* Ag baint leis an saol seo seachas le spioradáltacht, nó leis an reiligiún, nó leis an Eaglais. G *Dinn.*;

D *säkular, weltlich*; E *secular*;
F *séculier*; L *saecularis*.
saoltachas, *a.f.* Teagasc a mheasfadh gur
cheart iompar morálta na ndaoine
(idir phríomháideach agus phoiblí) a
bhunú ar leas an chine dhaonna gan
aird ar reiligiúin. D *Säkularismus*;
E *secularism*; F *sécularisme*; L *saecularismus.*
saoltaí, *a.f.* Duine a ghlacfadh le saoltachas. D *Säkularist*; E *secularist*;
F *séculariste*; L *saecularista.*
saoltaíoch, *aid.* Ag baint le saoltachas.
D *säkularistisch*; E *secularistic*;
F *séculariste*; L *saecularisticus.*
saonta, *aid.* Neamhchriticiúil, róshimplí.
G *cf. Dinn.*; D *naiv*; E *naïve*; F *naïf*;
L *simplex.*
saor, *aid.* **1.** Le cáilíocht na saoirse (*q.v.*).
G *Dinn.*; D *frei*; E *free*; F *libre*;
L *liber.* **2.** Ar bheagluach. G *Dinn.*;
D *billig*; E *cheap*; F *à bon marché,
de peu de valeur*; L *vilis, parvi pretii.*
saorga, *aid.* De dhéantús an duine (seachas
bheith nádúrtha). G *T*; D *artifiziell,
künstlich*; E *artificial*; F *artificiel*;
L *artificialis.*
saorgachas, *a.f.* Staid intinne an linbh a
mheasfadh gur de dhéantús an duine
an uile ní agus an uile tharlú.
D *Artifiziellismus*; E *artificialism*;
F *artificialisme*; L *artificialismus.*
saorgán, *a.f.* Rud ar bith a chumfaí nó
a dhéanfaí le saothar daonna, seachas
rud a chuirfeadh an nádúr ar fáil.
D *Artefakt*; E *artefact, artifact*;
L *arte factum.*
saorghlanadh, *a.f.* Smachtú na bpaisean
trína bhfuinneamh a chaitheamh le
healaín, le cluichíocht, etc. D *Katharsis*;
E *catharsis*; F *catharsis*; L *catharsis.*
saorthoil, *a.b.* Saoirse inmheánach ón
uile chomhéigean, sa gcaoi gurbh í
a thoil féin a chinnteodh pé ní a
dhéanfadh gníomhaí. G *O'NL*;
D *Willensfreiheit*; E *freewill*; F *librearbitre*; L *liberum arbitrium.*
saothrú, *a.br.* (saothraím). Leas a bhaint
as fóntacht ruda trí obair a
chaitheamh leis á ullmhú chun gnótha.
G *Dinn.*; D *bearbeiten, kultivieren*;
E *cultivate, elaborate, exploit*; F *cultiver,
elaborer, exploiter*; L *colere, excolere.*
sárú, *a.br.* (sáraím). **1.** Céim níos airde
ná fiúntas áirithe a bhaint amach.
G *Dinn.*; D *übertreffen*; E *excel,
surpass*; F *surpasser, l'emporter sur*;
L *superare.* **2.** Dul thar an teorainn a
leagfaí síos le dlí, cearta dhuine eile,
etc. G *Dinn.*; D *verletzen, übertreten*;
verstossen gegen; E *offend against,
violate*; F *violer*; L *violare.*
sásamh, *a.br.* (sásaím). Soláthar na

staide suaimhnis a leanfadh de chomhlíonadh méine, tothlaithe, etc. .i.
soláthar sásaimh. G *Dinn.*; D *genugtun
(Genugtuung)*; E *satisfy (satisfaction)*;
F *satisfaire (satisfaction)*; L *satisfacere
(satisfactio).*
scála, *a.f.* Uirlis nó córas a thaispeánfadh
aonaid tomhais le coibhneas áirithe
chun cainníochtaí áirithe a chur in iúl;
córas fiúntais céimnithe. G *T*;
D *Masstab*; E *scale*; F *échelle*; L *scala.*
scaoileadh, *a.f.* Scarúint nithe a bheadh
aontaithe seal, ionas go mbeidís
neamhspleách athuair. G *cf. Dinn.*;
D *Auflösung*; E *dissolution*; F *dissolution*; L *dissolutio.*
scaoilte, *aid.* Gan bheith docht; gan
bheith lánbheacht. G *Dinn.*; D *lax,
locker*; E *loose*; F *délié, lâche*; L *laxus.*
scaoilteachas, *a.f.* Teagasc morálta, nó
claonadh teagaisc mhorálta, nach
mbeadh sách docht. D *Laxismus*;
E *laxism*; F *laxisme*; L *laxismus.*
scaradh, *a.br.* (scaraim). Dealú ó chéile.
G *P,W*; D *absondern, scheiden*; E *separate*; F *séparer*; L *separare.*
scéim, *a.b.* Plean foirmiúil. G *MC*;
D *Entwurf*; E *scheme*; F *schème*;
L *schema.*
scéimre, *a.f.* **1.** Fíor a léireodh na mórlínte i ngníomhaíocht, i bpróiseas, etc.
2. Kant: scéimre tharchéimnitheach
mar idirmheán idir aireachtáil chéadfaíoch agus na catagóirí. D *Schema*;
E *schema*; F *schéma*; L *schema.*
scéimreachas, *a.f.* Teoiric na scéimrí
tarchéimnitheacha ag Kant. D *Schematismus*; E *schematism*; F *schématisme*;
L *schematismus.*
sceipteach, *a.f.* Duine a ghlacfadh le
sceipteachas. D *Skeptiker*; E *sceptic*;
F *sceptique*; L *scepticus.*
sceipteachas, *a.f.* An tuairim nach bhféadfadh an intleacht teacht ar fhírinne
chinnte. D *Skeptizismus*; E *scepticism*;
F *scepticisme*; L *scepticismus.*
sceiptiúil, *aid.* Ag baint leis an
sceipteachas, de réir an sceipteachais.
D *skeptisch*; E *sceptical*; F *sceptique*;
L *scepticus.*
scitsifréine, *a.b.* Scaoileadh aontachta
an chomhfheasa agus a dhealú ón
réaltacht. D *Schizophrenie*; E *schizophrenia*; F *schizophrénie*; L *schizophrenia.*
scitsifréineach, *aid.* Ag baint leis an scitsifréine. *a.f.* Duine a mbeadh scitsifréine
air. D *schizophrenisch*; E *schizophrenic*;
F *schizophrénique*; L *schizophrenicus.*
scitsíde, *a.b.* Scoilt ghalrach na mothúchán
ó thionchar na hintleachta. D *Schizoïdie*;
E *schizoidia*; F *schizoïde*; L *schizoidia.*
scitsídeach, *aid.* Ag baint leis an scitsíde.
a.f. Duine a mbeadh scitsíde air.

D *schizoïdisch;* E *schizoid;* F *schizoïde;* L *scizoidicus.*

sclábhaí, *a.f.* Duine a bheadh i seilbh duine eile go hiomlán, agus an duine eile mar bheadh úinéir air. G *Dinn.* ; D *Sklave* ; E *slave* ; F *esclave; L servus.*

scoil, *a.b.* **1.** Dream a ghlacfadh le leagan áirithe fealsúnachta (*m.sh.* na leantóirí a bheadh ag fealsamh áirithe). **2.** An Scoil : fealsúnacht na meánaoise san Iarthar, an scolaíochas. G *Dinn.* ; D *Schule* ; E *school* ; F *école;* L *schola.*

scoileán, *a.f.* Tagairt léirithe, etc., le cois na príomhchonclúide a gheofaí as réasúnadh. D *Scholion* ; E *scholion* ; F *scolie* ; L *scholion, scholium.*

scoilteadh, *a.br.* (scoiltim). Bris a dhéanamh ar aontacht. G *Dinn.* ; D *spalten* ; E *split* ; F *fendre;* L *findere.*

scolaí, *a.f.* Duine a ghlacfadh le bunphrionsabail na fealsúnachta a bhí i réim san Eoraip Thiar idir an deichiú céad agus an séú céad déag. G *Dinn.* ; D *Scholastiker* ; E *scholastic* ; F *scholastique* ; L *scholasticus.*

scolaíoch, *aid.* Ag baint leis an scolaíochas. D *scholastisch;* E *scholastic;* F *scolastique;* L *scolasticus.*

scolaíochas, *a.f.* Fealsúnacht a réitionn le teagasc na hEaglaise Caitilicí, a bhí i réim sa Eoraip Thiar idir an deichiú céad agus an séú céad déag, agus go bhfuil a cuid phrionsabail dá saothrú go fóill. D *Scholastik;* E *scholasticism;* F *scolasticisme;* L *scholasticismus.*

scoláire, *a.f.* Duine a bheadh tugtha don léann. G *Dinn.;* D *Gelehrter* ; E *scholar, savant;* F *érudit;* L *homo litteris, doctrinae, deditus, homo eruditus.*

scorach, *aid.* Cáilíocht an ráitis a chuirfeadh in iúl go mbeadh deircadh le rud (*m.sh.* nílimid faoi smacht níos mó). D *desitiv* ; E *desitive* ; F *desitif* ; L *desitivus.*

Scótachas, *a.f.* An córas fealsúnachta agus diagachta a bhain le Eoin Duns Scotus (t. 1265—1308), agus lena leantóirí. D *Skotismus* ; E *Scotism* ; F *scotisme* ; L *Scotismus.*

Scótaí, *a.f.* Duine a ghlacfadh leis an Scótachas. D *Skotist* ; E *Scotist* ; F *scotiste* ; L *Scotisticus.*

Scótaíoch, *aid.* Ag baint leis an Scótachas. D *skotistisch;* E *Scotistical;* F *scotistique;* L *Scotisticus.*

scrupall, *a.f.* Iomshuí (*q.v.*) i dtaobh pointe éigin moráltachta. G *Dinn., W* ; D *Skrupel* ; E *scruple* ; F *scrupule* ; L *scrupulus.*

seachaint, *a.br.* (seachnaím). Éalú ó aghaidh a thabhairt ar rud éigin (*m.sh.* ar fhadhb, ar cheistiú, etc.)

G *Dinn.;* D *entweichen, vermeiden* ; E *avoid, evade;* F *éviter* ; L *evadere, evitare.*

seachantach, *aid.* ó seachaint. G *Dinn.* ; D *entweichend vermeidend* ; E *evasive* ; F *évasif;* L *evasivus, tergiversans.*

seachmall, *a.f.* Brí mhícheart a bhainfí as toradh céadfaithe, ionas nach mbeadh sí ag freagairt don oibíocht go cuí. G *Dinn.* ; D *Illusion* ; E *illusion* ; F *illusion* ; L *illusio.*

seachtrach, *aid.* Taobh amuigh. G *Dinn.;* D *äusser, äusserlich* ; E *exterior, external* ; F *extérieur, externe* ; L *exterior, externus.*

seachtracht, *a.b.* Cáilíocht na réaltachta seachtraí. D *Äusserlichkeit;* E *exteriority* ; F *extériorité* ; L *exterioritas.*

seachtrú, *a.f.* Cuma sheachtrach bheith ar réaltacht inmheánach. D *Veräusserlichung* ; E *externalisation* ; F *extériorisation* ; L *exteriorisatio.*

sealadach, *aid.* Le cáilíocht na réaltachta a d'imeodh le haimsir, nach mairfeadh ach seal. G *Dinn.* ; D *temporär, zeitweilig* ; E *temporary;* F *temporaire* ; L *temporarius.*

sealbhú, *a.br.* (sealbhaím). Rud a bheith ag duine in a sheilbh (*q.v.*). G *P,W* ; D *besitzen* ; E *possess* ; F *posséder* ; L *possidere.*

séamainteach, *aid.* Ag baint le ciall na bhfocal. D *semantisch* ; E *semantic* ; F *sémantique* ; L *semanticus.*

séamaintic, *a.b.* Staidéar ar chiall na bhfocal. G *FI semantik* ; D *Semantik* ; E *semantics;* F *sémantique;* L *semantica.*

séanadh, *a.br.* (séanaim). Breithiúnas a dhéanamh nach mbeadh coincheap ag réiteach le hábhar a bheadh faoi thrácht (*contr.* dearbhú). G *P* ; D *verneinen* (*Verneinung*) ; E *deny* (*negation*) ; F *nier* (*négation*) ; L *negare* (*negatio*).

seans, *a.f.* Toradh tarlaithe a bhféadfadh an toradh contrártha a bheith air chomh maith céanna. G *Dinn.* ; D *Zufall* ; E *chance* ; F *chance, hasard* ; L *casus.*

séantach, *aid.* Ag baint le breithiúnas a chuirfeadh in iúl gan aon ionannas a bheith idir suibíocht agus preideacháid (*contr.* dearfach). G *P,W* ; D *negativ, verneinend* ; E *negative* ; F *négatif* ; L *negativus.*

seasamh, *a.f.* Staid aigne i leith tuairime, ceiste, etc. G *Dinn.* ; D *Einstellung* ; E *attitude* ; F *attitude* ; L *attitudo, status mentis.*

seasmhach, *aid.* Le cáilíocht na réaltachta nach n-athródh go furasta ná go minic (*m.sh.* rialtais áirithe). G *P*; D *beständig, fest, stabil* ; E *stable* ; F *stable* ; L *stabilis.*

seasmhacht, *a.b.* Cáilíocht na réaltachta

nach n-athródh go furasta ná go minic. G *P* ; D *Beständigkeit, Festigheit, Stabilität* ; E *stability* ; F *stabilité* ; L *stábilitas*.

seict, *a.b.* Dream a ghlacfadh le creideamh nó le fealsúnacht, go háirithe dá mba mhíonlach iad san áit nó ag an am a bheadh faoi thrácht. D *Sekte* ; E *sect* ; F *secte* ; L *secta*.

seicteachas, *a.f.* Claonadh iomarcach ar thaobh seicte. D *Sektierertum*; E *sectarianism* ; F *esprit de secte*; L *sectarismus*.

seilbh, *a.b.* An gaol a bheadh ag duine leis an rud a bheadh á choimeád aige. G *Dinn.* ; D *Besitz* ; E *possession* ; F *possession* ; L *possessio*.

seintimint, *a.b.* Staid aifeicseanach (seachas staid tuiscinte) a bhainfeadh le gníomhaíocht réasúnach an duine (seachas le spreagadh fisiciúil, etc.), ach nár ghá bheith faoi smacht an réasúin ; taitneamh nó míthaitneamh comhfhiosach (arna idirdhealú ó mhothúchán, a bhainfeadh le claonta céadfaíocha, agus a bheadh níos treise go minic). D *Gefühl* ; E *sentiment* ; F *sentiment* ; L *sensus*.

seintimintiúil, *aid.* ó seintimint. D *gefühlsmässig* ; E *sentimental* ; F *sentimental* ; L *sentimentalis*.

seirfeach, *a.f.* Duine nár le duine eile ar fad é—seachas mar bheadh sclábhaí —ach go mbeadh air bheith ag obair i gcónaí don mháistir céanna agus é suite sa dúthaigh céanna. D *Leibeigener*; E *serf* ; F *serf* ; L *servus*.

sibhialaithe, *aid.* I seilbh na sibhialtachta, de réir na sibhialtachta. G *M C* ; D *zivilisiert* ; E *civilized* ; F *civilisé* ; L *excultus*.

sibhialta, *aid.* Ag baint le saol agus gnótha cathraitheoirí (seachas le cúrsaí eaglaise, airm, etc.) G *Dinn.*, *HIL*, *TDlí* ; D *bürgerlich, zivil* ; E *civic, civil* ; F *civile, civique* ; L *civilis*.

sibhialtacht, *a.b.* Iomlán an fhoráis a bheadh déanta ag an gcine daonna, nó ag pobal ar leith, maidir le cúrsaí intleachta, sóisialta, agus cultúrtha .i. toradh an tsibhialaithe. G *M C* ; D *Zivilisation*; E *civilization*; F *civilisation* ; L *civilisatio*.

síceach, *aid.* Ag baint leis an tsíceacht. D *psychisch* ; E *psychic*; F *psychique* ; L *psychicus*.

síceacht, *a.b.* Iomlán na bhfeiniméan feasa agus aifeicsin. D *Seelenleben* ; E *psychism* ; F *psychè* ; L *psychismus*.

síceamótrach, *aid.* Ag baint le corraí matánach a thiocfadh de dheasca comhéignithe ó phróisis intinne. D *psychomotorisch* ; E *psychomotor* ; F *psychomoteur* ; L *psychomotor*.

síceapatach, *aid.* Ag baint le síceapatacht. *a.f.* Duine le síceapatacht. D *psychopathisch, Psychopath* ; E *psychopathic,* a. *psychopath*; F *psychopathique*; L *psychopathicus*.

síceapatacht, *a.b.* Staid intinne gan chothromaíocht ná aibíocht. D *Psychopathie, geistige Störung* ; E *psychopathy* ; F *psychopathie* ; L *psychopathia*.

síceapateolaíocht, *a.b.* Staidéar ar aimhriaracha feidhme na síceachta .i. síceolaíocht phateolaíoch. D *Psychopathologie*; E *psychopathology*; F *psychopathologie* ; L *psychopathologia*.

síceois, *a.b.* Galar intinne. D *Psychose* ; E *psychosis*; F *psychose*; L *psychosis*.

síceolaí, *a.f.* Duine a bheadh ag gabháil den tsíceolaíocht. D *Psychologe*; E *psychologist*; F *psychologue*; L *psychologista*.

síceolaíoch, *aid.* Ag baint leis an síceolaíocht, nó le hábhar na síceolaíochta (sa mhéid go mbainfeadh le síceacht). D *psychologisch*; E *psychological* ; F *psychologique*; L *psychologicus*.

síceolaíocht, *a.b.* Staidéar ar fheiniméin na síceachta i ndaoine agus in ainmnithe. D *Psychologie*; E *psychology*; F *psychologie* ; L *psychologia*.

síciatracht, *a.b.* An chuid den leigheas a phléann le galair intinne. D *Psychiatrie*; E *psychiatry*; F *psychiatrie* ; L *psychiatria*.

síciatraí, *a.f.* Duine a chleachtfadh an tsíciatracht. D *Psychiater* ; E *psychiatrist* ; F *psychiatre* ; L *psychiater*.

sícibitheolaíocht, *a.b.* Staidéar ar an intinn agus a gaol leis an gcóras néarógach, agus le déanamh agus le eagar an choirp. D *Psychobiologie* ; E *biopsychology, psychobiology*; E *psychobiologie* ; L *psychobiologia*.

sícidinimic, *a.b.* Tomhas an mhéid oibre a dhéanfaí le feiniméan síceach. D *Psychodynamik* ; E *psychodynamics* ; F *psychodynamique* ; L *psychodynamica*.

sícifiseolaíoch, *aid.* Ag baint leis an sícifiseolaíocht nó lena hábhar. D *psychophysiologisch*; E *psychophysiological*; F *psychophysiologique*; L *psychophysiologicus*.

sícifiseolaíocht, *a.b.* Staidéar ar fheiniméin shíceacha de réir a ngaol lena gcoinníollacha orgánacha agus fiseolaíocha. D *Psychophysiologie*; E *psychophysiology*; F *psychophysiologie*; L *psychophysiologia*.

sícifisic, *a.b.* Staidéar ar an ngaol idir spreagadh agus céadfú. D *Psychophysik*; E *psychophysics* ; F *psychophysique* ; L *psychophysica*.

sícifisiciúil, *aid.* Ag baint leis an sícifisic. D *psychophysisch* ; E *psychophysical* ; F *psychophysique* ; L *psychophysicus*.

sícigineach, *aid.* Le údar nó cúis síceach,

le bunús síceach. D *psychogenetisch* ;
E *psychogenetic* ; F *psychogénétique* ;
L *psychogeneticus*.

síciginiúint, *a.b.* Forás de bharr beatha
na horgánachta seachas de bharr
tionchair ón dtaobh amuigh. D *Psycho-
genese;* E *psychogenesis;* F *psychogénèse;*
L *psychogenesis*.

síciméadracht, *a.b.* Tomhas na bhfeini-
méan síceach. D *Psychometrie;* E *psy-
chometry;* F *psychométrie;* L *psycho-
metria*.

sicinéaróis, *a.b.* Galar intinne, gan airíona
orgánacha agus imní, fóibeacha, iom-
shuí, etc., ag gabháil leis. D *Psy-
choneurose;* E *psychoneurosis;* F *psy-
chonévrose;* L *psychoneurosis*.

síciteicneolaíocht, *a.b.* Staidéar ar na
rialacha ginearálta a bhaineas le
torthaí na síceolaíochta a chur i
bhfeidhm ar ghnóthaí praiticiúla.
D *Psychotechnologie;* E *psychotechnology;*
F *psychotechnologie;* L *psychotechnologia*.

síciteicnic, *a.b.* Torthaí na síceolaíochta
a chur i bhfeidhm i ngnóthaí praiti-
ciúla. D *Psychotechnik;* E *psychotechnics;*
F *psychotechnique* ; L *psychotechnica*.

siciteiripe, *a.b.* Galair a leigheas de réir
na síceolaíochta. D *Psychotherapie* ;
E *psychotherapy* ; F *psychothérapie* ;
L *psychotherapia*.

simbeois, *a.b.* Comhaontú idir dhá réalt-
acht sa gcaoi go mbeadh beatha
orgánach amháin acu araon. D *Symbiose;*
E *symbiosis* ; F *symbiose;* L *symbiosis*.

siméadrach, *aid.* Le cáilíocht na réaltachta
go mbeadh na heiliminí cosúil inti ag
freagairt dá chéile go cuí. D *symmetrisch;*
E *symmetrical;* F *symmetrique;* L *sym-
metricus*.

siméadracht, *a.b.* Cáilíocht na réaltachta
go mbeadh na heiliminí cosúla inti
ag freagairt dá chéile go cuí. D *Symme-
trie* ; E *symmetry* ; F *symmétrie* ;
L *symmetria*.

simpleachas, *a.f.* Claonadh an tsimpleora
.i. duine a cheapfadh coitianta go bhfuil
réaltachtaí agus cúrsaí níos simplí ná
mar atá dáiríre. D *Simplismus* ;
E *simplism;* F *simplisme;* L *simplismus*.

simplí, *aid.* Le cáilíocht na réaltachta
nach mbeadh comhchur inti d'eiliminí
idirdhealaithe, nach mbeadh coim-
pléascúil. G *P,W* ; D *einfach;* E *simple;*
F *simple* ; L *simplex*.

simplíocht, *a.b.* Cáilíocht na réaltachta
simplí. G *Dinn.* ; D *Einfachheit* ;
E *simplicity;* F *simplicité;* L *simplicitas*.

sinaestéise, *a.b.* Glacadh toradh ar
chéadfú nó ar roinn feasa amháin
de bharr spreagadh a bheith á dhéanamh
ar chéadfa nó ar roinn feasa eile.
(*m.sh.* dath ó éisteacht le ceol, etc.).

D *Synästhesie;* E *synaesthesia, synes-
thesis;* F *synesthésie;* L *synaesthesia*.

sinchatagairéamach, focal, *aid., a.f.* Focal
nach dtuigfí mar théarma mura mbeadh
focal eile in éineacht leis (*m.sh.* "a"
"agus"). D *synkategorematisch* ;
E *syncategorematic;* F *syncatégoré-
matique* ; L *syncategorematicus*.

sincréatachas, *a.f.* Meascadh teagasc,
tuairimí, etc., nárbh fhurasta a réiteach
le chéile. D *Synkretismus;* E *syncretism* ;
F *syncrétisme* ; L *syncretismus*.

sincréataí, *a.f.* Duine a ghlacfadh le
sincréatachas. D *Synkretist;* E *syncretist;*
F *syncrétiste* ; L *syncretista*.

sincréataíoch, *aid.* Ag baint le sincréat-
achas. D *synkretisch;* E *syncretistic,
syncretistical;* F *syncrétique;* L *syncre-
tisticus*.

sindréis, *a.b.* Greim an duine ar chéad-
phrionsabail na moráltachta (*m.sh.*
déantar maith, seachantar olc).
D *Synderesis* ; E *synderesis;* F *syndérèse;*
L *synderesis*.

sineirgíocht, *a.b.* Comhoibriú fórsaí,
orgáin, cógaisí, etc. D *Synergia* ;
E *synergy* ; F *synergie;* L *synergia*.

sínteacht, *a.b.* **1.** Cáilíocht an choirp
sa mhéid go mbeadh codanna difriúla
de ann le hais a chéile, agus spás
á thógáil suas aige, agus buntomhas
nó buntomhais (airde, leithead,
domhaineas) aige. D *Ausdehnung,
Extension* ; E *extension, extent* ;
F *étendue* ; L *extensio*. **2.** Iomlán
na n-oibíocht dá dtagródh eilimint
feasa, nó téarma D *Umfang* ,
E *application, denotation, extension,
extent* ; F *extension* ; L *extensio*.

sintéis, *a.b.* **1.** Cur le chéile na n-eilimintí
idirdhealaithe sa réaltacht nó sa
gcoincheap a mbainfidis leis (*contr.*
anailís). **2.** An tríú céim, an chonclúid,
i ndialachtaic mar a bhí ag Hegel,
Feuerbach, Marx, etc. G *FI sintez* ;
D *Synthese* ; E *synthesis;* F *synthèse* ;
L *synthesis*.

sintéiseach, *aid.* Ag baint le **sintéis.**
D *synthetisch* ; E *synthetic;* F *synthétique;*
L *syntheticus*.

    breithiúnas sintéiseach (*judicium
syntheticum*), de réir na scolaithe :
breithiúnas nach bhfaighfí an phrei-
deacháid ann trí anailís na suibíochta
ná an tsuibíocht trí anailís na preid-
eacháide ; de réir Kant : breithiúnas
nach bhfaighfí an phreideacháid ann
trí anailís na suibíochta, (*a*) dá mbeadh
an breithiúnas bunaithe ar eispéireas
céadfaíoch breithiúnas sintéiseach *a
posteriori* a bheadh ann, (*b*) mura
mbeadh eispéireas mar bhun leis an
mbreithiúnas, séard a bheadh ann

breithiúnas sintéiseach *a priori*.

sintéisiú, *a.br.* (sintéisím). Déanamh sintéise. D *synthetisieren*; E *synthesize*, *synthetize*; F *synthétiser*; L *synthetisare*.

siocair, *a.b.* Prionsabal céadfaíoch aificseanach a spreagfadh gníomhú seachas prionsabal intleachtúil mar spreagadh .i. ceannfháth. G *cf. Dinn.*; D *Triebfeder*; E *affect, mobile*; F *mobile* ; L *mobile*.

síocháin, *a.b.* An ciúnas a leanfadh den ordúlacht (*m.sh.* i stát, i gcoinsias, etc.) G *Dinn.* ; D *Friede* ; F. *peace*; F *paix* ; L *pax*.

síocháineachas, *a.f.* Teagasc. gluaiseacht, in aghaidh úsáid arm, agus ar son socraithe na bhfadhb idirnáisiúnta le headráin. D *Pazifismus*; E *pacifism*; F *pacifisme* ; L *pacifismus*.

síocháiní, *a.f.* Duine a bheadh ar thaobh an tsíocháineachais. D *Pazifist* ; E *pacifist* ; F *pacifiste* ; L *pacifista*.

síocháiníoch, *aid.* Ag baint leis an síocháineachas. D *pazifistisch* ; E *pacifistic* ; F *pacifiste* ; L *pacifisticus*.

síochánta, *aid.* Le síocháin. G *Dinn.* ; D *friedlich*; E *peaceable, peaceful* ; F *paisable* ; L *pacatus, pacificus*.

siollóg, *a.b.* Réasúnadh le trí tairiscintí ann (mórleagan, mionleagan, conclúid) agus téarma amháin i gcoiteannas sna réamhleaganacha, sa gcaoi go bhfaightear amach an chonclúid go bhfuil (nó nach bhfuil) baint idir shuibíocht (miontéarma) agus preideacháid (mórthéarma), trína gcur i gcomparáid in a gceann agus in a gceann leis an meántéarma sna réamhleaganacha (*m.sh.* Tá gach ainmhí beo ; tá gach duine in a ainmhí ; tá gach duine beo). D *Syllogismus*; E *syllogism*; F *syllogisme*; L *syllogismus*.

siombal, *a.f.* Comhartha de réir coinbhinsin (*m.sh.* an Eochairsciath). D *Symbol* ; E *symbol* ; F *symbole* ; L *symbolum*.

siombalach, *aid.* Léirithe le siombail, ag baint le siombail. D *symbolisch* ; E *symbolic, symbolical* ; F *symbolique* ; L *symbolicus*.

siombalachas, *a.f.* Úsáid siombal, spreagadh na n-idéithe le siombail. D *Symbolismus* ; E *symbolism* ; F *symbolisme* ; L *symbolismus*.

siombalaí, *a.f.* Duine a d'úsáidfeadh siombail, a spreagfadh idéithe le comharthaí de réir coinbhinsin. D *Symbolist* ; E *symbolist* ; F *symboliste* ; L *symbolista*.

siondacáiteachas, *a.f.* Teagasc a mholfadh go gcuirfí deireadh le rachmasaíocht agus go ngabhfadh siondacáití nó cumainn ceardaithe i gceannas ar na meáin táirgithe agus ar an stát.

D *Syndikalismus* ; E *syndicalism*; F *syndicalisme* ; L *syndicalismus*.

síoraí, *aid.* Le cáilíocht na síoraíochta. G *Dinn.* ; D *ewig* ; E *eternal* ; F *éternel*; L *aeternus*.

síoraíocht, *a.b.* Sealbhú iomlán in aon am amháin ar bheatha gan foirceann. G *Dinn.* ; D *Ewigkeit* ; E *eternity* ; F *éternité* ; L *aeternitas*.

sliochtach, *a.f.* An duine a shíolródh ó dhuine eile. G *TDh.* : D *Abkömmling* ; E *descendant*; F *descendant*; L *progenitus*.

slua, *a.f.* Uimhir de dhaoine nach mbeadh bailithe le chéile d'aontuisc (mar a bheadh cruinniú) ; an mhuintir nach n-aithneofaí mar intleachtóirí, treoraithe, codhnacht, etc. G *Dinn.* ; D *Menge, Volksmasse* ; E *crowd*; F *foule* ; L *multitudo, vulgus*.

smachtbhanna, *a.f.* An mhéid a thabharfadh ar dhaoine dlí, etc. a chomhlíonadh (pionós, luach saothair). G *TDh.* ; D *Sanktion* ; E *sanction* ; F *sanction* ; L *sanctio*.

smaoineamh, *a.br.* (smaoinim). **1.** Gníomhú na hintleachta (nó feiniméan amháin sa ngníomhú sin), úsáid an réasúin, déanamh breithiúnais ; sealbhú idéithe teibí, etc. G *Dinn.* ; D *denken* ; E *think*; F *penser*; L *pensare*. **2.** *a.f.* Cumas, toradh, aire do, ghníomhú na hintleachta. G *Dinn.*; D *Denken, Gedanke*; E *thought*; F *pensée* ; L *cogitatio*.

só, *a.f.* Próisis fhisiciúla agus cheimiciúla a bheadh ar siúl i gcónaí in orgánacht, *m.sh.* úsáid fuinnimh chun ábhar a asamhlú (.i. borrshó), nó scaoileadh fuinnimh trína bhriseadh anuas (.i. meathshó). G *T* ; D *Stoffwechsel* ; E *metabolism* ; F *métabolisme*; L *metabolismus*.

sochaí, *a.f.* Aontacht sheasmhach daoine ar mhaithe le cuspóir coiteann a bhaint amach (*m.sh.* stát .i. sochaí polaitiúil). G *Dinn.* ; D *Gesellschaft*; E *society* ; F *société* ; L *societas*.

socheolaíocht, *a.b.* Staidéar ar na fíorais agus ar na dlíthe a bhaineas le sochaithe (*m.sh.* leis an stát, leis an teaghlach). D *Soziologie* ; E *sociology*; F *sociologie* ; L *sociologia*.

socheolaíochas, *a.f.* An tuairim gur ar an socheolaíocht a bhraithfeadh an réiteach ar mhórfhadhbanna na fealsúnachta, ar mhórtharluithe na staire, ar cheisteanna reiligiúin, etc. D *Soziologismus*; E *sociologism*; F *sociologisme* ; L *sociologismus*.

sofaist, *a.f.* Duine de dhream Gréigeach a mhair roimh aimsear Shocraitéis agus lena linn, a mhúin an fhealsúnacht agus an óráidíocht, agus a thuill cáil

ar chlisteacht a gcuid argóintí.
D *Sophist* ; E *sophist* ; F *sophiste* ;
L *sophista.*

sofaisteach, *aid.* Ag baint leis na sofaistí
nó lena gcineál argóna nó smaoinimh.
D *sophistisch*; E *sophistical*; F *sophistique*;
L *sophisticus.*

sofaisteachas, *a.f.* Smaoineamh, argóint,
falsán, mar bheadh ag sofaist; teagasc
agus iompar na sofaistí. D *Sophis-
mus*; E *sophism*; F *sophisme*; L *sophis-
mus.*

soilbhreas, *a.f.* Measarthacht maidir le
caitheamh aimsire, gáire, greann, etc.
G *cf. Dinn.*; D *Eutrapelie, Urbanität*;
E *eutrapely, urbanity* ; F *eutrapélie,
urbanité* ; L *eutrapelia, urbanitas.*

soiléir, *aid.* Glan ón uile eilimint a bheadh
mar bhac ar thuiscint. (*m.sh.* i gcás
idé : gan bheith meascaithe le hidé
eile). sothuigthe (*contr.* doiléir).
G *Dinn.*; D *klar*; E *clear, lucid*; F *clair*;
L *clarus.*

soiléiriú, *a.br.* (soiléirím). Déanamh soiléir.
G *Dinn.* ; D *aufklären* ; E *clarify* ;
F *clarifier* ; L *clarificare.*

sóilipseachas, *a.f.* An tuairim nach féidir
le duine fios a fháil faoi aon ní ach faoi
féin amháin, ionas gur tuiscint
shuibíochtúil í an réaltacht, agus nach
bhfuil aon ní ann i gcás gach duine ar
leith ach é féin amháin. D *Solipsismus* ;
E *solipsism*; F *solipsisme*; L *solipsismus.*

soilsiú, *a.f.* Léiriú na fírinne, tionchar
nádúrtha nó osnádúrtha ar an intinn
a d'fhágfadh eolas nua ar chumas an
duine, go mór mór eolas ar nithe
neamhábhartha, nithe diaga, etc.
G *Dinn.* ; D *Illumination*; E *illumina-
tion*; F *illumination*; L *illuminatio.*

soilsiúchas, *a.f.* Teagasc na muintire a
chreidfeadh i bhfoirmeacha faoi leith
den soilsiú. D *Illuminismus*; E *illumina-
tionism, illuminism*; F *illuminisme* ;
L *illuminismus.*

so-inmheabhraíocht, *a.b.* Cáilíocht an
duine a bheadh ullamh glacadh le
inmheabhrú. D *Suggestibilität*; E *sugges-
tibility*; F *suggestibilité*; L *suggestibilitas.*

soirbheachas, *a.f.* Tuairim gur mó den
mhaith ná den olc atá sa saol ; teagasc
Leibniz gur chruthaigh Dia an saol
dob fhearr dob fhéidir a bheith ann.
D *Optimismus*; E *optimism*; F *optimisme*;
L *optimismus.*

soirbhí, *a.f.* Duine a ghlacfadh leis an
soirbheachas, nó a bheadh claonta
ina leith. D *Optimist* ; E *optimist* ;
F *optimiste* ; L *optimista.*

sóisialachas, *a.f.* Teoiricí eacnamaíochta,
sóisialta, polaitiúla a lorgódh leasú
an chórais tháirgithe agus úinéireachta
atá anois ann, *m.sh.* trí úinéireacht i

bpáirt, agus an stát a bheith ag roinnt
amach an tsaibhris, nó trín stát a
bheith i bhfeighil na ngnóthaí ba
thábhachtaí, nó trí leasú a dhéanamh
ar an gcaoi a bhfaightear saibhreas
le hoidhreacht, etc. D *Sozialismus* ;
E *socialism*; F *socialisme*; L *socialismus.*

sóisialaí, *a.f.* Duine a ghlacfadh leis an
sóisialachas. D *Sozialist*; E *socialist* ;
F *socialiste* ; L *socialista.*

sóisialaíoch, *aid.* Ag baint leis an sóisial-
achas. D *sozialistisch*; E *socialistic* ;
F *socialiste* ; L *socialisticus.*

sóisialta, *aid.* Ag baint le sochaí. D *gesell-
schaftlich, sozial* ; E *social* ; F *social* ;
L *socialis.*

sóisialtacht, *a.b.* Cáilíocht na réaltachta
sóisialta. D *Sozialität* ; E *sociality* ;
F *socialité* ; L *socialitas.*

sómaestéise, *a.b.* Eispéiriú an duine ar a
chorp féin. D *Somasthesie*; E *somes-
thesia* ; F *somesthésie* ; L *somaesthesia.*

somhúinteacht, *a.b.* An tsuáilce a chlaon-
fadh duine chun glacadh le treoir
maidir leis na meáin chearta · chun
críche. D *Gelehrigkeit*; E *docility* ;
F *docilité* ; L *docilitas.*

somhúnlaithe, *aid.* Le cumas athraithe
go furusta de réir na gcoinníollacha a
bheadh ar fáil. D *plastisch*; E *plastic* ;
F *plastique* ; L *plasticus.*

sonas, *a.f.* Staid nó cáilíocht an tsásaimh
sa gcomhfhios go léir. G *Dinn* ; D *Glück*;
E *happiness* ; F *bonheur* ; L *felicitas.*

sonrú, *a.br.* (sonraím). Tabhairt faoi
deara. D *bemerken* ; E *notice*; F *faire
attention à, remarquer*; L *animadvertere.*

soraíd, *a.b.* Ilsiollog a mbeadh preide-
acháid na céadtairiscinte inti mar
shuibíocht sa dara ceann, agus mar sin
ar aghaidh chun na conclúide a
d'aontódh an chéad shuibíocht agus
an phreideacháid dheireanach. D *Sori-
tes* ; E *sorites* ; F *sorite* ; L *sorites.*

spás, *a.f.* Sínteacht trí-bhuntomhasach
go dtuigfí coirp a bheith istigh inti.
D *Raum* ; E *space* ; F *éspace* ;
L *spatium.*

spásúil. *aid.* Ag baint le spás. D *räumlich*;
E *spatial* ; F *spatial* ; L *spatialis.*

spéacláireach, *aid.* Teoiriciúil, ag baint le
spéacláiriú (*contr.* praiticiúil) G *cf.
BC, P* ; D *spekulativ*; E *speculative* ;
F *spéculatif* ; L *speculativus.*

spéacláiriú, *a.br.* (spéacláirím). Úsáid
na hintinne chun feasa ar mhaithe
leis an bhfios a shealbhú agus gan
beann ar ghníomhú, etc. D *spekulieren*;
E *speculate*; F *spéculer*; L *speculari.*

spéis, *a.b.* An tuiscint nó an tuairim gurbh
fhiú aire a thabhairt d'oibíochtaí
áirithe .i. na nithe a mbeadh suim .i.
spéis, ag an suibíocht iontu. G *Dinn.* ;

D *Interesse;* E *interest;* F *intérêt;*
L *interesse.*

speisialta, *aid.* Leis an gcáilíocht a bheadh
ag téarma nach mbeadh chomh
ginearálta le téarma eile .i. nach
mbeadh sínteacht chomh fairsing aige.
(*contr* ginearálta). G R*Sláinte, W ;*
D *besonder, eigenartig, spezial, speziell ;*
E *special ;* F *special ;* L *specialis.*

spioradachas, *a.f.* An creideamh go
mbíonn comhfhreagras idir na
mairbh agus daoine beo, cleachtaithe
dá réir. D *Spiritismus ;* E *spiritism,*
spiritualism; F *spiritisme;* L *spiritismus.*

spioradaí, *a.f.* Duine a ghlacfadh le
spioradachas. D *Spiritist;* E *spiritist,*
spiritualist; F *spiritiste;* L *spiritista.*

spioradaíoch, *aid.* Ag baint le spioradachas.
D *spiritistisch;* E *spiritist;* F *spiritiste ;*
L *spiritisticus.*

spioradálta, *aid.* Neamhspleách (ó eisint
agus i ngníomh) ar an ábhar, bíodh
go mbraithfeadh, b'fhéidir, ar choinn-
íollacha ábhartha. G *Rup., W;* D *geistig;*
E *spiritual ;* F *spiritual ;* L *spiritualis.*

spioradáltachas, *a.f.* Teagasc a d'aith-
neodh spioradáltacht an anma dhaonna.
D *Spiritualismus ;* E *spiritualism ;*
F *spiritualisme ;* L *spiritualismus.*

spioradáltacht, *a.b.* Cáilíocht na réalt-
achta spioradálta. G *Dinn;* D *Geistigkeit;*
E *spirituality ;* F *spiritualité ;*
L *spiritualitas.*

spioradáltaí, *a.f.* Duine a ghlacfadh le
spioradáltachas, D *spiritualist ;*
E *spiritualist ;* F *spiritualiste ;*
L *spiritualista.*

spioradáltaíoch, *aid.* Ag baint le spioradált-
achas. D *spiritualistisch;* E *spiritualistic;*
F *spiritualiste ;* L *spiritualisticus.*

spleách, *aid.* Le cáilíocht na réaltachta
(nó an duine) a bheadh ag brath ar
réaltacht (nó ar dhuine) eile. G *Dinn ;*
D *abhängig ;* E *dependent ;* F *dépendant;*
L *dependens.*

spleáchas, *a.f.* Cáilíocht na réaltachta a
bheadh spleách. G *Dinn ;* D *Abhängig-*
keit; E *dependence;* F *dépendance ;*
L *dependentia.*

spontáineach, *aid.* Leis an tsuibíocht féin
mar phrionsabal (*m.sh.* gníomh) ; de
bharr nádúr na suibíochta gan tionchar
an toilithe a bheith i gceist. D *selbsttätig,*
spontan, unwillkürlich; E *spontaneous ;*
F *spontané ;* L *spontaneus.*

spontáineacht, *a.b.* Cáilíocht na réaltachta
(*m.sh.* gníomh) spontáiní. D *Selbst-*
tätigkeit, Spontaneität; E *spontaneity ;*
F *spontanéité ;* L *spontaneitas.*

spreagadh, *a.f.* An feidhmiú a dhéanfadh
oibíocht ar chéadfa, á chur i ngníomh;
toradh an fheidhmithe sin ; G *Dinn.;*
D *Erregung, Reiz, Stimulierung;*

E *excitation, stimulation ;* F *excitation,*
stimulation ; L *excitatio, stimulatio.*

spreagthach, *a.f.* Oibíocht a dhéanfadh
spreagadh. D *Stimulus ;* E *stimulus ;*
F *stimulus ;* L *stimulus.*

spréite, *aid.* Gan bheith dlúite le chéile,
scaiptbe. G *Dinn.;* D *diffus, zerstreut;*
E *diffuse ;* F *diffus ;* L *diffusus.*

sraith, *a.b.* Seicheamh eilimintí, téarmaí,
etc., de réir dlí éigin. G *Dinn ;* D *Reihe;*
E *series;* F *série;* L *series.*

sraonadh, *a.br.* (sraonaim). Cur de raon
gluaiseachta, de threo. G *Dinn. ;*
D *ablenken ;* E *deflect;* F *faire dévier,*
dévier, détourner ; L *deflectere.*

srianadh, *a.br.* (srianaim). Teorainn a chur
le ciall téarma nó ráitis. G *Dinn.;*
D *einschränken (Einschränkung),* re-
stringieren (Restriktion) ; E *restrict*
(restriction); F *restreindre (restriction);*
L *restringere (restrictio).*

    srianadh intinne (*restrictio mentalis*),
gan an teorannú a bheith sainráite,
coinníoll ceilte a bheith le ráiteas.

staid, *a.b.* An suíomh a bheadh ar rud,
an chaoi a mbeadh sé de réir nádúir,
coinníollacha, etc. G *W;* D *Zustand ;*
E *state ;* F *état ;* L *status.*

stairiúlacht, *a.b.* **1.** Cáilíocht na réaltachta
stairiúla. **2.** De réir an eiseachais,
cáilíocht an duine sa mhéid go mbraith-
feadh sé ar chúrsaí an ama a d'imigh
(ó mheon, ó thréithe, ó imthosca, etc.)
ach go bhféadfadh sé, ag an am céanna,
dealú leis sin agus dul chun cinn dó
féin go saor. D *Geschichtlichkeit ;*
E *historicity;* F *historicité;* L *historicitas.*

staitistic, *a.b.* Staidéar ar uimhir na
dtarluithe de shaghas áirithe in am
agus in áit áirithe. D *Statistik ;*
E *statistics ;* F *statistique ;* L *statistica.*

staonadh, *a.br.* (staonaim). Fanacht go
deonach gan úsáid a bhaint as rud
éigin (*m.sh.* ól). G *Dinn.;* D* sich*
enthalten ; E *abstain ;* F *s'abstenir (de);*
L *abstinere.*

stát, *a.f.* An sochaí polaitiúil. G *Dinn. ;*
D *Staat ;* E *state ;* F *état ;* L *status.*

statach, *aid.* Le cáilíocht an ruda a bheadh
in a stad ; gan chorraí ; ag baint le
fórsaí ar cothromaíocht. D *statisch ;*
E *static ;* F *statique ;* L *staticus.*

státachas, *a.f.* Teoiric a thabharfadh
tosach don stát thar an indibhíd mar
phrionsabal an cheartais pholaitiúil;
eagraíocht shóisialta a d'fhágfadh
gnóthaí eacnamaíochta faoi stiúrú an
stáit. D *Statismus ;* E *statism ;*
F *étatisme ;* L *statismus*

stataic, *a.b.* Eolaíocht na gcorp a bheadh
statach agus na gcoibhneas ba bhun

le cothromaíocht. D *Gleichgewichtslehre*, *Statik* ; E *statics* ; F *statique* ; L *statica*.

stóch, *a.f.* Duine a ghlacfadh leis an bhfealsúnacht stóchúil. D *Stoiker* ; E *stoic* ; F *stoïque* ; I, *stoicus*.

stóchas, *a.f.* Scoil fhealsúnachta a bhunaigh Zénó go luath sa gceathrú céad roimh Chríost, tuairimí pandiacha ábharaíocha a bhí acu, agus mholadar cleachtadh na suáilce le féindiúltú agus broic le deacrachtaí. D *Stoizismus* ; E *stoicism*; F *stoicisme* ; L *stoicismus*.

stóchúil, *aid.* Ag baint leis an stóchas. D *stoisch*; E *stoical*; F *stoïque*; L *stoicus*.

striapachas, *a.f.* Ofráil mná (mar ghníomh nó mar ghnó) do phléisiúr ar airgead. G *Dinn.*; D *Prostituierung*, *Prostitution* ; E *prostitution* ; F *prostitution* ; L *prostitutio*.

suáilce, *a.b.* Dea-aibíd, foirfeacht acmhainne a d'fhágfadn gu bh fhurasta í a fheidhmiú go cuí. G *AEN, Dinn.* ; D *Tugend* ; E *virtue* ; F *vertu* ; L *virtus*.

    suáilce intleachtúil (*virtus intellectualis*), foirbhiú na hintinne chun feasa .i. cagna, eolaíocht, críonnacht, ealaín.

    suáilce mhorálta (*virtus moralis*), foirbhiú na n-acmhainní (go háirithe an toil) chun gníomhaithe mar ba dhual do dhuine réasúnach (m.sh na suáilcí cairdineálta).

suaimhneachas, *a f.* Teoiricí i dtaobh an mhisteachais sa séú céad déag agus sa seachtú céad déag: moladh easpa gach dúil a mbeatha shíoraí, gan cur in aghaidh cathuithe, an fhoirfeacht a fháil le rinnfheitheamh amháin, etc. D *Quietismus* ; E *quietism* ; F *quiétisme*; L *quietismus*.

suaimhní, *a.f.* Duine a ghlacfadh leis an suaimhneachas. D *Quietist* ; E *quietist* ; F *quiétiste* ; I. *quietista* ,

suansiúlachas, *a.f.* Codladh mínormálta ina ndéanfaí gníomhartha siúil, cainte, etc. agus gan cuimhneamh orthu go dtiocfadh an staid chéanna ar fáil arís. D *Somnambulismus* ; E *somnambulism*; F *somnambulisme* ; L *somnambulismus*.

substaineadh, *a.br.* (substainim). Bheith ann mar ba dhual do shubstaint. D *bestehen*, *subsistieren* ; E *subsist* ; F *subsister* ; L *subsistere*.

substaineach, *aid.* Ag baint le substaineadh. D *subsistierend* ; E *subsistent* ; F *subsistent* ; I. *subsistens*.

substaint, *a.b.* Réaltacht dar dual eisinte dhi bheith ann uaithi féin, as a connlán féin. G *Por. Is, RSláinte, TOp, TPN* ; D *Substanz* ; E *substance* ; F *substance* ; L *substantia*.

substainteachas, *a.f.* Teagasc a d'aithneodh substaintí a bheith ann chomh maith le feiniméin. D *Substanzialismus* ; E *substantialism* ; F *substantialisme* ; L *substantialismus*.

substaintiúil, *aid.* Ag baint le substaint. G *Dinn.* ; D *substanziell* ; E *substantial* F *substantiel* ; L *substantialis*.

substaintiúlacht, *a.b.* Cáilíocht na réaltachta substaintiúla. D *Substanzialität* ; E *substantiality* ; F *substantialité* ; L *substantialiitas*.

súgradh, *a.br.* (súgraim). Gníomhú le caitheamh aimsire taitneamhach a dhéanamh, gan cuspóir fóntach a lorg. G *Dinn.*; D *spielen* ; E *play* ; F *jouer* ; L *ludere*.

suí, *a.f.* An láthair go mbeadh réaltacht ionaidaithe ann (m.sh. acmhainn). G *Dinn.*; D *Sitz* ; E *seat* ; F *siège* ; L *sedes*.

suibíocht, *a.b.* **1.** An gníomhaí sa bhfios, san aireachtáil, an "mise". **2.** An réaltacht a ndéantar preideacháideadh uirthi i mbreithiúnas. G *Bur.*[1], *Bur.*[2], *QPN*; D *Subjekt* ; E *subject* ; F *sujet* ; L *subjectum*.

suibíochtachas, *a.f.* Teagasc a shéanfadh aon réaltacht nó aon fhiúntas a bheith ann nach mbeadh ag brath ar shuibíocht an fheasa. D *Subjektivismus* ; E *subjectivism* ; L *subjectivismus*.

suibíochtaí, *a.f.* Duine a ghlacfadh leis an suibíochtachas. D *Subjektivist*; E *subjectivist*; F *subjectiviste*; L *subjectivista*.

suibíochtúil, *aid.* Ag baint le suibíocht. D *subjektiv*; E *subjective*; F *subjectif*; L *subjectivus*.

suibíochtúlacht, *a.b.* Cáilíocht na réaltachta suibíochtúla. D *Subjektivität* ; E *subjectivity* ; F *subjectivité* ; L *subjectivitas*.

suimiú loighciúil, *a.f.,* *aid.* Próiseas loighciúil i leith coincheapaí nó tairiscintí—comharthú ar iomlán na n-indibhídí a bhainfeadh le sínteacht coincheapa, nó dearbhú go mbeadh an fhírinne i gceann éigin de na tairiscintí. D *logische Addition* ; E *logical addition* ; F *addition logique* ; L *additio logica*.

suíomh, *a.f.* An áit, an timpeallacht, a mbeadh réaltacht ann. G *Dinn.*; D *Lage*, *Situation* ; E *position*, *situation* ; F *position, situation*; L *positio, situs*.

supasaít, *a.b.* Indibhid shubstaintiúil le eiseadh dá cuid féin aici. D *Suppositum*; *Suppost*; E *supposite*, *suppositum* ; F *suppôt* ; L *suppositum*.

tacaíocht, *a.b.* Cabhair chun ualach a iompar chun seasamh a dhéanamh gan géilleadh, chun dearbhú a chur i gcionn, etc. G *Dinn;* D *Stütze* ; E *support;* F *appui, support;* L *columen, firmamentum, praesidium.*

tadhall, *a.f.* Ceann den ghrúpa de chéadfaí seachtracha lena bhfaighfí aireachtáil ar bhrú, phian, theas, fhuacht, etc. G *Bur.*[1], *Dinn.;* D *Tastsinn;* E *touch;* F *toucher;* L *tactus.*

taighde, *a.f.* Iniúchadh fada dícheallach ar fheiniméan, ar ábhar colaíochta, etc. G *Dinn.;* D *Forschung* ; E *research* ; F *recherches* ; L *investigatio.*

táirgeadh, *a.br.* (táirgim). Earraí a chur ar fáil as mianach, le déantúsaíocht, le curadóireacht. G *Dinn.;* D *herstellen, produzieren;* E *produce;* F *produire;* L *producere.*

tairiscint, *a.b.* Ráiteas a léireodh breithiúnas, abairt a shéanfadh nó a dhearbhódh preideacháid i leith suibíochta (*m.sh.* Tá Seán tinn). G *cf. Dinn.;* D *Proposition, Satz* ; E *proposition* ; F *proposition* ; L *propositio.*

tairiscint chatagóireach (*propositio categorica*), abairt a léiriú breithiúnais go lom, gan coinníoll ná eile. (*m.sh.* Tá sé sa gcathair).

tairiscint choimpléascúil (*propositio complexa*), abairt a mbeadh téarma coimpléascúil sa tsuibíocht nó sa bpreideacháid inti, (*m.sh.* Tá an fear a ólann fuisce sa gcathair).

tairiscint choinníollach (*propositio conditionalis*), abairt a chuirfeadh hipitéis in iúl ; is ar chomhlíonadh coda amháin di a bhraithfeadh an chuid eile (*m.sh.* Dá dtiocfadh sé labhróinn leis).

tairiscint chomhnascach (*propositio conjunctiva*), ráiteas a chur in iúl nach bhféadfadh dhá chuid d'ailtéarnacht a bheith fíor in éineacht (*m.sh.* Ní féidir go bhfuil sé in a thírghráthóir agus in a sheoinín in éineacht !).

tairiscint chomhchurtha (*propositio composita*), tairiscint le cáilíocht curtha i dteannta na suibíochta, na preideacháide, nó na copaile, in abairt shimplí (más le suibíocht nó preideacháid a bhaineas an cháilíocht, tairiscint choimpléascúil atá ann ; más leis an gcopail atá an cháilíocht, tairiscint mhódúil atá ann).

tairiscint dhearfach (*propositio affirmativa*), ráiteas a chur in iúl ionannais idir suibíocht agus preideacháid (*m.sh.* Tá cneas geal ar gach Eorpach).

tairiscint dheighilteach (*propositio disjunctiva*), ráiteas a chur in iúl go bhfuil ceann de dhá bhreithiúnas fíor agus an ceann eile bréagach (*m.sh.* Ceachtar acu, tá an corp ag gluaiseacht nó tá sé in a stad).

tairiscint hipitéiseach (*propositio hypothetica*), ráiteas a chuirfeadh in iúl go mbraitheann séanadh nó dearbhú amháin ar shéanadh nó ar dhearbhú eile (*m.sh.* tairiscintí coinníollacha, comhnascacha agus deighilteacha).

tairiscint neamhchinntithe (*propositio indefinita*), ráiteas le suibíocht uilíoch gan sínteacht chinnte (*m.sh.* Bíonn daoine ag insint bréaga).

tairiscint mhodhmhar (*propositio modalis*), ráiteas a léireodh an modh a mbainfeadh an phreideacháid leis an tsuibíocht trí cháilíocht a lua leis an gcopail (*m.sh.* Caithfidh sé go bhfuil gach ciorcal cruinn).

tairiscint riachtanach (*propositio necessaria*), ráiteas a léireodh go gcaithfeadh an phreideacháid a bheith leis an tsuibíocht (*m.sh.* Caithfidh sé gur ainmhí gach duine).

tairiscint shéantach (*propositio negativa*), ráiteas a chur in iúl nach ionann preideacháid agus suibíocht *m.sh.* Ní amadán mé).

tairiscint shimplí (*propositio simplex*), ráiteas a dhearbhódh nó a shéanfadh preideacháid amháin faoi shuibíocht amháin agus gan aon cháilíocht bheith luaite le suibíocht, ná le preideacháid, ná le copail (*m.sh.* Tá sé beo).

tairiscint theagmhasach (*propositio contingens*), ráiteas go mbainfeadh an phreideacháid leis an tsuibíocht ó cheart, ach nár ghá an scéal bheith amhlaidh (*m.sh.* Bhuaigh Cill Chainnigh an cluiche ceannais i 1957).

tairiscint uilíoch (*propositio universalis*), ráiteas le téarma uilíoch dá úsáid go dáilitheach (*m.sh.* Faigheann gach duine bás).

tairiscintiúil, *aid.* Ag baint le tairiscint. D *propositionell, Satz-;* E *propositional* ; F *propositionnel* ; L *propositionalis.*

tairiseach, *aid.* Ina réaltacht, uimhir, cáilíocht a sheasfadh gan athrú G *T* ; D *beständig* ; E *constant* ; F *constant* ; L *constans.*

tairseach, *a.f.* An chéim áirithe ar scála dianais, méide, nó airde a d'fhreagródh don spreagadh ba lú a mhúsclódh céadfú (.i. tairseach spreagtha), nó an chéim a d'fhreagródh don difríocht ba lú ab fhéidir le céadfa a aireachtáil idir dhá spreagthach dhifriúla (.i. tairseach difríochta). G *cf. Dinn.* ; D *Schwelle, Schwellenwert* ; E *limen, threshold* ; F *seuil* ; L *limen.*

tairseachúil, *aid.* Ag baint le tairseach

chéadfaithe. D *liminal, Schwellen-;* E *liminal* ; F *liminaire;* L *liminalis.*

taismeach, *aid.* Mar bhreis ar an eisint agus ar na haicídí dílse i réaltacht. G *cf. Dinn.;* D *zufällig* ; E *adventitious;* F *adventice* ; L *adventicius.*

taispeáint, *a.br.* (taispeánaim). Aire a dhíriú le comhartha, etc. ar réaltacht, a bheith mar chúis go bhfeicfí í. G *Dinn.;* D *zeigen* ; E *point out, show* ; F *indiquer, montrer* ; L *indicare, monstrare.*

taitneamh, *a.f.* Pléisiúr an tsásaimh. G *Dinn.;* D *Genuss* ; E *delectation, enjoyment* ; F *délectation* ; L *delectatio.*

taitneamhach, *aid.* Ag soláthar taitnimh, ag baint le taitneamh. G *Dinn.;* D *ergötzlich, erfreulich, genussreich, Genuss-* ; E *delectable, enjoyable* ; F *délectable* ; L *delectabilis.*

támhach, *aid.* Le támhaí. G *T* ; D *träge;* E *inert* ; F *inerte* ; L *iners.*

támhaí, *a.f.* Claonadh na gcorp chun fanacht ina stad nó fanacht ag gluaiseacht go haonfhoirmeach ar raon díreach. G *T* ; D *Inertie, Trägheit* ; E *inertia;* F *inertie;* L *inertia.*

tánaisteach, *aid.* San dara áit, nó gan bheith chun tosaigh, maidir le am, bunú, ord réaltachta, etc. (*contr.* príomhúil) G *TDlí., cf. Pot.S* ; D *sekundär* ; E *secondary;* F *secondaire;* L *secondarius.*

tarchéimnitheach, *aid.* Ag sárú oird áirithe (*m.sh.* Dia ag sárú ord na finideachta, an t-anam ag sárú ord na corparthachta, idé na beithe ag sárú ord na gcoincheapaí catagóireacha, etc.) *a.f.* Réaltacht, idé tharchéimnitheach. D *transzendental (Transzendentales)* ; E *transcendental* ; F *transcendental* ; L *transcendentalis.*

tarchéimnitheachas, *a.f.* Gluaiseacht fhealsúnach agus reiligiúnach a bhunaigh Emerson, gan córas foirmiúil smaoinimh, ag moladh spioradáltachta agus le tuairim go bhfuil diagacht ag baint le gach rud. D *Transzendentalismus* ; E *transcendentalism;* F *transcendentalisme* ; L *transcendentalismus.*

tarchéimnitheacht, *a.b.* Cáilíocht na réaltachta, etc., tarchéimnithí. D *Transzendenz* ; E *transcendence* ; F *transcendance;* L *transcendentia.*

tarchéimniú, *a.br.* (tarchéimním) Bheith tarchéimnitheach i leith oird áirithe. G *P,W* ; D *transzendieren;* E *transcend;* F *transcender* ; L *transcendere.*

tarfhoirmiú, *a.f.* Athrú ar fhoirm shubstaintiúil. D *Transformation;* E *transformation;* F *transformation;* L *transformatio.*

tarfhoirmeachas, *a.f.* An teoiric adeir go dtagann gné amháin le héabhlóid ó ghné eile. D *Transformismus;* E *trans-*

formism; F *transformisme;* L *transformismus.*

tarlú, *a.f.* Rud a thitfeadh amach. G *Dinn.;* D *Begebenheit, Ereignis* ; E *event, happening, occurrence;* F *événement* ; L *eventus.*

tarraingt, *a.b.* Fórsa i leith a chéile a thabharfadh ar choirp druidim le chéile nó gan scarúint ó chéile; a leithéid de thionchar i leith dhuine, *m.sh.* chun na críche ba dhual dó a bhaint amach. G *Dinn.;* D *Anziehung, Attraktion;* E *attraction;* F *attraction;* L *attractio.*

tarraingteach, *aid.* Le cáilíocht na réaltachta a spreagfadh mian chuici. G *Dinn.;* D *attraktiv* ; E *attractive* ; F *attractif* ; L *ad se trahens, attractivus.*

teacht chun bheith. Dul ó thualang chun achta ; athrú. G *cf. PB* ; D *Werden* ; E *becoming* ; E *devenir* ; L *fieri.*

teagasc, *a.f.* Córas smaoinimh a chuireann fírinní in iúl ar chaoi gurbh fhéidir iad a mhúineadh. G *Dinn.;* D *Lehre* ; E *doctrine* ; F *doctrine* ; L *doctrina.*

teaghlach, *a.f.* An sochaí nádúrtha ina bhfuil athair, máthair agus clann. G *Dinn.;* D *Familie* ; E *family* ; F *famille* ; L *familia.*

teaglaim, *a.b.* Grúpa aontaithe (*m.sh.* sraith d'uimhreacha). G *T* ; D *Kombination;* E *combination;* F *combinaison* ; L *combinatio.*

teagmháil, *a.f.* Teacht dhá chorp le cnéile, a mbualadh le chéile. G *Dinn.* ; D *Berührung, Kontakt;* E *contact* ; F *contact* ; L *contactus.*

teagmhasach, *aid.* Le cáilíocht na réaltachta a d'fhéadfadh bheith ann nó gan bheith ann (*contr.* riachtanach). G *cf. Dinn.;* D *kontingent, zufällig,* E *contingent;* F *contingent;* L *contingens.*

teagmhasacht, *a.b.* Cáilíocht na réaltachta a d'fhéadfadh bheith ann nó gan bheith ann (*contr.* riachtanas). D *Kontingenz, Zufälligkeit* ; E *contingence* ; F *contingence* ; L *contingentia.*

téama, *a.f.* Ábhar le plé. G *T* ; D *Thema;* E *theme* ; F *thème* ; L *thema.*

teamparálta, *aid.* Le cáilíocht na réaltachta nár dhual di bheith ann ach ar feadh ama theoranta seachas an rud a bheadh síoraí. (*m.sh.* beatha an duine ar an saol). G *MC, Tr* ; D *zeitlich;* E *temporal* ; F *temporel* ; L *temporalis.*

teangeolaíocht, *a.b.* Staidéar ar an gcaint dhaonna, a bunús, fuaim, ciall, etc. D *Linguistik, Sprachwissenschaft;* E *linguistics;* F *linguistique;* L *linguistica.*

teann, *aid.* Le cáilíocht na réaltachta go mbainfeadh teannas léi. G *Dinn.;* D *gespannt* ; E *tense* ; F *tendu;* L *tensus.*

teannas, *a.f.* Cáilíocht na réaltachta a bheadh sínte go mbeadh sí daingean.

G *T*; D *Spannkraft, Spannung* ;
E *tension* ; F *tension* ; L *tensio*.

téarma, *a.f.* Focal nó focail a bheadh
mar chomhartha de réir coinbhinsin
ar choincheap, ar oibíocht choincheapa.
G *Dinn.*; D *Wort, Ausdruck*; E *term* ;
F *terme* ; L *terminus*.

téarma absalóideach (*terminus absolu-
tus*), ceann a chiallódh rud a bheadh
ann uaidh féin (*m.sh.* ainmhí; *contr.*
coimsitheach).

téarma analachúil (*terminus analogus*),
ceann a thabharfaí ar réaltachtaí
éagsúla a mbeadh coibhneas nó cosúl-
acht eathorthu (*m.sh.* scaoileadh
snaidhme, scaoileadh faidhbe; *contr.*
aonchiallach).

téarma aonchiallach (*terminus univo-
cus*), ceann nach mbeadh ach aon chiall
amháin leis i dteanga áirithe (*m.sh.*
muc ; *contr.* déchiallach, ilchiallach,
analachúil).

téarma cnuasaitheach (*terminus
collectivus*), ceann a thagródh d'uimhir
rudaí mar ghrúpa (*m.sh.* coill; *contr.*
singil).

téarma coimpléascúil (*terminus com-
plexus*), ceann a mbeadh breis is focal
amháin ann (*m.sh.* fear gnótha *contr.*
simplí).

téarma coimsitheach (*terminus conno-
tativus*), ceann a chiallódh réaltacht
amháin a bhainfeadh le rud eile (*m.sh.*
fios—a bhainfeadh le feasaí; *contr.*
absalóideach).

téarma déchiallach (*terminus aequivo-
cus*), ceann a chiallódh rudaí difriúla
(*m.sh.* cairt asail, cairt saoirse ; *contr.*
aonchiallach).

téarma loighciúil (*terminus logicalis*),
ceann a chiallódh idé loighciúil (*m.sh.*
preideacháid ; *contr.* réalta).

téarma pairticleártha (*terminus par-
ticularis*), téarma uilíoch a thuigfí go
neamhiomlán agus go neamhchinntithe
(*m.sh.* "áirithe," "roinnt," etc.: daoine
áirithe, roinnt Éireannach ; *contr.*
uilíoch).

téarma réalta (*terminus realis*), ceann
a chiallódh idé réalta (*m.sh.* fear; *contr.*
loighciúil).

téarma uilíoch (*terminus universalis*),
téarma coiteann a thagródh don uile
réaltacht i ngné, toisc comhartha á
thaispeáint sin a bheith leis (*m.sh.* gach
duine ; *contr.* pairticleártha) .

téarmaíocht, *a.b.* Na téarmaí teicniúla a
bheadh in úsáid in eolaíocht, ealaín,
ceard, etc. G *MC* ; D *Terminologie* ;
E *terminology* ; F *terminologie* ; L *ter-
minologia*.

tearmann, *a.f.* Ceachtar de dhá fhoir-
ceann a mbeadh gaol eatarthu (*m.sh.*

tosach agus deireadh an athraithe .i.
"tearmann uaidh"—*terminus a quo*,
agus "tearmann chuige"—*terminus ad
quem*). G *Com. N, Dinn., QPN* ;
D *Terminus* ; E *terminus*; F *terminus*;
L *terminus*.

teibí, *aid.* Scartha amach ón gcorparthacht,
ó choinníollacha an spáis agus an ama
(*m.sh.* coincheap uilíoch): G *Dinn., TF* ;
D *abstrakt* ; E *abstract* ; F *abstrait* ;
L *abstractus*.

teibíochas, *a.f.* Mí-úsáid an teibithe,
breathnú ar réaltachtaí teibí amhail agus
dá mba ionann ar fad iad agus na nithe
coincréiteacha a bheadh i gceist iontu.
D *Abstraktionismus* ; E *abstractionism* ;
F *abstractionnisme* ; L *abstractionismus*.

teibiú, *a.br.* (teibím). Fáil feasa agus na
coinníollacha spáis agus ama a bhain-
feadh leis an oibíocht á bhfágáil ar lár;
G *cf. Dinn.*; D *abstrahieren*; E *abstract*;
F *abstraire* ; L *abstrahere*.

teicneolaíocht, *a.b.* Staidéar ar dhéantús-
aíocht agus ar ealaín. G *FI Teknologi* ;
D *Technologie*; E *technology*; F *tech-
nologie* ; L *technologia*.

teicniúil, *aid.* Ag baint le brainse faoi
leith den eolaíocht, de na healaíne, etc.
(*m.sh.* cáilíocht na téarmaíochta a
d'úsaidfí nuair a bheadh staidéar
fealsúnach á dhéanamh ar réaltacht,
seachas mar a d'úsáidfí i ngnáthchúrsaí
an lae dá ndéanfaí tagairt don réaltacht
chéanna). G *Dinn.* ; D *technisch*;
E *technical*; F *technique* ; L *technicus*.

teideal, *a.f.* **1.** An fíoras a d'fhágfadh go
mbainfeadh ceart áirithe le duine
áirithe (*m.sh.* úinéireacht a fháil mar
oidhreacht). G *Dinn.*; D *Titel* ; E *title*;
F *titre* ; L *titulus*. **2.** Ainm a thabharfaí
ar rud chun é a idirdhealú ó rudaí eile.
G *Dinn.Tr*; D *Titel*; E *title*; F *titre* ;
L *titulus*.

teilgean, *a.f.* Glacadh le hoibíocht mar
údar le céadfú ; mothuithe míthait-
neamhacha an duine féin a bheith á
gcur i leith daoine eile aige go neamh-
chomhfhiosach. G *cf. Dinn.*; D *Pro-
jektion* ; E *projection* ; F *projection* ;
L *projectio*.

teimhneach, *aid.* Le cáilíocht an ruda nach
ligfeadh solas tríd, ionas nárbh fhéidir
radharc a fháil tríd. G *T* ; D *un-
durchsichtig*; E *opaque*; F *opaque*; L *non
translucidus*.

teiripeach, *aid.* Ag baint le leigheas.
D *therapeutisch*; E *therapeutic* ; F *théra-
peutique* ; L *therapeuticus*.

téis, *a.b.* **1.** Eilimint i dteagasc, go
háirithe dá mbeadh cosaint le déanamh
uirthi. **2.** An chéad chéim i ndialachtaic
Hegel. G *T* ; D *These* ; E *thesis* ;
F *thèse* ; L *thesis*.

téiseach, *aid.* Ag baint le téis, leagtha síos mar théis, etc. D *thetisch;* E *thetic;* F *thétique* ; L *theticus.*

teoiric, *a.b.* **1.** Eolas spéacláireach. **2.** Córas . téiseanna ; **3.** Hipitéis mar mhíniú ar fheiniméin. G *Dinn.,* *TF,* *Com. Sc.*; D *Theorie;* E *theory;* F *théorie;* L *theoria.*

teoiriciúil, *aid.* Ag baint le teoiric. G *Dinn.*; D *theoretisch* ; E *theoretical* ; F *théorique;* L *theoreticus.*

teorainn, *a.b.* Foirceann deiridh an chumais, an achair, etc., a bheadh ag réaltacht. G *Dinn.*; D *Grenze;* E *limit;* F *limite;* L *limes, terminus.*

teorannaitheach, *aid.* Le cáilíocht na réaltachta a chuirfeadh teorainn le réaltacht eile. D *limitativ;* E *limitative* ; F *limitatif* ; L *limitativus.*

teoranta, *aid.* Le cáilíocht na réaltachta a mbeadh teorainn léi. G *Dinn.*; D *beschränkt* ; E *limited* ; F *limité* ; L *limitatus.*

teorannú, *a.br.* (teorannaím). Teorainn a chur le réaltacht. G *cf. W* ; D *begrenzen, beschränken, limitieren* ; E *limit* ; F *limiter* ; L *limitare.*

timpeallacht, *a.b.* Na coinníollacha a bheadh ag dul i bhfeidhm ar orgánacht. D *Umgebung, Umwelt* ; E *environment, surroundings;* F *environnement, milieu;* L *condicio. circumstantia.*

timthriall, *a.f.* Tréimhse a dtosnódh na cúrsaí a bhain léi ag tarlú athuair chomh luath agus bheadh a deireadh bainte amach (*m.sh.* cúrsaí na réaltaí, cúrsaí cultúrtha de réir teoiricí áirithe, etc.). D *Zyklus;* E *cycle;* F *cycle;* L *cyclus.*

tiomáint, *a.br.* (tiomáinim). Brostú nó broideadh chun gníomhaithe. G *Dinn.*; D *antreiben;* E *impel;* F *pousser;* L *impellere.*

tiomáinteas, *a.f.* Fórsa tiomána (síceach nó meicniúil). D *Antrieb,Impuls;* E *impulse, impulsion* ; F *impulsion* ; L *impulsio.*

tionchar, *a.f.* An mhéid a ghabhfadh réaltacht i bhfeidhm go fisiciúil nó go morálta ar réaltacht eile. G *T* ; D *Einfluss;* E *influence;* F *influence;* L *influentia.*

todhchaí, *a.f.* An t-am a bheadh le teacht. G *Dinn.* ; D *Zukunft;* E *futur* ; L *futura.*

todhchaíoch, *aid.* Ag baint leis an am le teacht, leis an todhchaí. *a.f.* Tarlú a bheadh le teacht go fóill. D *zukünftig* (*Zukünftiges*); E *future* (*future happening*); F *futur* (*futur, événement futur*); L *futurus* (*res futura*).

todhchaíochas, *a.f.* Gluaiseacht ealaíne, cheoil, litríochta, etc., i dtosach na fichiú aoise, a mhol an bhunúlacht, an neart, etc. gan smacht an traidisiúin.

D *Futurismus;* E *futurism;* F *futurisme;* L *futurismus.*

toghadh, *a.br.* (toghaim). Rogha a dhéanamh, go háirithe le caitheamh vótaí, etc.; rogha a dhéanamh faoi na meáin chun cuspóra. G *Dinn.*; D *auswählen* ; E *elect* ; F *élire* ; L *eligere.*

toghaí, *aid.* Ag baint le thoghadh a dhéanamh. G *cf. Dinn.*; D *auswählend* ; E *elective* ; F *électif* ; L *electivus.*

toil, *a.b.* An acmhainn a thothlódh an mhaith a d'aithneofaí ag an intleacht. G *Dinn.*; D *Wille, Willenskraft* ; E *will* ; F *volonté* ; L *voluntas.*

toileachas, *a.f.* Teagasc a thabharfadh tosach don toiliú thar an intleacht (i gcás phrionsabail na réaltachta nó i gcás na gníomhaíochta daonna), D *Voluntarismus;* E *voluntarism* ; F *volontarisme* ; L *voluntarismus.*

toilí, *a.f.* Duine a ghlacfadh le toileachas. D *Voluntarist;* E *voluntarist*; F *volontariste* ; L *voluntarista.*

toilíoch, *aid.* Ag baint le toileachas. D *voluntaristisch* ; E *voluntaristic* ; F *volontariste;* L *voluntaristicus.*

toiliú, *a.br.* (toilím). Gníomh tola a dhéanamh. G *Dinn.*; D *wollen* ; E *will* ; F *vouloir* ; L *velle. a.f.* Gníomh tola. G *Dinn.*; D *Willensakt;* E *volition* ; F *volition* ; L *volitio.*

toiliúil, *aid.* Ag baint le gníomh ar bith nó le staid ar bith tola. G *Rup., Tr., W;* D *freiwillig, willenlich* ; E *voluntary;* F *volontaire* ; L *voluntarius.*

toimhde, *a.b.* Tairiscint, nó cosúlacht fhíorais, a bheadh á ghlacadh mar fhírinne go gcruthófaí nárbh fhíor í. G *cf. Dinn.*; D *Vermutung;* E *presumption;* F *présomption;* L *praesumptio.*

toimhdiú, *a.br.* (toimhdím). Glacadh le toimhde. G *cf. Dinn.*; D *vermuten* ; E *presume* ; F *présumer* ; L *praesumere.*

Tómachas, *a.f.* An córas fealsúnachta agus diagachta a bhain le San Tomás d'Acuin agus lena leantóirí. G *Fl Thomism;* D *Thomismus;* E *Thomism;* F *thomisme;* L *Thomismus.*

Tómaíoch, *aid.* Ag baint leis an Tómachas. D *thomistisch;* E *Thomist, Thomistic* ; F *thomiste;* L *Thomisticus.*

tomhas, *a.f.* **1.** Caighdeán a d'úsáidfí le déanamh amach cén méad a bheadh i réaltacht. **2.** An méad a dhéantaí amach lena leithéid de chaighdeán. G *Dinn.*; D *Mass* ; E *measure* ; F *mesure* ; L *mensura. a.br.* (tomhaisim). Déanamh amach le caighdeán cén fhairsinge, leithne, méad, a bheadh i réaltacht. G *Dinn.*; D *messen* ; E *measure* ; F *mesurer* ; L *metiri.*

tonnchrith, *a.f.* Crith mear siar is aniar. G *T* ; D *Vibration* ; E *vibration* ;

F *vibration* ; L. *vibratio.*

tosaíocht, *a.b.* Cáilíocht na réaltachta a bheadh chun tosaigh ar réaltachtaí eile. G *cf. Dinn.;* D *Priorität;* E *priority;* E *priorité* ; L *prioritas.*

toscú, *a.f.* Teacht de (*m.sh.* leanúint de phrionsabal). D *Prozession;* E *procession;* F *procession;* L *processio.*

tothlaitheach, *aid.* Ag baint le tothlú. D *appetitiv, strebend* ; E *appetitive* ; F *appétitif* ; L *appetitivus.*

tothlú, *a.f.* Claonadh chun seilbhe ar mhaith a d'aithneofaí leis an céadfaí (.i. tothlú céadfaíoch) nó leis an intleacht (.i. tothlú réasúnach). G *Bur.*[3], *Princ. N', TMot.;* D *Strebevermögen, Strebung;* E *appetite* ; F *appétit* ; L *appetitus.*

  tothlú íorach (*appetitus irascibilis*), an claonadh chun cur in aghaidh an mhéid a bhagródh ar rud ba mhaith le duine féin (*m.sh.* fearg).

  tothlú miangasach (*appetitus concupiscibilis*), claonadh chun déanamh ar na rudaí a shásódh na céadfaí agus imeacht ó na rudaí nach n-oirfeadh dóibh.

traidisiún, *a.f.* An cultúr a bheadh ag sochaí (idir smaointe agus gníomhaíocht) a bheadh dá thabhairt ar aghaidh go beo ó ghlúin go glúin faoi mar is dual a dhéanamh de réir nádúr an duine. D *Tradition, Überlieferung;* E *tradition;* F *tradition;* L *traditio.*

traidisiúnachas, *a.f.* An teagasc a dhéarfadh nach foláir brath ar an traidisiún in ionad ar an réasún i gceisteanna polaiteolaíochta, agus moráltachta agus reiligiúin. D *Traditionalismus;* E *traditionalism;* F *traditionalisme* ; L *traditionalismus.*

traidisiúnaí, *a.f.* Duine a ghlacfadh le traidisiúnachas. D *Traditionalist* ; E *traditionalist* ; F *traditionaliste* ; L *traditionalista.*

traidisiúnaíoch, *aid.* Ag baint le traidisiúnachas. D *traditionalistisch;* E *traditionalist* ; F *traditionaliste;* L *traditionalisticus.*

traidisiúnta, *aid.* Ag baint le traidisiún. D *traditionell, überliefert;* E *traditional;* F *traditionnel* ; L *traditionalis.*

treá, *a.br.* (treáim). Dul isteach i réaltacht. G *Dinn.;* D *durchdringen, eindringen* ; E *penetrate;* F *pénétrer;* L *penetrare.*

tréadúil, *aid.* Ag baint le, cosúil le, instinn na n-ainmhithe chun bheith i dteannta a chéile. D *Herden-* ; E *gregarious;* F *grégaire;* L *gregarius.*

treallach, *aid.* Le cáilíocht an ghnímh, etc., nach mbraithfeadh ar chaighdeán oibíochtúil ar bith, ach ar rogha lom

na tola ba bhun leis. G *cf. Dinn.;* D *willkürlich;* E *arbitrary;* F *arbitaire;* L *ad arbitrium, arbitrarius.*

treasach, *aid.* Sa dtríú áit maidir le ham, bunú, ord réaltachta, etc. D *tertiär* ; E *tertiary* ; F *tertiaire* ; L *tertiarius.*

trédhearcach, *aid.* Le cáilíocht an ruda a ligfeadh solas tríd agus a d'fhágfadh gurbh fhéidir radharc soiléir a fháil tríd. G *T* ; D *durchsichtig, transparent;* E *transparent;* F *transparent;* L *perlucidus, translucidus.*

tréimhse, *a.b.* Seal áirithe ama. G *Dinn.;* D *Periode;* E *period;* F *période* ; L *periodus.*

tréimhsiúil, *aid.* Ag baint le tréimhsí, de réir tréimhsí. D *periodisch;* E *periodic* ; F *périodique* ; L *periodicus.*

tréimhsiúlacht, *a.b.* Cáilíocht na réaltachta tréimhsiúla. D *Periodizität;* E *periodicity* ; F *périodicité* ; L *periodicitas.*

treoshuíomh, *a.f.* Fáil tuisceana ar shuíomh áite, nó suíomh i leith ama, daoine eile, etc. D *Orientierung, Sichzurechtfinden;* E *orientation;* F *orientation* ; L *orientatio.*

tréscaradh, *a.f.* Roinnt i dtrí codanna (*m.sh.* dá roinnfí an nádúr daonna mar seo : corp, anam, spiorad). D *Trichotomie* ; E *trichotomy* ; F *trichotomie* ; L *trichotomia.*

triail, *a.b.* Turgnamh, scrúdú, comparáid, etc., chun fíuntas éigin a phromhadh. G *Dinn.;* D *Probe, Stichprobe, Test* ; E *test* ; F *épreuve, test* ; L *probatio.*

tritheamh, *a.f.* Crapadh dian mínormálta matánach. G *Dinn.;* D *Konvulsion* ; E *convulsion;* F *convulsion;* L *convulsio.*

trócaire, *a.b.* Suáilce a chlaonfadh uachtarán chun déine a sheachaint nuair a bheadh pionós tuillte. G *Dinn.;* D *Barmherzigkeit, Erbarmung;* E *clemency, mercy* ; F *clémence, miséricorde* ; L *clementia, misericordia.*

tromaí, *aid.* Dáiríre, nó in a ábhar dáiríreachta, toisc gan a bheith éadrom ná ina ní gan aird. G *Dinn.;* D *ernst, wichtig* ; E *grave, serious;* F *grave, sérieux* ; L *gravis, serius.*

trópachas, *a.f.* Freagairt neamhthoiliúil a dhéanfadh orgánacht ar spreagadh ón taobh amuigh (*m.sh.* planda ag casadh i dtreo an tsolais). D *Tropismus;* E *tropism* ; F *tropisme* ; L *tropismus.*

trua, *a.b.* Suáilce a chlaonas daoine chun gníomhartha trócaire a dhéanamh de bhrí go bhfuil sé de réir réasúin teacht i gcabhair ar dhaoine i ngá. G *Dinn.;* D *Mitleid* ; E *pity* ; F *pitié* ; L *misericordia.*

truailliú, *a.f.* **1.** Athrú ruda oiread agus nárbh fhéidir feasta an t-ainm céanna a thabhairt air. G *Op., TMixt.* ;

D *Verderbnis*; E *corruption*; F *corruption*; L *corruptio*. **2.** Déanamh neamhghlan (go morálta). G *W*; D *Befleckung*; E *pollution*; F *pollution*; L *pollutio*.

tualang, *a.f.* Luí le hathrú, le bheith cinntithe. Dá mb'í an tsuibíocht féin a dhéanfadh an t-athrú a bheadh i gceist is tualang gníomhach nó cumhacht a bheadh aici; dá mb'uirthi féin a bheadh an t-athrú le déanamh, ionnas go nglacfadh sí an t-athrú, ba thualang fulangach nó tualangacht a bheadh aici (*contr.* acht). G *cf. Dinn.*; D *Potenz, Vermögen*; E *potency*; F *puissance*; L *potentia*.

tualangach, *aid.* Ag baint le tualang nó i staid an tualaing. D *potenziell*; E *potential*; F *potentiel*; L *potentialis*.

tualangacht, *a.b.* Cáilíocht na réaltachta a bheadh tualangach; tualang fulangach. D *Potenzialität*; E *potentiality*; F *potentialité*; L *potentialitas*.

tuairisc, *a.b.* Cur síos ar rud trí lua na gcáilíochtaí seachtracha a dhealódh ó rudaí eile é (seachas deifníd a fháil ar an rud). G *Dinn.*; D *Beschreibung*; E *description*; F *description*; L *descriptio*.

tuarastal, *a.f.* Íocaíocht thréimhsiúil as freastal nó saothar a dhéanfadh fear gairme. G *Dinn.*; D *Gehalt*; E *salary*; F *appointements*; L *salarium*.

tuiscint, *a.br.* (tuigim). Fios iomlán a shealbhú mar gheall ar réaltacht; ciall a bhaint as comharthaí, etc. G *Dinn.*; D *verstehen*; E *comprehend, understand*; F *comprendre*; L *intelligere*. *a.b.* Cumas tuisceana, smaoinimh, etc. G *Dinn.*; D *Verstand*; E *understanding*; F *entendement*; L *intellectus*.

turgnamh, *a f.* Gníomh a dhéanfaí d'aonghnó chun fírinne, prionsabal, éifeacht a fháil amach nó a thriail, chun hipitéis a phromhadh. G *T*; D *Experiment*; E *expériment*; F *expériment*; L *experimentum*.

turgnamhach, *aid.* Ag baint le turgnamh. G *T*; D *experimentell*; E *experimental*; F *experimental*; L *experimentalis*.

---

uabhar, *a.f.* Mian mhírialta bheith in uachtar. G *Dinn.*; D *Stolz*; E *pride*; F *orgueil*; L *superbia*.

uachtar, *a.f.* An taobh thuas de rud, an chuid ab airde. G *Dinn.*; D *Oberteil*; E *top, upper part*; F *haut*; L *pars superior*.

uachtarach, *aid.* Ag baint leis an uachtar (in ionad, i gcéim, etc.). G *Dinn.*; D *ober*; E *superior*; F *supérieur*; L *superior*.

uaillmhian, *a b.* Claonadh chun bheith ag dréim le ardchéim, (uaireanta, le ionad thar mar a bheadh tuillte ná cuí). D *Ehrgeiz*; E *ambition*; F *ambition*; L *ambitio*.

uaisliú, *a.br.* (uaislím). Daoine, meon daoine, a ardú. G *Dinn.*; D *adeln, veredeln*; E *ennoble*; F *anoblir, ennoblir*; L *honestare, illustrare, nobilitare*.

uasadh, *a.br.* (uasaim). Baint an fhuinnimh de instinní an duine trí ghníomhú na n-acmhainní ab airde ann (*m.sh.* agus go háirithe, i gcás na mianta collaí). D *sublimieren*; E *sublimate*; F *sublimer*; L *sublimare*.

uasalaicme, *a.b.* Aicme shóisialta a mheasfaí a bheith os cionn na coda eile ar phrionsabal éigin. D *Adel, Aristokratie*; E *aristocracy*; F *aristocratie*; L *aristocratia*.

uaslathas, *a.f.* Córas polaitiúil a mbeadh uasalaicme ag rialú ann ar mhaithe leis an leas coiteann. D *Aristokratie*; E *aristocracy*; F *aristocratie*; L *aristocratia*.

uasmhéad, *a f.* An méad ba mhó. D *Maximum*; E *maximum*; F *maximum*; L *maximum*.

uatha, *aid.* Gan bheith iolra (cé go bhféadfadh bheith amhlaidh). G *Dinn.*; D *Singular-*; E *singular*; F *singulier*; L *singularis*.

uathoibritheach, *aid.* Le cáilíocht na réaltachta a mbeadh prionsabal a corraithe inti féin, ach nach mbeadh aon ní eile i gceist sa bprionsabal agus sa gcorraí ach meicníocht. G *MC*; D *automatisch*; E *automatic*; F *automatique*; L *automaticus*.

uathúil, *aid.* Le cáilíocht an ruda nach mbeadh ceann ar bith eile dá shaghas ann (*m.sh.* Dia). G *Dinn.*; D *einzig*; E *unique*; F *unique*; L *unicus*.

uathúlacht, *a.b.* Cáilíocht na réaltachta uathúla. G *Dinn.*; D *Einzigkeit*; E *uniqueness, "unicity"*; F *unicité*; L *unicitas*.

údarach, *aid.* Le údar, dáta, áit, dáiríre mar a bheifí ag dearbhú iad a bheith (*m.sh.* i gcás caipéise, saothair ealaíne, etc.). D *authentisch, echt*; E *authentic*; F *authentique*; L *authenticus*.

údarás, *a.f.* **1.** Ceart rialaithe. **2.** Duine nó daoine a mbeadh a leithéid de cheart acu. **3.** Duine a mbeadh oiread fiúntais intleachta aige go mba ionann é a bheith ag taobhú le tuairim agus tacaíocht a bheith leis an dtuairim sin. G *Desid. Dinn.*; D *Autorität*;

E *authority*; F *autorité*; L *auctoritas*.

údarú, *a.br.* (údaraím). Cuid den údarás a bheadh ag duine a bheith á fágáil aige aige faoi dhaoine eile le húsáid. D *autorisieren, ermächtigen*; E *authorize*; F *autoriser*; L *auctorisare*.

uilebhith, *a.f.* Iomlán na réaltachtaí go léir san am agus sa spás . D *Universum, Weltall*; E *universe*; F *univers*; L *universum*.

uilechumhacht, *a.b.* Cumas déanta gach uile ní ab fhéidir a bheith ann. G *Dinn.*; D *Allmacht*; E *omnipotence*; F *omnipotence*; L *omnipotentia*.

uilechumhachtach, *aid.* Le huilechumhacht. G *Dinn.*; D *allmächtig*; E *almighty*, *omnipotent*; F *omnipotent*; L *omnipotens*.

uilefhios, *a.f.* Eolas ar an uile réaltacht. D *Allwissenheit*; E *omniscience*; F *omniscience*; L *omniscientia*.

uilefhiosach, *aid.* Leis an uilefhios. D *allwissend*; E *omniscient*; F *omniscient*; L *omnisciens*.

uileláithreach, *aid.* Bheith san uile áit a mbeadh réaltacht ar bith ann. D *allgegenwärtig*; E *omnipresent*; F *omniprésent*; L *omnipraesens*.

uileláithreacht, *a.b.* Cáilíocht na réaltachta uileláithrí. D *Allgegenwart*; E *omnipresence*; F *omniprésence*; L *omnipraesentia*.

uilíoch, *aid.* Ag baint leis an uilebhith; ag baint leis an uile rud ; ag baint lena lán ; le cáilíocht an téarma a bheadh le glacadh in iomlán a shínteachta, nó le cáilíocht na tairiscinte a mbeadh a leithéid de théarma mar shuibíocht inti. G *cf. Dinn.*; D *allgemein, universell*; E *universal*; F *universel*; L *universalis*.

uilíochas, *a.f.* An teagasc go mbeadh páirt ag cách sa reiligiún agus sa slánú amháin; teagasc a d'aithneodh tábhacht in aontacht an chine dhaonna. D *Universalismus*; E *universalism*; F *universalisme*; L *universalismus*.

uilíochaí, *a.f.* Duine a thaobhódh le huilíochas. D *Universalist*; E *universalist*; F *universaliste*; L *universalista*.

uilíocht, *a.b.* Cáilíocht na réaltachta a bheadh uilíoch. G *Bur.*[3], *CGP, P*; D *Allgemeinheit, Universalität*; E *universality*; F *universalité*; L *unversalitas*.

uilíochúil, *aid.* Ag baint le uilíochas. D *universalistisch*; E *universalist*; F *universaliste*; L *universalisticus*.

uiliú, *a.f.* Dul ó chásanna pairticleártha chun uilíochta. D *Universalisierung, Verallgemeinerung*; E *universalisation*; F *universalisation*; L *universalisatio*.

uimheartha, *aid.* Ag baint le uimhir, le huimhriú . (*m.sh.* idirdhealú peacaí ó uimhir). D *numerisch, zahlenmässig*; E *numerical*; F *numérique*; L *numericus*.

úinéireacht, *a.b.* An ceart áirithe chun rud ábhartha a bheith faoi smacht ag duine le húsáid nó le caitheamh de réir an dlí ar son a leasa féin nó de réir a thola. D *Eigentumsrecht*; E *ownership*; F *propriété*; L *dominium*.

uirísle, *a.b.* Suáilce an té a bheadh uiríseal .i. a d'aithneodh an fhírinne mar gheall ar a laghad féin agus an mhéid a bheadh faighte aige ó Dhia. G *P*, *RSF*; D *Demut*; E *humility*; F *humilité*; L *humilitas*.

umhlaíocht, *a.b.* Suáilce an té a bheadh umhal .i. a ghéillfeadh mar ba cheart don údarás dlistineach. G *Dinn.*, *cf. RSF*; D *Gehorsam, Obedienz*; E *obedience*; F *obédience*; L *obedientia*.

urchoilleadh, *a.br.* (urchoillim). Coscadh feiniméin shícigh ag ceann eile ; aon bhac intinne nó mothúchánach. G *Dinn*; D *hemmen, hindern, inhibieren*; E *inhibit*; F *inhibiter*; L *inhibere*.

úrnuachan, *a.b.* Rud a dhéanfaí agus nár rinneadh cheana é. D *Neuerung*; E *innovation*; F *innovation*; L *innovatio*.

úsáid, *a.b.* Gnáthchleachtadh (mar chaighdeán, bunús le ceart, etc.). G *Dinn.*; D *Gebrauch*; E *usage*; F *usage*; L *usus*.

Útóipe. *a.b.* Sochaí idéalach a shamhlaigh Naomh Tomás More ; sochaí idéalach ar bith. G *Fl Utopi*; D *Utopie*; E *Utopia*; F *Utopie*; L *Utopia*.

TREORACHA

Abduktion, abduchtú
abhängig, spleách
Abhängigkeit, spleáchas
Abiogenesis, neamhbhithghiniúint.
Abkömmling, sliochtach
ableiten, díorthú
ablenken, sraonadh
abnorm, mínormálta
abreagieren, díghníomhú
absehen von, saineisceadh
Absicht, intinn
absichtlich, beartaithe
absolut, absalóideach
Absolute, das, Absalóid, an
Absolutheit, absalóideacht
Absolutismus, absalóideachas
absondern, leithlisiú, scaradh
Abstand, cianúlas
abstrahieren, teibiú
abstrakt, teibí
Abstraktionismus, teibíochas
Abtreibung, ginmhilleadh
Abulie, abúile
abulisch, abúileach
abwechselnd, ailtéarnach
Abweichung, díraonadh
abwesend, neamhláithreach
Achtung, ómós
adäquat, imleor
Addition, logische, suimiú loighciúil
Adel, uasalaicme
adeln, uaisliú
adversativ, áibhirsiúil
Aevum, aoisíoraíocht
Affektion, aificsean
Affektivität, aificseanacht
Affinität, aifinideacht
affirmieren, dearbhú

affizieren, imirt
Agent, gníomhaí
Agnosie, agnóise
Agnostiker, agnóisí
agnostisch, agnóisíoch
Agnostizismus, agnóiseachas
agonistisch, coimhlinteach
Agoraphobie, agrafóibe
Ähnlichkeit, cosúlacht
Akademie, acadamh
Akt, acht
aktiv, gníomhach
aktivieren, gníomhachtú
Aktivismus, gníomhachas
Aktivität, gníomhacht
aktualisieren, achtáil
aktuell, achtáilte
Akustik, fuaimeolaíocht
Akzidens, aicíd
akzidentell, aicídeach
Alexandrinismus, Alastrachas
algorithmisch, algóirithmeach
Allegorie, fáthchiallacht
Allgegenwart, uileláithreacht
allgegenwärtig, uileláithreach
allgemein, ginearálta, uilíoch
Allgemeinheit, uilíocht
Allheit, iomláine
Allmacht, uilechumhacht
allmächtig, uilechumhachtach
allwissend, uilefhiosach
Allwissenheit, uilefhios
Alteration, claochlú
Alternation, ailtéarnadh
Alternative, ailtéarnacht
alternierend, ailtéarnach
Altruismus, altrúchas
altruistisch, altrúíoch
Amnesie, aimnéise
amoralisch, dímhorálta

Amphibolie, iolabairt
anagogisch, anagóigeach
Analogat, analacháid
Analogie, analach
analogisch, analachúil
Analyse, anailís
analytisch, anailíseach
Anarchismus, ainriail, ainrialachas
ändern, athrú
Andersheit, eileacht
Anderssein, eileacht
Änderung, claochlú
aneignen, sich, dílsiú
anerkennen, aithint
angeboren, inbheirthe
Angeborenheit, inbheirthcacht
Angestellter, fostaí
angleichen, asamhlú
angleichend, cómhalartach
Angleichung, asamhlú
Angrenzung, gaireacht
Angst, crá
Anhäufung, bailiúchán
Animismus, anamachas
Annahme(n), fáltais
annehmen, glacadh
Anomalie, aimhrialtacht
Anordnung, rangú
anpassen, coigeartú
anschaulich, imfhiosach
Anschauung, imfhios
an sich, ann féin
Antezedens, réamhtheachtaí
Anthropologie, antraipeolaíocht
Anthropomorphismus, antrapamorfachas
anthropozentrisch, antrapalárnach
Antilogie, frithloighceacht
Antinomie, frithdhleathacht
Antithese, fritéis
Antizipation, réamhghabháil
antreiben, tiomáint
Antrieb, tiomáinteas
Antwort, freagra
Anziehung, tarraingt
apagogisch, apagóigeach
apathie, dímhothú
Aphorismus, nath
apodiktisch, léiráititheach
Apodosis, iarmbeart
Aporie, sáinn
Apotheose, diagú
Apperzeption, aipéircheap

appetibel, intothlaithe
appetitiv, tothlaitheach
approbieren, dea-mheas
Äquilibrium, cothromaíocht
äquipollent, ionnúil
Äquipollenz, ionnúlacht
Äquiprobabilismus, comhdhóchúlachas
äquivalent, coibhéiseach
Äquivalenz, coibhéiseacht
Äquivok, déchiallacht
äquivok, déchiallach
Arbeitgeber, fostóir
Arbeitnehmer, fostaí
Arbitrage, eadráin
architektonisch, ailtireachtúil
Argument, argóint
Argumentation, argóinteacht
Aristokratie, uasalaicme, uaslathas
Aristoteliker, Arastataileach
aristotelisch, Arastataileach
Aristotelismus, Arastataileachas
Art, gné
Artefakt, saorgán
artifiziell, saorga
Artifiziellismus, saorgachas
artikulär, altúil
Aseität, aiséiteas
Aspekt, dreach
assertorisch, dearbhúil
Assimilation, asamhlú
Assoziation, comhcheangal
Assoziationspsychologie, comhcheangal-
    tachas
Assoziativität, comhcheangaltacht
assoziieren, comhcheangal
Ästhetik, aestéitic
ästhetisch, aestéitiúil
ästimativ, measúnaitheach
ästimativer Sinn, measúnaitheacht
ästimieren, measúnú
asyllogistisch, neamhshiollógach
Ataraxie, ataráisce
Atavismus, athdhúchas
Atheismus, aindiachas
Atheist, aindiachaí
Ätiologie, cúiseolaíocht
Atomismus, adamhachas
Attraktion, tarraingt
attraktiv, tarraingteach
Attribut, aitreabúid
attributiv, aitreabúideach

aufeinanderfolgend, leantach
aufhören mit, críochnú
aufklären, soiléiriú
auflösen, díscaoileadh
Auflösung, scaoileadh
Aufmerksamkeit, aire
Aufnahmefähig, gabhálach
Aufnahmefähigkeit, cumas
aufrichtig, fíreata, ionraic
Aufrichtigkeit, ionracas
aufwenden, caith' amh
aufzählen, áireamh
augenblicklich, móimintiúil
augenscheinlich, follasach
Ausdruck, léiriú, téarma
ausdrücklich, sainráite
ausführbar, indéanta
ausführen, déanamh
auslegen, idirmhíniú
Ausnahme, eisceacht
ausnehmen, eisceadh
ausrichten, coigeartú
Aussage, ráiteas
auschlagen, diúltú
ausschliessen, eisiamh
ausschliesslich, eisiatach
ausschweifend, míchuíosach
aussenden, eisiúint
äusser, seachtrach
äusserlich, eistreach, seachtrach
Äusserlichkeit, seachtracht
aussernatürlich, eisnádúrtha
äussertes Ende, foirceann
ausstrahlen, eisileadh
Ausstrahlung, eisileadh
austeilen, dáileadh
austeilend, dáileach
auswählen, toghadh
auswählend, toghaí
authentisch, údarach
automatisch, uathoibritheach
autonom, féinrialaitheach,
Autonomie, féinriail, neamhspleáchas
autorisieren, údarú
Autorität, údárás
Autosuggestion, féininmheabhrú
Axiologie, fiúntaseolaíocht
Axiom, aicsíom
Axiomatik, aicsíomacht

Barmherzigkeit, trócaire

beabsichtigen, beartú
bearbeiten, saothrú
Bedarf, gá
Bedauern, aifeála
bedeuten, ciallú
bedingt, nicht, neamhchoinníollach
Bedingung, coinníoll
Bedingungssatz, céadbheart
Bedürfnis, gá
Befehl, ordú
befehlen, ordú
befehlend, ordaitheach
Befleckung, truailliú
Begebenheit, tarlú
begehren, mianú
begehrenswert, intothlaithe
Begehrungs-, miangasach
Begierde, mian
Begleiterscheinung, eipifeiniméan
begrenzen, teorannú
Begriff, coincheap, nóisean
Begriff bilden, einen, coinchcapadh
begrifflich, nóiseanúil
Begriffsbestimmung, deifníd
behaupten, dearbhú
Behaviourismus, iomprachas
Behaviourist, iompraí
beiderseitig, ceachtartha
beiordnen, comhordú
Beiordnung, comhordú
beitragen, comhoibriú
bejahen, dearbhú
bekräftigen, comhthacú
bekräftigung, comhthacaíocht
bemerken, sonrú
Benehmen, béasa
benennen, ainmniú
beobachten, breathnú
beraten, meá
Beraubung, easnamh
Bereich, fearannas
bereit, nicht, neamhchóirithe
berichtigen, ceartú
Berührung, teagmháil
beschauen, rinnfheitheamh
beschaulich, rinnfheitheamhach
beschränken, maolú, teorannú
beschränkt, teoranta
Beschreibung, tuairisc
beseelen, anamnú
beseligend, beannaitheach
Besitz, seilbh

besitzen, sealbhú
Besitznahme, céadghabháil
besonder, pairticléartha, speisialta
Besessenheit, iomshuí
beständig, seasmhach, tairiseach
Beständigkeit, seasmhacht
bestätigen, comhthacú
Bestätigung, comhthacaíocht
bestehen, substaineadh
bestimmbar, inchinntithe
bestimmen, cinntiú
bestimmung, ceann spríce, cinntiú
bestreitbar, inchonspóide
Betragen, béasa
Betrug, calaois
betrügen, bréagadh
bewegend, corraitheach
Beweger, corraitheoir
Beweggrund, ceannfháth
beweglich, inchorraithe
Bewegliches, inchorraitheach
Bewegung, corraí
Beweis, argóint, cruthúnas
beweisen, argóint, cruthú, léirchruthú
bewusst, comhfiosach
bewusst, nicht, neamhbhraiteach
Bewusstsein, comhfhios
bezeichnen, comharthú
Beziehung, coibhneas
beziehungslos, neamhghaolmhar
Bezug, ohne, neamhghaolmhar
bildend, foirmitheach
billig, saor
billigen, dea-mheas
Billigkeit, cothromas
Bilokation, dé-ionadas
Biologie, bitheolaíocht
Blindheit, daille
bloss, glan
Borger, iasachtaí
böse, olc
Bosheit, mailís
Breite, leithead
Brennpunkt, fócas
bürgerlich, sibhialta
Busse, aithreachas

Chaos, anord
Charakter, carachtar
Charakteristik, carachtaracht
Charakteristikum, saintréith

Charakterologie, carachtareolaíocht
Circulus vitiosus, ciorcal lochtach

Daltonismus, Daltúnachas
Dasein, eiseadh
da sein, eiseadh
Data, fáltais
Dauer, marthanacht
dauernd, marthanach
Deduktion, déaduchtú
deduktiv, déaduchtaitheach
deduzieren, déaduchtú
definieren, deifnídiú
Definition, deifníd
Deismus, dias
Deist, diasaí
deistisch, diasaíoch
Dekadenz, meath
Delirium, rámhaille
Demokratie, daonlathas
Demut, úirísle
Denken, smaoineamh
denken, smaoineamh
Deontologie, dualeolaíocht
dereistisch, díréadach
desitiv, scorach
determinierend, cinntitheach
determiniert, cinntithe
Determinismus, cinnteachas
Determinist, cinntí
Dialektik, dialachtaic
Dialektiker, dialachtaí
dialektisch, dialachtaiciúil
Dichotomie, déscaradh
Diesheit, áiritheacht
differential, deochraí
Differenz, difríocht
differenzieren, deochrú
diffus, spréite
Diktator, deachtóir
Diktum, deacht
Dilemma, dileama
Dimension, buntomhas
Ding, rud
Dipsomania, diopsamáine
direkt, díreach
disjunktiv, deighilteach
Diskurs, dioscúrsa
diskursiv, dioscúrsach
disparat, díchosúil
Dispens, dispeansáid
Dispensation, dispeansáid

88

Dissoziation, dícheangal
Dogma, dogma
Dogmatisch, dogmach
Dogmatismus, dogmachas
doppeldeutig, défhiúsach
doppelt, dúbailte
Doxometrie, barúilmheas
Dualismus, déachas
Dualität, déacht
dunkel, doiléir
durchdringen, treá
Durchschnitts-, meánach
durchsichtig, trédhearcach
dyadisch, déachtúil
Dynamik, dinimic
dynamisch, dinimiciúil
Dynamismus, dinimiceas
Dysteleologie, díchuspóireacht

echt, údarach
Eduktion, éaduchtú
eduzieren, éaduchtú
Effekt, éifeacht
Effektor, éifeachtóir
Egoismus, féinspéiseachas
Egoist, féinspéisí
egoistisch, leithleasach
egozentrisch, féinlárnach
Ehelosigkeit, aontumha
Ehre, glóir, onóir
ehren, onórú
Ehrgeiz, uaillmhian
Eid, mionn
eigen, dílis
eigenartig, speisialta
Eigene, díl
Eigentum, maoin
Eigentümer, dílseánach
Eigentumsrecht, úinéireacht
Eignung, mianach
Ein, aon
ein, aonta
einbilden, sich, samhlú
Einbildungskraft, íomháineacht
eindeutig, aonchiallach
Eindeutigkeit, aonchiallacht
eindringen, treá
Eindruck, imprisean
einfach, neamhchoimpléascúil, simplí
Einfachheit, simplíocht
einflössen, iondoirteadh
Einfluss, tionchar

Eingebung, inmheabhrú
Einheit, aonad, aontacht
einhüllen, imchlúdach
Einklammerung, paraintéis
Einnahme, céadghabháil
Einschliessung, ionclúideadh
einschränken, srianadh
Einschränkung, srianadh
Einsicht, léargas
Einstellung, seasamh
einteilen, roinnt
Einteilung, rangú
Einwand, agóid
einwickeln, imchlúdach
Einzelding, aonarán, indibhid
einzeln, aonarach
Einzelwesen, aonarán, indibhid
einzig, uathúil
Einzigkeit, uathúlacht
eklektisch, eicléictiúil.
Eklektizismus, eicléicteachas
Ekstase, eactais
ekstatisch, eacstaiseach
Ektoplasma, eactaplasm
Element, eilimint
Elimination, díobhadh
Emanation, eisilcadh
Emanationslehre, eisileachas
Emanationstheorie, eisileachas
Emanatismus, eisileachas
emanieren, eisileadh
Emotion, mothúchán
empfangen, glacadh
empfänglich, gabhálach
Empfänglichkeit, gabhálacht
Emfängnisverhütung, frithghiniúint
empfinden, durch die Sinne, céadfú
Empfindung, céadfú
Empiriker, eimpírí
empirisch, eimpíreach
Empirismus, eimpíreachas
empiristisch, eimpíríoch
Emsigkeit, dúthracht
End-, deireanach
Ende, deireadh
Ende, äussertes, foirceann
enden, críochnú
endlich, finideach
Energetik, fuinneamhachas
entdecken, fionnadh
Entelechie, entéilicíocht,
entfremden, coimhthiú

enthalten, sich, staonadh
enthüllen, nochtadh
Enthymem, eintiméim
entitiv, beithe
e tkörpert, díchollaithe
entlegen, cian-, cianda
Entpersönlichung, díphearsanú
entscheiden, cinneadh
entscheidend, conclúideach
entschliessen, sich, cinneadh
entweichen, seachaint
entweichend, seachantach
entwickeln, forás
Entwicklung, éabhlóid, forás
Entwicklungstheorie, éabhlóideachas
Entwurf, plean, scéim
Epikeirem, eipicíréim
Epikureer, eipiciúrach
Epikureismus, Eipiciúrachas
epikurisch, Eipiciúrach
Epiphenomenismus, eipifeiniméanachas
Episyllogismus, eipisiollóg
Erbarmung, trócaire
Erbe, dúchas
erblich, dúchasach
Erfahrung, eispéireas
Erfahrungs-, eispéireasach
erfinden, airgeadh, fionnadh
Erfindung, airg
erfreulich, taitneamhach
erfüllen, comhlíonadh
ergänzen, comhlánú
Ergänzung, iomlánú
ergötzlich, taitneamhach
erhaben, oirirc
erhebend, anagóigeach
erinnern, sich, cuimhneamh
Erinnerung, athchuimhne
erkennbar, infhiosaithe
Erkennbarkeit, infhiosacht
Erkenntnistheorie, eipistéimeolaíocht
erklären, míniú
erklärend, mínitheach
Erklärung, míniú
Erlass, sainordú
erlauben, ceadú
erleben, eispéiriú
ermächtigen, údarú
ernähren, cothú
ernst, tromaí
Erregung, spreagadh
erreichbar, insroichte

Erschaffung, cruthaíocht
Erscheinung, feiniméan
Ersatz, ionadaí
erwachsen, lánaoiseach
Erwachsene, lánaoiseach
Erwartung, fanacht
erwidern, aisfhreagairt
erworben, gnótnaithe
erzeugen, giniúint
Essenz, eisint
essentiell, eisintiúil
Ethik, eitic
ethisch, eiticiúil
ethnisch, eitneach
Ethnographie, eitneagrafaíocht
Ethnologie, eitneolaíocht
Eudämonismus, eodaemanachas
Euthanasie, eotanáise
Eutrapelie, soilbhreas
evident, léir
evident, nicht, neamhléir
Evidenz, léire
Evolution, éabhlóid
Evolutionismus, éabhlóideachas
Evolutionist, éabhlóidí
Evolutionstheorie, anhänger der, éabhlóidí
ewig, síoraí
Ewigkeit, síoraíocht
exakt, beacht
Exaktheit, beaichte
Exemplar, eiseamláir
exemplarisch, eiseamlárach
Exemplarismus, eiseamlárachas
existentiell, eiseach
Existenz, eiseadh
Existenzphilosophie, eiseachas
existenzial, eiseach
Existenzialismus, eiseachas
Existenzialist, eisí
existenzialistisch, eisíoch
existieren, eiseadh
Experiment, turgnamh
experimentell, turgnamhach
explikativ, mínitheach
exponibel, inléirmhínitheach
exponieren, léirmhíniú
Extension, sínteacht
extravagant, míchuíosach
Extraversion, eisdíritheacht
Extrem, foirceann
extrem, foircneach

Fähigkeit, acmhainn
Fall, cás
falsch, falsa
Falschheit, falsacht
Familie, clann, teaghlach
Fanatiker, fanaiceach
Fanatismus, fanaiceachas
Farbenblindheit, dathdhaille
Fatalismus, cinniúnachas
Fatalist, cinniúnaí
Fehler, éalang, locht
Fehlgebären, anabaí, breith
Fehlgeburt, anabaí, breith
Fehlschluss, claonloighic
Feigheit, meatacht
Feld, réimse
fest, seasmhach
Festigheit, seasmhacht
Fetischismus, feitiseachas
Fideismus, fidéachas
Figur, fíor
Fiktion, ficsean
final, cuspóireach
Finalismus, cuspóireachas
Finalität, cuspóireacht
Fleiss, dúthracht
folgend, iarmartach
folgern, infeiriú
Folgerung, conclúid, infeireas
folgewidrig, neamhiarmartach
Form, form
formal, foirmiúil
Formalismus, foirmiúlachas
formativ, foirmitheach
Formel, foirmle
förmlich, foirmiúil
Forschung, taighde
Fortdauer, buaine
fortschreiten, forchéimniú
fortschrittlich, forchéimnitheach
Frauenrechtlertum, feimineachas
frei, deonach, saor
Freiheit, saoirse
freiwillig, deonach, toiliúil
Freizeit, fóillíocht
Frequenz, minicíocht
Freude, lúcháir
Freundschaft, cairdeas
Friede, síocháin
friedlich, síochánta
Frühgeburt, anabaí, breith
fundamental, bunúsach

Funktion, feidhm
futuribel, intodhchaíoch
Futuribles, intodhchaíoch
Futurismus, todhchaíochas

ganz, iomlán
Ganzes, iomlán
Ganzheit, iomláine
Gattung, gné
Gebiet, fearannas
Gebot, aithne
Gebrauch, úsáid
Gedächtnis, cuimhne
Gedächtnis, gutes, coinneálacht
Gedächtnisses, Treue des, coinneálacht
Gedanke, smaoineamh
Gefühl, aificsean, mothúchán, seintimint
Gefühls-, aificseanach, mothúchánach
gefühlsmässig, seintimintiúil
Gegebenes, fáltais
gegenseitig, ceachtartha
Gegenwart, láithreacht
gegenwärtig, láithreach
Gegenwirkung, frithghníomh
Gegner, áibhirseach
gegnerisch, áibhirseach
Gehalt, tuarastal
geheim, diamhair
Geheimnis, mistéir
geheimnisvoll, mistéireach
Gehirn, inchinn
Gehirnwirkung, inchinniú
Gehör, éisteacht
Gehorsam, umhlaíocht
Geist, intinn
Geistes-, intinne
Geistesgestörtheit, gealtacht
Geistesstörung, mire
geistesschwach, lagintinneach
geistig, spioradálta
Geistigkeit, spioradáltacht
geistige Störung, síceapatacht
Geiz, saint
Geldherrschaft, plútacrátas
Gelegenheit, ócáid
gelegentlich, ócáideach
Gelehrigkeit, somhúinteacht
Gelehrter, scoláire
Gelenk-, altúil
Gelübde, móid

91

Gemeinde, comhluadar
gemeinsam, coiteann
Gemeinschaft, comhluadar
gemischt, measctha
Gemischtheit, ilchumasc
Gemütsbewegung, mothúchán
genau, beacht
Genauigkeit, beaichte
genehmigen, dea-mheas
Generatianismus, anamghiniúnachas
generisch, cineálach
Genetik, gineolaíocht
genetisch, gineach
Genie, ardéirim
genügend, leor
genugtun, sásamh
Genugtuung, sásamh
Genus, cineál
Genuss, taitneamh
Genuss-, taitneamhach
genussreich, taitneamhach
geordnet, ordúil
gerade, díreach, ionraic
Geradheit, ionracas
gerecht, ceart
Gerechtigkeit, ceartas
gerichtlich, dlíthiúil
Gerichtsbarkeit, dlínse
Geruchs-, boltanach
gesamt, cnuasaitheach
Geschichtlichkeit, stairiúlacht
Geschöpf, créatúr
Gesellschaft, sochaí
gesellschaftlich, sóisialta
Gesetz, acht, dlí
Gesetze geben, reachtú
gesetzlich, dlíthiúil
Gesetzlichkeit, dlíthiúlacht
gesetzwidrig, neamhdhleathach
gespannt, teann
Gestalt, cruth, fíoraíocht
gestaltend, foirmitheach
Gestalttheorie, geisteáltachas
Gewalt, cumhacht
gewiss, cinnte
Gewissen, coinsias
Gewissensangst, doilíos
Gewissensbiss, doilíos
Gewissheit, cinnteacht
Gewohnheit, aibíd, nós
gewöhnlich, gnách
Gipfel, buaic

Glaube, creideamh
glauben, creideamh
Glaubensphilosophie, fidéachas
glaublich, inchreidte
Glaublichkeit, inchreidteacht
gleichartig, aonchineálach
gleichförmig, aonfhoirmeach
Gleichförmigkeit, aonfhoirmeacht
gleichgeltend, ionnúil
Gleichgeltung, ionnúlacht
Gleichgewicht, cothromaíocht
Gleichgewichtslehre, stataic
gleichgültig, neamhshonraithe
gleichwertig, coibhéiseach
Gleichwertigkeit, coibhéiseacht
gleichzeitig, comhuaineach
Glück, sonas
Glückseligkeit, beannaitheacht
Gnosis, gnóis
Gnostiker, gnóisí
Gott, Dia
Gottesgelehrter, diagaire
göttlich, diaga
Gottlose, aindiachaí
Gottlosigkeit, aindiachas
Grade, in G. abgestuft, céimnithe
Grade, in G. gestuft, céimnithe
graduell, céimseach
gradweis, céimseach
Graphismus, grafachas
Graphologie, grafeolaíocht
Grenze, teorainn
Grösse, méad
Grossmut, móraigeantacht
Grund, prionsabal, réasún
Grundlage, bunús
grundlegend, bunúsach
grundlos, aisceach
Grundsatz, prionsabal
gültig, bailí
Gültigkeit, bailíocht
günstige Gelegenheit, die, caoi
Gut, maith
gut, maith
Güte, maitheas
gutheissen, dea-mheas

Habsucht, saint
Halluzination, bréagchéadfú
Handlung, gníomh
Harmonie, armóin

hässlich, gránṇa
Häufigkeit, minicíocht
hedonisch, héadónaíoch
Hedonismus, héadónachas·
heftig, dian
hegelisch, Héigealaíoch
heilig, naofa
hemmen, cosc, urchoilleadh
herden, tréadúil
herleiten, díorthú
Hermeneutik, heirméiniútaic
Hermetismus, heirméatachas
Herrschaft, réimeas
herstellen, táirgeadh
hervorragend, oirirc
hervorrufen, múscailt
heterogen, ilchineálach
Heterosexualität, heitrighnéasacht
Heuristik, iúraistic
heuristisch, iúraisticiúil
Hierarchie, flaitheas
hindern, urchoilleadh
Hindernis, coṇstaic
Hinfälligkeit, críne
Hochzeit, nach der, iarphósta
homogen, aonchineálach
homolog, hómolach
Homosexualität, hómaighnéasacht
Hören, cloisint
Humanismus, daonnachas
Hylemorphismus, hílcamorfachas
hylemorphisch, híleamorfach
Hylozoismus, híleasóchas
Hypnose, hipneois
Hypnotismus, hipneoiseachas
Hypostase, hipeastáis
Hypothese, hipitéis
hypothetisch, hipitéiseach
Hysterie, histéire
hysterisch, histéireach

Ich, féin, mise
Ideal, idéal
ideal, idéalach
Idealismus, idéalachas
Idealist, idéalaí
idealistisch, idéalaíoch
Idealität, idéalacht
Ideation, idéú
Idee, idé
ideell, idéalach

Identifikation, ionannú
identisch, ionaṇn
Identität, ionannas
Ideogramm, idéagram
Ideologie, idé-eolaíocht
ideologisch, idé-eolaíoch
Idiot, amaid
Ignoranz, aineolas
illegal, neamhdhleathach
illegitim, neamhdhlistineach
Illumination, soilsiú
Illuminismus, soilsiúchas
Illusion, seachmall
imaginär, íomháineach
Imagination, íomháineacht
Imbezillität, leibideacht
imitieren, aithris
immanent, imeanach
Immanentismus, imeanachas
Immanentist, imeanaí
immanentistisch, imeanaíoch
immaterial, neamhábhartha
Immaterialismus, neamhábharachas
Immaterialist, neamhábharaí
immaterialistisch, neamhábharaíoch
Immaterialität, neamhábharthacht
Immerwährend, buaṇ
immoralisch, mímhorálta
Immoralismus, mímhoráltachas
Immoralität, mímhoráltacht
immutabel, neamhathraitheach
Imperativ, ordaitheach
imperativ, ordaitheach
Implikation, impleacht
implizieren, impleachtú
implizit, impleachtaithe
Impotenz, ćagumas
Impression, impriscan
Impuls, tiomáinteas
imputierbar, inleagtha
Indeterminismus, neamhchinnteachas
Indeterminist, neamhchinntí
indeterministisch, neamhchinntíoch
indirekt, neamhdhíreach
Individualismus, indibhidiúlachas
Individualität, indibhidiúlacht
Individuation, indibhidiú
individuelle Eigentümlichkeit, indibhidiúl-
        acht
Individuum, indibhid
Induktion, ionduchtú
induktiv, ionduchtaitheach

Inertie, támhaí
inferieren, infeiriú
informieren, foirmiú
Inhalt, cuimse, lucht
inhärent, inghreamaithe
Inhärenz, inghreamú
inhibieren, urchoilleadh
inkommensurabel, do-chomhthomhaiste
inkonklusiv, neamhchonclúideach
innen gekehrt, nach, indírithe
inner, inmheánach
innerlich, intreach
Instinkt, instinn
instinktiv, instinneach
instrumental, ionstraimeach
Integration, iomlánú
Intellektualismus, intleachtúlachas
Intellekt, intleacht
Intellektion, intleachtú
intellektuell, intleachtúil
intelligibel, intuisceana
Intemperanz, ainmheasarthacht
Intensität, dianas
intensiv, dian
Intention, intinn
intentional, intinniúil
Intentionalität, intinniúlacht
Interaktion, imghníomhú
Interdependenz, imspleáchas
Interesse, spéis
interpretieren, idirmhíniú
Intervall, idirlinn
intim, dlúth
introspektiv, inbhreathnaitheach
introvers, indírithe
Introversion, indíritheacht
introvertiert, indírithe
Introvertierter, indíritheach
Intuition, imfhios
Intuitionismus, imfhiosachas
intuitiv, imfhiosach
intuitives Erkennen, imfhios
invers, inbhéartaithe
inverser Satz, inbhéarta
invertieren, inbhéartú
invertiert, inbhéartaithe
Involution, ionbhloíd
iraszibel, íorach
Ironie, íoróin
ironisch, íorónta
irrational, neamhréasúnach
irreführen, bréagadh

irreligiös, díreiligiúnach
Irrsinn, gealtacht
Irrtum, earráid
isolieren, leithlisiú
Isonomie, iosanóimeacht
Isotop, iosatóip
isotropisch, iosatróipeach

Jurisdiktion, dlínse
Jurisprudenz, dlí-eolaíocht

Kannibalismus, canablacht
Kanon, canóin
Kapazität, cumas
Kapitalismus, rachmasaíocht
Kapitalist, rachmasaí
kapitalistisch, rachmasaíoch
Kardinal-, cairdineálta
kartesische, Cairtéiseach
Kartesianer, Cairtéiseach
Kaste, ceast
Kasuist, cásaisteach
Kasuistik, cásaisteacht
Katalepsie, catailéipse
Kategorem, catagóiréama
kategorematisch, catagóiréamach
Kategorie, catagóir
kategorisch, catagóireach
Katharsis, saorghlanadh
Kausalität, cúisíocht
Kausation, cúisiú
kennen, fiosú
Kenntnis, fios
Kenntnisse, erworbene, oilteacht
Kennzeichen, saintréith
Kern, eithne
Keuschheit, geanmnaíocht
kinasthetisch, cinaestéiseach
Kinder, clann
Kinematik, cineamaitic
kinetisch, cinéatach
klar, soiléir
Klasse, aicme, rang
Klassifikation, rangú
klassifizieren, rangú
Klaustrophobie, clástrafóibe
Kleidung, aibíd
Kleptomanie, cleipteamáine
Klugheit, críonnacht
Kollectivismus, cnuasachas
kollektiv, cnuasaitheach
Kolonie, coilíneacht

Kombination, teaglaim
Kommunismus, cumannachas
Kommunist, cumannaí
kommunistisch, cumannaíoch
kommutativ, cómhalartach
komparativ, comparáideach
Kompensationismus, cúiteamhachas
kompensieren, cúiteamh
Komplex, coimpléasc
komplex, coimpléascúil
Komprehension, cuimse
Konflikt, coinbhleacht
konjektural, meatuairimitheach
konjizieren, meatuairimiú
konjunktiv, cónascach
Konklusion, conclúid
konklusiv, conclúideach
Konkomitanz, coimhdeacht
Konkordismus, comhardachas
konkret, coincréiteach
Konkupiszenz, miangas
Konkurrenz, comórtas, iomaíocht
Konnektor, ceangaltóir
konsequent, comhsheasmhach
Konservatismus, coimeádachas
konservativ, coimeádach
konstruieren, cumadh
Kontakt, teagmháil
kontemplativ, rinnfheitheamhach
kontemplieren, rinnfheitheamh
Kontiguität, gáireacht
kontingent, teagmhasach
Kontingenz, teagmhasacht
kontinuierlich, cointeanóideach
Kontinuität, cointeanóideacht
Kontinuum, cointeanóid
kontradiktorisch, frithráiteach
kontradiktorisch, nicht, neamh-fhrith-
    ráiteach
Kontrakt, conradh
Kontraposition, frithchur
konträr, contrártha
Kontrast, frithshuíomh
Kontrolle, promhadh
Konvention, coinbhinsean
Konventionalismus, coinbhinseanachas
konventionell, coinbhinseanúil
Konvergenz, inréimneacht
konvergierend, inréimneach
konvertierbar, inchoinbhéartaithe
Konvulsion, tritheamh
Konzeptualismus, coincheapachas

Koordination, comhordú
koordinieren, comhordú
Kopula, copail
kopulativ, copaileach
Korollarium, comhthoradh
Körper, corp
Körperchen, coirpín
körperlich, corpartha
Korpusculum, coirpín
Korpuskel, coirpín
korrigieren, ceartú
Kortex, coirtéis
Kosmogonie, cosmagnaíocht
Kosmologie, cosmeolaíocht
kosmologisch, cosmeolaíoch
Kosmos, cosmas
Kraft, brí, fórsa
krankhaft, galrach
krankheiterregend, galarghinteach
Kreationismus, anamchruthaíochtachas
Kreatur, créatúr
Kretinismus, creitíneacht
Kriminologie, coireolaíocht
kriminal, coiriúil.
kriminell, coiriúil
Kritik, beachtaíocht, critic, léirmheastóir
kritisch, criticiúil
Kritizismus, criticeas
Kult, cultas
Kultur, cultúr
Kultus, cultas
kumulativ, carnach
kanonisch, canónta
Kunst, ealaín
künsterisch, ealaíonta
künstlich, saorga
Kürze, giorracht
kyrenaisch, Ciréanach

Lachen, des L. fähig, gáireachtach
Lage, suíomh
Laster; duáilce
latent, folaigh
lax, scaoilte
Laxismus, scaoilteachas
Leben, beatha
lebend, beo
lebendig, beo, beoga
Lebendigkeit, beogacht
Lebens-, beathúil
Leere, folús
legal, dlíthiúil

Legalität, dlíthiúlacht
legitim, dlistineach
Lehnsatz, leama
Lehre, teagasc
Leibeigener, seirfeach
Leiche, corpán
Leichnam, corpán
leiden, fulaingt
Leidenschaft, paisean
Leiher, iasachtóir
leiten, díriú
letzte, deireanach
liberal, liobrálach
Liberaler, liobrálaí
Liberalismus, liobrálachas
Liebe, grá
liminal, tairseachúil
limitativ, teorannaitheach
limitieren, teorannú
Linguistik, teangeolaíocht
locker, scaoilte
Logik, loighic
Logiker, loighceoir
logisch, loighciúil
logische Addition, suimiú loighciúil
Logistik, loighistic
Logizismus, loighceas
Logomachie, briatharchath
Lohn, pá
lokal, áitiúil
lokalisieren, aimsiú láithreach
Lösung, réiteach
Lücke, bearna
Lust, pléisiúr

Macht, cumhacht
Maieutik, maighiútaic
Major, mórleagan
Mandat, sainordú
Mangel, éalang
Manie, máine
manifest, follasach
Manichäismus, Mainicéasaíocht
Manismus, Mánachas
Marxismus, Marxachas
Marxist, Marxaí
marxistisch, Marxaíoch
Masochismus, masacas
Mass, tomhas
Masse, mais
Massenproduktion, olltáirgeadh
mässig, measartha

Mässigkeit, measarthacht
Masstab, scála
Materie, ábhar
Materialismus, ábharachas
Materialist, ábharaí
materialistisch, ábharaíoch
Materialität, ábharthacht
materiell, ábhartha
Maximum, uasmhéad
Mechanik, meicnic
Mechanisch, meicniúil
Mechanismus, meicneachas, meicníocht
Mechanist, meicní
mechanistisch, meicníoch
mediäval, meánaoiseach
Medium, meán
Megalomanie, meigleamáine
mehrdeutig, ilchiallach
Mehrdeutigkeit, ilchiallacht
mehrfach, iolra
Mehrheit, iolracht
meinen, barúiliú
Meinung, barúil
Melancholie, lionn dubh
Meliorismus, fearrachas
Menge, slua
Menschenfreundlichkeit, daonchairdeas
menschlich, daonna
mental, intinne
Mentalität, aigne
Merkmal, saintréith
messbar, intomhaiste
messen, tomhas
metalogisch, meitealoighciúil
Metapher, meafar
metaphorisch, meafarach
Metaphysik, meitifisic
Metaphyisiker, meitificí
metaphysisch, meitificiúil
metapsychisch, meitisíceach
metempirisch, meiteimpíreach
Metempsychose, athchollúchas
Methode, modh
methodisch, rianúil
Methodologie, modh-eolaíocht
mündlich, béil
mildern, maolú
Milleniumslehre, rémhíleachas
Mimikry, aithriseachas
Minderjähriger, mionaoiseach
Minimum, íosmhéad
Minor, mionleagan

mischen, meascadh
Mitbewerbung, iomaíocht
Mitleid, trua
Mitte, meán
Mittel, meán
Mittel-, idirmheánach, meánach
mittelalterlich, meánaoiseach
mittelbar, meánach
Mittelmässigheit, lagmheasartnacht
mittlerem Alter, in, meánaosta
mittleren Jahren, in, meánaosta
mitverstanden, intuigthe
mitwirken, comhoibriú
mobil, inchorraithe
modal, módúil
Modalität, módúlacht
modern, nua-aoiseach
Modernismus, nua-aoiseachas
Modernist, nua-aoisí
modernistisch, nua-aoisíoch
modifikativ, modhnaitheach
modifizieren, modhnú
modifizierend, modhnaitheach
Modus, mód
möglich, féideartha
Mögliche, féidearthach
Möglichkeit, féidearthacht
Molekül, móilín
molekular, móilíneach
Molinismus, Móilíneachas
Molinist, Móilíní
molinistisch, Móilíníoch
momentan, móimintiúil
Monade, monad
Monadismus, monadachas
Monadist, monadaí
monadistisch, monadaíoch
Monarchie, monarcacht
Monarchismus, monarcachas
Monismus, monasaíocht
Monist, monasaí
monistisch, monasaíoch
Monogamie, monagamas
Monoideismus, aonidéachas
Monomanie, monamáine
Monopol, monaplacht
Monotheismus, aondiachas
monotheistisch, aondiachúil
moralisch, morálta
Moralismus, moráltachas
Moralist, morálaí
Moralität, moráltacht

morbid, galrach
Mord, dúnmharú
Morphologie, deilbníolaíocht
Mortalität, mortlaíocht
Motiv, ceannfháth
motorisch, corraitheach
multiplizieren, iolrú
Multipräsenz, iolráithreacht
Muskel, matán
Muskel-, matánach
muskular, matánach
Musse, fóillíocht
Muster, cuspa, eiseamláir
mutmassen, meatuairimiú
mutmasslich, meatuairimitheach
Mutmassung, buille faoi thuairim
mysteriös, mistéireach
Mysterium, mistéir
Mystik, mistic, misteachas
Mystiker, misteach
mystisch, mistiúil
Mystizismus, misteachas
mythenhaft, miotasach
mythisch, miotasach
Mythologie, miotaseolaíocht
Mythomanie, miotamháine
Mythus, miotas

Nachäffung, aithriseachas
Nachahmbarkeit, inchóipeáilteacht
nachahmen, aithris
nach innen gekehrt, indírithe
Nachsatz, iarmbeart
nähren, cothú
naiv, saonta
Narzissismus, naircisíocht
Nation, náisiún
national, náisiúnta
Nationalismus, náisiúnachas
Nationalist, náisiúnaí
nationalistisch, náisiúnaíoch
Nationalität, náisiúnacht
Nativismus, inbheirtheachas
Natur, nádúr
Natur-, nádúrtha
Naturalismus, nádúrachas
Naturalist, nádúraí
naturalistisch, nádúraíoch
Naturismus, dúlrachas
natürlich, nádúrtha
nebenordnen, comhordú
Nebenordnung, comhordú

97

negativ, diúltach, séantach
Neigung, claonadh
Nekromantie, marbhdhraíocht
Nerv, néaróg
Nerv-, néarógach
Nerven-, néarógach
Nervenzentrale, néarlár
Nervenzentrum, néarlár
nervös, néarógach
Neuerung, úrnuachan
Neuplatonismus, Nua-Phlatónachas
neural, néarógach
Neurasthenie, néarastaene
Neurologie, néareolaíocht
neuromuskular, néarmhatánach
Neuron, néaróin
Neurose, néaróis
Neurotiker, néaróiseach
neurotisch, néaróiseach
neutral, neodrach
Neuvitalismus, nuabheathúlachas
Nexus, nasc
Nichts, neamhní
Nicht-sein, neamhbheith
Nihilismus, nihileachas
Nihilist, nihilí
nihilistisch, nihilíoch
Nirwana, nirbheána
Nominalismus, ainmneachas
nominell, ainmniúil
Norm, caighdeán, norm
normal, normálta
Normalität, normáltacht
normativ, normatach
Not, gá
Note, nóta
nötigen, comhéigniú
notwendig, riachtanach
Notwendigkeit, riachtanas
noumenal, núiméanúil
Noumenon, núiméan
numerisch, uimheartha
nützlich, fóntach
Nützlichkeitstheorie, fóntachas

Ober, uachtarach
Oberbegriff, mórthéarma
Obersatz, mórleagan
Obedienz, umhlaíocht
Oberfläche, dromchla
oberflächlich, dromchlach
Oberteil, uachtar

Objekt, oibíocht
objektiv, oibíochtúil
Objektivierung, oibíochtú
Objektivität, oibíochtúlacht
Objektor, agóideoir
Obsession, iomshuí
obskur, doiléir
Obskurantismus, doiléireachas
obvertieren, oibhéartú
offenbar, follasach
offenbaren, foilsiú
Offenbarung, foilsiú
Okkasionalismus, ócáideachas
Okkasionalist, ócáidí
okkasionalistisch, ócáidíoch
okkasionell, ócáideach
okkult, diamhair
Okkultismus, diamhrachas
Onanie, onánachas
Ontologe, onteolaí
Ontogenese, ontaighiniúint
Ontologie, onteolaíocht
ontologisch, onteolaíoch
Ontologismus, onteolaíochas
Ontologist, onteolaí
Operation, obráid
operativ, oibritheach
operieren, oibriú
Opposition, freasúra
Optimismus, soirbheachas
Optimist, soirbhí
ordentlich, ordúil
ordnen, ordú
Ordnung, ord
Organ, orgán
Organisation, eagraíocht
organisch, orgánach
Organismus, orgánacht
organisieren, eagrú
Organizismus, orgánachas
Orientierung, treoshuíomh
original, bunúil
Ort, áit
Ort wechseln, aistriú
Orthogenesis, ortaighiniúint
örtlich, áitiúil
Ortsveränderung, gluaiseacht

Paar, péire
Pädagogik, oideolaíocht
Pädagogisch, oideolaíoch
Pädologie, péideolaíocht

Paläographie, palaegrafaíocht
Paläontologie, palae-onteolaíocht
Palingenese, pailinghiniúint
Panentheismus, panindiachas
Panlogismus, panloighceas
Panspermie, panspeirmeachas
Pantheismus, pandiachas
Parabulie, parabúile
Paradox, paradacsa
parallel, parailéalach
Parallelismus, parailéalacht
Parallelität, parailéalacht
Paralogismus, claonloighic
Parameter, paraiméadar
Paramnesie, paraimnéise
Paranoia, paranáia
paranoisch, paranáíoch
Parasthese, paraestéise
Parese, pairéis
Paresis, pairéis
Parlamentarismus, parlaiminteachas
parteilich, leathfhabrach
partikular, pairticleártha
Partizipant, rannpháirteach
partizipieren, rannpháirtiú
partizipierend, rannpháirteach
Partizipierung, rannpháirtiúlacht
passiv, fulangach
passiv sein, fulaingt
Passivität, fulangacht
Pathologie, paiteolaíocht
pathologisch, paiteolaíoch
Patient, fulangaí
Pazifismus, síocháineachas
Pazifist, síocháiní
pazifistisch, síocháiníoch
perfekt, foirfe
perfektibel, infhoirfe
perfektionieren, foirbhiú
Periode, tréimhse
periodisch, tréimhsiúil
Periodizität, tréimhsiúlacht
Peripatetiker, peiripitéatach
peripatetisch, peiripitéatach
Person, pearsa
personal, pearsanta
Personalismus, pearsantachas
Personalist, pearsantaí
personalistisch, pearsantaíoch
Personalität, pearsantacht
personifizieren, pearsantú
persönlich, pearsanta

Persönlichkeit, pearsantacht
Perspektivismus, peirspictíochas
Perversion, saobhadh
Perzeption, aireachtáil
Perzeptionismus, aireachtálachas
Petitio Principii, réamhghlacadh réitigh
Pflicht, dualgas
Pflichtenlehre, dualeolaíocht
Pflichttreue, dílseacht
Phänomen, feiniméan
Phänomenalismus, feiniméanachas
Phänomenalist, feiniméanaí
phänomenalistisch, feiniméanaíoch
Phänomenologie, feiniméaneolaíocht
phänomenologisch, feiniméaneolaíoch
Phantasie, fantaiseacht
Phantasma, fantaise
Philanthropie, daonchairdeas
philantropisch, daonchairdiúil
Philosoph, fealsamh
Philosophie, fealsúnacht
philosophisch, fealsúnach
phlegmatisch, fleigmeatach
Phobie, fóibe
Phrenesie, mire
Phrenologie, freincolaíocht
Physik, fisic
Physiker, fisicí
Physiognomik, gné-eolaíocht
Physiologie, fiseolaíocht
Plan, plean
plastisch, somhúnlaithe
Platz wechseln, aistriú
Pluralismus, iolrachas
Pluralist, iolraí
pluralistisch, iolraíoch
Plutokratie, plútacrátachas
polemisch, conspóideach
Politik, polaiteolaíocht, polaitíocht
politisch, polaitiúil
Polyandrie, polandras
polyandrisch, polandrach
Polygamie, polagamas
polygamisch, polagamach
Polygenismus, ilghineachas
polytechnisch, ilcheardach
Polytheismus, ildiachas
Polytheist, ildiachaí
polytheistisch, ildiachúil
positiv, deimhneach, posaitíbheach
Positivismus, posaitíbheachas
Positivist, posaitíbhí

positivistisch, posaitíbhíoch
Postulat, fo-shuíomh
Potenz, tualang
Potenzialität, tualangacht
potenziell, tualangach
Prädestination, réamhordú
prädikabel, inphreideacháide
Prädikabelien, inphreideacháideach
Prädikat, preideacháid
Prädikativ, preideacháideach
prädizieren, preideacháideadh
Präformation, réamhfhoirmiú
Pragmatismus, pragmatachas
Pragmatist, pragmataí
praktisch, praiticiúil
Prämisse, réamhleagan
Präsentation, láithriú
prästabiliert, reamhbhunaithe
Preis, praghas
primär, príomhúil
Primat, príomhaíocht
Prinzip, prionsabal
prinzipiell, príomh-, príomha
Probabiliorismus, níosdóchúlachas
Probabilismus, dóchúlachas
Priorität, réamhth acht, tosaíocht
Probe, triail
Problem, fadhb
produzieren, táirgeadh
Projektion, teilgean
Proletariat, prólatáireacht
Proletarier, prólatáireach
proletarisch, prólatáireach
Propädeutik, réamheolaíocht
Proportion, comhréir
Proposition, tairiscint,
propositionell, tairiscintiúil
Prostituierung, striapachas
Prostitution, striapachas
Prosyllogismus, oirshiollóg
Protanopie, prótanóipe
Protasis, céadbheart
Prozess, próiseas
Prozession, toscú
Psittazismus, pioróideachas
Psychiater, síciatraí
Psychiatrie, síciatracht
psychisch, síceach
Psychobiologie, sícibitheolaíocht
Psychodynamik, sícidinimic
Psychogenese, síciginiúint
psychogenetisch, sícigineach

Psychologe, síceolaí
Psychologie, síceolaíocht
psychologisch, síceolaíoch
Psychopathologie, síceapateolaíocht
Psychometrie, síciméadracht
psychomotorisch, síceamótrach
Psychoneurose, sícinéaróis
Psychopathie, síceapatacht
psychopathisch, síceapatach
Psychophysik, sícifisic
Psychophysiologie, sícifiseolaíocht
psychophysiologisch, sícifiseolaíoch
psychophysisch, sícifisiciúil
Psychose, síceois
Psychotechnik, síciteicnic
Psychotechnologie, síciteicneolaíocht
Psychotherapie, síciteiripe
Punkt, pointe
Pygmäe, pigmí
Pyromanie, pioramáine
Pyrrhonismus, Piorróineachas

qualifizieren, cáiliú
qualifizierend, cáilitheach
Qualität, cáilíocht
qualitativ, cáilíochtúil
quantifizieren, cainníochtú
Quantität, cainníocht
quantitativ, cainníochtúil
Quiddität, céardas
Quietismus, suaimhneachas
Quietist, suaimhní

radikal, fréamhach
Rasse, cine
Rassen-, ciníoch
Rassentheorie, ciníochas
rational, réasúnach
Rationalismus, réasúnachas
Rationalist, réasúnaí
rationalistisch, réasúnaíoch
Rationalität, réasúnacht
Raum, spás
räumlich, spásúil
Reaktion, frithghníomh
Reaktionär, frithghníomhaí
reaktionär, frithghníomhach
real, réalta
Realismus, réalachas
Realist, réalaí
realistisch, réalaíoch
Realität, réaltacht

100

Rechenbrett, abacas
Recht, ceart
rechtlich, dlíthiúil
Rechtmässigkeit, dlíthiúlacht
Rechtswissenschaft, dlí-eolaíocht
Redintegration, athiomlánú
Reduktion, réaduchtú
reduplicativ, athdhúbaltach
reduzieren, réaduchtú
Referendum, reifreann
Reflex, frithluail
Reflexbewegung, frithluail
Reflexion, athfhéachaint
Regel, riail
regelmässig, rialta
Regelmässigkeit, rialtacht
regieren, rialú
Regierung, rialtas
Regress, aischéimniú
Regression, aischéimniú
regressiv, aischéimnitheach
Reich, réimeas
Reichtum, saibhreacht, saibhreas
Reihe, sraith
rein, glan
Reiz, spreagadh
Rekurrenz, atarlú
Relation, coibhneas
relativ, coibhneasta
Relativismus, coibhneasaíocht
Relativist, coibhneasaí
relativistisch, coibhneasaíoch
Relativität, coibhneasacht
Religion, reiligiún
religiös, reiligiúnach
repräsentativ, athláithritheach
Reproduktion, athghiniúint
Residuum, fuílleach
Restriktion, srianadh
restringieren, srianadh
Retentivität, coinneálacht
Reue, aithreachas
rezeptiv, gabhálach
Rezeptivität, gabhálacht
reziprok, ceachtartha
rhythmisch, rithimeach
Rhythmus, rithim
richten, díriú
richten, sich r. nach, réiteach
richtend, díritheach
richtigstellen, ceartú
Rigorismus, dochtachas

Rolle spielen, jemandes, pearsanú
Romantizismus, rómánsachas
Routine, gnáthamh
rückblickend, aisbhreathnaitheach
Rückschritte machen, cúlú
rückschrittlich, frithghníomhach
Rückstand, fuílleach
Rückwirken, aisghníomhú
rückwirkend, aisghníomach

Sache, rud
Sadismus, sádachas
säkular, saolta
Säkularismus, saoltachas
Säkularist, saoltaí
säkularistisch, saoltaíoch
Sanftmut, ceansacht
Sanktion, smachtbhanna
Satz, tairiscint
Satz-, tairiscintiúil
Schaffen, cruthú
Schärfe, géirc
schätzen, measúnú
schätzend, measúnaitheach
scheiden, scaradh
scheinbar, creatúil, dealramhach
Schema, scéimre
Schematismus, scéimreachas
Schicksal, cinniúint
Schiedsrichter, eadránaí
Schiedsspruch, eadráin
Schizoïdie, scitsíde
schizoïdisch, scitsídeach
Schizophrenie, scitsifréine
schizophrenisch, scitsifréineach
schlecht, olc
Schlechtigkeit, olcas
Schliessen, réasúnadh
schliessen, infeiriú, réasúnadh
Schluss, conclúid, infeireas
Schlussatz, conclúid
Schlussmodus, mód
Schmerz, pian
Scholastik, scolaíochas
Scholastiker, scolaí
scholastisch, scolaíoch
Scholion, scoileán
Schöne, das, áilleacht
Schönheit, áilleacht
schöpfend, cruthaitheach
Schöpfer, cruthaitheoir
Schöpfung, cruthaíocht

Schuld, fiach, locht.
Schule, scoil
schwach, lag
schwankend, malairteach
Schwelle, tairseach
Schwellen-, tairseachúil
Schwellenwert, tairseach
Seele, anam
Seelenleben, síceacht
Seelenstärke, foirtile
Seelenwanderung, athchollúchas
Segregation, leithlisiú
Sehen, radharc
Sein, beith
Seiendes, ein, beith
Sekte, seict
Sektierertum, seicteachas
sekundär, tánaisteach
Selbst, féin
Selbstmord, féinmharú
selbständig, neamhspléach
Selbständigkeit, neamspleáchas
Selbstbeobachtend, inbhreathnaitheach
Selbstbeobachtung, inbhreathnú
Selbstbestimmung, féinchinneadh
Selbsterhaltung, féinchaomhnú
Selbsterkenntnis, féinfhios
selbstisch, leithleasach
selbsttätig, spontáineach
Selbsttätigkeit, spontáineacht
Selbstverleugnung, féindiúltú
Selbstverneinung, féindiúltú
Selbstverständlichkeit, léireasc
Seligkeit, beannaitheacht
Semantik, séamaintic
semantisch, séamainteach
sensitiv, céadfaíoch
sensorisch, céadfaíoch
Sensorium, céadfaíre
Sensualismus, céadfaíochas
Sentimentalität, maoithneachas
sicher, cinnte, sábháilte
Sicherheit, cinnteacht
Sichzurechtfinden, treoshuíomh
Simplismus, simpleachas
Singular-, uatha
Singularität, aonaracht
Sinn, céadfa, intinn
sinnlich, inchéadfaithe
Sitte, béascna
Sitten, béascna
Sittenlehrer, morálaí

sittenlos, mímhorálta
Sittenlosigkeit, mímhoráltacht
Sittlichkeit, moráltacht
sittlisch, morálta
sittsam, modhúil
Sittsamkeit, modhúlacht
Situation, suíomh
Sitz, suí
Skeptiker, sceipteach
skeptisch, sceiptiúil
Skeptizismus, sceipteachas
Sklave, sclábhaí
Skotismus, Scótachas
Skotist, Scótaí
skotistisch, Scótaíoch
Skrupel, scrupall
Solidarismus, dlúthpháirtíochas
Solidarität, dlúthpháirtíocht
Solipsismus, sóilipseachas
Somasthesie, sómaestéise
somatisch, coirp
Sophismus, sofaisteachas
Sophist, sofaist
sophistisch, sofaisteach
Sorites, soraíd
souverän, ceannasach
sozial, sóisialta
Sozialismus, sóisialachas
Sozialist, sóisialaí
sozialistisch, sóisialaíocht
Sozialität, sóisialtacht
Soziologie, socheolaíocht
Soziologismus, socheolaíochas
spalten, scoilteadh
Spannkraft, teannas
Spannung, teannas
spät, déanach
spekulativ, spéachláireach
spekulieren, spéacláiriú
spezial, speisialta
speziell, speisialta
Spezies, gné
spezifisch, gnéitheach
spezifizieren, sainiú
Spezifizität, gnéitheacht
spielen, súgradh
Spiritismus, spioradachas
Spiritist, spioradaí
spiritistisch, spioradaíoch
Spiritualismus, spioradálachas
Spiritualist, spioradálaí
spiritualistisch, spioradálaíoch

spontan, spontáineach
Spontaneität, spontáineacht
Sprachwissenschaft, teangeolaíocht
Sprung, léim
Staat, stát
Staatsbürger, náisiúnach
stabil, seasmhach
Stabilität, seasmhacht
stark, dian
Stärke, dianas
Statik, stataic
statisch, statach
Statismus, státachas
Statistik, staitistic
Status, céimíocht
stellen, leagan síos
Sterblichkeit, básmhaireacht, mortlaíocht
sterilisieren, aimridiú
Sterilität, aimrideacht
Stichprobe, triail
Stimulierung, spreagadh
Stimulus, spreagthach
stofflich, ábhartha
stofflos, neamhábhartha
Stoffwechsel, só
Stoiker, stóch
stoisch, stóchúil
Stoizismus, stóchas
Stolz, uabhar
Störung, aimhriar
Störung, geistige, síreapatacht
Straf-, coiriúil peannaideach, pionósach
Strafe, pionós
strafen, pionósú
Streben, dréim
strebend, tothlaitheach
Strebenvermögen, tothlú
Strebung, tothlú
Streit, conspóid
Streit-, conspóideach
streng, beacht
Strenge, beaichte
Struktur, foirgneamh
Stütze, tacaíocht
Subjekt, suibíocht
subjektiv, suibíochtúil
Subjektivismus, suibíochtachas
Subjektivist, suibíochtaí
Subjektivität, suibíochtúlacht
Subkonträr, fochontráir
sublimieren, uasadh
subliminal, fothairseachúil

Subordination, fo-ordú
subordinieren, fo-ordú
subordiniert, íochtaránach
subsekutiv, iardteachtach
subsistieren, substaineadh
subsistierend, substaineach
Substanz, substaint
Substanzialismus, substainteachas
Substanzialität, substaintiúlacht
substanziell, substaintiúil
Substrat, foshraith
Substratum, foshraith
subsumieren, fo-ghlacadh
subtil, caolchúiseach
Suggestibilität, so-inmheabhráiocht
Suggestion, inmheabhrú
Sühne, leorghníomh
Sünde, peaca
superliminal, ostairseachúil
Supposition, glacan
Suppositum, supasaít
Suppost, supasaít
suprasensibel, oschéadfaíoch
Surrealismus, osréalachas
Syllogismus, siollóg
Symbiose, simbeois
Symbol, siombal
symbolisch, siombalach
Symbolismus, siombalachas
Symbolist, siombalaí
Symmetrie, siméadracht
symmetrisch, siméadrach
Sympathie, comhbhraiteacht
Synästhesie, sinaestéise
Synderesis, sindréis
Syndikalismus, siondacáiteachas
Synergia, sineirgíocht
synkategorematisch, sinchatagairéamach, focal
synkretisch, sincréataíoch
Synkretismus, sincréatachas
Synkretist, sincréataí
Synthese, sintéis
synthetisch, sintéiseach
synthetisieren, sintéisiú
System, córas
systematisch, córasach
tastbar, intadhaill
Tastbarkeit, intadhaille
Tastsinn, tadhall
Tat, gníomh
tätig, gníomhach

tätig sein, gníomhú
Tätigkeit, gníomhacht
Tatsache, fíoras
Tautologie, athluaiteachas
Technik, teicneolaíocht
technisch, teicniúil
Temperament, meon
temporär, sealadach
Tendenz, claonadh
Terminologie, téarmaíocht
Terminus, tearmann
tertiär, treasach
Test, triail
Teil, páirt, roinn
Teil-, páirteach
teilbar, inroinnte
Teilhabe, rannpháirtiúlacht
teilhaben, rannpháirtiú
Teilhaber, rannpháirteach
Teilnahme, rannpháirtiúlacht
teilnehmen, rannpháirtiú
Teilnehmer, rannpháirteach
teilweise, páirteach
Theismus, diachas
Theist, diachaí
theistisch, diachúil
Thema, téama
Theodizee, diagacht nádúrtha
Theokratie, dialathas
Theologe, diagaire
Theologie, diagacht
theologisch, diagach
theoretisch, teoiriciúil
Theorie, teoiric
Theosoph, diasamh
Theosophie, diasúnacht
therapeutisch, teiripeach
These, téis
thetisch, téiseach
Thomismus, Tómachas
thomistisch, Tómaíoch
tief, domhain
tiefgründig, domhain
Titel, teideal
tödlich, marfach
tödlich, nicht, neamh-mharfach
Toleranz, caoinfhulaingt
totalitär, ollsmachtach
Totalitarismus, ollsmachtachas
Totalität, iomláine
Tötung, dúnbhású
Tradition, traidisiún

Traditionalismus, traidisiúnachas
Traditionalist, traidisiúnaí
traditionalistisch, tradisiúnaíoch
traditionell, tradisiúnta
Traduzianismus, anamshíolrachas
träge, támhach
Trägheit, támhaí
Transformation, tarfhoirmiú
Transformismus, tarfhoirmeachas
transitiv, aistreach
Transitivität, aistreacht
transparent, trédhearcach
transzendental, tarchéimnitheach
Transzendentales, tarchéimnitheach
Transzendentalismus, tarchéimnitheachas
Transzendenz, tarchéimnitheacht
transzendieren, tarchéimniú
Traum-, brionglóideach
trennen, dícheangal
Trichotomie, tréscaradh
Triebfeder, siocair
Tropismus, trópachas
trügerisch, falsánach
Trugschluss, talsán
Trunksucht, diopsamáine
Tugend, suáilce
tunlich, indéanta
Tutiorismus, sábháilteachas

Übel, olc, olcas
üben, cleachtadh
Überbestimmtheit, oschinntiú
Überdeterminierung, oschinntiú
Übereinkunft, coinbhinsean
übereinstimmen, aontú
Übereinstimmung, aontas, comhardacht
übergeordnet, osordaithe
überlagen, meá
überlegen, athfhéachaint
Überlegung, athfhéachaint
überliefert, traidisiúnta
Überlieferung, traidisiún
Übermass, iomarca
übermässig, iomarcach
Übermässigkeit, iomarca
Übermensch, osduine
übernatürlich, osnádúrtha
Überrest, fúilleach
Überschuss, farasbarr
übersetzen, aistriú
übertreffen, sárú
übertreten, sárú

übertrieben, áibhéileach, míchuíosach
überzeugen, áiteamh
Überzeugung, áitiús
Ubietät, ionadas
Ubikation, ionadas
Umgebung, timpeallacht
umgekehrte Proposition, coinbhéarta
umgekehrter Satz, coinbhéarta
umkehrbar, inaisiompaithe, inchoinbhéar-
    taithe
umkehren, coinbhéartú
Umwelt, timpeallacht
unabhängig, neamhspleách
Unabhängigkeit, neamhspleáchas
unähnlich, neamhchosúil
unangemessen, neamhimleor
unbegreiflich, dochoincheaptha, do-
    thuigthe
unbegrenzt, neamhtheoranta
unbeschränkt, éiginnte
unbestimmt, neamhchinntithe
Unbestimmtheit, neamhchinntitheacht
unbeweglich, dochorraithe
unbewusst, neamhbhraiteach, neamh-
    chomhfhiosach
Unbewusste, neamhchomhfhios
undurchdringlich, dothreáite
undurchsichtig, teimhneach
unehelich, neamhdhlistineach
unempfindlich, neamhfhulangach
unendlich, infinideach
unerlaubt, neamhcheadaithe
Unermesslichkeit, aibhseacht
unersättlich, doshásaithe
Unfähigkeit, éagumas
unfehlbar, do-earráide
unfreiwillig, neamhthoiliúil
ungenau, neamhbheacht
Ungerechtigkeit, éigeartas
ungereimt, áiféiseach
ungesetzlich, neamhdhleathach
ungeteilt, neamhroinnte
ungewiss, neamhchinnte
Ungewissheit, neamhchinnteacht
ungewöhnlich, neamhghnách
ungleichartig, ilchineálach
ungültig, neamhbhailí
Universalisierung, uiliú
Universalismus, uilíochas
Universalist, uilíochaí
universalistisch, uilíochúil
Universalität, uilíocht

universell, uilíoch
Universum, uilebhith
univok, aonchiallach
unkompliziert, neamhchoimpléascúil
unkörperlich, neamhchorpartha
unlogisch, míloighciúil
unmässig, ainmheasartha
unmerklich, do-airithe
unmessbar, dothomhaiste
unmittelbar, neamh-mheánach
Unmittelbarkeit, neamh-mheánacht
unmöglich, neamhfhéideartha
Unordnung, mí-ordú
unorganisch, neamhorgánach
unparteilich, neamhchlaon
Unparteilichkeit, neamhchlaontacht
unparteilisch, neamhchlaonta
unpersönlich, neamhphearsanta
Unrecht, éigeart
unsicher, neamhchinnte
Unsicherheit, neamhchinnteacht
unsittlich, mímhorálta
Unsittlichkeit, mímhoráltacht
unsterblich, neamhbhásmhar
unsterblichkeit, neamhbhásmhaireacht
unteilbar, doroinnte
unter, íochtarach
Unterbau, fofhoirgneamh
Unterbegriff, mionteárma
Unterbewusste, das fochomhfhios
Unterbewusstsein, fochomhfhios
untere Teil, der, íochtar
untergeordnet, fo-ordaithe, íochtaránach
unterlassen, failliú
Unterlassung, faillí
unterordnen, fo-ordú
Unterordnung, fo-ordú
Untersatz, mionleagan
unterscheiden, idirdhealú
unterscheiden, sich, difriú
unterscheidung, idirdhealú
Unterschied, difríocht
unterschieden, difriúil
untrennbar, doscartha
Untugend, duáilce
untugendhaft, duáilceach
ununterbrochen, cointeanóideach
Ununterbrochenes, cointeanóid
ununterscheidbar, do-idirdhealaithe
unveränderlich, do-athraithe
unverantwortlich, neamhfhreagrach
unvereinbar, dochuibhrinn

unvermeidlich, dosheachanta
unvernünftig, míréasúnta
unvollkommen, neamhfhoirfe
Unvollkommenheit, neamhfhoirfeacht
unvorsätzlich, neamhbheartaithe
unwiderlegbar, dobhréagnaithe
unwiderleglich, dobhréagnaithe
unwillenlich, n amhthoiliúil
unwillkürlich, spon áineach
unwissend, aineolach
Unwissenheit, aineolas
unzerstörbar, doscriosta
unzulänglich, neamhleor
Ur-, bunúil
Urbanität, soilbhreas
Ursache, cúis
Urteil, breithiúnas
Utilitarier, fóntaí
utilitaristisch, fóntaíoch
Utilitarismus, fóntachas
Utopie, Útóipe

Vacuist, folúsaí
Vacuum, folús
vegetativ, plandúil
Velleität, meatoiliú
verallgemeinern, ginearálú
Verallgemeinerung, uiliú
Veränderlichkeit, inathraitheacht
verändern, athrú
verantwortlich, freagrach
Verantwortlichkeit, freagracht
Veräusserlichung, seachtrú
veräussern, coimhthiú
verbal, briathartha
verbinden, comhcheangal
verbindlich, oibleagáidiúil
verbindung, ceangal
Verbindung ohne, neamhghaolmhar
Verdacht, amhras
Verderbnis, truailliú
Verdienst, luaíocht
verdinglichen, réadú
veredeln, uaisliú
verehren, onórú
vereinbar, inchuibhrinn
vereinigen, aontú
vereinigt, aontaithe
Vereinigung, aontas
vererblich, dúchasach
Vererbung, dúchas

vergänglich, intruaillithe
vergessen, dearmad
Vergleich, comparáid
vergleichbar, inchomparáide
vergleichend, comparáideach
Vergleichung, comparáid
Vergnügen, pléisiúr
vergöttern, diagú
Vergötterung, diagú
vergrössern, sich, méadú
Verhältnis, comhréir
Verhaltung, iompar
Verhaltungsweisepsychologie, iomprachas
Verhängnis, cinniúint
verifizieren, fíorú
verkündigen, fógairt
verlängern, fadú
verlegen, díláithriú
Verleiher, iasachtóir
verletzen, sárú
vermehren, iolrú
vermehren, sich, méadú
vermeiden, seachaint
vermeidend, seachantach
vermischen, meascadh
vermitteln zwischen, idirghabháil
Vermögen, brí, tualang
vermuten, meatuairimiú, toimhdiú
Vermutung, buille faoi thuairim, toimhde
verneinen, séanadh
verneinend, séantach
Verneinung, séanadh
vernichten, neamhniú
Vernunft, réasún
Vernunft, die V. gebrauchen, réasúnadh
vernünftig, réasúnta
Vernünftigkeit, réasúntacht
vernunftlos, neamhréasúnach
Verpflichtung, oibleagáid
verrücken, díláithriú
verschieben, díláithriú
verschieden, difriúil, éagsúil
verschieden sein, difriú
verschiedenartig, ilchineálach
Verschulden, díluaíocht
verschwinden, amharc, imeacht as
versetzen, aistriú
Verstand, intleacht, réasún, tuiscint
verstehen, tuiscint
verstossen gegen, sárú
verstümmeln, ciorrú
Versuchung, cathú

106

Vertrag, coinbhinsean, conradh
verträglich, inchuibhrinn
vertraut, dlúth
Vertretung, ionadaíocht
verunstalten, míchumadh
verursachen, cúisiú
vervielfältigen, iolrú
vervielfältigte Anwesenheit, ioláithreacht
vervollkommnen, foirbhiú
vervollkommnungsfähig, infhoirfe
Verwandtschaft, aifinideacht
verwechseln, meascadh
verwerfen, diúltú
verweslich, intruaillithe
verwirrt, aimhréidi,
Verwunderung, iontas
Vibration, tonnchrith
vielfach, iolra
Vielheit, iolracht
virtuell, firtiúil
visuell, radharcach
Vitalismus, beathúlachas
Vitalität, beogacht
Volksmasse, slua
Volkstum, náisiúntacht
Volkstümlichkeit, náisiúntacht
vollbringen, comhlíonadh
vollkommen, foirfe
Vollkommenheit, foirfeacht
Voluntarismus, toileachas
Voluntarist, toilí
voluntaristisch, toilíoch
vorausschicken, réamhleagan
Voraussetzung des zu Beweisenden, réamhghlacadh réitigh
Voraussicht, réamhfhios
Vorbewusstsein, réamhchomhfhios
Vorbild, eiseamláir
vorbildlich, eiseamlárach
Vordersatz, réamhleagan
Vorführung, láithriú
Vorgehen, polasaí
vorherbestimmen, réamhchinntiú
vorhergehend, réamhtheachtach
Vorherwissen, réamhfhios
vorig, réamhtheachtach
Vorrang, príomhaíocht
vorsätzlich, beartaithe
Vorsehung, oirchill
vorstellend, athláithritheach
Vorstellung, athláithriú, íomhá
Vorstellungsgabe, íomháineacht

Vorurteil, réamhchlaonadh
Wahl, rogha
Wahnsinn, gealtacht
wahr, fíor
Wahrhaftigkeit, fírinneacht
Wahrheit, fírinne
wahrnehmbar, nicht, dochéadfaithe
Wahrnehmung, aipéircheap
Wahrnehmungs-, aipéircheapúil
wahrscheinlich, dóchúil
Wahrscheinlichkeit, dóchúlacht
Washeit, céardas
Wechselanziehung, imtharraing
Wechseln, athrú
wechseln, Ort, Platz, aistriú
wechselseitig, ceachtartha
weisen, díriú
weisend, díritheach
Weiser, eagnaí
Weisheit, eagnaíocht
weit, leathan
Welt, domhan
Welt-, saolta
Weltall, uilebhith
weltlich, saolta
Werden, teacht chun bheith
Werkzeugs-, ionstraimeach
Wert, fiúntas
wertbestimmend, measúnaitheach
Wesen, créatúr
Wesenheit, eisint
wesentlich, eisintiúil
Wettbewerb, comórtas
wichtig, tromaí
Widerlegen, bréagnú
widersinnig, áiféiseach
widersprechen, frithrá
widersprechend, frithráiteach
Widerspruch, frithrá
Widerstand, frasúra
widerstrebend, aimhréireach
Widerstreit, coinbhleacht
widerstreitend, aimhréireach
Wiederaufleben, athbheochan
Wiedergeburt, athghiniúint
Wiederherstellung, athiomlánú
Wiederholen, athdhéanamh, athrú
wiedererkennen, aithint
Wille, toil
Wille, guter, dea-thoil
willenlich, toiliúil
Willensakt, toiliú

Willensfreiheit, saorthoil
Willenskraft, toil
willkürlich, treallach
wirken, gníomhú, oibriú
wirken auf, imirt
wirklich, deimhneach
wirksam, éifeachtach
Wirksamkeit, éifeachtacht
Wirkung, éifeacht
wirkungsfähig, éifeachtúil
Wirkungsfähigkeit, éifeachtúlacht
Wirkungskraft, éifeachtúlacht
Wissenschaft, eolaíocht
Wissenschaftler, eolaí
wissenschaftlich, eolaíoch
Wohlfahrt, leas
Wohltätigkeit, dea-ghníomhaíocht
Wohlwollen, dea-mhéin
wohlwollend, dea-mhéineach
wollen, toiliú
Wort, téarma
Wort-, ainmniúil
wörtlich, briathartha
Wortstreit, briatharchath,
wünschenswert, inmhianaithe
Wünschenswerte, das, inmhianaitheacht
Würde, dínit
Wurzel, fréamh

zählbar, ináirimh
zahlenmässig, uimheartha
Zeichen, comhartha
zeigen, taispéaint
Zeit, am
zeitgenössisch, comhaimseartha
zeitlich, teamparálta
zeitweilig, sealadach
zeitwörtlich, briathartha
Zensur, cinsireacht
zentral, lárnach
zentrieren, lárú
zerebrieren, inchinniú
zerstreut, spréite
Zerstreutheit, neamhairdeall
zeugend, giniúnach
Zeugnis, fianaise
Ziel, ceann spríce
zielstrebig, cuspóireach
Zirkelbeweis, ciorcal lochtach
Zivil, sibhialta
Zivilisation, sibhialtacht

zivilisiert, sibhialaithe
Zölibat, aontumha
Zoologie, míoleolaíocht
zoologisch, míoleolaíoch
Zufall, seans
Zufälligkeit, teagmhasacht
zugeben, admháil
zugesellen, comhcheangal
Zukunft, todhchaí
zukünftig, todhchaíoch
Zukünftiges, todhchaíoch
zulassen, ceadú
zunehmen, méadú
zurechenbar, inleagtha
Zurechnungsfähigkeit, inleagthacht
zurechweisen, ceartú
zurückblickend, aisbhreathnaitheach
Zurückgehen, cúlú
zurückhalten, fionraí
zurückziehen, sich. z. von, cúlú
zusammenfallen, comhtharlú
zusammengefügt, altach
zusammengesetzt, comhchurtha
Zusammengesetzte, comhchur
Zusammenhang, ceangal
Zusammenlaufen, inréimneacht
zusammenlaufend, inréimneach
zusammensetzen, comhchur
Zusammensetzung, comhchur
zusammentreffen, comhtharlú
zusammenwirken, comhoibriú
zusammenziehen, crapadh
Zustand, céimíocht, staid
zuverlässig, deimhneach
Zuwachs, fortórmach
Zyklus, timthriall
Zwang, comhéigean, foréigean
Zweck, cuspóir
zweckmässig, cuspóireach
Zweckmässigheit, cuspóireacht
zweiäugig, déshúileach
zweideutig, athbhríoch
Zweideutigkeit, athbhrí
zweifach, dúbailte
Zweifel, dabht
Zweiteilung, déscaradh
zwingen, comhéigniú
zwingend, comhéigneach, foréigneach
zwischen-, idirmheánach
Zwischenraum, bearna
Zwischenzeit, idirlinn

abacus, abaca,
abduction, abduchtú
abiogenesis, neamhbhithghin(int
abnormal, mínormálta
abortion, anabaí, breith
abortion, procured, ginmhilleadh
aboulia, abúile
abreaction, díghníomhú
absent, neamhláithreach
absent-mindedness, neamhairdeall
absolute, absalóideach
Absolute, the, Absalóid, an
absoluteness, absalóideacht
absolutism, absalóideachas
abstain, staonadh
abstract, teibí, teibiú
abstractionism, teibíochas
absurd, áiféiseach
abulic, abúileach
Academy, acadamh
accident, aicíd
accidental, aicídeach
accretion, fortórmach
acme, buaic
acoustics, fuaimeolaíocht
acquired, gnóthaithe
acquirements, oilteacht
act, acht, gníomhú
action, gníomh, gníomhú
activate, gníomhachtú
active, gníomhach
activism, gníomhachas
activity, gníomhacht
actual, achtáilte
actualize, achtáil
acuity, géire
addition, logical, suimiú loighciúil
adequate, imleor
adjust, coigeartú
admit, admháil
adult, lánaoiseach
adventitious, taismeach
adversary, áibhirseach
adversative, áibhirsiúil
adverse, áibhir seach
aesthetic, aestéitiúil
aesthetics, aestéitic
aeveternity, aoisíoraíocht
affect, imirt, siocair

affection, aificsean
affective, aificseanach
affectivity, aificseanacht
affinity, aifinideacht
affirm, dearbhú
agent, gníomhaí
aggregate, bailiúchán
agnosia, agnóise
agnostic, agnóisí, agnóisíoch
agnosticism, agnóiseachas
agonistic, coimhlinteach
agoraphobia, agrafóibe
agree, aontú, réiteach
agreement, aontas, comhardach
Alexandrinism, Alastrachas
algorithmic, algóirithimeach
alienate, coimhthiú
alive, beo
allegory, fáthchiallacht
allow, ceadú
almighty, uilechumhachtach
alter, athrú
alteration, claochlú
alternate, ailtéarnach
alternation, ailtéarnadh
alternative, ailtéarnacht
altruism, altrúchas
altruistic, altrúíoch
ambiguity, athbhrí
ambiguous, athbhríoch
ambition, uaillmhian
ambivalent, défhiúsach
amnesia, aimnéise
amoral, dímhorálta
amphibology, iolabairt
anagogic, anagóigeach
analogical, analachúil
analogue, analacháid
anology, analach
analysis, anailís
analytic, anailíseach
anarchism, ainrialachas
anarchy, ainriail, ainrialachas
anguish, crá
animate, anamnú
animism, anamachas
annihilate, neamhniú
anomaly, aimhrialtacht
answer, freagra
antecedent, réamhtheachtach, aid.
    réamhtheachtaí
anterior, réamhtheachtach

anteriority, réamhtheacht
anthropocentric, antrapalárnach
anthropology, antraipeolaíocht
anthropomorphism, antrapamorfachas
anticipation, réamhghabháil
antilogy, frithloighceacht
antinomy, frithdhleathacht
antithesis, fritéis
anagogic, anagóigeach
apathy, dímhothú
aphorism, nath
apodictic, léiráititheach
apodosis, iarmbeart
aporia, sáinn
apotheosis, diagú
apotheosi:e, diagú
apparent, dealramhach, follasach
apperception, aipéircheap
appetible, intothlaithe
appetite, tothlú
appetitive, tothlaitheach
application, sínteacht
appreciate, measúnú
appropriate, dílsiú
approve, dea-mheas
aptitude, mianach
arbiter, eadránaí
arbitrary, treallach
arbitration, eadráin
arbitrator, eadránaí
architectonic, ailtireachtúil
argue, argóint
argument, argóint
argumentation, argóinteacht
aristocracy, uasalaicme, uaslathas
Aristotelian, Arastataileach
Aristotelianism, Arastataileachas
art, ealaín
artefact, saorgán
articular, altúil
articulate, altach
artifact, saorgán
artificial, saorga
artificialism, saorgachas
artistic, ealaíonta
aseity, aiséiteas
aspect, dreach
assert, dearbhú
assertorial, dearbhúil
assess, measúnú
assimilate, asamhlú
associate, comhcheangal

association, comhcheangal
associationism, comhcheangaltachas
associativity, comhcheangaltacht
asyllogistic, neamhshiollógach
ataraxia, ataráisce
atavism, athdhúchas
atheism, aindiachas
atheist, aindiachaí
atomism, adamhachas
atonement, leorghníomh
attainable, insroichte
attention, aire
attitude, seasamh
attraction, tarraingt
attractive, tarraingteach
attribute, aitreabúid
attributive, aitreabúideach
augment, méadú
authentic, údarach
authority, údarás
authorize, údarú
autodetermination, féinchinneadh
automatic, uathoibritheach
autonomous, féinrialaitheach, neamh
    spleách
autonomy, féinriail, neamhspleáchas
autosuggestion, féininmheabhrú
avarice, saint
avoid, seachaint
axiology, fiúntaseolaíocht
axiom, aicsíom
axiomatics, aicsíomacht

back, go, cúlú
bad, olc
badness, olcas
basic, bunúsach
basis, bunús
beatific, beannaitheach
beatitude, beannaitheacht
beautiful, the, áilleacht
beauty, áilleacht
becoming, teacht chun bheith
beget, giniúint
behaviour, iompar
behaviourism, iomprachas
behaviourist, iompraí
being, beitn
belief, creideamh
believable, inchreidte
beneficence, dea-ghníomhaíocht

110

benevolence, dea-mhéin
biased, leathfhabhrach
bilocation, dé-ionadas
binocular, déshúileach
biology, bitheolaíocht
biopsychology, sícibhitheolaíocht
blindness, daille
body, corp
borrower, iasachtaí
bottom, íochtar
brain, inchinn
breadth, leithead
broad, leathan

caducity, críne
cannibalism, canablacht
canon, canóin
canonical, canónta
capability, cumas
capacity, cumas
capitalism, rachmasaíocht
capitalist, rachmasaí, rachmasaíoch, *aid.*
cardinal, cairdinéalta
Cartesian, Cairtéiseach
case, cás
caste, ceast
casuist, cásaisteach
casuistry, cásaisteacht
catalepsy, catailéipse
catagorema, catagóiréama
categorematic, catagóiréamach
categorical, catagóireach
category, catagóir
catharsis, saorghlanadh
causality, cúisíocht
causation, cúisíocht, cúisiú
cause, cúis, cúisiú
celibacy, aontumha
censorship, cinsireacht
central, lárnach
centralize, lárú
cerebration, inchinniú
certain, cinnte
certainty, cinnteacht
certitude, cinnteacht
chance, seans
change, athrú
changeability, inathraitheacht
chaos, anord
character, carachtar
characteristic, carachtaracht, saintréith

characterology, carachtareolaíocht
chastity, geanmnaíocht
cheap, saor
check, promhadh
children, clann
choice, rogha
civic, sibhialta
civil, sibhialta
civilization, sibhialtacht
civilized, sibhialaithe
clarify, soiléiriú
class, aicme, rang
classification, rangú
classify, rangú
claustrophobia, clástrafóibe
clear, soiléir
clemency, trócaire
clinamen, díraonadh
coerce, comhéigniú
coercion, comhéigean
coercive, comhéigneach
cognoscible, infhiosaithe
cognoscibility, infhiosaitheacht
coincide, comhtharlú
collaborate, comhoibriú
collective, cnuasaitheach
collectivism, cnuasachas
colony, coilíneacht
colourblindness, dathdhaille
combination, teaglaim
commandment, aithne
common, coiteann
communism, cumannachas
communist, cumannaí
communistic, cumannaíoch
community, comhluadar •
commutative, cómhalartach
comparable, inchomparáide
comparative, comparáideach
comparison, comparáid
compatible, inchuibhrinn
compel, comhéigniú
compensate, cúiteamh
compensationism, cúiteamhachas
competition, comórtas
complement, comhlánú
complete, comhlánú, iomlán
completeness, iomláine
complex, coimpléasc, coimpléascúil
composed, comhchur, comhchurtha
composition, comhchur
comprehend, tuiscint

comprehension, cuimse
compulsion, comhéigean
conation, dréim
conceive, coincheapadh
concept, coincheap
conceptualism, coincheapachas
conclusion, conclúid
conclusive, conclúideach
concomitance, coimhdeacht
concordance, comhardacht
concordism, comhardachas
concrete, coincréiteach
concupiscence, miangas
concupiscible, miangasach
concurrence, iomaíocht
condition, coinníoll
conduct, béasa, iompar
configuration, fíoraíocht
configurationism, geisteáltachas
conflict, coinbhleacht
conform, to, réiteach
confound, meascadh
confused, measctha
conjectural, meatuairmitheach
conjecture, buille faoi thuairim,
    meatuairimiú
conjunctive, cónascach
connection, ceangal
connector, ceangaltóir
conscience, coinsias
conscious, comhfhiosach
consciousness, comhfhios
consecutive, leantach
consequential, iarmartach
conservatism, coimeádachas
conservative, coimeádach
consistent, comhsheasmhach
constant, tairiseach
constraint, comhéigean
construct, cumadh
contact, teagmháil
contemplate, rinnfheitheamh
contemplative, rinnfheitheamhach
contemporaneous, comhaimseartha
contemporary, comhaimseartha
contents, lucht
contention, conspóid
contiguity, gaireacht
contingence, teagmhasacht
contingent, teagmhasach
continuity, cointeanóideacht
continuous, cointeanóideach

continuum, cointeanóid
contraception, frithghiniúint
contract, conradh, crapadh
contradict, frithrá
contradiction, frithrá
contradictory, frithráiteach
contraposition, frithchur
contrary, contrártha
contrast, frithsnuíomh
convention, coinbhinsean
conventional, coinbhinseanúil
conventionalism, coinbhinseanachas
convergence, inréimneacht
convergent, inréimneach
convergency, inréimneacht
converse, coinbhéarta
convert, coinbhéartú
convertible, inchoinbhéartaithe
conviction, áitiús
convince, áiteamh
convulsion, tritheamh
cooperate, comhoibriú
copula, copail
copulative, copaileach
corollary, comhthoradh
corporeal, corpartha
corpse, corpán
corpuscle, coirpín
correct, ceartú
corroborate, comhthacú
corroboration, comhthacaíocht
corruptible, intruaillithe
corruption, truailliú
cortex, coirtéis
cosmogony, cosmagnaíocht
cosmological, cosmeolaíoch
cosmology, cosmeolaíocht
cosmos, cosmas
covetousness, saint
cowardice, meatacht
create, cruthú
creation, cruthaíocht
creationism, anamchruthaíochtachas,
    cruthaíochtachas
creative, cruthaitheach
creator, cruthaitheoir
creature, créatúr
credible, inchreidte
credibility, inchreidteacht
cretinism, creitíneacht
criminal, coiriúil
criminology, coireolaíocht

criterion, caighdeán
critic, léirmheastóir
critical, criticiúil
criticism, critic, criticeas
critique, beachtaíocht, critic
crowd, slua
cult, cultas
cultivate, saothrú
culture, cultúr
cumulative, carnach
custom, nós
cycle, timthriall
Cyrenaic, Ciréanach

Daltonism, Daltúnachas
data, fáltais
deadly, marfach
debt, fiach
decadence, meath
decide, cinneadh
declination, díraonadh
deduce, déaduchtú
deduction, déaduchtú
deed, gníomh
deep, domhain
defect, éalang, locht
deficience, easnamh
define, deifnídiú
definition, deifníd
deflect, sraonadh
deform, míchumadh
deification, diagú
deify, diagú
deism, dias
deist, diasaí
deistic, diasaíoch
deistical, diasaíoch
delectable, taitneamhach
delectation, taitneamh
deliberate, beartaithe, meá
delirium, rámhaille
delude, bréagadh
demerit, díluaíocht
democracy, daonlathas
demonstrate, léirchruthú
denominate, ainmniú
denotation, sínteacht
deny, séanadh
deontology, dualeolaíocht
dependence, spleáchas
dependent, spleách

depersonalization, díphearsanú
dereistic, díréadach
derive, díorthú
descendant, sliochtach
description, tuairisc
design, plean
desirability, inmhianaitheacht
desirable, inmhianaithe
desire, mian, mianú
desitive, scorach
destination, ceann spríce
determinable, inchinntithe
determinant, cinntitheach
determination, cinntiú
determine, cinneadh, cinntiú
determined, cinntithe
determinism, cinnteachas
determinist, cinntí
develop, forás
development, forás
dialectic, dialachtaic
dialectical, dialachtaiciúil
dialectician, dialachtaí
dichotomy, déscaradh
dictator, deachtóir
dictum, deacht
differ, difriú
difference, difríocht
different, difriúil
differential, deochraí
differentiate, deochrú
diffuse, spréite
dilemma, dileamna
diligence, dúthracht
dimension, buntomhas
direct, díreach, díriú
directive, díritheach
disappear, amharc, imeacht as
disclose, nochtadh
discourse, dioscúrsa
discover, fionnadh
discursive, dioscúrsach
disembodied, díchollaithe
disjunctive, deighilteach
disorder, aimhriar, mí-ordú
disparate, díchosúil
dispensation, dispeansáid
displace, díláithriú
disprove, bréagnú
disputable, inchonspóide
dispute, conspóid
dissimilar, neamhchosúil

113

dissociate, dícheangal
dissociation, dícheangal
dissolution, scaoileadh
distance, cianúlas
distinguish, idirdhealú
distribute, dáileadh
distributive, dáileach
diverse, éagsúil
divide, roinnt
divine, diaga
divinization, diagú
divinize, diagú
divisible, inroinnte
division, roinn
do, déanamh
docility, somhúinteacht
doctrine, teagasc
dogma, dogma
dogmatic, dogmach
dogmatism, dogmachas
domain, fearannas
double, dúbailte
doubt, dabht
doxometry, barúilmheas
dress, aibíd
dualism, déachas
duality, déacht
duration, marthanacht
durative, marthanach
duty, dualgas
dyadic, déachtúil
dynamic, dinimiciúil
dynamics, dinimic
dynamism, dinimiceas
dysteleology, díchuspóireacht

eclectic, eicléictiúil
eclecticism. eicléicteachas
ecstasy, eacstais
ecstatic, eacstaiseach
ectoplasm, eactaplasm
educe, éaduchtú
eduction, éaduchtú
effect, éifeacht
effective, éifeachtach
effector, éifeachtóir
effectual, éifeachtúil
efferent, eisiomprach
efficacious, éifeachtúil
efficacy, éifeachtúlacht
efficience, éifeachtacht

efficient, éifeachtach
ego, féin
egocentric, féinlárnach
egoism, féinspéiseachas
egoist, féinspéisí
elaborate, saothrú
elect, toghadh
elective, toghaí
element, eilimint
elimination, díobhadh
elicit, múscailt
emanate, eisileadh
emanation, eisileadh
emanatism, eisileachas
emotion, mothúchán
emotional, mothúchánach
empirical, eimpíreach
empiricism, eimpíreachas
empiricist, eimpíri, eimpíríoch, aid.
employee, fostaí
employer, fostóir
end, críochnú, cuspóir, deireadh
energetics, fuinneamhachas
engender, giniúint
enjoyable, taitneamhach
enjoyment, taitneamh
ennoble, uaisliú
entelechy, eintéilicíocht
enthymene, eintiméim
entitive, beithe
entity, beith
enumerate, áireamh
enunciation, ráiteas
envelop, imchlúdach
environment, timpeallacht,
epicheirema, eipicíréim
epicure, Eipiciúrach
epicurean, Eipiciúrach
epicureanism, Eipiciúrachas
epiphenomenism, eipifeiniméanachas
epiphenomenon, eipifeiniméan
episyllogism, eipisiollóg
epistemology, eipistéimeolaíocht
equilibrium, cothromaíocht
equipollence, ionnúlacht
equipollent, ionnúil
equiprobabilism, comhdhóchúlachas
equity, cothromas
equivalence, coibhéiseacht
equivalent, coibhéiseach
equivocal, déchiallach
equivocity, déchiallacht

error, earráid
essence, eisint
essential, eisintiúil
estimate, measúnú
estimative, measúnaitheach
estimative sense, measúnaitheacht
eternal, síoraí
eternity, síoraíocht
ethical, eiticiúil
ethics, eitic
ethnic, eitneach
ethnography, eitneagrafaíocht
ethnology, eitneolaíocht
etiology, cúiseolaíocht
eudemonism, eodaemanachas
euthanasia, eotanáise
eutrapely, soilbhreas
evade, seachaint
evasive, seachantach
event, tarlú
evidence, fianaise, léire
evident, léir
evil, olc, olcas
evolution, éabhlóid
evolutionism, éabhlóideachas
evolutionist, éabhlóidí
exact, beacht
exactitude, beaichte
exaggerated, áibhéileach
excel, sárú
except, eisceadh
exception, eisceacht
excess, iomarca
excessive, iomarcach
excitation, spreagadh
exclude, eisiamh
exclusive, eisiatach
execute, déanamh
exemplar, eiseamláir
exemplarism, eiseamlárachas
exemplary, eiseamlárach
exist, eiseadh
existence, eiseadh
existential, eiseach
existentialism, eiseachas
existentialist, eisí, eisíoch, aid.
expend, caitheamh
experience, eispéiriú, eispéireas
experiential, eispéireasach
experiment, turgnamh
experimental, turgnamhach
expiation, leorghníomh

explain, míniú
explanation, míniú
explicative, mínitheach
exploit, saothrú
exponible, inléirmhínitheach
expound, léirmhíniú
express, sainráite
expression, léiriú
extension, sínteacht
extent, sínteacht
exterior, seachtrach
exteriority, seachtracht
external, seachtrach
externalisation, seachtrú
extravagant, míchuíosach
extraversion, eisdíritheacht
extreme, foircneach
extrinsic, eistreach

fact, fíoras
faculty, acmhainn
faith, creideamh
fallacious, falsánach
fallacy, falsán
false, falsa
falseness, falsacht
falsity, falsacht
family, clann, teaghlach
fanatic, fanaiceach
fanaticism, fanaiceachas
fatalism, cinniúnachas
fatalist, cinniúnaí
fault, locht
feebleminded, lagintinneach
feminism, feimineachas
fetishism, feitiseachas
fiction, ficsean
fideism, fidéachas
fidelity, dílseacht
field, réimse
figure, fíor
final, cuspóireach, deireanach
finalism, cuspóireachas
finality, cuspóireacht
finish, críochnú
finite, finideach
fluctuating, malartach
focus, fócas
following from, not, neamhiarmartach
force, fórsa
foreconscious, réamhchomhfhios

115

foreknowledge, réamhfhios
forget, dearmad
form, fíoraíocht, foirm
formal, foirmiúil
formalism, foirmiúlachas
formative, foirmitheach
formula, foirmle
fortitude, foirtile
foundation, bunús
fraud, calaois
free, saor
freedom, saoirse
freewill, saorthoil
frenzy, mire
frequency, minicíocht
friendship, cairdeas
fulfill, comhlíonadh
function, feidhm
fundamental, bunúsach
future, todhchaí, todhchaíoch
future happening, todhchaíoch
futurible, intodhchaíoch
futurism, todhchaíochas

gap, bearna
general, ginearálta
generalize, ginearálú
generate, giniúint
generationism, anamghiniúnachas
generative, giniúnach
generic, cíneálach
genetic, gineach
genetics, gineolaíocht
genius, ardéirim
genus, cineál
gestaltism, geisteáltachas
glory, glóir
gnosis, gnóis
gnostic, gnóisí
goal, ceann spríce
go between, idirghabháil
God, Dia,
good, leas, maith
goodness, maitheas
goodwill, dea-thoil
govern, rialú
government, rialtas
gradual, céimseach
graduated, céimnithe
graphism, grafachas
graphology, grafeolaíocht

gratuitous, aisceách
grave, tromaí
gregarious, tréadúil
guess, buille faoi thuairim

habit, aibíd
hallucination, bréagchéadfú
happening, tarlú
happiness, sonas
harmony, armóin
hearing, cloisteáil, éisteacht
hedonism, héadónachas
hedonist, héadónaíoch
Hegelian, Héigealaíoch
hereditary, dúchasach
heredity, dúchas
heremeutics, heirméiniútaic
hermetism, heirméatachas
heterogeneous, ilchineálach
heterosexuality, heitrighnéasacht
heuristic, iúraisticiúil
heuristics, iúraistic
hierarchy, flaitheas
historicity, stairiúlacht
holy, naofa
homicide, dúnbhású
homogeneous, aonchineálach
homologous, hómolach
homosexuality, hómaighnéasacht
honour, onóir, onórú
human, daonna
humanism, daonnachas
humanitarian, daonchairdiúil
humanitarianism, daonchairdeas
humility, uirísle
hylemorphic, híleamorfach
hylemorphism, híleamorfachas
hylozoism, híleasóchas
hypnosis, hipneois
hypnotism, hipneoiseachas
hypostasis, hipeastáis
hypothesis, hipitéis
hypothetical, hipitéiseach
hysteria, histéire
hysterical, histéireach

I, féin, mise
idea, idé
ideal, idéal, idéalach aid.
idealism, idéalachas

idealist, idéalaí, idéalaíoch, *aid.*
idealistic, idéalaíoch
ideality, idéalacht
ideation, idéú
identical, ionann
identification, ionannú
identity, ionannas
ideogram, idéagram
ideological, idé-eolaíoch
ideology, idé-eolaíocht
ignorance, aineolas
ignorant, aineolach
illegal, neamhdhleathach
illegitimate, neamhdhlistineach
illicit, neamhcheadaithe
illogical, míloighciúil
illumination, soilsiú
illuminationism, soilsiúchas
illuminism, soilsiúchas
illusion, seachmall
image, íomhá
imaginary, íomháineach
imagination, íomháineacht
imagine, samhlú
imbecillity, leibideacht
imitability, inchóipeáilteacht
imitate, aithris
immanent, imeanach
immanentism, imeanachas
immanentist, imeanaí, imeanaíoch, *aid.*
immaterial, neamhábhartha
immaterialism, neamhábharachas
immaterialist, neamhábharaí
immaterialistic, neamhábharaíoch
immateriality, neamhábharthacht
immeasurable, dothomhaiste
immediacy, neamh-mheánacht
immediate, neamh-mheánach
immensity, aibhseacht
immobile, dochorraithe
immoderate, ainmheasartha
immoral, mímhorálta
immoralism, mímhoráltachas
immorality, mímhoráltacht
immortal, neamhbhásmhar
immortality, neamhbhásmhaireacht
immutable, do-athraithe
impartial, neamhchlaon
impartiality, neamhchlaontacht
impassive, neamhfhulangach
impediment, constaic
impel, tiomáint

impenetrable, dothreáite
imperative, ordaitheach
imperceptible, do-airithe
imperfect, neamhfhoirfe
imperfection, neamhfhoirfeacht
impersonal, neamhphearsanta
implication, impleacht
implicit, impleachta'the
implied, impleachtaithe
imply, impleachtú
impossible, neamhfhéideartha
impotency, éagumas
imprecise, neamhbheacht
impression, imprisean
impulse, tiomáinteas
imputability, inleagthacht
imputable, inleagtha
inadequate, neamhimleor
incapacity, éagumas
inclination, claonadh
inclusion, ionclúideadh
incommensurable, do-chomhthomhaiste
incompatible, dochuibhrinn
incomprehensible, dothuigthe
inconceivable, dochoincheaptha
inconclusive, neamhchonclúideach
inconsequent, neamhiarmartach
incorporeal, neamhchorpartha
indefinite, éiginnte
independence, neamhspleáchas
independent, neamhspleách
indestructible, doscriosta
indeterminate, neamhchinntithe
indetermination, neamhchinntitheacht
indeterminism, neamhchinnteachas
indeterminist, neamhchinntí
indeterministic, neamhchinntíoch
indifferent, neamhshonraithe
indirect, neamhdhíreach
indiscernible, do-idirdhealaithe
indisposed, neamhchóirithe
individual, indibhid
individualism, indibhidiúlachas
individuality, indibhidiúlacht
individuation, indibhidiú
indivisible, doroinnte
induction, ionduchtú
inductive, ionduchtaitheach
inert, támhach
inertia, támhaí
inevitable, dosheachanta
inexact, neamhbheacht

117

infallible, do-earráide
infer, infeiriú
inference, infeireas
inferior, íochtarach
infinite, infinideach
influence, tionchar
inform, foirmiú
infrastructure, fofhoirgneamh
infuse, iondoirteadh
inhere, inghreamú
inherent, inghreamaithe
inhibit, cosc, urchoilleadh
in itself, ann féin
injustice, éigeart, éigeartas
innate, inbheirthe
innateness, inbheirtheacht
innovation, úrnuachan
inorganic, neamhorgánach
insanity, gealtacht
insatiable, doshásaithe
insensible, dochéadfaithe
inseparable, doscartha
insight, léargas
instinct, instinn
instinctive, instinneach
instinctual fusion, instinniúil, comhleá
instrumental, ionstraimeach
insufficient, neamhleor
integration, iomlánú
intellect, intleacht
intellection, intleachtú
intellectual, intleachtúil
intellectualism, intleachtúlachas
intelligible, intuisceana
intemperance, ainmheasarthacht
intend, beartú
intense, dian
intension, cuimse
intensity, dianas
intention, intinn
intentional, beartaithe, intinniúil
intentionality, intinniúlacht
interaction, imghníomhú
interattraction, imtharraingt
interdependence, imspleáchas
interest, leas, spéis
interior, inmheánach
intermediary, idirmheánach
internal, inmheánach
interpret, idirmhíniú
interstice, bearna
interval, idirlinn

intimate, dlúth
intrinsic, intreach
introspection, inbhreathnú
introspective, inbhreathnaitheach
introversion, indíritheacht
introversive, indírithe
introvert, indíritheach
introvertive, indírithe
intuition, imfhios
intuitionism, imfhiosachas
intuitive, imfhiosach
invalid, neamhbhailí
invent, airgeadh
invention, airg
inverse, inbhéarta, inbhéartaithe
invert, inbhéartú
involuntary, neamhthoiliúil
involution, ionbhlóid
involved, aimhréidh
irascible, íorach
ironic(al), íorónta
irony, íoróin
irrational, neamhréasúnach
irrefutable, dobhréagnaithe
irreligious, díreiligiúnach
isolate, leithlisiú
isonomy, iosanóimeacht
isotope, iosatóip
isotropic, iosatróipeach
issue, eisiúint
itself, in, ann féin

joy, lúcháir
judgement, breithiúnas
jump, léim
juridical, dlíthiúil
jurisdiction, dlínse
jurisprudence, dlí-eolaíocht
just, ceart
justice, ceartas

keep, cothú
kinaesthetic, cinaestéiseach
kinematics, cineamaitic
kinetic, cinéatach
kleptomania, cleipteamáine
know, fiosú
knowability, infhiosaitheacht
knowable, infhiosaithe
knowledge, fios

last, deireanacn
late, déanach
latent, folaigh
law, dlí
laxism, scaoilteachas
legal, dlíthiúil
legality, dlíthiúlacht
legislate, reachtú
legitimate, dlistineach
leisure, fóillíocht
lemma, leama
lender, iasachtóir
lengthen, fadú
liberal, liobrálach, aid., liobrálaí
liberalism, liobrálachas
liberty, saoirse
life, beatha
light, léargas
likeness, cosúlacht
limen, tairseach
liminal, tairseachúil
limit, teorainn, teorannú
limitative, teorannaitheach
limited, teoranta
linguistics, teangeolaíocht
liveliness, beogacht
lively, beoga
living, beo
local, áitiúil
localize, aimsiú láithreach
locomotion, gluaiseacht
locus, áit
logic, loighic
logical, loighciúil
logical addition, suimiú loighciúil
logician, loighceoir
logicism, loighceas
logistics, loighistic
logomachy, briatharchath
loose, scaoilte
love, grá
lower, íochtarach
lower part, íochtar
loyalty, dílseacnt
lucid, soiléir
lunacy, gealtacht

magnanimity, móraigeantacht
magnitude, méad
maieutic, maighiútaic
major, mórleagan

major term, mórthéarma,
malice, mailís
mandate, sainordú
mania, máine
Manicheism, Mainicéasaíocht
manifest, follasach
manifold, iolra
Manism, Mánachas
manners, béascna
Marxism, Marxachas
Marxist, Marxach, Marxaíoch, aid.
masochism, masacas
mass, mais
mass production, olltáirgeadh
material, ábhartha
materialism, ábharachas
materialist, ábharaí, ábharaíoch, aid.
materialness, ábharthacht
matter, ábhar
maximum, uasmhéad
mean, ciallú, meán, meánach
meaning, ciall
means, meán
measure, tomhas
measurable, intomhaiste
mechanical, meicniúil
mechanics, meicnic
mechanism, meicneachas, meicníocht
mechanist, meicní, meicníoch, aid.
mediaeval, meánaoiseach
medieval, meánaoiseach
mediate, idirmheánach, meánach
mediocrity, lagmheasarthacht
meekness, ceansacht
medium, meán, meánach, aid.
megalomania, meigleamáine
melancholia, lionn dubh
meliorism, fearrachas
memory, cuimhne
mental, intinne
mentality, aigne
mercy, trócaire
merit, luaíocht
metabolism, só
metalogical, meitealoighciúil
metaphor, meafar
metaphorical, meafarach
metaphysical, meitifisiciúil
metaphysician, meitifisicí
metaphysics, meitifisic
metapsychic, meitisíceach
metempirical, meiteimpíreach

metempsychosis, athchollúchas
method, modh
methodic, rianúil
methodical, rianúil
methodology, modh-eolaíocht
middle, meánach
middle-aged, meánaosta
millenarianism, rémhíleachas
mimetism, aithriseachas
mimicry, aithriseachas
mind, intinn
minimum, íosmhéad
minor, mionaoiseach, mionleagan
minor term, miontéarma
miscarriage, anabaí, breith
mistake, earráid
mitigate, maolú
mix up, meascadh
mixed, measctha
mobile, corraitheach, inchorraithe, in-chorraitheach, siocair
modal, módúil
modality, módúlacht
mode, mód
model, cuspa
moderate, measartha
moderation, measarthacht
modern, nua-aoiseach
modernism, nua-aoiseachas
modernist, nua-aoisí
modernistic, nua-aoisíoch
modest, modhúil
modesty, modhúlacht
modificative, modhnaitheach
modify, modhnú
modifying, modhnaitheach
molecule, móilín
molecular, móilíneach
Molinism, Móilíneachas
Molinist, Móilíní
Molinistic, Móilíníoch
momentary, móimintiúil
monad, monad
monadist, monadaí
monadism, monadachas
monadistic, monadaíoch
monogamy, monagamas
monarchy, monarcacht
monarchism, monarcachas
monist, monasaí
monism, monasaíocht
monistic, monasaíoch

monoideism, aonidéachas
monomania, monamáine
monopoly, monaplacht
monotheism, aondiachas
monotheistic, aondiachúil
mood, mód
moral, morálta
morals, moráltacht
moralism, moráltachas
moralist, morálaí,
morality, moráltacht
morbid, galrach
morbific, galarghinteach
morphology, deilbheolaíocht
mortal, marfach
mortality, básmhaireacht, mortlaíocht
motion, corraí
motive, ceannfháth
motor, corraitheach
movable, inchorraithe
movable body, inchorraitheach
movement, corraí
mover, corraitheoir
moving, corraitheach
multilocation, ilionadú
multiple, iolra
multiplicity, iolracht
multiply, iolrú
multipresence, ioláithreacht
murder, dúnmharú
muscle, matán
muscular, mátánach
mutilate, ciorrú
mutual, ceachtartha
mystery, mistéir
mysterious, mistéireach
mystic, mistiúil
mystic, misteach, mistiúil
mysticism, misteachas
mystique, mistic
myth, miotas
mythical, miotasach
mythology, miotaseolaíocht
mythomania, miotamáine
naïve, saonta
narcissism, naircisíocht
nation, náisiún
national, náisiúnach, náisiúnta
nationalism, náisiúnachas
nationalist, náisiúnaí, náisiúnaíoch, *aid.*
nationalistic, náisiúnaíoch
nationality, náisiúnacht, náisiúntacht

nationhood, náisiúntacht.
native, inbheirthe
naturism, inbheirtheachas
natural, nádúrtha
naturalism, nádúrachas
naturalist, nádúraí
naturalistic, nádúraíoch
nature, nádúr
naturism, dúlrachas
necessary, riachtanach
necessity, riachtanas
necromancy, marbhdhraíocht
need, gá
negation, séanadh
negative, diúltach, séantach
Neo-Platonism, Nua-Phlatónachas
neovitalism, nuabheathúlachas
nerve, néaróg
nerve centre néarlár
nervous, néarógach
neural, néarógach
neurasthenia, néarastaene
neurology, néareolaíocht
neuromuscular, néarmhatánach
neuron, néaróin
neurosis, néaróis
neurotic, néaróiseach
neutral, neodrach
nexus, nasc
nihilism, nihileachas
nihilist, nihilí
nihilistic, nihilíoch
nirvana, nirbheána
nominal, ainmniúil
nominalism, ainmneachas
non-being, neamhbheith
non-contradictory, neamh-fhrithráiteach
non-deadly, neamh-mharfach
non-entity, neamhní
non-evident, neamhléir
non-fatal, neamh-mharfach
norm, norm
normal, normálta
normality, normáltacht
normative, normatach
note, nóta
nothing, neamhní
notice, sonrú
notion, nóisean
notional, nóiseanúil
noumenal, núiméanúil
noumenon, núiméan

nourish, cothú
nucleus, eithne
numerable, ináirimh
numerical, uimheartha
nutriment, provide, cothú

oath, mionn
obedience, umhlaíocht
object, oibíocht
objection, agóid
objectivation, oibíochtú
objective, oibíochtúil
objectivity, oibíochtúlacht
objector, agóideoir
obligation, oibleagáid
obligatory, oibleagáidiúil
obscure, doiléir
obscurantism, doiléireachas
observe, breathnú
obsession, iomshuí
obstacle, constaic
obvert, oibhéartú
occasion, ócáid
occasional, ócáideach
occasionalism, ócáideachas
occasionalist, ócáidí
occasionalistic, ócáidíoch
occult, diamhair
occultism, diamhrachas
occupation, céadghabháil
occurrence, tarlú
offend against, sárú
olfactory, boltanach
omission, faillí
omit, failliú
omnipotence, uilechumhacht
omnipotent, uilechumhachtach
omnipresence, uileláithreacht
omnipresent, uileláithreach
omniscience, uilefhios
omniscient, uilefhiosach
onanism, onánachas
one, aon, aonta
oneirical, brionglóideach
ontogenesis, ontaighiniúint
ontogeny, ontaighiniúint
ontological, onteolaíoch
ontologism, onteolaíochas
ontologist, onteolaí
ontology, onteolaíocht
opaque, teimhneach

operate, oibriú
operation, obráid
operative, oibritheach
opine, barúiliú
opinion, barúil
opportunity, caoi
opposition, freasúra
optimism, soirbheachas
optimist, soirbhí
option, rogha
oral, béil
order, ord, ordú
ordered, ordúil
orderly, ordúil
organ, orgán
organic, orgánach
organicism, orgánachas
organism, orgánacht
organization, eagraíocht
organize, eagrú
orientation, treoshuíomh
original, bunúil
orthogenesis, ortaighiniúint
otherness, eileacht
overdetermination, oschinntiú

pacifism, síocháineachas
pacifist, síocháiní
pacifistic, síocháiníoch
paidology, péideolaíocht
pain, pian
pair, péire
palaeography, palaegrafaíocht
palaeontology, palae-onteolaíocht
palingenesis, pailinghiniúint
pancalism, panchalanachas
panentheism, panindiachas
panlogism, panloighceas
panspermia, panspeirmeachas
pantheism, pandiachas
paraboulia, parabúile
paradox, paradacsa
paraesthesia, paraestéise
parallel, parailéalach
parallelism, parailéalacht
paralogism, claonloighic
paranoia, paranáia
paranoic, paranáíoch
parameter, paraiméadar
paramnesia, paraimnéise
parese, pairéis

parliamentarianism, parlaiminteachas
part, páirt
partial, páirteach
participable, inrannpháirtithe
participant, rannpháirteach
participate, rannpháirtiú
participation, rannpháirtiúlacht
particular, pairticleártha
passion, paisean
passive, fulangach
passive, to be, fulaingt
passivity, fulangacht
patent, follasach
pathological, paiteolaíoch
pathology, paiteolaíocht
patient, fulangaí
peace, síocháin
peaceable, síochánta
peaceful, síochánta
pedagogical, oideolaíoch
penal, peannaideach
penetrate, treá
perception, aireachtáil
perceptionism, aireachtálachas
perfect, foirfe, foirbhiú
perfectible, infhoirfe
perfection, foirfeacht
period, tréimhse
periodic, tréimhsiúil
periodicity, tréimhsiúlacht
peripatetic, peiripitéatach
perpetuity, buaine
perplexed, aimhréidh
permanence, buaine
permanent, buan
perpetual, buan
permit, ceadú
person, pearsa
personal, pearsanta
personalism, pearsantachas
personalist, pearsantaí
personalistic, pearsantaíoch
personality, pearsantacht
personate, pearsanú
personify, pearsantú
perspectivism, peirspictíochas
persuade, áiteamh
perversion, saobhadh
petition of principle, réamhghlacadh réitigh
phantasm, fantaise
phantasy, fantaiseacht

122

phenomenalism, feiniméanachas
phenomenalist, feiniméanaí
phenonomenalistic, feiniméanaíoch
phenomenology, feiniméaneolaíocht
phenomenon, feiniméan
philanthropic, daonchairdiúil
philanthropy, daonchairdeas
philosopher, fealsamh
philosophical, fealsúnach
philosophy, fealsúnacht
phlegmatic, fleigmeatach
phobia, fóibe
phrenology, freineolaíocht
physical premotion, réamhchorraí fisiciúil
physicist, fisicí
physics, fisic
physiognomics, gné-eolaíocht
physiology, fiseolaíocht
pity, trua
place, áit
plan, plean
plastic, somhúnlaithe
platitude, léireasc
play, súgradh
pleasure, pléisiúr
plural, iolra
pluralist, iolraí, iolraíoch aid.
pluralism, iolrachas
pluralistic, iolraíoch
plurality, iolracht
plurivocal, ilchiallach
plurivocity, ilchiallacht
plutocracy, plútacrátas
point, pointe
point out, taispeáint
polemic, conspóideach
polemical, conspóideach
policy, polasaí
political, polaitiúil
political science, polaiteolaíocht
politics, polaiteolaíocht, polaitíocht
pollution, truailliú
polyandrous, polandrach
polyandry, polandras
polygamous, polagamach
polygamy, polagamas
polygenism, ilghineachas
polytechnical, ilcheardach
polytheism, ildiachas
polytheist, ildiachaí, ildiachúil
posit, leagan síos
position, suíomh

positive, deimhneach, posaitíbheach
positivism, posaitíbheachas
positivist, posaitíbhí
positivistic, posaitíbhíoch
possess, sealbhú
possession, seilbh
possible, féideartha, aid., féidearthach
possibility, féidearthacht
post-nuptial, iarphósta
postulate, fo-shuíomh
potency, tualang
potential, tualangach
potentiality, tualangacht
power, cumhacht
practicable, indéanta
practical, praiticiúil
practise, cleachtadh
pragmatism, pragmatachas
pragmatist, pragmataí
precept, aithne
precise, beacht
precision, beaichte
preconscious, réamhchomfhios
predestination, réamhordú
predetermine, réamhchinntiú
predicable, inphreideacháide, inphreid-
    eacháideach
predicate, preideacháid, preideacháideach
predicative, preideacháideach
preeminent, oirirc
preestablished, réamhbhunaithe
preformation, réamhfhoirmiú
prejudice, réamhchlaonadh
premise, réamhleagan
premiss, réamhleagan
prescind from, saineisceadh
presence, láithreacht
presentation, láithriú
presume, toimhdiú
presumption, toimhde
preternatural, eisnádúrtha
price, praghas
pride, uabhar
primacy, príomhaíocht
primary, príomhúil
prime, príomhúil
principal, príomh-, príomha
principle, prionsabal
prior, réamhtheachtach
priority, tosaíocht
privation, easnamh
probable, dóchúil

probabilorism, níosdóchúlachas
probabilism, dóchúlachas
probability, dóchúlacht
problem, fadhb
process, próiseas
procession, toscú
produce, táirgeadh
progress, forchéimniú
progressive, forchéimnitheach
projection, teilgean
proletarian, prólatáireach
proletariate, prólatáireacht
prolong, fadú
promiscuity, ilchumasc
promulgate, fógairt
proof, cruthúnas
propaedeutic, réamheolaíocht
propensity, claonadh
proper, díl, dílis
property, maoin
proportion, comhréir
proposition, tairiscint
propositional, tairiscintiúil
proprietor, dilseánach
prosperity, rathúnachas
prostitution, striapachas
prosyllogism, oirshiollóg
protanopia, protanóipe
protasis, céadbheart
prove, cruthú
providence, oirchill
prudence, críonnacht
psittacism, pioróideachas
psychiatrist, síciatraí
psychiatry, síciatracht
psychic, síceach
psychism, síceacht
psychobiology, sícibhitheolaíocht
psychodynamics, sícidinimic
psychogenetic, sícigineach
psychogenesis, síciginiúint
psychological, síceolaíoch
psychologist, síceolaí
psychology, síceolaíocht
psychometry, síciméadracht
psychomotor, síceamótrach
psychoneurosis, sícinéaróis
psychopath, síceapatach
psychopathic, síceapatach
psychopathology, síceapateolaíocht
psychopathy, siceapatacht
psychophysical, sícifisiciúil

psychophysics, sícifisic
psychophysiological, sícifiseolaíoch
psychophysiology, sícifiseolaíocht
psychosis, síceois
psychotechnics, síciteicnic
psychotechnology, síciteicneolaíocht
psychotherapy, síciteiripe
punish, pionósú
punishment, pionós
punitive, pionósach
punitory, pionósach
pure, glan
purpose, cuspóir
purpose, of set, beartaithe
pygmy, pigmí
pyromania, pioramáine
Pyrrhonism, Piorróineachas

qualify, cáiliú, maolú
qualifying, cáilitheach
qualitative, cáilíochtúil
quality, cáilíocht
quantify, cainníochtú
quantitative, cainníochtúil
quantity, cainníocht
quiddity, céardas
quietism, suaimhneachas
quietist, suaimhní

race, cine
racial, ciníoch
racialism, ciníochas
racialist, ciníochaí
radical, fréamhach
range, réimse
ratiocinate, réasúnadh
rational, réasúnach
rationalism, réasúnachas
rationalist, réasúnaí
rationalistic, réasúnaíoch
rationality, réasúnacht
reaction, frithghníomh
reactionary, frithghníomhach, aid., frith-
    ghníomhaí
real, réalta
realism, réalachas
realist, réalaí
realistic, réalaíoch
reality, réaltacht
reason, réasún, réasúnadh

reasonable, réasúnta
reasonableness, réasúntacht
reasoning, réasúnadh
recede, cúlú
receive, glacadh
receptive, gabhálach
receptivity, gabhálacht
reciprocal, ceachtartha
recognize, aithint
recollection, athchuimhne
rectify, ceartú
rectitude, ionracas
recurrence, atarlú
redintegration, athchomhlánú
reduce, réaduchtú
reduction, réaduchtú
reduplicative, athdhúbaltach
referendum, reifreann
reflect, athfhéachaint
reflection, athfhéachaint
reflex, frithluail
reflex action, frithluail
refuse, diúltú
refute, bréagnú
regeneration, athghiniúint
regress, aischéimniú
regression, aischéimniú
regressive, aischéimnitheach
regret, aiféala
regular, rialta
regularity, rialtacht
reify, réadú
reign, réimeas
reject, diúltú
relation, coibhneas
relative, coibhneasta
relativism, coibhneasaíocht
relativist, coibhneasaí, coibhneasaíoch, aid.
relativistic, coibhneasaíoch
relativity, coibhneasacht
religion, reiligiún
religious, reiligiúnach
remember, cuimhneamh
reminiscence, athchuimhne
remorse, doilíos
remote, cian-, cianda
repentance, aithreachas
reply, freagra
representation, athláithriú, ionadaíocht
representative, athláithritheach
reproduction, athghiniúint

repugnant, aimhréireach
research, taighde
resemblance, cosúlacht
residue, fuílleach
repeat, athdhéanamh, athrá
resolve, beartú, díscaoileadh
respect, ómós
response, freagra
responsibility, freagracht
responsible, freagrach
responsible, not, neamhfhreagrach
restrict, srianadh
restriction, srianadh
retentiveness, coinneálacht
retort, aisfhreagairt
retroact, aisghníomhú
retroactive, aisghníomhach
retrogression, aischéimniú
retrospective, aisbhreathnaitheach
reveal, foilsiú
revelation, foilsiú
reverence, ómós
reversible, inaisiompaithe
reviewer, léirmheastóir
revival, athbheochan
rhythm, rithim
rhythmic, rithimeach
riches, saibhreas
richness, saibhreacht
right, ceart
rigorism, dochtachas
rigorous, beacht
rigorousness, beaichte
rigourism, dochtachas
risible, gáireachtach
romanticism, rómánsachas
root, fréamh
routine, gnáthamh
rule, riail, rialú

sadism, sádachas
safe, sábháilte
sage, eagnaí
salary, tuarastal
sanction, smachtbhanna
satisfaction, sásamh
satisfy, sásamh
savant, scoláire
scale, scála
sceptic, sceipteach
sceptical, sceiptiúil

scepticism, sceipteachas
schema, scéimre
schematism, scéimreachas
scheme, scéim
schizoid, scitsídeach
schizoidia, scitsíde
schizophrenia, scitsifréine
schizophrenic, scitsifréineach
scholar, scoláire
scholastic, scolaí, scolaíoch, aid.
scholasticism, scolaíochas
scholion, scoileán
school, scoil
science, eolaíocht
scientific, eolaíoch
scientism, eolaíochas
scientist, eolaí
scope, réimse
Scotism, Scótachas
Scotist, Scótaí
Scotistical, Scótaíoch
scruple, scrupall
seat, suí
secondary, tánaisteach
sect, seict
sectarianism, seicteachas
secular, saolta
secularism, saoltachas
secularist, saoltaí
secularistic, saoltaíoch
seeming, dealramhach
segregate, leithlisiú
segregation, leithlisiú
self, féin, mise
self-abnegation, féindiúltú
selfcentred, féinlárnach
selfish, leithleasach
self-knowledge, féinfhios
self-preservation, féinchaomnú
semantic, séamainteach
semantics, séamaintic
sensation, céadfú
sensationalism, céadfaíochas
sensationism, céadfaíochas
sense, céadfa, céadfú, ciall
sensible, inchéadfaithe
sensism, céadfaíochas
sensitive, céadfaíoch
sensorium, céadfaíre
sensory, céadfaíoch
sensualism, céadfaíochas
sentiment, seintimint

sentimental, seintimintiúil
sentimentalism, maoithneachas
sentimentality, maoithneachas
separate, scaradh
serf, seirfeach
series, sraith
serious, tromaí
shape, cruth
sharpness, géire
shortness, giorracht
show, taispeáint
shrink, crapadh
sight, radharc
sign, comhartha
signification, ciall
signify, ciallú, comharthú
similarity, cosúlacht
simple, simplí
simplicity, simplíocht
simplism, simpleachas
simultaneous, comhuaineach
sin, peaca
sincere, fíreata
single, aonarach
single person, aonarán
single thing, aonarán
singular, aonarach, uatha
singularity, aonaracht
situation, suíomh
slave, sclábhaí
social, sóisialta
socialism, sóisialachas
socialist, sóisialaí
socialistic, sóisialaíoch
sociality, sóisialtacht
society, sochaí
sociologism, socheolaíochas
sociology, socheolaíocht
solidarism, dlúthpháirtíochas
solidarity, dlúthpháirtíocht
solipsism, sóilipseachas
solitary, aonarach
solitary person, aonarán
solitary thing, aonarán
solution, réiteach
somatic, coirp,
somesthesia, sómaestéise
somnambulism, suansiúlachas
sophism, sofaisteachas
sophist, sofaist
sophistical, sofaisteach
sorites, soraíd

soul, anam
sovereign, ceannasach
space, spás
spatial, spásúil
species, gné
specific, gnéitheach
specificity, gnéitheacht
specify, sainiú
special, speisialta
specious, creatúil
speculate, spéacláiriú
speculative, spéacláireach
spiritism, spioradachas
spiritist, spioradaí, spioradaíoch, aid.
spiritual, spioradálta
spiritualism, spioradachas, spioradáltachas
spiritualist, spioradaí, spioradáltaí
spiritualistic, spioradáltaíoch
spirituality, spioradáltacht
split, scoilteadh
split off, dícheangal
spontaneity, spontáineacht
spontaneous, spontáineach
stability, seasmhacht
stable, seasmhach
standard, caighdeán
state, staid, stát
static, statach
statics, stataic
statism, státachas
statistics, staitistic
status, céimíocht
sterility, aimrideacht
sterilize, aimridiú
stimulus, spreagthach
stoic, stóch
stoical, stóchúil
stoicism, stóchas
strict, beacht
strictness, beaichte
structure, foirgneamh
subconscious, fochomhfhios
subconsciousness, fochomhfhios
subcontrary, fochontráir
subject, íochtaránach, aid. suibíocht
subjective, suibíochtúil
subjectivism, suibíochtachas
subjectivist, suibíochtaí
subjectivity, suibíochtúlacht
sublimate, uasadh
sublime, oirirc
subliminal, fothairseachúil

subordinate, fo-ordaithe, fo-ordú, íochtaránach
subsequent, iardteachtach,
subsist, substaineadh
subsistent, substaineach
substance, substaint
substantial, substaintiúil
substantialism, substainteachas
substantiality, substaintiúlacht
substitute, ionadaí
substrate, foshraith
substratum, foshraith
subsume, fo-ghlacadh
subtle, caolchúiseach
sufficient, leor
suggestibility, so-inmheabhraíocht
suggestion, inmheabhrú
suicide, féinmharú
superficial, dromchlach
superior, uachtarach
superman, osduine
supernatural, osnádúrtha
superordinate, osordaithe
support, cothú, tacaíocht
suppose, glacadh
supposite, supasáit
supposition, glacan
suppositum, supasáit
supraliminal, ostairseachúil
suprasensible, oschéadfaíoch
sure, cinnte
surface, dromchla
surpass, sárú
surplus, farasbarr
surrealism, osréalachas
surroundings, timpeallacht
suspend, fionraí
suspicion, amhras
syllogism, siollóg
symbiosis, simbeois
symbol, siombal
symbolic, siombalach
symbolical, siombalach
symbolism, siombalachas
symbolist, siombalaí
symmetrical, siméadrach
symmetry, siméadracht
sympathy, comhbhraiteacht
synaesthesia, sinaestéise
syncategorematic, sinchatagairéamach, focal
syncretism, sincréatachas

127

syncretist, sincréataí
syncretistic, sincréataíoch
syncretistical, sincréataíoch
synderesis, sindréis
syndicalism, siondacáiteachas
synergy, sineirgíocht
synesthesis, sinaestéise
synthesis, sintéis
synthesize, sintéisiú
synthetic, sintéiseach
system, córas
systematic, córasach

tangibility, intadhaille
tangible, intadhaill
tautology, athluaiteachas
technical, teicniúil
technology, teicneolaíocht
teleology, cuspóireacht
temperament, meon
temperance, measarthacht
temperate, measartha
temporal, teamparálta
temporary, sealadach
temptation, cathú
tendency, claonadh
tense, teann
tension, teannas
term, téarma
terminate, críochnú
terminology, téarmaíocht
terminus, tearmann
tertiary, treasach
test, triail
testimony, fianaise
theism, diachas
theist, diachaí
theistic, diachúil
theistical, diachúil
theme, téama
theocracy, dialathas
theodicy, diagacht nádúrtha
theologian, diagaire
theological, diagach
theology, diagacht
theoretical, teoiríciúil
theory, teoiric
theosoph, diasamh
theosopher, diasamh
theosophist, diasamh
theosophy, diasúnacht
therapeutic, teiripeach

thesis, téis
thetic, téiseach
thing, rud
think, smaoineamh
thisness, áiritheacht
Thomism, Tómachas
Thomist, Tómaíoch, aid.
Thomistic, Tómaíoch
thought, smaoineamh
threshold, tairseach
time, am
title, teideal
tolerance, caoinfhulaingt
top, uachtar
totalitarian, ollsmachtach
totalitarianism, ollsmachtachas
totality, iomláine
touch, tadhall
tradition, traidisiún
traditional, tradisiúnta
traditionalism, traidisiúnachas
traditionalist, traidisiúnaí, traidisiúnaíoch,
   aid.
traducianism, anamshíolrachas
transcend, tarchéimniú
transcendence, tarchéimnitheacht
transcendental, tarchéimnitheach
transcendentalism, tarchéimnitheachas
transfer, aistriú
transformation, tarfhoirmiú
transformism, tarfhoirmeachas
transitive, aistreach
transitivity, aistreacht
translate, aistriú
transmigration of souls, athchollúchas
transparent, trédhearcach
trichotomy, tréscaradh
tropism, trópachas
true, fíor
truism, léireasc
truth, fírinne
truthfulness, fírinneacht
tutiorism, sábháilteachas
twofold, dúbailte

ubiety, ionadas
ugly, gránna
ultimate, deireanach
unavoidable, dosheachanta
unaware, neamhbhraiteach
uncertain, neamhchinnte
uncertainty, neamhchinnteacht

unchangeable, do-athraithe
uncomplex, neamhchoimpléascúil
unconditional, neamhchoinníollach
unconditioned, neamhchionníollach
unconscious, neamhchomhfhios, neamh-chomhfhiosach
understand, tuiscint
understanding, tuiscint
understood, intuigthe
undetermined, neamhchinntithe
undivided, neamhroinnte
unicity, uathúlacht
uniform, aonfhoirmeach
uniformity, aonfhoirmeacht
unintentional, neamhbheartaithe
union, aontas
unique, uathúil
uniqueness, uathúlacht
unit, aonad
unite, aontú
united, aontaithe
unity, aontacht, aontas
universal, uilíoch
universalisation, uiliú
universalism, uilíochas
universalist, uilíochaí, uiliochúil
universality, uilíocht
universe, uilebhith
univocal, aonchiallach
univocity, aonchiallacht
unlawful, neamhdhleathach
unlimited, neamhtheoranta
unreasonable, míréasúnta
unrelated, neamhghaolmhar
unusual, neamhghnách
upper part, uachtar
upright, ionraic
urbanity, soilbhreas
usage, úsáid
useful, fóntach
usual, gnách
utilitarian, fóntaí, fóntaíoch, aid.
utilitarianism, fóntachas
Útopia, Útóipe

vacuist, folúsaí
vacuum, folús
valid, bailí
validity, bailíocht
value, fiúntas

variability, inathraitheacht
varied, ilchineálach
various, ilchineálach
vary, athrú
vegetable, plandúil
velleity, meatoiliú
veracity, fírinneacht
verbal, béil, briathartha
verification, promhadh
verify, fíorú
vibration, tonnchrith
vice, duáilce
vicious, duáilceach
vicious circle, ciorcal lochtach
violate, sárú
violence, foréigean
violent, foréigneach
virtual, firtiúil
virtue, suáilce
virtue (in, by, v. of), brí
vision, radharc
visual, radharcach
vital, beathúil
vitalism, beathúlachas
vitality, beogacht
void, folús
volition, toiliú
voluntarism, toileachas
voluntarist, toilí
voluntaristic, toilíoch
voluntary, deonach, toiliúil
vow, móid

waiting, fanacht
wages, pá
weak, lag
welfare, leas
whole, iomlán
width, leithead
will, toil, toiliú
wisdom, eagnaíocht
withdraw, cúlú
wonder, iontas
world, domhan
worship, onórú

zoological, míoleolaíoch
zoology, míoleolaíocht

abaque, abacas
abduction, abduchtú
abiogénèse, neamhbhithghiniúint
abnégation de soi-même, féindiúltú
aboulie, abúile
aboulique, abúileach
abréaction, díghníomhú
absence, neamhairdeall
absent, neamhláithreach
Absolu, l', Absolóid, an
absoluité, absalóideacht
absolu, absalóideach
absolutisme, absalóideachas
abstenir, s'a. de, staonadh
abstractionnisme, teibíochas
abstraire, teibiú
abstrait, teibí
absurde, áiféiseach
abuser, bréagadh
Académie, acadamh
accident, aicíd
accidental, aicídeach
accomplir, comhlíonadh
accord, aontas
accord, être d'a. avec : réiteach
accorder, s' : aontú
accroissement, fortórmach
achever, críochnú
acmé, buaic
acoustique, fuaimeolaíocht
acquis, gnóthaithe, oilteacht.
acte, acht
actif, gníomhach
action, gníomh
activer, gníomhachtú
activisme, gníomhachas
activité, gníomhacht
actualiser, achtáil
actuel, achtáilte
acuité, géire
addition logique, suimiú loighciúil
adéquat, imleor
admettre, admháil
adulte, lánaoiseach
adventice, taismeach
adversaire, áibhirseach
adversatif, áibhirsiúil
adverse, áibhirseach
affecter, imirt

affectif, aificseanach
affection, aificsean, aimhriar
affectivité, aificseanacht
affinité, aifideacht
affirmer, dearbhú
agent, gníomhaí
agir, gníomhú
agnosie, agnóise
agnosticisme, agnóiseachas
agnostique, agnóisí, agnóisíoch aid.
agonistique, coimhlinteach
agoraphobie, agrafóibe
ajuster, coigeartú
alexandrinisme, Alastrachas
algorithmique, algóirithimeach
aliéner, coimhthiú
allégorie, fáthchiallacht
allonger, fadú
altération, claochlú
altérité, eileacht
alternance, ailtéarnadh
alternant, ailtéarnach
alternatif, ailtéarnach
alternation, ailtéarnadh
alternative, ailtéarnacht
altruisme, altrúchas
altruiste, altrúíoch
ambigu, athbhríoch
ambiguïté, athbhrí
ambition, uaillmhian
ambivalent, défhiúsach
âme, anam
amitié, cairdeas
amnésie, aimnéise
amoral, dímhorálta
amour, grá
amphibologie, iolabairt
anagogique, anagóigeach
analogie, analach
analogique, analachúil
analogué, analacháid
analyse, anailís
analytique, anailíseach
anarchie, ainriail, ainrialachas
anarchisme, ainrialachas
anéantir, neamhniú
angoisse, crá
animer, anamnú
animisme, anamachas
annihiler, neamhniú
anoblir, uaisliú
anomalie, aimhrialtach

anormal, mínormálta

antécédent, réamhtheachtach, réamh- theachtaí

antérieur, réamhtheachtach

antériorité, réamhtheacht

anthropocentrique, antrapalárnach

anthropologie, antraipeolaíocht

anthropomorphisme, antrapamorfachas

anticipation, réamhghabháil

antilogie, frithloighceacht

antithèse, fritéis

apagogique, apagóigeach

apathie, dímhothú

aperception, aipéircheap

aperçu, léargas

aphorisme, nath

apodictique, léiráititheach

apodose, iarmbeart

aporie, sáinn

apothéose, diagú

apothéoser, diagú

apparent, dealramhach

appétible, intothlaithe

appétit, tothlú

appétitif, tothlaithcach

appointements, tuarastal

apprécier, measúnú

approprier, s', dílsiú

approuver, dea-mheas

appui, tacaíocht

aptitude, mianach

arbitrage, eadráin

arbitraire, treallach

arbitration, eadráin

arbitre, eadránaí

architectonique, ailtireachtúil

argumentation, argóinteacht

argumenter, argóint

aristocratie, uasalaicme, uaslathas

aristotélicien, Arastataileach

aristotélique, Arastataileach

aristotélisme, Arastataileachas

arrêt, breithiúnas

art, ealaín

articulaire, altúil

articulé, altach

artificialisme, saorgachas

artificiel, saorga

artistique, ealaíonta

aséité, aiséiteas

aspect, dreach

assertorique, dearbhúil

assimiler, asamhlú

association, comhcheangal

associationnisme, comhcheangaltachas

associativité, comhcheangaltacht

associer, comhcheangal

asyllogistique, neamhshiollógach

ataraxie, ataráisce

atavisme, athdhúchas

athée, aindiachaí

athéisme, aindiachas

atomisme, adamhachas

atteindre, qu'on peut, insroichte

attente, fanacht

attention, aire

attention, faire a. à, sonrú

attitude, seasamh

attractif, tarraingteach

attraction, tarraingt

attribuer, preideacháideadh

attribut, aitreabúid

attributif, aitreabúideach

audition, cloisteáil

augmenter, méadú

authentique, údarach

autodétermination, féinchinneadh

automatique, uathoibritheach

autonome, féinrialaitheach, neamhspleách

autonomie, féinriail, neamhspleáchas

autoriser, údarú

autorité, údarás

autosuggestion, féininmheabhrú

avarice, saint

avortement, anabaí, breith; ginmhilleadh

avorton, anabaí, breith

axiologie, fiúntaseolaíocht

axiomatique, aicsíomacht

axiome, aicsíom

bas, íochtar

base, bunús

béatifique, beannaitheach

béatitude, beannaitheacht

beau, le, áilleacht

behaviourisme, iomprachas

behaviouriste, iompraí

besoin, gá

bien, leas, maith

bien-être, leas

bienfaisance, dea-ghníomhaíocht

bienveillance, dea-mhéin

bilocation, dé-ionadas

binoculaire, déshúileach
biologie, bitheolaíocht
bon, maith,
bon marché, à, saor
bonheur, sonas
bonté, maitheas
brèche, bearna
brièveté, giorracht

cadavre, corpán
caducité, críne
cannibalisme, canablacht
canon, canóin
canonique, canónta
capacité, cumas
capitalisme, rachmasaíocht
capitaliste, rachmasaí, rachmasaíoch, *aid.*
caractère, carachtar
caractéristique, carachtaracht, saintréith
caractérologie, carachtareolaíocht
cardinal, vertu, cairdineálta
cartésien, Cairtéiseach
cas, cás
caste, ceast
casuiste, cásaisteach
casuistique, cásaisteacht
catalepsie, catailéipse
catégorématique, catagóiréamach
catégorème, catagóiréama
catégorie, catagóir
catégorique, catagóireach
catharsis, saorghlanadh
causalité, cúisíocht
causation, cúisiú
cause, cúis
causer, cúisiú
cécité, daille
cécité chromatique, dathdhaille
célibat, aontumha
censure, cinsireacht
central, lárnach
centraliser, lárú
centre nerveux, néarlár
cercle vicieux, ciorcal lochtach
cérébration, inchinniú
certain, cinnte
certitude, cinnteacht
cerveau, inchinn
champ, réimse
chance, seans
changer, athrú

chaos, anord
chasteté, geanmnaíocht
choix, rogha
chose, rud
chosisme, réadachas
cinématique, cineamaitic
cinétique, cinéatach
civil, sibhialta
civilisation, sibhialtacht
civilisé, sibhialaithe
civique, sibhialta
clair, soiléir
clarifier, soiléiriú
classe, aicme, rang
classification, rangú
classifier, rangú
claustrophobie, clástrafóibe
clémence, trócaire
cleptomanie, cleipteamáine
coercitif, comhéigneach
cognoscible, infhiosaithe
cognoscibilité, infhiosaitheacht
coïncider, comhtharlú
collaborer, comhoibriú
collectif, cnuasaitheach
collectivisme, cnuasachas
colonie, coilíneacht
combinaison, teaglaim
commandement, aithne
commun, coiteann
communauté, comhluadar
communisme, cumannachas
communiste, cumannaí
communistique, cumannaíoch
commutatif, cómhalartach
comparable, inchomparáide
comparaison, comparáid
comparatif, comparáideach
compatible, inchuibhrinn
compensationisme, cúiteamhachas
compenser, cúiteamh
complet, iomlán
compléter, comhlánú
complexe, coimpléasc, coimpléascúil
comportement, iompar
composé, comhchur, comhchurtha
composer, comhchur
compréhension, cuimse
comprendre, tuiscint
compter, qu'on peut, ináirimh
conation, dréim
concept, coincheap

conceptualisme, coincheapachas
concevoir, coincheapadh
concluant, conclúideach
conclusif, conclúideach
conclusion, conclúid
concomitance, coimhdeacht
concordance, comhardacht
concordisme, comhardachas
concourir, comhoibriú
concours, comórtas
concret, coincréiteach
concupiscible, miangasach
concurrence, comórtas, iomaíocht
condition, coinníoll
conduite, béasa
conditions, sans, neamhchoinníollach
configuration, fíoraíocht
conflit, coinbhleacht
confondre, meascadh
conforme, être c. à., réiteach
confus, aimhréidh
conjectural, meatuairimitheach
conjecture, buille faoi thuairim
conjecturer, meatuairimiú
conjonctif, cónascach
connaissance, fios
connaissance de soi, féinfhios
connaître, fiosú
connecteur, ceangaltóir
connexion, ceangal
conscience, coinsias
conscience psychologique, comhfhios
conscient, comhfhiosach
consécutif, leantach
conséquent, iarmartach
conservateur, coimeádach
conservation de soi, féinchaomhnú
conservatisme, coimeádachas
consistance, ayant de la, comhsheasmhach
consommer, caitheamh
constant, tairiseach
construire, cumadh
contact, teagmháil
contemplatif, rinnfheitheamhach
contempler, rinnfheitheamh
contemporain, comhaimseartha
contenu, lucht
contiguïté, gaireacht
contingence, teagmhasacht
contingent, teagmhasach
continu, cointeanóid, cointeanóideach, aid.
continuité, cointeanóideacht

contraception, frithghiniúint
contracter, crapadh
contradiction, frithrá
contradictoire, frithráiteach
contraindre, comhéigniú
contrainte, comhéigean
contraire, contrártha
contraposition, frithchur
contraste, frithshuíomh
contrat, conradh
contredire, frithrá
convaincre, áiteamh
convention, coinbhinsean
conventionalisme, coinbhinseanachas
conventionnel, coinbhinseanúil
convergence, inréimneacht
convergent, inréimneach
converse, coinbhéarta
convertible, inchoinbhéartaithe
convertir, coinbhéartú
conviction, áitiús
convoitise, miangas, saint
convulsion, tritheamh
coopérer, comhoibriú
coordination, comhordú
coordonner, comhordú
copulatif, copaileach
copule, copail
corollaire, comhthoradh
corporal, corpartha
corps, corp
corps mort, corpán
corpuscule, coirpín
corriger, ceartú
corroboration, comhthacaíocht
corroborer, comhthacú
corruptible, intruaillithe
corruption, truailliú
cosmogonie, cosmagnaíocht
cosmologie, cosmeolaíocht
cosmologique, cosmeolaíoch
cosmos, cosmas
couardise, meatacht
coutume, nós
créateur, cruthaitheoir
créatianisme, anamchruthaíochtachas
créatif, cruthaitheach
création, cruthaíocht
créationnisme, cruthaíochtachas
créature, créatúr
crédibilité, inchreidteacht
créer, cruthú

133

crétinisme, creitíneacht
criminel, coiriúil
criminologie, coireolaíocht
criticisme, criticeas
critique, beachtaíocht, criticiúil,
    léirmheastóir
croyable, inchreidte
croyance, creideamh
culte, cultas
cultiver, saothrú
culture, cultúr
cumulatif, carnach
cupidité, saint
cycle, timthriall
cyrénaïque, Ciréanach

daltonisme, Daltúnachas
décadence, meath
décider, cinneadh
décision, breithiúnas
déclination, díraonadh
découler, eisileadh
découvrir, fionnadh, nochtadh
déduction, déaduchtú
déduire, déaduchtú
définir, deifnídiú
définition, deifníd
déformer, míchumadh
déifier, diagú
déification, diagú
déisme, dias
déiste, diasaí, diasaíoch aid.
délectable, taitneamhach
délectation, taitneamh
délibéré, beartaithe
délibérer, meá
délié, scaoilte
délire, rámhaille
démence, gealtacht
démérite, díluaíocht
démocratie, daonlathas
démonstration, cruthúnas
démontrer, cruthú, léirchruthú
dénommer, ainmniú
déontologie, dualeolaíocht
dépendance, spleáchas
dépendant, spleách
dépenser, caitheamh
dépersonnalisation, díphearsanú
déplacer, díláithriú
déraisonnable, míréasúnta
déréistique, díréadach

dériver, díorthú
dernier, deireanach
descendant, sliochtach
description, tuairisc
désincorporé, díchollaithe
désir, mian
désirable, inmhianaithe
désirabilité, inmhianaitheacht
désirer, mianú
désitif, scorach
désordre, mí-ordú, aimhriar
dessin, plean
destination, ceann spríce
déterminable, inchinntithe
déterminant, cinntitheach
détermination, cinntiú
déterminé, cinntithe
déterminer, cinntiú
déterminisme, cinnteachas
déterministe, cinntí
détourner, sraonadh
dette, fiach
développer, forás
développement, forás
devenir, teacht chun bheith
dévier, sraonadh
dévier, faire, sraonadh
devoir, dualgas
dialecticien, dialachtaí
dialectique, dialachtaic, dialachtaiciúil
dichotomie, descaradh
dictateur, deachtóir
dictum, deacht
Dieu, Dia
différence, difríocht
différent, difriúil
différentiel, deochraí
différentier, deochrú
différer, difriú
diffus, spréite
dilemme, dileama
diligence, dúthracht
dimension, buntomhas
dipsomanie, diopsamáine
direct, díreach
directif, dírítheach
diriger, díriú
disassocier, dícheangal
discours, dioscúrsa
discursif, dioscúrsach
discutable, inchonspóide
disjonctif, deighilteach

134

disparaître, amharc, imeacht as

disparate, díchosúil

dispensation, dispeansáid

dispute, conspóid

dissimilaire, neamhcnosúil

dissociation, dícheangal

dissocier, dícheangal

dissolution, scaoileadh

distance, cianúlas

distinguer, idirdhealú

distribuer, dáileadh

distributif, dáileach

divers, éagsúil

divin, diaga

divinisation, diagú

diviniser, diagú

diviser, roinnt

divisible, inroinnte

division, roinn

divulguer, nochtadh

docilité, somhúinteacht

doctrine, teagasc

dogmatique, dogmach

dogmatisme, dogmachas

dogme, dogma

domaine, fearannas

données, fáltais

double, dúbailte

douleur, pian

doute, dabht

doxométrie, barúilmheas

droit, ceart, ionraic

dualisme, déachas

dualité, déacht

duratif, marthanach

durée, marthanacht

dyadique, déachtúil

dynamique, dinimiciúil

dynamisme, dinimiceas

dystéléologie, díchuspóireacht

ecoéité, áiritheacht

échelle, scála

éclectique, eicléictiúil

éclectisme, eicléicteachas

école, scoil

écorce, coirtéis

ectoplasme, eactaplasm

éduction, éaduchtú

effecteur, éifeachtóir

efférent, eisiomprach

effet, éifeacht

efficace, éifeachtúil

efficacité, éifeachtúlacht

efficience, éifeachtacht

efficient, éifeachtach

égalité, cothromacht

égo, féin

égocentrique, féinlárnach

égoïsme, féinspéiseachas

égoïste, féinspéiseach, aid., féinspéisí, leithleasach

élaborer, saothrú

électif, toghaí

élément, eilimint

élévé, oirirc

éliciter, múscailt

élimination, díobhadh

élire, toghadh

éloigné, cian-, cianda

émanation, eisileadh

émanationnisme, eisileachas

émanatisme, eisileachas

émaner, eisileadh

émettre, eisiúint

empirique, eimpíreach

empirisme, eimpíreachas

empiriste, eimpírí, eimpíríoch, aid.

employé, fostaí

employeur, fostóir

emporter, l'e. sur, sárú

émotion, mothúchán,

émotionnel, mothúchánach

emprunteur, iasachtaí

énergétisme, fuinneamhachas

énergétique, fuinneamhachas

enfants, clann

engendrer, giniúint

ennoblir, uaisliú

énonciation, ráiteas

ensemble, bailiúchán

en soi, ann féin

entéléchie, eintéilicíocht

entendement, tuiscint

entendre, cloisteáil

enthymème, eintiméim

entitif, beithe

entre deux âges, meánaosta

entremettre, s', idirghabháil

entretenir, cothú

énumérer, áireamh

envelopper, imchlúdach

environnement, timpeallacht

epichérème, eipicíréim
épicurien, Eipiciúrach
épicurisme, Eipiciúrachas
épiphénomène, eipifeiniméan
epiphénoménisme, eipifeiniméanachas
épistémologie, eipistéimeolaíocht
épisyllogisme, eipisiollóg
épreuve, triail
équilibre, cothromaíocht
équipollence, ionnúlacht
équipollent, ionnúil
équiprobabilisme, comhdhóchúlachas
équité, cothromas
équivalence, coibhéiseacht
équivalent, coibhéiseach
équivocité, déchiallacht
équivoque, déchiallach
erreur, earráid
érudit, scoláire
esclave, sclábhaí
éspace, spás
espèce, gné
esprit, intinn
esprit de secte, seicteachas
essence, eisint
essentiel, eisintiúil
esthétique, aestéitic, aestéitiúil
estimatif, measúnaitheach
estimative, faculté, measúnaitheacht
estimer, measúnú
étalon, caighdeán
état, staid, stát
étatisme, státachas
étendue, sínteacht
éternel, síoraí
éternité, síoraíocht
éthique, eitic, eiticiúil.
ethnique, ciníoch, eitneach
ethnographie, eitneagrafaíocht
ethnologie, eitneolaíocht
étiologie, cúiseolaíocht
étonnement, iontas
être, beith
eudémonisme, eodaemanachas
euthanasie, eotanáise
eutrapélie, soilbhreas
évasif, seachantach
événement, tarlú
évidence, léire
évident, léir
évident, non, neamhléir
éviter, seachaint

éviternité, aoisíoraíocht
évolution, éabhlóid
évolutionisme, evolutionnisme, éabhlóid-eachas
évolutioniste, éabhlóidí
exact, beacht
exactitude, beaichte
exagéré, áibhéileach
excepter, eisceadh
exception, eisceacht
excès, iomarca
excessif, iomarcach
excitation, spreagadh
exclure, eisiamh
exclusif, eisiatach
exécuter, comhlíonadh, déanamh
exemplaire, eiseamláir, eiseamlárach, aid.
exemplarisme, eiseamplárachas
existence, eiseadh
existentiel, eiseach
existentialisme, eiseachas
existentialiste, eisí, eisíoch, aid.
exister, eiseadh
expérience, eispéireas
expériencer, eispéiriú
expérientiel, eispéireasach
expériment, turgnamh
expérimental, turgnamhach
explicatif, mínitheach
explication, míniú
expliquer, míniú
exploiter, saothrú
exponible, inléirmhínitheach
exposer, léirmhíniú
exprès, sainráite
expression, léiriú
extase, eacstais
extatique, eacstaiseach
extension, sínteacht
extérieur, seachtrach
extériorisation, seachtrú
extériorité, seachtracht
extravagant, míchuíosach
extraversion, eisdíritheacht
extrême, foirceann, foircneach, aid.
extrinsèque, eistreach

faculté, acmhainn
faible, lag
faible d'esprit, lagintinneach
faire, déanamh

fait, fíoras
fallacieux, falsánach
famille, clann, teaghlach
fanatique, fanaiceach
fanatisme, fanaiceachas
fatalisme, cinniúnachas
fataliste, cinniúnaí
fatum, cinniúint
fausseté, falsacht, falsán.
faute, locht
faux, falsa
féminisme, feimineachas.
fendre, scoilteadh
fétichisme, feitiseachas
fiction, ficsean
fidéisme, fidéachas
fidélité, dílseacht
figure, fíor
fin, cuspóir, deireadh
final, cuspóireach
finalisme, cuspóireachas
finalité, cuspóireacht
fini, finideach
finir, críochnú
flottant, malartach
foi, creideamh
folie, gealtacht
fonction, feidhm
fondamental, bunúsach
force, fórsa
formalisme, foirmiúlachas
formatif, foirmitheach
forme, cruth, fíoraíocht, foirm
forme, théorie de la, geisteáltachas
formel, foirmiúil
formule, foirmle
fortitude, foirtile
foule, slua
foyer, fócas
fraude, calaois
frénésie, mire
fréquence, miniciocht
futur, todhchaí, todhchaíoch,
futur, événement, todhchaíoch
futurible, intodhchaíoch
futurisme, todhchaíochas

général, ginearálta
généraliser, ginearálú
génératianisme, anamghiniúnachas
génératif, giniúnach
générique, cineálach

génétique, gineach, gineolaíocht
génie, ardéirim
genre, cineál
gloire, glóir
gnose, gnóis
gnostique, gnóisí
gradué, céimnithe
graduel, céimseach
grandeur, méad
graphisme, grafachas
graphologie, grafeolaíocht
gratuit, aisceach
grave, tromaí
grégaire, tréadúil
gouvernement, rialtas
gouverner, rialú

habit, aibíd
habitus, aibíd
haeccéité, áiritheacht
hallucination, bréagchéadfú
harmonie, armóin
hasard, seans
haut, uachtar
hédonisme, héadónachas
hédoniste, héadónaíoch
hégélien, Héigealaíoch
héréditaire, dúchasach
hérédité, dúchas
herméneutique, heirméiniútaic
hermétisme, heirméatachas
hétérogène, ilchineálach
hétérosexualité, heitrighnéasacht
heuristique, iúraistic, iúraisticiúil
hiérarchie, flaitheas
historicité, stairiúlacht
homicide, dúnbhású
homogène, aonchineálach
homologue, hómolach
homosexualité, hómaighnéasacht
honneur, onóir
honorer, onórú
humain, daonna
humanisme, daonnachas
humanitaire, daonchairdiúil
humanitarisme, daonchairdeas
humilité, uirísle
hylémorphique, híleamorfach
hylémorphisme, híleamorfachas
hylozoïsme, híleasóchas
hypnose, hipneois
hypnotisme, hipneoiseachas

137

hypostase, hipeastáis
hypothèse, hipitéis
hypothétique, hipitéiseach
hystérie, histéire
hystérique, histéireach

idéal, idéal, idéalach, aid.
idéalisme, idéalachas
idéaliste, idéalaí, idéalaíoch, aid.
idéalité, idéalacht
idéation, idéú
idée, idé
identification, ionannú
identique, ionann
identité, ionannas
idéogramme, idéagram
idéologie, idé-eolaíocht
idéologique, idé-eolaíoch
idiot, amaid
ignorance, aineolas
ignorant, aineolach
illégal, neamhdhleathach
illégitime, neamhdhlistineach
illicite, neamhcheadaithe
illimité, neamhtheoranta
illogique, míloighciúil
illumination, soilsiú
illuminisme, soilsiúchas
illusion, seachmall
image, íomhá
imaginaire, íomháineach
imagination, íomháineacht
imaginer, samhlú
imitabilité, inchóipeáilteacht
imiter, aithris
immanent, imeanach
immanentisme, imeanachas
immanentiste, imeanaí, imeanaíoch, aid.
immatérialisme, neamhábharachas
immatérialiste, neamhábharaí
immatérialistique, neamhábharaíoch
immatérialité, neamhábharthacht
immatériel, neamhábhartha
immédiat, neamh-mheánach
immédiation, neamh-mheánacht
immensité, aibhseacht
immesurable, do-thomhaiste
immobile, dochorraithe
immodéré, ainmheasartha
immorale, mímhorálta
immoralisme, mímhoráltachas
immoralité, mímhoráltacht

immortalité, neamhbhásmhaireacht
immortel, neamhbhásmhar
immuable, do-athraithe
imparfait, neamhfhoirfe
impartial, neamhchlaon
impartialité, neamhchlaontacht
impassible, neamhfhulangach
impénétrable, dothreáite
impératif, ordaitheach
imperceptible, do-airithe
imperfection, neamhfhoirfeacht
impersonnel, neamhphearsanta
implication, impleacht
implicite, impleachtaithe
impliquer, impleachtú
impossible, neamhfhéideartha
imprécis, neamhbheacht
impression, imprisean
impuissance, éagumas
imputable, inleagtha
imputabilité, inleagthacht
inadéquat, neamhimleor
incapacité, éagumas
incertain, neamhchinnte
incertitude, neamhchinnteacht
inclination, claonadh
inclusion, ionclúideadh
incommensurable, do-chomhthomhaiste
incompatible, dochuibhrinn
incomplexe, neamhchoimpléascúil
incompréhensible, dothuigthe
inconcevable, dochoincheapta
inconcluant, neamhchonclúideach
inconditionné, neamhchionníollach
inconscient, neamhchomhfhluos, neamh-
      chomhfhiosach
inconséquent, neamhiarmartach
incorporel, neamhchorpartha
indéfini, éiginnte
indélibéré, neamhbheartaithe
indépendance, neamhspleáchas
indépendant, neamhspleách
indestructible, doscriosta
indétermination, neamhchinntitheacht
indéterminé, neamhchinntithe
indéterminisme, neamhchinnteachas
indéterministe, neamhchinntí
indéterministique, neamhchinntíoch
indifférent, neamhshonraithe
indiquer, taispeáint
indirect, neamhdhíreach
indiscernable, do-idirdhealaithe

138

indisposé, neamhchóirithe
individualisme, indibhidiúlachas
individualité, indibhidiúlacht
individuation, indibhidiú
individuel, indibhid
indivis, neamhroinnte
indivisible, doroinnte
inductif, ionduchtaitheach
induction, ionduchtú
inerte, támhach
inertie, támhaí,
inévitable, dosheachanta
inexacte, neamhbheacht
infaillible, do-earráide
inférence, infeireas
inférer, infeiriú
inférieur, íochtarach
infini, infinideach
influence, tionchar
informer, foirmiú
infrastructure, fofhoirgneamh
infuser, iondóirteadh
inhérent, inghreamaithe
inhérer, inghreamú
inhiber, cos-, urchoilleadh
injustice, éigeart, éigeartas
inné, inbheirthe
innéité, inbheirtheacht
inorganique, neamhorgánach
innovation, úrnuachan
insatiable, doshásaithe
insensible, dochéadfaithe
inséparable, doscartha
insolite, neamhgnách
instinct, instinn
instinctif, instinneach
instrumental, ionstraimeach
insu, à son, neamhbhraiteach
insuffisant, neamhleor
intégration, iomlánú
intellect, intleacht
intellection, intleachtú
intellectualisme, intleachtúlachas
intellectuel, intleachtúil
intelligible, intuisceana
intense, dian
intensité, dianas
intention, intinn
intention, avoir l'i., beartú
intentionalité, intinniúlacht
intentionnel, beartaithe, intinniúil
intempérance, ainmheasarthacht

interaction, imhghníomhú
interattraction, imtharraingt
interdépendance, imspleáchas
intérêt, spéis
intérieur, inmheánach
intermédiaire, idirmheánach
interne, inmheánach
interposer s', idirghabháil
interpréter, idirmhíniú
interstice, bearna
intervalle, idirlinn
intime, dlúth
intrinsèque, intreach
introspectif, inbhreathnaitheach
introspection, inbhreathnú
introversion, indíritheacht
introverti, indírithe, indíritheach
intuitif, imfhiosach
intuition, imfhios
intuitionisme, intuitionnisme, imfhiosachas
invalide, neamhbhailí
inventer, airgeadh, fionnadh
invention, airg
inverse, inbhéarta, inbhéartaithe
inverter, inbhéartú
involontaire, neamhthoiliúil
involution, ionbhlóid
irascible, íorach
ironie, íoróin
ironique, íorónta
irraisonnable, neamhréasúnach
irrationnel, neamhréasúnach
irréfutable, dobhréagnaithe
irréligieux, díreiligiúnach
isoler, leithlisiú
isonomie, iosanóimeacht
isotope, iosatóip
isotropique, iosatróipeach

je, féin
joie, lúcháir
jouer, súgradh
jouer le rôle de quelqu'un, pearsanú
jugement, breithiúnas
juridiction, dlínse
juridique, dlíthiúil
jurisprudence, dlí-eolaíocht
juste, ceart
justice, ceartas

kinesthésique, cinaestéiseach

lâche, scaoilte
lâcheté, meatacht
laid, gránna
lancer, eisiúint
large, leathan
largeur, leithead
latent, folaigh
laxisme, scaoilteachas
légalité, dlíthiúlacht
légiférer, reachtú
légitime, dlisteanach
lemme, leama
liaison, ceangal
libéral, liobrálach, *aid.*, liobrálaí
libéralisme, liobrálachas
liberté, saoirse
libre, saor
libre arbitre, saorthoil
lieu, áit
ligne de conduite, polasaí
liminaire, tairseachúil
limitatif, teorannaitheach
limite, teorainn
limité, teoranta
limiter, teorannú
linguistique, teangeolaíocht
local, áitiúil
localiser, aimsiú láithreach
locomotion, gluaiseacht
logicien, loighceoir
logicisme, loighceas
logique, loighic, loighciúil
logistique, loighistic
logomachie, briatharchath
loi, dlí
lointain, cian-, cianda
loisir, fóillíocht

magnanimité, móraigeantacht
maïeutique, maighiútaic
majeur, mórthéarma
majeure, mórleagan
mal, olc, olcas
malice, mailís
mandat, sainordú
manichéisme, Mainicéasaíocht
manie, máine
manifeste, follasach
manisme, Mánachas
manque, éalang
mansuétude, ceansacht

masochisme, masacas
masse, mais
matérialisme, ábharachas
matérialiste, ábharaí, ábharaíoch, *aid.*
matérialité, ábharthacht
matériel, ábhartha
matière, ábhar
maximum, uasmhéad
marxisme, Marxachas
marxiste, Marxaí, Marxaíoch, *aid.*
mécanicisme, meicneachas
mécanique, meicnic, meicniúil
mécanisme, meicneachas, meicníocht
mécaniste, meicní, meicníoch, *aid.*
médiat, meánach
médiéval, meánaoiseach
médiocrité, lagmheasarthacht
médium, meán
mégalomanie, meigleamáine
mélancholie, lionn dubh
mélangé, measctha
mêlé, measctha
mêler, meascadh
méliorisme, fearrachas
mémoire, cuimhne
mental, intinne
mentalité, aigne
mérite, luaíocht
mesurable, intomhaiste
mesure, tomhas
mesurer, tomhas
métabolisme, só
métalogique, meitealoighciúil
métaphore, meafar
métaphysicien, meitifisicí
métaphysique, meitifisic, meitificiúil
métapsychique, meitisíceach
métempirique, meiteimpíreach
métempsychose, athchollúchas
méthode, modh
méthodique, rianúil
méthodologie, modh-eolaíocht
meurtre, dúnmharú
milieu, timpeallacht
millénaire, doctrine, rémhíleachas
mimétisme, aithriseachas
mineur, mionaoiseach, miontéarma
mineure, mionleagan
minimum, íosmhéad
miséricorde, trócaire
mitiger, maolú
mixte, measctha

mobile, corraitheach, *aid.*, inchorraithe, inchorraitheach, *aid.* siocair

modal, módúil

modalité, módúlacht

mode, mód

modèle, cuspa

modéré, measartha

moderne, nua-aoiseach

modernisme, nua-aoiseachas

moderniste, nua-aoisí

modernistique, nua-aoisíoch

modeste, modhúil

modestie, modhúlacht

modificatif, modhnaitheach

modifier, modhnú

moeurs, béascna, moráltacht

moi, mise

moléculaire, móilíneach

molécule, móilín

molinisme, Móilíneachas

moliniste, Móilíní, Móilíníoch, *aid.*

momentané, móimintiúil

monade, monad

monadisme, monadachas

monadiste, monadaí, monadaíoch, *aid.*

monarchie, monarcacht

monarchisme, monarcachas

monde, domhan

monisme, monasaíocht

moniste, monasaí

monistique, monasaíoch

monogamie, monagamas

monoïdéisme, aonidéachas

monomanic, monamáine

monopole, monaplacht

monothéisme, aondiachas

monothéiste, aondiachúil

montrer, taispeáint

moral, morálta

moralisme, moráltachas

moraliste, morálaí

moralité, moráltacht

morbide, galrach

morbifique, galarghinteach

mortalité, básmhaireacht, mortlaíocht

mortel, marfach

mortel, non, neamh-mharfach

moteur, corraitheoir

motif, ceannfháth

mouvant, corraitheach

mouvement, corraí

moyen, meán, meánach, *aid.*

multilocation, ilion-dú

multiple, iolra

multiplicité, iolracht

multiplier, iolrú

multiprésence, ioláithreacht

muscle, matán

musculaire, matánach

mutiler, ciorrú

mutuel, ceachtartha

mystère, mistéir

mystérieux, mistéireach

mysticisme, misteachas

mystique, misteach, mistic, mistiúil

mythe, miotas

mythique, miotasach

mythologie, miotaseolaíocht

mythomanie, miotamáine

naïf, saonta

narcissisme, naircisíocht

nation, náisiún

national, náisiúnach, náisiúnta

nationalisme, náisiúnachas

nationaliste, náisiúnaí, náisiúnaíoch, *aid.*

nationalité, náisiúnacht, náisiúntacht

nativisme, inbheirtheachas

naturalisme, nádúrachas

naturaliste, nádúraí

naturalistique, nádúraíoch

naturisme, dúlrachas

nature, nádúr

naturel, nádúrtha

néant, neamhní

nécessaire, riachtanach

nécessité, riachtanas

nécromancie, marbhdhraíocht

négatif, diúltach, séantach

négation, séanadh

néo-platonisme, Nua-Phlatónachas

néovitalisme, nuabheathúlachas

nerf, néaróg

nerveux, néarógach

neurasthénie, néarastaene

neurologie, néareolaíocht

neuromusculaire, néarmhatánach

neuron, néaróin

neutral, neodrach

névrose, néaróis

névrosé, néaróiseach

nexus, nasc

nier, séanadh

nihilisme, nihileachas
nihiliste, nihilí
nihilistique, nihilíoch
nirvana, nirbheána
niveau, caighdeán
nominal, ainmniúil
nominalisme, ainmneachas
non-contradictoire, neamhfhrithráiteach
non-être, neamhbheith
normal, normálta
normalité, normáltacht
normatif, normalach
norme, norm
note, nóta
notion, nóisean
notionnel, nóiseanúil
nouménal, núiméanúil
noumène, núiméan
nourrir, cothú
noyau, eithne
numérique, uimheartha

obédience, umhlaíocht
objecteur, agóideoir
objectif, oibíochtúil
objection, agóid
objectivation, oibíochtú
objectivité, oibíochtúlacht
objet, oibíocht
obligation, oibleagáid
obligatoire, oibleagáidiúil
obscur, doiléir
obscurantisme, doiléireachas
observer, breathnú
obsession, iomshuí
obstacle, constaic
obverter, oibheartú
occasion, caoi, ócáid
occasionalisme, ócáideachas
occasionaliste, ócáidí
occasionalistique, ócáidíoch
occasionnel, ócáideach
occulte, diamhair
occultisme, diamhrachas
occupation, céadghabháil
olfactif, boltanach
omettre, failliú
omission, faillí
omnipotence, uilechumhacht
omnipotent, uilechumhachtach
omniprésence, uileláithreacht

omniprésent, uileláithreach
omniscience, uilefhios
omniscient, uilefhiosach
onanisme, onánachas
onirique, brionglóideach
ontogénèse, ontaighiniúint
ontogénie, ontaighiniúint
ontologie, onteolaíocht
ontologique, onteolaíoch
ontologisme, onteolaíochas
ontologiste, onteolaí
opaque, teimhneach
opératif, oibrithcach
opération, obráid
opérer, oibriú
opiner, barúiliú
opinion, barúil
opposition, freasúra
optimisme, soirbheachas
optimiste, soirblí
option, rogha
ordonner, ordú
ordre, ord, ordú
ordre, en, ordúil
organe, orgán
organicisme, orgánachas
organique, orgánach
organisation, eagraíocht
organiser, eagrú
organisme, orgánacht
orgueil, uabhar
orientation, treoshuíomh
original, bunúil
orthogénèse, ortaighiniúint
oublier, dearmad
ouïe, cloisteáil, éisteacht
ouïr, cloisteáil
outré, áibhéileach

pacifisme, síocháineachas
pacifiste, síochánaí, síochánaíoch, aid.
paire, péire
paisible, síochánta
paix, síocháin
paléographie, palaegrafaíocht
paléontologie, palae-onteólaíocht
palingénèse, pailinghiniúint
palingénésie, pailinghiniúint
pancalisme, panchalanachas
panenthéisme, panindiachas
panlogisme, panloighceas
panspermie, panspeirmeachas

142

panthéisme, pandiachas
paraboulie, parabúile
paradoxe, paradacsa
paraesthésie, paraestéise
parallèle, parailéalach
parallélisme, parailéalacht
paralogisme, claonloighic
paramètre, paraiméadar
paramnésie, paraimnéise
paranoïa, paronáia
paranoïaque, paranáíoch
parenthèses, mettre entre, paraintéis
parésie pairéis
parfait, foirfe
parlementarisme, parlaiminteachas
partial, leathfhabhrach
participable, inrannpháirtithe
participant, rannpháirteach
participation, rannpháirtiúlacht
participer, rannpháirtiú
particulier, pairticleártha
partie, páirt
partiel, páirteach
passif, fulangach
passion, paisean
passivité, fulangacht
patent, follasach
pathologie, paiteolaíocht
pathologique, paiteolaíoch
patient, fulangaí
pâtir, fulaingt
péché, peaca
pédagogie, oideolaíocht
pédagogique, oideolaíoch
pédologie, péideolaíocht
peine, pionós
pénal, peannaideach
pénétrer, treá
pensée, smaoineamh
penser, smaoineamh
perception, aireachtáil
perceptionnisme, aireachtálachas
perfectible, infhoirfe
perfection, foirfeacht
perfectionner, foirbhiú
période, tréimhse
périodicité, tréimhsiúlacht
périodique, tréimhsiúil
péripatétique, peiripitéatach
permanence, buaine
permanent, buan
permettre, ceadú

perpétuel, buan
perpetuité, buaine
personnalisme, pearsantachas
personnaliste, pearsanta, pearsantaíoch, aid.
personnalité, pearsantacht
personne, pearsa
personnel, pearsanta
personnifier, pearsantú
perspectivisme, peirspictíochas
persuader, áiteamh
perversion, saobhadh
pétition de principe, réamhghlacadh réitigh
peu de valeur, de, saor
phantaisie, fantaiseacht
phantasme, fantaise
phénomène, feiniméan
phénoménisme, feiniméanachas
phénoméniste, feiniméanaí, feiniméan aíoch, aid.
phénoménologie, feiniméaneolaíocht
philanthropie, daonchairdeas
philanthropique, daonchairdiúil
philosophe, fealsamh
philosophie, fealsúnacht
philosophique, fealsúnach
phlegmatique, fleigmeatach
phobie, fóibe
phrénologie, freineolaíocht
physician, fisicí
physiognomie, gné-eolaíocht
physiologie, fiseolaíocht
physique, fisic
pitié, trua
plaisir, pléisiúr
plan, plean
plastique, somhúnlaithe
platitude, léireasc
plural, iolra
pluralisme, iolrachas
pluraliste, iolraí
pluralistique, iolraíoch
pluralité, iolracht
plurivocité, ilchiallacht
plurivoque, ilchiallach, ilchiallacht
plutocratie, plútacrátas
point, pointe
pointe, pointe
polémique, conspóideach
politique, polaiteolaíocht, polaitíocht, polaitiúil

143

pollution, truailliú
polyandre, polandrach
polyandrie, polandras
polygame, polagamach
polygamie, polagamas
polygénisme, ilghineachas
polytechnique, ilcheardach
polythéisme, ildiachas
polythéiste, ildiachaí, ildiachúil
portée, réimse
poser, leagan síos
poser des prémisses, réamhleagan
positif, deimhneach, posaitíbheach
position, suíomh
positivisme, posaitíbheachas
positiviste, posaitíbhí, posaitíbhíoch, *aid.*
posséder, sealbhú
possession, seilbh
possibilité, féidearthacht
possible, féideartha, féidearthacht
post-núptial, iarphósta
postulat, fo-shuíomh
potentialité, tualangacht
potentiel, tualangach
pousser, tiomáint
pouvoir, cumhacht
pragmatisme, pragmatachas
pragmatiste, pragmataí
praticable, indéanta
pratique, praiticiúil
pratiquer, cleachtadh
précepte, aithne
précis, beacht
précision, beaichte
préconscient, réamhchomhfhios
prédestination, réamhordú
prédéterminer, réamhchinntiú
prédicable, inphreideacháide, inphreid-
    eacháideach
prédicat, preideacháid
prédicatif, preideacháideach
préétabli, réamhbhunaithe
préformation, réamhfhoirmiú
préjugé, réamhchlaonadh
prémisse, réamhleagan
prémotion physique, réamhchorraí fisiciúil
prescience, réamhfhios
préscinder, saineisceadh
présence, láithreacht
présent, láithreach
présentation, láithriú
présomption, toimhde

présumer, toimhdiú
prêteur, iasachtóir
préternaturel, eisnádúrtha
preuve, cruthúnas
primaire, príomhúil
primauté, príomhaíocht
principal, príomh, príomha
principe, prionsabal
priorité, tosaíocht
privation, easnamh
prix, praghas
probabiliorisme, níosdóchúlachas
probabilisme, dóchúlachas
probabilité, dóchúlacht
probable, dóchúil
problème, fadhb
procédé, próiseas
procession, toscú
production en masse, olltairgeadh
produire, tairgeadh
profond, domhain
progrès, faire des, forchéimniú
progressif, forchéimnitheach
projection, teilgean
prolétaire, prólátaireach
prolétariat, prólátaireacht
prolonger, fadú
promiscuité, ilchumasc
promulguer, fógairt
proportion, comhréir
proposition, tairiscint
propositionnel, tairiscintiúil
propre, díl, dílis
propriétaire, dílseánach
propriété, maoin, úinéireacht
prospérité, rathúnachas
prostitution, striapachas
prosyllogisme, oirshiollóg
protanopie, prótanóipe
protase, céadbheart
prouver, cruthú
providence, oirchill
prudence, críonnacht
psittacisme, pioróideachas
psyché, síceacht
psychiatre, síciatraí
psychiatrie, síciatraíocht
psychique, síceach
psychobiologie, sícibitheolaíocht
psychodynamique, sícidinimic
psychogénèse, síciginiúint

psychogénétique, sícigineach
psychologie, síceolaíocht
psychologique, síceolaíoch
psychologue, síceolaí
psychométrie, sícıméadracht
psychomoteur, síceamótrach
psychonévrose, sícinéaróis
psychopathie, síceapatacht
psychopathique, síceapatach
psychopathologie, síceapateolaíocht
psychophysiologie, sícifiseolaíocht
psychophysiologique, sícifiseolaíoch
psychophysique, sícifisic, sícifisiciúil
psychose, síceois
psychotechnique, síciteicnic
psychotechnologie, síciteicneolaíocht
psychothérapie, síciteiripe
puissance, cumas, tualang
punir, pionósú
punitif, pionósach
punition, pionós
pur, glan
pygmée, pigmí
pyromanie, pioramáine
pyrrhonisme, Piorróineachas

qualificatif, cáilitheach
qualifier, cáiliú
qualitatif, cáilíochtúil
qualité, cáilíocht
quantifier, cainníochtú
quantitatif, cainníochtúil
quantité, cainníocht
quiddité, céardas
quiétisme, suaimhneachas
quiétiste, suaimhní

race, cine
race, de, ciníoch
racialiste, ciníochaí
racine, fréamh
racisme, ciníochas
radical, fréamhach
raison, réasún, réasúntacht
raisonnable, réasúnta
raisonnement, réasúnadh
raisonner, réasúnadh
rallonger, fadú
rappeler, se, cuimhneamh
rapport, sans, neamhghaolmhar

rationalisme, réasúnachas
rationaliste, réasúnaí, réasúnaíoch, aid.
rationalité, réasúnacht
rationnel, réasúnach
réaction, frithghníomh
réactionnaire, frithghníomhach, aid.,
    frithghníomhaí
réalisme, réalaçhas
réaliste, réalaí
réalistique, réalaíoch
réalité, réaltacht
réceptif, gabhálach
réceptivité, gabhálacht
recevoir, glacadh
recherches, taighde
réciproque, ceachtartha
reconnaître, admháil, aithint
rectifier, ceartú
rectitude, ionracas
récurrence, atarlú
rédintégration, athiomlánú
réduction, réaduchtú
réduire, réaduchtú
réduplicatif, athdhúbaltach
réel, réalta
référendum, reifreann
réfléchir, athfhéachaint
réflexe, frithluail
réflexe, acte, frithluail
réflexion, athfhéachaint
refuser, diúltú
réfuter, bréagnú
régénération, athghiniúint
règle, riail
règne, réimeas
régressif, aischéimnitheach
régression, aischéimniú
regret, aiféala
régularité, rialtacht
régulier, rialta
réifier, réadú
réincarnation, athchollúchas
rejeter, diúltú
relatif, coibhneasta
relation, coibhneas
relativisme, coibhneasaíocht
relativiste, coibhneasaí, coibhneasaíoch,
    aid.
relativité, coibhneasacht
religieux, reiligiúnach
religion, reiligiún
remarquer, sonrú

remords, doilíos
renoncement à, de, soi-même, féindiúltú´
repentir, aithreachas
répéter, athdhéanamh, athrá
réponse, freagra
représentatif, athláithritheach
réprésentation, athláithriú, ionadaíocht
réproduction, athghiniúint
répugnant, aimhréireach
résidu, fuílleach
ressemblance, cosúlacht
résoudre, díscaoileadh
respect, ómós
responsable, freagrach
responsable, non, neamhfhreagrach
responsabilité, freagracht
restreindre, srianadh
restriction, srianadh
retenir, pouvoir de, coinnéalacht
retirer, se, cúlú
rétorquer, aisfhreagairt
rétorsion, aisfhreagairt
rétroactif, aisghníomhach
rétroactif, être, aisghníomhú
rétrogression, aischéimniú
rétrospectif, aisbhreathnaitheach
révélation, foilsiú
révéler, foilsiú, nochtadh
réversible, inaisiompaithe
réviviscence, athbheochan
richesse, saibhreacht, saibhreas
rigorisme, dochtachas
rigoureux, beacht
risible, gáireachtach
romantisme, rómánsachas
routine, gnáthamh
rythme, rithim
rythmique, rithimeach

sacré, naofa
sadisme, sádachas
sage, eagnaí
sagesse, eagnaíocht
saint, naofa
salaire, pá
sanction, smachtbhanna
satisfaction, sásamh
satisfaire, sásamh
sauf, sábháilte
saut, léim
savant, eolaí
scepticisme, sceipteachas

sceptique, sceipteach, sceiptiúil
schéma, scéimre
schématisme, scéimreachas
schème, scéim
schizoïde, scitsídeach
schizoïdie, scitsíde
schizophrénie, scitsifréine
schizophrénique, scitsifréineach
science, eolaíocht
science, homme de, eolaí
science politique, polaiteolaíocht
scientifique, eolaíoch
scientisme, eolaíochas
scolasticisme, scolaíochas
scolastique, scolaí, scolaíoch, aid.
scolie, scoileán
scotisme, Scótachas
scotiste, Scótaí
scotistique, Scótaíoch
scrupule, scrupall
secondaire, tánaisteach
secte, seict
sécularisme, saoltachas
séculariste, saoltaí, saoltaíoch, aid.
séculier, saolta
ségrégation, leithlisiú
sémantique, séamainteach, séamaintic
sens, céadfa, ciall
sensation, céadfú
sensible, inchéadfaithe
sensitif, céadfaíoch
sensoriel, céadfaíoch
sensorium, céadfaíre
sensualisme, céadfaíochas
sentiment, seintimint
sentimental, seintimintiúil
sentimentalisme, maoithneachas
sentir, céadfú
séparer, leithlisiú, scaradh
serf, seirfeach
série, sraith
sérieux, tromaí
serment, mionn
seuil, tairseach
siège, suí
signe, comhartha
signification, ciall
signifier, ciallú, comharthú
similitude, cosúlacht
simple, simplí
simplicité, simplíocht
simplisme, simpleachas

simultané, comhuaineach
sincère, fíreata
singularité, aonaracht
singulier, aonarach, uatha
situation, suíomh
social, sóisialta
socialisme, sóisialachas
socialiste, sóisialaí, sóisialaíoch, *aid.*
socialité, sóisialtacht
société, sochaí
sociologie, socheolaíocht
sociologisme, socheolaíochas
soi, féin
solidarisme, dlúthpháirtíochas
solidarité, dlúthpháirtíocht
solipsisme, sóilipseachas
solution, réiteach
solution de continuité, bearna
somatique, coirp
somesthésie, sómaestéise
somnambulisme, suansiúlachas
sophisme, falsán, sofaisteachas
sophiste, sofaist
sophistique, sofaisteach
sorite, soráid
soupçon, amhras
sous-entendu, intuigthe
soutenir, cothú
souvenir, athchuimhne
souvenir, se, cuimhneamh
souverain, ceannasach
spatial, spásúil
spécial, speisialta
spécieux, creatúil
spécifier, sainiú
spécificité, gnéitheacht
spécifique, gnéitheach
spéculatif, spéacláireach
spéculer, spéacláiriú
spiritisme, spioradachas
spiritiste, spioradaí, spioradaíoch, *aid.*
spiritualisme, spioradáltachas
spiritualiste, spioradáltaí, spioradáltaíoch,
    aid.
spiritualité, spioradáltacht
spirituel, spioradálta
spontané, spontáineach
spontanéité, spontáineacht
stabilité, seasmhacht
stable, seasmhach
statique, statach, stataic
status, céimíocht

statut, céimíocht
stériliser, aimridiú
stérilité, aimrideacht
stimulus, spreagthach
stoïcisme, stóchas
stoïque, stóch, stóchúil
strict, beacht
structure, foirgneamh
subconscience, fochomhfhios
subconscient, fochomhfhios
subcontraire, fochontráir
subjectif, suibíochtúil
subjectivisme, suibíochtachas
subjectiviste, suibíochtaí
subjectivité, suibíochtúlacht
sublime, oirirc
sublimer, uasadh
subliminal, fothairseachúil
subordonné, fo-ordaithe, íochtaránach
subordonner, fo-ordú
subséquent, iardteachtach
subsistant, substaineach
subsister, substaineadh
substance, substaint
substantialisme, substainteachas
substantialité, substaintiúlacht
substantiel, substaintiúil
substitut, ionadaí
substrat, foshraith
substratum, foshraith
subsumer, fo-ghlacadh
subtil, caolchúiseach
suffisant, leor
suggestibilité, so-inmheabhraíocht
suggestion, inmheabhrú
suicide, féinmharú
sujet, suibíocht
superficiel, dromchlach
supérieur, uachtarach
support, tacaíocht
supposer, glacadh
supposition, glacan
suppôt, supasáit
supraliminal, ostairseachúil
suprasensible, oschéadfaíoch
sûr, cinnte, sábháilte
surdétermination, oschinntiú
surface, dromchla
surhomme, osduine
surnaturel, osnádúrtha
surordonné, osordaithe
surpasser, sárú

surplus, farasbarr
surréalisme, osréalachas
suspendre, fionraí
suspicion, amhras
syllogisme, siollóg
symbiose, simbeois
symbole, siombal
symbolique, siombalach
symbolisme, siombalachas
symboliste, siombalaí
symmétrie, siméadracht
symmétrique, siméadrach
sympathie, comhbhraiteacht
syncatégorématique, sinchatagairéamach, focal
syncrétique, sincréataíoch
syncrétisme, sincréatachas
syncrétiste, sincréataí
syndérèse, sindréis
syndicalisme, siondacáiteachas
synergie, sinéirgíocht
synesthésie, sinaestéise
synthèse, sintéis
synthétique, sintéiseach
synthétiser, sintéisiú
systématique, córasach
système, córas

tangible, intadhaill
tangibilité, intadhaille
tard, déanach
tautologie, athluaiteachas
technique, teicniúil
technologie, teicneolaíocht
témoignage, fianaise
tempérament, meon
tempérance, measarthacht
tempérant, measartha
temporaire, sealadach
temporel, teamparálta
temps, am
tendance, claonadh
tendu, teann
tension, teannas
tentation, cathú
terme, téarma
terminer, críochnú
terminologie, téarmaíocht
terminus, tearmann
tertiaire, treasach
test, triail
théisme, diachas

théiste, diachaí, diachúil
thème, téama
théocratie, dialathas
théodicée, diagacht nádúrtha
théologie, diagacht
théologien, diagaire
théologique, diagach
théorie, teoiric
théorie de la forme, geisteáltachas
théorique, teoiriciúil
théosophe, diasamh
théosophie, diasúnacht
thérapeutique, teiripcach
thèse, téis
thétique, téiseach
thomisme, Tómachas
thomiste, Tómaíoch
titre, teideal
tolérance, caoinfhulaingt
totalitaire, ollsmachtach
totalitarianisme, ollsmachtachas
totalité, iomláine
toucher, tadhall
tout, iomlán
tradition, traidisiún
traditionalisme, traidisiúnachas
traditionaliste, traidisiúnaí, traidisiúnaíoch, aid.
traditionnel, traidisiúnta
traducianisme, anamshíolrachas
transcendance, tarchéimnitheacht
transcendental, tarchéimnitheach
transcendentalisme, tarchéimnitheachas
transcender, tarchéimniú
transférer, aistriú
transformation, tarfhoirmiú
transformisme, tarfhoirmeachas
transitif, aistreach
transitivité, aistreacht
transparent, trédhearcach
trichotomie, tréscaradh
tromper, bréagadh
tropisme, trópachas
truisme, léireasc
tutiorisme, sábháilteachas

ubiété, ionadas
un, aon, aonta
un seul homme, aonarán
une seule chose, aonarán
uni, aontaithe
unicité, uathúlacht

uniforme, aonfhoirmeach
uniformité, aonfhoirmeacht
union, aontas
unique, uathúil
unir, aontú
unité, aonad, aontacht
univers, uilebhith
universalisation, uiliú
universalisme, uilíochas
universaliste, uilíochaí, uilíochúil
universalité, uilíocht
universel, uilíoch
univocité, aonchiallacht
univoque, aonchiallach
urbanité, soilbhreas
usage, úsáid
usuel, gnách
utile, fóntach
utilitaire, fóntaíoch
utilitarisme, fóntachas
utilitariste, fóntaí
Utopie, Útóipe

vacuiste, folúsaí
vacuum, folús
valable, bailí
valeur, fiúntas
valide, bailí
validité, bailíocht
variabilité, inathraitheacht
végétable, plandúil
velléité, meatoiliú
verbal, béil, briathartha
véridicité, fírinneacht
vérification, promhadh
vérifier, fíorú
vérité, fírinne
vertu, suáilce
vertu, en v. de, brí
vibration, tonnchrith
vice, duáilce
vicieux, duáilceach
vide, folús
vie, beatha
vif, beoga
violence, foréigean
violent, foréigneach
violer, sárú
virtuel, firtiúil
vision, radharc
visuel, radharcach
vital, beathúil

vitalisme, beathúlachas
vitalité, beogacht
vivacité, beogacht
vivant, beo
voeu, móid
volition, toiliú
volontaire, deonach, toiliúil
volontarisme, toileachas
volontariste, toilí, toilíoch, aid.
volonté, toil
volonté, bonne, dea-thoil
vouloir, toiliú
vraie, fíor

zoologie, míoleolaíocht
zoologique, míoleolaíoch

abacus, abacas
abductio, abduchtú
abiogenesis, neamhbhithghiniúint
abnegatio sui, féindiúltú
abnormalis, mínormálta
abortus, anabaí, breith ; ginmhilleadh
abreactio, díghníomhú
absens, neamhláithreach
absolutio, absalóideacht
absolutismus, absalóideachas
Absolutum, Absalóid, an
absolutus, absalóideach
abstinere, staonadh
abstractionismus, teibíochas
abstractus, teibí
abstrahere, teibiú
absurdus, áiféiseach
abulia, abúile
abulicus, abúileach
academia, acadamh
accidens, aicíd
accidentalis, aicídeach
accipere, aithint
accommodare, coigeartú
accretio, fortórmach
acquisitus, gnóthaithe
actio, gníomh
activare, gníomhachtú
activismus, gníomhachas
activitas, gníomhacht
activus, gníomhach

149

actualis, achtáilte
actum, reducere in, achtáil
actus, acht
acuitas, géire
acustica, fuaimeolaíocht
adaequatus, imleor
additio logica, suimiú loighciúil
adeptabilis, insroichte
admiratio, iontas
admittere, admháil
adsociare, comhcheangal
adultus, lánaoiseach
adventicius, taismeach
adversarius, áibhirseach
adversativus, áibhirsiúil
advertentia, aire
aeger, galrach
aemulatio, iomaíocht
aequilibrium, cothromaíocht
aequipollens, ionnúil
aequipollentia, ionnúlacht
aequiprobabilismus, comhdhóchúlachas
aequitas, cothromas
aequivalens, coibhéiseach
aequivalentia, coibhéiseacht
aequivocitas, déchiallacht
aequivocus, déchiallach
aesthetica, aestéitic
aestheticus, aestéitiúil
aestimare, measúnú
aestimativa, vis, measúnaitheacht
aestimativus, measúnaitheach
aetate progrediente, meánaosta
aetatis, eiusdem, comhaimseartha
aeternitas, síoraíocht
aeternus, síoraí
aetiologia, cúiseolaíocht
aeviternitas, aoisíoraíocht
affectio, aificsean
affectivitas, aificseanacht
affectivus, aificseanach
afficere, imirt
affinitas, aifinideacht
affirmare, dearbhú
agens, gníomhaí
agere, gníomhú, iompar
aggregatio, bailiúchán
agitare, gníomhachtú
agnosia, agnóise
agnosticismus, agnóiseachas
agnosticus, agnóisí, agnóisíoch, aid.
agonisticus, coimhlinteach

agoraphobia, agrafóibe
Alexandrinismus, Alastrachas
algorithmicus, algóiritheamach
alienare, coimhthiú
allegoria, fáthchiallacht
alteratio, claochlú
alteritas, eileacht
alternans, ailtéarnach
alternatio, ailtéarnadh
alternus, ailtéarnach
altruismus, altrúchas
altruisticus, altrúíoch
ambiguitas, athbhrí
ambiguus, athbhríoch
ambitio, uaillmhian
ambivalens, défniúsach
amentia, gealtacht
amicitia, cairdeas
amnesia, aimnéise
amor, grá
amoralis, dímhorálta
amphibologia, iolabairt
anagogicus, anagóigeach
analogatum, analacháid
analogia, analach
analogicus, analachúil
analysis, anailís
analyticus, anailíseach
anarchia, ainriail
anarchismus, ainrialachas
angor, crá
angor conscientiae, doilíos
anima, anam
animadvertere, sonrú
animare, anamú
animismus, anamachas
annihilare, neamhniú
antecedens, réamhtheachtach, aid.,
        réamhtheachtaí
anterior, réamhtheachtach
anterioritas, réamhtheacht
anthropocentricus, antrapalárnach
anthropologia, antraipeolaíocht
anthropomorphismus, antrapamorfachas
anthropophagia, canablacht
anticipatio, réamhghabháil
antilogia, frithloighceacht
antinomia, frithdhleathacht
antithesis, fritéis
apagogicus, apagóigeach
apathia, dímhothú
aphorismus, nath

150

apodicticus, léiráititheach
apodosis, iarmbeart
aporia, sáinn
apotheosis, diagú
apparens, dealramhach
apperceptio, aipéircheap
appetibilis, íntothlaithe
appetitivus, tothlaitheach
appetitus, tothlú
approbare, dea-mheas
appropriare, sibi, dílsiú
aptare, coigeartú
aptitudo, mianach
arbiter, eadránaí
arbitrarius, treallach
arbitratio, eadráin
arbitrium, ad, treallach
architectonicus, ailtireachtúil
arguere, argóint
argumentatio, argóinteacht
argumentum, argóint
aristocratia, uasalaicme, uaslathas
Aristotelicus, Arastataileach
Aristotelismus, Arastataileachas
ars, ealaín
arte factum, saorgán
articularis, altúil
articulatus, altach
artificialis, saorga
artificialismus, saorgachas
artificiosus, ealaíonta
aseitas, aiséiteas
aspectus, dreach
asserere, dearbhú
assertoricus, dearbhúil
assimilare, asamhlú
associatio, comhcheangal.
associationismus, comhcheangaltachas
associativitas, comhcheangaltacht
asyllogisticus, neamhshiollógach
ataraxia, ataráisce
atavismus, athdhúchas
atheismus, aindiachas
atheus, aindiachaí
atomismus, adamhachas
attentio, aire
attingibilis, insroichte
attitudo, seasamh
attractio, tarraingt
attractivus, tarraingteach
attributivus, aitreabúideach
attributum, aitreabúid

auctorisare, údarú
auctoritas, údarás
auditio, cloisteáil
auditus, éisteacht
augeri, méadú
authenticus, údarach
autodeterminatio, féinchinneadh
automaticus, uathoibritheach
autonomia, féinriail, neamhspleáchas
autonomus, féinrialaitheach
autosuggestio, féininmheabhrú
avaritia, saint
axiologia, fiúntaseolaíocht
axioma, aicsíom
axiomatica, aicsíomacht

beatificus, beannaitheach
beatitudo, beannaitheacht
behaviourismus, iomprachas
behaviourista, iompraí
beneficentia, dea-ghníomhaíocht
benevolentia, dea-mhéin
bilocatio, dé-ionadas
binocularis, déshúileach
biologia, bitheolaíocht
bonitas, maitheas
bonum, leas, maith
bonus, maith
brevitas, giorracht

cadaver, corpán
caducitas, críne
caecitas, daille
caecitas chromatica, dathdhaille
caedes, dúnmharú
caelibatus, aontumha
cannibalismus, canablacht
canon, canóin
canonicus, canónta
capacitas, cumas
capitalista, rachmasaí
capitalismus, rachmasaíocht
capitalisticus, rachmasaíoch
cardinalis, virtus, cairdineálta
Cartesianus, Cairtéiseach
casta, ceast
castitas, geanmnaíocht
casuista, cásaisteach
casuistica, cásaisteacht
casus, cás, seans
catalepsia, catailéipse
categorema, catagóiréama

151

categorematicus, catagóiréamach, focal
categoria, catagóir
categoricus, catagóireach
catharsis, saorghlanadh
causa, cúis
causalitas, cúisíocht
causare, cúisiú
causatio, cúisiú
censura, cinsireacht
centralis, lárnach
centralisare, lárú
centrum neurale, néarlár
cerebratio, inchinniú
cerebrum, inchinn
certamen, comórtas, iomaíocht
certitudo, cinnteacht
certus, cinnte
chaos, anord
character, carachtar
characteristica, ars, carachtaracht
characteristicum, saintréith
characterologia, carachtareolaíocht
cinaestheticus, cinaestéiseach
cinematica, cineamaitic
cineticus, cinéatach
circulus logicus, ciorcal lochtach
circulus vitiosus, ciorcal lochtach
circumstantia, timpeallacht
civilis, sibhialta
civilisatio, sibhialtacht
clarificare, soiléiriú
clarus, soiléir
classificare, rangú
classificatio, rangú
classis, aicme, rang
claustrophobia, clástrafóibe
clementia, trócaire
cleptomania, cleipteamáine
clinamen, díraonadh
coercere, comhéigniú
coercitio, comhéigean
coercitivus, comhéigneach
cogitatio, smaoineamh
cognata inter se, non, neamhghaolmhar
cognitio, fios
cognoscere, fiosú
cognoscibilis, infhiosaithe
cognoscibilitas, infhiosaitheacht
colere, saothrú
collaborare, comhoibriú
collectivismus, cnuasachas
collectivus, cnuasaitheach

colonia, coilíneacht
columen, tacaíocht
combinatio, teaglaim
commodans, iasachtóir
commodatarius, iasachtaí
commodatum, qui c. accipit, iasachtaí
communis, coiteann
communismus, cumannachas
communista, cumannaí
communisticus, cumannaíoch
communitas, comhluadar
commutativus, cómhalartach
comparabilis, inchomparáide
comparatio, comparáid
comparativus, comparáideach
compatibilis, inchuibhrinn
compensare, cúiteamh
compensationismus, cúiteamhachas
compensationis systema, cúiteamhachas
complere, comhlánú, comhlíonadh
completus, iomlán
complexus, coimpléasc, coimpléascúil
componere, comhchur, coigeartú
compositio, comhchur
compositum, comhchur
compositus, comhchurtha
compossibilis, comhfhéideartha
comprehensio, cuimse
conatio, dréim
conceptualismus, coincheapachas
conceptum, coincheap
concipere, coincheapadh
conclusio, conclúid
conclusivus, conclúideach
conclusivus non, neamhchonclúideach
concomitantia, coimhdeacht
concordantia, comhardacht
concordismus, comhardachas
concretus, coincréiteach
concupiscentia, miangas
concupiscere, mianú
concupiscibilis, miangasach
condicio, coinníoll, timpeallacht
conditionibus, sine, neamhchoinníollach
configuratio, fíoraíocht
conflictio, coinbhleacht
confundere, meascadh
confusus, measctha
conjectare, meatuairimiú
conjectura, buille faoi thuairim
conjecturalis, meatuairimitheach
conjunctivus, cónascach

connector, ceangaltóir
connexio, ceangal
conscientia, coinsias, comhfhios
conscientia sui, féinfhios
conscius, comhfhiosach
conscius, haud, neamhbhraiteach
consecutivus, leantach
consensus, aontas
consentiens, secum, comhsheasmhach
consentire, aontú
consequens, iarmartach
conservatismus, coimeádachas
conservativus, coimeádach
conspectu, recedere ex, amharc, imeacht as
constans, tairiseach
constans sibi, comhsheasmhach
construere, cumadh
consuetudo, gnáthamh, nós
consumere, caitheamh
contactus, teagmháil
contemplari, rinnfheitheamh
contemplativus, rinnfheitheamhach
contemporaneus, comhaimseartha
contentio, conspóid
contiguitas, gaireacht
contingens, teagmhasach
contingentia, teagmhasacht
continuitas, cointeanóideacht
continuum, cointeanóid
continuus, cointeanóideach
contraceptio, frithghiniúint
contractus, conradh
contradicere, frithrá
contradictio, frithrá
contradictorius, frithráiteach
contradictorius, non, neamh-fhrithráiteach
contrahere, crapadh
contrapositio, frithchur
contrarius, contrártha
convenire, réiteach
conventio, coinbhinsean
conventionalis, coinbhinseanúil
conventionalismus, coinbhinseanachas
convergens, inréimneach
convergentia, inréimneacht
conversum, coinbhéarta
convertere, coinbhéartú
convertibilis, inchoinbhéartaithe
convulsio, tritheamh
cooperari, comhoibriú
coordinare, comhordú
coordinatio, comhordú

copula, copail
copulativus, copaileach
corollarium, comhthoradh
corporalis, corpartha
corporeus, coirp.
corpus, corp
corpusculum, coirpín
corrigere, ceartú
corroborare, comhthacú
corroboratio, comhthacaíocht
corruptibilis, intruaillithe
corruptio, truailliú
cortex, coirtéis
cosmogonia, cosmagnaíocht
cosmologia, cosmeolaíocht
cosmologicus, cosmeolaíoch
cosmos, cosmas
creare, cruthú
creatio, cruthaíocht
creationismus, anamchruthaíochtachas, cruthaíochtachas
creativus, cruthaitheach
creator, cruthaitheoir
creatura, créatúr
credibilis, inchreidte
credibilitas, inchreidteacht
crescere, méadú
cretinismus, creitíneacht
criminalis, coiriúil
criminologia, coireolaíocht
criterium, caighdeán
critica, beachtaíocht, critic
criticismus, criticeas
criticus, criticiúil
culpa, locht
cultura, cultúr
cultus, cultas
cumulativus, carnach
cupere, mianú
cyclus, timthriall
Cyrenaicus, Ciréanach

Daltonismus, Daltúnachas
data, fáltais
debitum, fiach
decadentia, meath
decidere, cinneadh
decipere, bréagadh
declinatio, díraonadh
deducere, déaduchtú
deductio, déaduchtú

153

defectus, éalang
definire, deifnídiú
definitio, deifníd
deflectere, sraonadh
deformare, míchumadh
deformis, gránna
deificare, diagú
deificatio, diagú
deismus, dias
deisticus, diasaíoch
delectabilis, taitneamhach
delectatio, taitneamh
deliberare, meá
deliberatus, beartaithe
deliberatus, non, neamhbheartaithe
delirium, rámhaille
deludere, bréagadh
dementia, gealtacht
democratia, daonlathas
demonstrare, cruthú, léirchruthú
demonstratio, cruthúnas
denominare, ainmniú
deontologia, dualeolaíocht
dependens, spleách
dependentia, spleáchas
depersonalisatio, díphearsanú
dereisticus, díréadach
derivare, díorthú
descriptio, tuairisc
desiderabilis, inmhianaithe
desiderabilitas, inmhianaitheacht
desiderium, mian
designatio, plean
desitivus, scorach
destinatio, ceann spríce
determinabilis, inchinntithe
determinans, cinntitheach
determinare, cinntiú
determinatio, cinntiú
determinatus, cinntithe
determinista, cinntí
determinismus, cinnteachas
Deus, Dia
dialectica, dialachtaic
dialecticus, dialachtaí, dialachtaiciúil,
    loighceoir
dichotomia, déscaradh
dictator, deachtóir
dictum, deacht
differens, difriúil
differentia, difríocht
differentialis, deochraí

differentiare, deochrú
differre, difriú
diffusus, spréite
dilemma, dileama
diligentia, dúthracht
dimensio, buntomhas
dimovere, díláithriú
dipsomania, diopsamáine
directivus, díritheach
directus, díreach
dirigere, díriú
discursivus, dioscúrsach
discursus, dioscúrsa
disincarnatus, díchollaithe
disjunctivus, deighilteach
disparatus, díchosúil
dispensatio, dispeansáid
dispositus, non, neamhchóirithe
disputabilis, inchonspóide
disputatio, conspóid
dissimilis, neamhchosúil
dissociare, dícheangal
dissociatio, dícheangal
dissolutio, scaoileadh
distantia, cianúlas
distinguere, idirdhealú
distractio, neamhairdeall
distribuere, dáileadh
distributivus, dáileach
diversus, éagsúil
dividere, roinnt
divinus, diaga
divisibilis, inroinnte
divisio, roinn
divitiae, saibhreacht, saibhreas
docilitas, somhúinteacht
doctrina, teagasc
doctrinae, homo d. deditus, scoláire
dogma, dogma
dogmaticus, dogmach
dogmatismus, dogmachas
dolor, aiféala, pian
dominium, fearannas, úinéireacht
dominus, fostóir
doxometria, barúilmheas
dualismus, déachas
dualitas, déacht
dubium, dabht
duplex, dúbailte
duratio, marthanacht
durativus, marthanach
dyadicus, déachtúil

154

dynamicus, dinimiciúil
dynamismus, dinimiceas,
dysteleologia, díchuspóireacht

eclecticismus, eidéicteachas
eclecticus, eicléictiúil
ecstaticus, eacstaiseach
ecstasis, eacstais
ectoplasma, eactaplasm
educere, éaduchtú
eductio, éaduchtú
effector, éifeachtóir
effectus, éifeacht
efferens, eisiomparach
efficacitas, éifeachtúlacht
efficax, éifeachtúil
efficere, oibriú
efficiens, éifeachtach
efficientia, éifeachtach
ego, féin, mise
egoismus, féinspéiseachas
electivus, toghaí
elementum, eilimint
elicere, múscailt
eligere, toghadh
eliminatio, díobhadh
emanare, eisileadh
emanatio, eisileadh
emanatismus, eisileachas
emittere, eisiúint
emotio, mothúchán
emotionalis, mothúchánach
empiricus, eimpíreach
empirismus, eimpíreachas
empirista, eimpírí
empiristicus, eimpíríoch
energismus, fuinneamhachas
ens, beith
entelechia, einteilicíocht
enthymema, eintiméim
entitivus, beithe
enumerare, áireamh
enunciatio, ráiteas
epichirema, eipicíréim
epicureus, Eipiciúrach
epicurismus, Eipiciúrachas
epiphenomenon, eipifeiniméan
epiphenomenismus, eipifeiniméanachas
epistemologia, eipistéimeolaíocht.
error, earráid
eruditus, homo, scoláire

esse, beith
essentia, eisint
essentialis, eisintiúil
ethica, eitic
ethicus, eiticiúil
ethnicus, ciníoch, eitneach
ethnographia, eitneagrafaíocht
ethnologia, eitneolaíocht
eudaemonismus, eodaemanachas
euthanasia, eotanáise
eutrapelia, soilbhreas
evadere, seachaint
evasivus, seachantach
eventus, tarlú
evidens, léir
evidens, non, neamhléir
evidentia, léire
evitare, seachaint
evolutio, éabhlóid, forás
evolutionismus, éabhlóideachas
evolutionista, éabhlóidí
evolvere, forás
exacta diligentia, beaichte
exactus, beacht
exaggeratus, áibhéileach
exceptio, eisceacht
excessivus, iomarcach
excessus, iomarca
excipere, eisceadh
excitatio, spreagadh
excludere, eisiamh
exclusivus, eislatach
excolere, saothrú
excultus, sibhialaithe
exemplar, cuspa, eiseamláir
exemplaris, eiseamlárach
exemplarismus, eiseamlárachas
exercere, cleachtadh
exercitare, cleachtadh
existentia, eiseadh
existentialis, eiseach
existentialismus, eiseachas
existentialista, eisí
existentialisticus, eisíoch
existere, eiseadh
expectatio, fanacht
expendere, caitheamh
experientia, eispéireas
experimentalis, turgnamhach
experimentialis, eispéireasach
experimentum, turgnamh
experiri, eispéiriú

explanare, míniú
explicare, míniú
explicatio, míniú
explicativus, mínitheach
exponere, léirmhíniú
exponibilis, inléirmhínitheach
expressio, léiriú
expressus, sainráite
exsequi, comhlíonadh, déanamh
extendere, fadú
extensio, sínteacht
exterior, seachtrach
exteriorisatio, seachtrú
exterioritas, seachtracht
externus, seachtrach
extravagans, míchuíosach
extraversio, eisdíritheacht
extrinsecus, eistreach
extremum, foirceann
extremus, foircneach

factum, fíoras
facultas, acmhainn
fallacia, falsán
falsitas, falsánach
falsus, falsa
familia, teaghlach
fanaticus, fanaiceach
fanatismus, fanaiceachas
fastigium, buaic
fatalismus, cinniúnachas
fatalista, cinniúnaí
fatum, cinniúint
felicitas, sonas
feminarum emancipatio, feimineachas
feminismus, feimineachas
feticismus, feitiseachas
fictio, ficsean
fideismus, fidéachas
fidelitas, dílseacht
fides, creideamh
fieri, teacht chun bheith
figura, cruth, fíor
finalis, cuspóireach
finalismus, cuspóireachas
finalitas, cuspóireacht
findere, scoilteadh
finire, críochnú
finis, cuspóir, deireadh
finitus, finideach
firmamentum, tacaíocht

fluctuans, malartach
focus, fócas
foedus, gránna
forma, cruth, fíoraíocht, foirm
formalis, foirmiúil
formativus, foirmitheach
formula, foirmle
formalismus, foirmiúlachas
fortitudo, foirtile
fraus, calaois
frequentatio, minicíocht
functio, feidhm
fundamentalis, bunúsach
fundamentum, bunús
futura, todhchaí
futura, res, todhchaíoch
futuribilis, intodhchaíoch
futuribilium, intodhchaíoch
futurismus, todhchaíochas

generalis, ginearálta
generalisare, ginearálú
generare, giniúint
generatim praedicare, ginearálú
generationismus, anamghiniúnachas
generativus, giniúnach
genericus, cineálach
genetica, gineolaíocht
geneticus, gineach
genium, ardéirim
genus, cineál
gerere, se, béasa, iompar
gestaltismus, geisteáltachas
gignere, giniúint
gloria, glóir
gnosis, gnóis
gnosticus, gnóisí
gradualis, céimseach
graduatus, céimnithe
graphismus, grafachas
graphologia, grafeolaíocht
gratuitus, aisceach
gravis, tromaí
gregarius, tréadúil
gubernare, rialú
gubernatio, rialtas

habitus, aibíd
haecceitas, áiritheacht
hallucinatio, bréagchéadfú

156

harmonia, armóin
hedonismus, héadónachas
hedonisticus, héadónaíoch
Hegelianus, Héigealaíoch
hereditarius, dúchasach
hereditas, dúchas
hermeneutica, heirméiniútaic
hermetismus, heirméatachas
heterogeneus, ilchineálach
heterosexualitas, heitrighnéasacht
heuristica, iúraistic
heuristicus, iúraisticiúil
hierarchia, flaitheas
historicitas, stairiúlacht
honestare, uaisliú
homicidium, dúnbhású
homicidium illicitum, dúnmharú
homogeneus, aonchineálach
homologus, hómolach
homosexualitas, hómaighnéasacht
honor, onóir
honorare, onórú
humanismus, daonnachas
humanus, daonna
humilitas, uirísle
hylemorphicus, híleamorfach
hylemorphismus, híleamorfachas
hylozoismus, híleasóchas
hypnosis, hipneois
hypnotismus, hipneoiseachas
hypostasis, hipeastáis
hypothesis, hipitéis
hypotheticus, hipitéiseach
hysteria, histéirc
hystericus, histéireach

idea, idé
ideale, idéal
idealis, idéalach
idealismus, idéalachas
idealista, idéalaí
idealisticus, idéalaíoch
idealitas, idéalacht
ideatio, idéú
idem, ionann
idem tempus, in i. t. incidere, comhtharlú
identicus, ionann
identificatio, ionannú
identitas, ionannas
ideogramma, idéagram
ideologia, idé-eolaíocht

ideologicalis, idé-eolaíoch
idiota, amaid
ignarus, aineolach
ignavia, meatacht
ignorantia, aineolas
illegalis, neamhdhleathach
illegitimus, neamhdhlistineach
illicitus, neamhcheadaithe
illimitatus, neamhtheoranta
illogicus, míloighciúil
illuminatio, soilsiú
illuminismus, soilsiúchas
illusio, seachmall
illustrare, uaisliú
imaginari, samhlú
imaginarius, íomháineach
imaginatio, íomháineacht
imago, íomhá
imitabilitas, inchóipeáilteacht
imitari, aithris
immanens, imeanach
immanentismus, imeanachas
immanentista, imeanaí
immanentisticus, imeanaíoch
immaterialis, neamhábhartha
immaterialismus, neamhábharachas
immaterialista, neamhábharaí
immaterialisticus, neamhábharaíoch
immaterialitas, neamhábharthacht
immediatio, neamh-mheánacht
immediatus, neamh-mheánach
immensitas, aibhseacht
immensurabilis, dothomhaiste
immobilis, dochorraithe
immoderatus, ainmheasartha
immoralis, mímhorálta
immoralismus, mímhoráltachas
immoralitas, mímhoráltacht
immortalis, neamhbhásmhar
immortalitas, neamhbhásmhaireacht
immutabilis, do-athraithe
impartialis, neamhchlaon
impartialitas, neamhchlaontacht
impassibilis, neamhfhulangach
impassivus, neamhfhulangach
impedimentum, constaic
impellere, tiomáint
impenetrabilis, dothreáite
imperare, ordú
imperativus, ordaitheach
imperceptibilis, do-airithe
imperfectio, neamhfhoirfeacht

imperfectus, neamhfhoirfe
impersonalis, neamhphearsanta
implere, comhlíonadh
implicare, impleachtú
implicatio, impleacht
implicitus, impleachtaithe
impossibilis, neamhfhéideartha
impotentia, éagumas
impraecisus, neamhbheacht
impressio, imprisean
impulsio, tiomáinteas
imputabilis, inleagtha
imputabilitas, inleagthacht
in se, ann féin
inadaequatus, neamhimleor
incapacitas, éagumas
incertitudo, neamhchinnteacht
incertus, neamhchinnte
incidere, in idem tempus, comhtharlú
inclinatio, claonadh
inclusio, ionclúideadh
incommensurabilis, do-chomhthomhaiste
incompatibilis, dochuibhrinn
incomplexus, neamhchoimpléascúil
incomprehensibilis, dothuigthe
inconclusivus, neamhconclúideach
incondicionatus, neamhchoinníollach
inconsciens, neamhchomhfhios, neamh-
  chomhfhiosach
inconsequens, neamhiarmartach
incorporealis, neamhchorpartha
indefinitus, éiginnte
independens, neamhspleách
independentia, neamhspleáchas
indestructibilis, doscriosta
indeterminatio, neamhchinntitheacht
indeterminatus, neamhchinntithe
indeterminismus, neamhchinnteachas
indeterminista, neamhchinntí
indeterministicus, neamhchinntíoch
indicare, taispeáint
indifferens, neamhshonraithe
indigentia, gá
indirectus, neamhdhíreach
indiscernibilis, do-idirdhealaithe
indispositus, neamhchóirithe
individualis, indibhid
individualismus, indibhidiúlachas
individualitas, indibhidiúlacht
individuatio, indibhidiú
indivisibilis, doroinnte
indivisus, neamhroinnte

inductio, ionduchtú
inductivus, ionduchtaitheach
iners, támhach
inertia, támhaí
inevitabilis, dosheachanta
inexactus, neamhbheacht
infallibilis, do-earráide
inferentia, infeireas
inferior, íochtarach
inferior, pars, íochtar
inferre, infeiriú
infinitus, infinideach
infirmus, lag
influentia, tionchar
informare, foirmiú
infrastructura, fofhoirgneamh
infundere, iondoirteadh
ingenium eximium, ardéirim
inhaerens, inghreamaithe
inhaerere, inghreamú
inhibere, cosc, urchoilleadh
inintelligibilis, dothuigthe
injuria, éigeart
injustitia, éigeartas
innata, qualitas, inbheirtheacht
innatitas, inbheirtheacht
innatitudo, inbheirtheacht
innatus, inbheirthe
innovatio, úrnuachaint
inorganicus, neamhorgánach
insania, gealtacht
insatiabilis, doshásaithe
inscius, aineolach
insensibilis, dochéadfaithe
inseparabilis, doscartha,
insolitus, neamhghnách
instinctivus, instinneach
iinstinctus, instinn
instrumentalis, ionstraimeach
insufficiens, neamhleor
integer, iomlán
integratio, iomlánú
integritas, iomláine
intellectio, intleachtú
intellectualis, intleachtúil
intellectualismus, intleachtúlachas
intellectus, intleacht, tuiscint
intelligere, tuiscint
intelligibilis, intuisceana
intemperantia, ainmheasarthacht
intemperatus, ainmheasartha
intendere, beartú

intensitas, dianas
intensus, dian
intentio, intinn
intentionalis, intinniúil
intentionalitas, intinniúlacht
interactio, imghníomhú
interattractio, imtharraingt
interdependentia, imspleáchas
interesse, spéis
intermedius, idirmheánach
internus, inmheánach
interponere, se, idirghabháil
interstitium, bearna
interpretare, idirmhíniú
intervallum, idirlinn
intimus, dlúth
intra aspicere, inbhreathnú
intrinsecus, intreach
introspectio, inbreathnú
introspectivus, inbreathnaitheach
introversio, indíritheacht
introversus, indírithe
intuitio, imfhios
intuitionismus, imfhiosachas
intuitivus, imfhiosach
invalidus, neamhbhailí
invenire, airgeadh, fionnadh
inventum, airg
inversum, inbhéarta
inversus, inbhéartaithe
invertere, inbhéartú
investigatio, taighde
involucro circumdare, imchlúdach
involutio, ionbhlóid
involuntarius, neamhthoiliúil
involvere, imchlúdach
irascibilis, íorach
ironia, íoróin
ironicus, íorónta
irrationabilis, míréasúnta
irrationalis, neamhréasúnach
irrefutabilis, dobhréagnaithe
irregularitas, aimhrialtacht
irreligiosus, díreilgiúnach
isonomia, iosanóimeacht
isotropicus, iosatróipeach

jubere, ordú
judicium, breithiúnas
juridicus, dlíthiúil
jurisdictio, dlínse

jurisprudentia, dlí-eolaíocht
jus, ceart
jusjurandum, mionn
jussum, ordú
justitia, ceartas
justus, ceart

laetitia, lúcháir
latens, folaigh
latitudo, leithead
latus, leathan
laxismus, scaoilteachas
laxus, scaoilte
legalis, dlíthiúil
legalitas, dlíthiúlacht
leges dare, reachtú
legitimus, dlisteanach
legitimus, non, neamhdhlistineach
lemma, leama
lex, dlí
liber, saor
liberalis, liobrálach
liberalismus, liobrálachas
liberalista, liobrálaí
liberi, clann
libertas, saoirse
liberum arbitrium, saorthoil
limen, tairseach
limes, teorainn
liminalis, tairseachúil
limitare, teorannú
limitativus, teorannaitheach
limitatus, teoranta
linguistica, teangeolaíocht
localis, áitiúil
localisare, aimsiú láithreach
locomotio, gluaiseacht
locus, áit
logica, loighic
logicalis, loighciúil
logicismus, loighceas
logistica, loighistic
logomachia, briatharchath
longius facere, fadú
ludere, súgradh

magnanimitas, móraigeantacht
magnitudo, méad
maieutica, maighiútaic
major, mórleagan

159

major, terminus, mórthéarma

malitia, mailís, olcas

malus, olc

malum, olc

mandatum, ordú, sainordú

manere, fanacht

mania, máine

Manichaeismus, Mainicéasaíocht

manifestus, follasach

Manismus, Mánachas

mansuetudo, ceansacht

Marxismus, Marxachas

Marxista, Marxaí

Marxisticus, Marxaíoch

masochismus, masacas

massa, mais

materia, ábhar

materialis, ábhartha

materialismus, ábharachas

materialista, ábharaí

materialisticus, ábharaíoch

materialitas, ábharthacht

maximum, uasmhéad

mechanica, meicnic

mechanicus, meicniúil

mechanismus, meicneachas

mechanismus, meicneachas, meicníocht

mechanista, meicní

mechanisticus, meicníoch.

mediaevalis, meánaoiseach

mediatus, meánach

medicina, míochaine

medii aevi, meánaoiseach

mediocritas, lagmheasarthacht

medium, meán

medius, meánach

megalomania, meigleamáine

melancholia, lionn dubh

meliorismus, fearrachas

meminisse, cuimhneamh

memoria, cuimhne

memoria retinendi, facultas, coinneálacht

mens, intinn

mensura, tomhas

mensurabilis, intomhaiste

mentalis, intinne

mentalitas, aigne

mentis habitus, aigne

merces, pá

meritum, luaíocht

metabolismus, só

metalogicus, meitealoighciúil

metaphora, meafar

metaphoricus, meafarach

metaphysica, meitifisic

metaphysicus, meitifisicí, meitifisiciúil

metapsychicus, meitisíceach

metempiricus, meiteimpíreach

metempsychosis, athchollúchas

methodicus, rianúil

methodologia, modh-eolaíocht

methodus, modh

metiri, tomhas

millenarianismus, rémhíleachas

mimetismus, aithriseachas

minimum, íosmhéad

minor, mionaoiseach, mionleagan

minor, terminus, miontéarma

miscere, meascadh

misericordia, trócaire, trua

mitigare, maolú

mixtus, measctha

mobile, inchorraitheach, siocair

mobilis, corraitheach

mobilis, res, inchorraitheach

modalis, módúil

modalitas, módúlacht

moderare, rialú

moderatus, measartha

modernismus, nua-aoiseachas

modernista, nua-aoisí

modernisticus, nua-aoisíoch

modernus, nua-aoiseach

modestia, modhúlacht

modestus, modhúil

modificare, modhnú

modificativus, modhnaitheach

modus, mód

molecula, móilín

molecularis, móilíneach

Molinismus, móilíneachas

Molinista, Móilíní

Molinisticus, Móilíníoch

momentaneus, móimintiúil

momentarius, móimintiúil

monadismus, monadachas

monad, monad

monadista, monadaí

monadisticus, monadaíoch

monarchia, monarcacht

monarchismus, monarcachas

monismus, monasaíocht

monista, monasaí

monisticus, monasaíoch

monogamia, monagamas
monoideismus, aonidéachas
monomania, monamáine
monopolium, monaplacht
monotheismus, aondiachas
monotheisticus, aondiachúil
monstrare, taispeáint
moralis, morálta
moralismus, moráltachas
moralista, morálaí
moralitas, moráltacht
morbidus, galrach
morbificus, galarghinteach
morbus, aimhriar
mores, béascna
morphologia, deilbheolaíocht
mortalitas, básmhaireacht, mortlaíocht
mortifer, marfach
mortifer, non, neamh-mharfach
mos, nós
motio, corraí
motivum, ceannnfháth
motor, corraitheoir
multilocatio, ilionadú
multiplex, iolra
multiplicare, iolrú
multiplicitas, iolracht
multipraesentia, ioláithreacht
multitudo, slua
mundus, domhan
muscularis, matánach
musculus, matán
mutare, athrú
mutilare, ciorrú
mutualis, ceachtartha
mysteriosus, mistéireach
mysterium, mistéir
mystica, mistic
mysticismus, misteachas
mysticus, misteach, mistiúil
mythicus, miotasach
mythologia, miotaseolaíocht
mythomania, miotamáine
mythus, miotas
narcissismus, naircisíocht
natio, náisiún
nationalis, náisiúnach, náisiúnta
nationalismus, náisiúnachas
nationalista, náisiúnaí
nationalisticus, náisiúnaíoch
nationalitas, náisiúnacht, náisiúntacht
nationis, membrum, náisiúnach

nativismus, inbheirtheachas
natura, nádúr
naturalis, nádúrtha
naturalismus, nádúrachas
naturalista, nádúraí
naturalisticus, nádúraíoch
naturismus, dúlrachas
necessarius, riachtanach
necessitas, riachtanas
necromantia, marbhdhraíocht
negare, séanadh
negatio, séanadh
negativus, diúltach, séantach
Neo-Platonismus, Nua-Phlatónachas
neovitalismus, nuabheathúlachas
nervus, néaróg
nescius, neamhbhraiteach
neuralis, néarógach
neurasthenia, néarastaene
neurologia, néareolaíocht
neuromuscularis, néarmhatanách
neuron, néaróin
neurosis, néaróis
neuroticus, néaróiseach
neutralis, neodrach
nex, dúnmharú
nexus, ceangal, nasc
nihil, neamhní
nihilismus, nihileachas
nihilista, nihilí
nihilisticus, nihilíoch
nihilum redigere, ad, neamhniú
nimium, iomarca
nimius, iomarcach
nirvana, nirbheána
nobilitare, uaisliú
nominalis, ainmniúil
nominalismus, ainmneachas
non-ens, neamhbheith
norma, caighdéan, norm
normalis, normálta
normalitas, normáltacht
normativus, normatach
nota, nóta
notio, nóisean
notionalis, nóiseanúil
noumenalis, núiméanúil
noumenon, núiméan
nucleus, eithne
numerabilis, ináirimh
numericus, uimheartha
nutrire, cothú

161

obedientia, umhlaíocht
objectio, agóid
objectivitas, oibíochtúlacht
objectivatio, oibíochtú
objectivus, oibíochtúil
objectum, oibíocht
obligatio, oibleagáid
obligatorius, oibleagáidiúil
oblivisci, dearmad
obscurantismus, doiléireachas
obscurus, doiléir
observare, breathnú
obsessio, iomshuí
obstaculum, constaic
obvertere, oibhéartú
occasio, ócáid
occasionalis, ócáideach
occasionalismus, ócáideachas
occasionalista, ócáidí
occasionalisticus, ócáidíoch
occultismus, diamhrachas
occultus, diamhair
occupatio, céadghabháil
officium, dualgas
olfactivus, boltanach
omissio, faillí
omittere, failliú
omnipotens, uilechumhachtach
omnipotentia, uilechumhacht
omnipraesens, uileláithreach
omnipraesentia, uileláithreacht
omnisciens, uilefhiosach
omniscientia, uilefhios
onanismus, onánachas
oniricus, brionglóideach
ontogenesis, ontaighiniúint
ontologia, onteolaíocht
ontologicus, onteolaíoch
ontologismus, onteolaíochas
ontologista, onteolaí
operari, oibriú
operatio, obráid
operativus, oibritheach
operis acceptor, fostaí
operis dator, fostóir
opifex, fostaí
opinari, barúiliú
opinio, barúil
opportunitas, caoi
oppositio, freasúra
optimismus, soirbheachas
optimista, soirbhí

optio, rogha
ordinare, ordú
ordinatus, ordúil
ordine, status sine, mí-ordú
ordo, ceast, ord.
organicismus, orgánachas
organicus, orgánach
organisare, eagrú
organisatio, eagraíocht
organismus, orgánacht
organum, orgán
orientatio, treoshuíomh
originalis, bunúil
orthogenesis, ortaighiniúint
otium, fóillíocht

pacatus, síochánta
pacificus, síochánta
pacifismus, síocháineachas
pacifista, síocháiní
pacifisticus, síocháiníoch
paedagogia, oideolaíocht
paedagogicus, oideolaíoch
paedologia, péideolaíocht
palaeographia, palaegrafaíocht
palingenesis, pailinghiniúint
palaeontologia, palae-onteolaíocht
pancalismus, panchalanachas
panentheismus, panindiachas
panlogismus, panloighceas
panspermia, panspeirmeachas
pantheismus, pandiachas
par, péire
parabulia, parabúile
paradoxon, paradacsa
paraesthesia, paraestéise
parallelismus, pairailéalacht
parallelus, pairailéalach
paralogismus, claonloighic
parameter, paraiméadar
paramnesia, paraimnéise
paranoia, paranáia
paranoicus, paranáioch
paresis, pairéis
parlementarismus, parlaiminteachas
pars, páirt
partialis, páirteach
participabilis, inrannpháirtithe
participans, rannpháirteach
participare, rannpháirtiú
participatio, rannpháirtiúlacht
particularis, pairticleártha

162

parvi pretii, saor
passio, paisean
passivitas, fulangacht
passivus, fulangach
patefacere, nochtadh
pathologia, paiteolaíocht
pathologicus, paiteolaíoch
pati, fulaingt
patiens, fulangaí
pax, síocháin
peccatum, peaca
penetrare, treá
pensare, smaoineamh
perceptio, aireachtáil
perceptionismus, aireachtálachas
perfectibilis, infhoirfe
perfectio, foirfeacht
perfectus, foirfe
perficere, déanamh, foirbhiú
periodicitas, tréimhsiúlacht
periodicus, tréimhsiúil
periodus, tréimhse
peripateticus, peiripitéatach
perlucidus, trédhearcach
permanens, buan
permanenter, buaine
permittere, ceadú
perpetuitas, buaine
perpetuus, buan
perplexus, aimhréidh
persona, pearsa
persona una solaque, aonarán
personalis, pearsanta
personalismus, pearsantachas
personalista, pearsantaí
personalisticus, pearsantaíoch
personalitas, pearsantacht
personam alicuius gerere, pearsanú
personificare, pearsantú
perspectivismus, peirspictíochas
persuadere, áiteamh
persuasio, áitiús
perversio, saobhadh
petitio principii, réamhghlacadh réitigh
phantasia, fantaiseacht
phantasma, fantaise
phenomenismus, feiniméanachas
phenomenista, feiniméanaí
phenomenisticus, feiniméanaíoch
phenomenologia, feiniméaneolaíocht
phenomenon, feiniméan
philanthropia, daonchairdeas

philanthropicus, daonchairdiúil
philosophia, fealsúnacht
philosophicus, fealsúnach
philosophus, fealsamh
phlegmaticus, fleigmeatach
phobia, fóibe
phrenesis, mire
phrenologia, freineolaíocht
physica, fisic
physicus, fisicí
physiognomia, gné-eolaíocht
physiologia, fiseolaíocht
plasticus, somhúnlaithe
pluralis, iolra
pluralismus, iolrachas
pluralista, iolraí
pluralisticus, iolraíoch
pluralitas, iolracht
plurivocitas, ilchiallacht
plurivocus, ilchiallach
plutocratia, plútacrátas
poenalis, peannaideach
poenitentia, aithreachas
polemicus, conspóideach
politica, polaiteolaíocht
politicus, polaitiúil
pollutio, truailliú
polyander, polandrach
polyandria, polandras
polygamia, polagamas
polygamus, polagamach
polygenismus, ilghineachas
polytechnicus, ilcheardach
polytheismus, ildiachas
polytheista, ildiachaí
polytheisticus, ildiachúil
ponere, leagan síos
positio, suíomh
positivismus, posaitíbheachas
positivista, posaitíbhí
positivisticus, posaitíbhíoch
positivus, deimhneach, posaitíbheach
possessio, seilbh
possibile, féideartha●h
possibilis, féideartha
possibilitas, féideartheacht
possidere, sealbhú
postnuptialis, iarphósta
postulatum, fo-shuíomh
potentia, tualang
potentialis, tualangach
potentialitas, tualangacht

163

potestas, cumhacht
practicabilis, indéanta
practicus, praiticiúil
praeceptum, aithne
praeeminens, oirirc
praeconscientia, réamhchomhfhios
praedestinatio, réamhordú
praedeterminare, réamhchinntiú
praedicabile, inphreideacháideach
praedicabilis, inphreideacháide
praedicare, preideacháideadh
praedicativus, preideacháideach
praedicatum, preideacháid
praeformatio, réamhfhoirmiú
praejudicium, réamhchlaonadh
praemissa, réamhleagan
praemittere, réamhleagan
praemotio physica, réamhchorraí fisiciúil
praescientia, réamhfhios
praescindere, saineisceadh
praesens, láithreach
praesentatio, láithriú
praesentia, láithreacht
praesidium, tacaíocht
praestabilitus, réamhbhunaithe
praesumere, toimhdiú
praesumptio, toimhde
praeternaturalis, eisnádúrtha
pragmatismus, pragmatachas
pragmatista, pragmataí
pretii parvi, saor
pretium, praghas
primarius, príomhúil
primatus, príomhaíocht
primus, príomhúil
principalis, príomh-, príomha
principium, prionsabal
prioritas, tosaíocht
privatio, easnamh
probabiliorismus, níosdóchúlachas
probabilis, dóchúil
probabilismus, dóchúlachas
probabilitas, dóchúlacht
probare, aithint, cruthú, fíorú
probatio, triail
problema, fadhb
probus, ionraic
processio, toscú
processus, próiseas
producere, fadú, táirgeadh
productio massalis, olltáirgeadh
productio secundum massam, olltáirgeadh

profundus, domhain
progenitus, sliochtach
progredi, forchéimniú
progressivus, forchéimnitheach
projectio, teilgean
proletarii, prólatáireacht
proletarius, prólatáireach
promiscuitas, ilchumasc
promulgare, fógairt
propaedeutica, réamheolaíocht
proportio, comhréir
propositio, tairiscint
propositionalis, tairiscintiúil
proprietarius, dílseánach
proprietas, maoin
proprium, díl
proprius, dílis
prosperitas, rathúnachas
prostitutio, striapachas
prosyllogismus, oirshiollóg
protanopia, prótanóipe
protasis, céardbheart
providentia, orchill
prudentia, críonnacht
psittacismus, pioróideachas
psychiater, síciatraí
psychiatria, síciatracht
psychicus, síceach
psychismus, síceacht
psychobiologia, sícibitheolaíocht
psychodynamica, sícidinimic
psychogenesis, síciginiúint
psychogeneticus, sícigineach
psychologia, síceolaíocht
psychologicus, síceolaíoch
psychologista, síceolaí
psychometria, síciméadracht
psychomotor, síceamótrach
psychoneurosis, sícinéaróis
psychopathia, síceapatacht
psychopathicus, síceapatach
psychopathologia, síceapateolaíocht
psychophysica, sícifisic
psychophysicus, sícifisiciúil
psychophysiologia, sícifiseolaíocht
psychophysiologicus, sícifiseolaíoch
psychosis, síceois
psychotechnica, síciteicnic
psychotechnologia, síciteicneolaíocht
psychotherapia, síciteiripe
pudicus, modhúil
pulchrum, áilleacht

punctum, pointe
punire, pionósú
punitio, pionós
punitivus, pionósach
purus, glan
pygmaeus, pigmí
pyromania, pioramáine
pyrrhonismus, piorróineachas
qualificare, cáiliú
qualificativus, cáilitheach
qualitas, cáilíocht
qualitativus, cáilíochtúil
quantificare, cainníochtú
quantitas, cainníocht
quantitativus, cainníochtúil
quidditas, céardas
quietismus, suaimhneachas
quietista, suaimhní

racialista, ciníochaí
racismus, ciníochas
racista, ciníochaí
radicalis, fréamhach
radix, fréamh
ratio, réasún, polasaí
ratiocinare, réasúnadh
ratiocinatio, réasúnadh
rationabilis, réasúnta
rationabilitas, réasúntacht
rationalis, réasúnach
rationalismus, réasúnachas
rationalista, réasúnaí
rationalisticus, réasúnaíoch
rationalitas, réasúnacht
reactio, frithghníomh
reactionarius, frithghníomhaí, frith-
     ghníomhach, aid.
realis, réalta
realismus, réalachas
realista, réalaí
realisticus, réalaíoch
realitas, réaltacht
receptivitas, gabhálacht
receptivus, gabhálach
recipere, glacadh
recipere, se, cúlú
reciprocus, ceachtartha
recognoscere, aithint
recordatio, athchuimhne
rectificare, ceartú
rectitudo, ionracas

rectus, ionraic
recurrentia, atarlú
recusare, diúltú
redintegratio, athiomlánú
reducere, réaduchtú
reductio, réaduchtú
reduplicativus, athdhúbaltach
referendum, reifreann
reflectere, athfhéachaint
reflexa, actio, frithluail
reflexio, athfhéachaint
reflexus, frithluail
refutare, bréagnú
regeneratio, athghiniúint
regnum, réimeas
regressivus, aischéimnitheach
regressus, aischéimniú
regula, caighdeán, riail
regularis, rialta
regularitas, rialtacht
rei publicae, disciplina, polaitíocht
reificare, réadú
reincarnatio, athchollúchas
rejicere, diúltú
relata inter se, non, neamhghaolmhar
relatio, coibhneas
relativismus, coibhneasaíocht
relativista, coibhneasaí
relativisticus, coibhneasaíoch
relativitas, coibhneasacht
relativus, coibhneasta
religio, roiligiún
religiosus, reiligiúnach
reminiscentia, athchuimhne
remotus, cian-, cianda
repetere, athdhéanamh, athrá
repraesentatio, athláithriú, ionadaíocht
representativus, athláithritheach
reproductio, athghiniúint
repugnatio, aimhréireach
res, rud
res una solaque, aonarán
residuum, farasbarr, fuílleach
resolvere, díscaoileadh
responsabilis, freagrach
responsabilis, non, neamhfhreagrach
responsabilitas, freagracht
responsum, freagra
restrictio, srianadh
restringere, srianadh
retegere, nochtadh
retinere, fionraí

retorquere, aisfhreagairt
retorsio, aisfhreagairt
retroactivus, aisghníomhach
retroagere, aisghníomhú
retrogressus, aischéimniú
retrospectivus, aisbhreathnaitheach
revelare, foilsiú
revelatio, foilsiú
reverentia, ómós
reversibilis, inaisiompaithe
reviviscentia, athbheochan
rhythmus, rithim
rhythmicus, rithimeach
rigorismus, dochtachas
risibilis, gáireachtach
romanticismus, rómánsachas

sadismus, sádachas
saecularis, saolta
saecularismus, saoltachas
saecularista, saoltaí
saecularisticus, saoltaíoch
salarium, tuarastal
saltus, léim
sanctio, smachtbhanna
sanctus, naofa
sapiens, eagnaí
sapientia, eagnaíocht
satisfacere, sásamh
satisfactio, leorghníomh, sásamh
scala, scála
scepticus, sceipteach, sceiptiúil
scepticismus, sceipteachas
schema, scéim, scéimre
schematismus, scéimreachas
schizoidia, scitsíde
schizoidicus, scitsídeach
schizophrenia, scitsifréine
schizophrenicus, scitsifréineach
schola, scoil
scholasticismus, scolaíochas
scholasticus, scolaí, scolaíoch, *aid.*
scholion, scoileán
scholium, scoileán
scientia, eolaíocht
scientificus, eolaí. eolaíoch, *aid.*
scientismus, eolaíochas
scopus, réimse
Scotismus, Scótachas
Scotisticus, Scótaí, Scótaíoch, *aid.*
scrupulus, scrupall

se, in, ann féin
secta, seict
sectarismus, seicteachas
secundarius, tánaisteach
sedes, suí
segregare. leithlisiú
segregatio, leithlisiú
sensatio, céadfú
sensibilis, inchéadfaithe
sensitivus, céadfaíoch
sensorium, céadfaire
sensualismus, céadfaíochas
sensus, céadfa, ciall
sentimentalis, seintimintiúil
sentimentalismus, maoithneachas
sentire, céadfú
separare, scaradh
series, sraith
serius, tromaí
serus, déanach
servare, se, féinchaomhnú
servus, sclábhaí, seirfeach
significare, ciallú, comharthú
significatio, ciall
signum, comhartha
similitudo, cosúlacht
simplex, saonta, simplí
simplicitas, simplíocht
simplismus, simpleachas
simultaneus, comhuaineach
sincerus, fíreata
singularis, aonarach, uatha
singularitas, aonaracht
situs, suíomh
soberanitas, ceannasach
socialis, sóisialta
socialismus, sóisialachas
socialista, sóisialaí
socialisticus, sóisialaíoch
socialitas, sóisialtacht
societas, sochaí
sociologia, socheolaíocht
sociologismus, socheolaíochas
solidarismus, dlúthpháirtíochas
solidaritas, dlúthpháirtíocht
solipsismus, sóilipseachas
solutio, réiteach
somaesthesia, sómaestéise
somaticus, coirp
somnambulismus, suansiúlachas
sophista, sofaist
sophismus, sofaisteachas

sophisticus, sofaisteach
sorites, soraíd
spatialis, spásúil
spatium, spás
specialis, speisialta
specie, dealramhach, creatúil
species, gné
species, perfectissima, idéal
specificare, sainiú
specificitas, gnéitheacht
specificus, gnéitheach
speciosus, creatúil
speculare, spéacláiriú
speculativus, spéacláireach
spiritismus, spioradachas
spiritista, spioradaí
spiritisticus, spioradaíoch
spiritualis, spioradálta
spiritualismus, spioradáltachas
spiritualista, spioradáltaí
spiritualisticus, spioradáltaíoch
spiritualitas, spioradáltacht
spontaneitas, spontáineacht
spontaneus, spontáineach
stabilis, seasmhach
stabilitas, seasmhacht
statica, stataic
staticus, statach
statismus, státachas
statistica, staitistic
statuere, beartú
status, céimiúlacht, staid, stát
status mentis, seasamh
sterilitas, aimrideacht
sterilizare, aimridiú
stimulatio, spreagadh
stimulus, spreagthach
stirps, cine
stoicismus, stóchas
stoicus, stóch, stóchúil
strictus, beacht
structura, foirgneamh
studiosior, alterius partis s., leathfhabh-
    rach
subauditurus, intuigthe
subconscientia, fochomhfhios
subcontraria, fochontráir
subjectivismus, suibíochtachas
subjectivista, suibíochtaí
subjectivitas, suibíochtúlacht
subjectivus, suibíochtúil
subjectum, suibíocht

sublimare, uasadh
subliminalis, fothairseachúil
sublimis, oirirc
subordinare, fo-ordú
subordinatus, fo-ordaithe, íochtaránach
subsequens, iardteachtach
subsistens, substaineach
subsistere, substaineadh
substantia, substaint
substantialis, substaintiúil
substantialismus, substainteachas
substantialitas, substaintiúlacht
substitutus, ionadaí
substratum, foshraith
subsumere, fo-ghlacadh
subtilis, caolchúiseach
subtilis, parum, neamhbheacht
sufficiens, leor
suggestibilitas, so-inmheabhraíocht
suggestio, inmheabhrú
sui amator, féinspéisí
suicidium, féinmharú
summum, buaic
superare, sárú
superbia, uabhar
superdeterminatio, oschinntiú
superficialis, dromchlach
superficies, dromchla
superhomo, osduine
superior, uachtarach
superior, pars, uachtar
supernaturalis, ósnádúrtha
superordinatus, osordaithe
supponere, glacadh
suppositio, glacan
suppositum, supasaít
supraliminalis, ostairseachúil
suprarealismus, osréalachas
suprasensibilis, oschéadfaíoch
surrealismus, osréalachas
suspicio, amhras
sustentare, cothú
sustinere, cothú
syllogismus, siollóg
symbiosis, simbeois
symbolicus, siombalach
symbolismus, siombalachas
symbolista, siombalaí
symbolum, siombal
symmetria, siméadracht
symmetricus, siméadrach
sympathia, comhbhraiteacht

167

synaesthesia, sinaestéise
syncategorematicus, sincatagairéamach, focal
syncretismus, sincréatachas
syncretista, sincréataí
syncretisticus, sincréataíoch
synderesis, sindréis
syndicalismus, siondacáiteachas
synergia, sineirgíocht
synthesis, sintéis
syntheticus, sintéiseach
synthetisare, sintéisiú
systema, córas
systematicus, córasach

tactus, tadhall
tangibilis, intadhaill
tangibilitas, intadhaille
tardus, déanach
tautologia, athluaiteachas
technicus, teicniúil
technologia, teicneolaíocht
teleologia, cuspóireacht
temperamentum, meon
temperantia, measarthacht
temperatus, measartha
temporalis, teamparálta
temporarius, sealadach
tempus, am
tempus, in idem t. incidere, comhthailú
tempus vacuum, fóillíocht
tenacitas, coinneálacht
tensio, teannas
tensus, teann
tentatio, cathú
tergiversans, seachantach
terminare, críochnú
terminologia, téarmaíocht
terminus, téarma
terminus, tearmann, teorainn
tertiarius, treasach
testimonium, fianaise
theismus, diachas
theista, diachaí
theisticus, diachúil
thema, téama
theocratia, dialathas
theodicaea, diagacht nádúrtha
theologia, diagacht
theologicus, diagach
theologus, diagaire

theoreticus, teoiriciúil
theoria, teoiric
theosophia, diasúnacht
theosophicus, diasamh
therapeuticus, teiripeach
thesis, téis
theticus, téiseach
Thomismus, Tómachas
Thomisticus, Tómaíoch
titulus, teideal
tolerantia, caoinfhulaingt
totalitarianismus, ollsmáchtachas
totalitarius, ollsmachtach
totalitas, iomláine
totum, iomlán
totus, iomlán
traditio, traidisiún
traditionalis, traidisiúnta
traditionalismus, traidisiúnachas
traditionalista, traidisiúnaí
traditionalisticus, tradisiúnaíoch
traducianismus, anamshíolrachas
trahens, ad se, tarraingteach
transcendentalis, tarchéimnitheach
transcendentalismus, tarchéimnitheachas
transcendentia, tarchéimnitheacht
transcendere, tarchéimniú
transformatio, tarfhoirmiú
transformismus, tarfhoirmeachas
transferre, aistriú
transitivus, aistreach
transitivitas, aistreacht
translatio, aistriú
translucidus, trédhearcach
translucidus, non, teimhneach
trichotomia, tréscaradh
tropismus, trópachas
turbatio, aimhriar
tutiorismus, sábháilteachas
tutus, sábháilte

ubietas, ionadas
ultimus, deireanach
una incidere, comhtharlú
una solaque, res, aonarán
unicitas, uathúlacht
unicus, uathúil
uniformis, aonfhoirmeach
uniformitas, aonfhoirmeacht
unio, aontas
unire, aontú

unitas, aonad, aontacht
unitus, aontaithe
universalis, uilíoch
universalisatio, uiliú
universalismus, uilíochas
universalista, uilíochaí
universalisticus, uilíochúil
universalitas, uilíocht
universum, uilebhith
univocitas, aonchiallacht
univocus, aonchiallach
unum, aon
unus, aonta
urbanitas, soilbhreas
usualis, gnách
usus, úsáid
utilis, fóntach
utilitarismus, fóntachas
utilitarista, fóntaí
utilitaristicus, fóntaíoch
Utopia, Útóipe

vacuista, folúsaí
vacuum, folús
validitas, bailíocht
validus, bailí
valor, fiúntas
variabilitas, inathraitheacht
vegetabilis, plandúil
velle, toiliú
velleitas, meatoiliú
veracitas, fírinneacht
verbalis, béil, briathartha

verificatio, promhadh
veritas, fírinne
verus, fíor
vibratio, tonnchritn
vilis, saor
violare, sárú
violentia, foréigean
violentus, foréigneach
virtualis, firtiúil
virtus, brí, suáilce
vis, brí, fórsa
visio, radharc
visualis, radharcach
vita, beatha
vitalis, beathúil, beoga
vitalismus, beathúlachas
vitalitas, beogacht
vitiosus, duáilceach
vitium, duáilce, éalang, locht
vividus, beoga
vivus, beo
volitio, toiliú
voluntarius, deonach, toiliúil
voluntarismus, toileachas
voluntarista, toilí
voluntaristicus, toilíoch
voluntas, toil
voluntas, bona, dea-thoil
voluptas, pléisiúr
votum, móid
vulgus, slua

zoologia, míoleolaíocht
zoologicus, míoleolaíoch

Nihil Obstat   :   Cathaldus Ó Gibealláin, O.F.M., *Censor Deputatus.*

Imprimi Potest :   Hubertus Quinn, O.F.M., *Minister Provincialis.*

Nihil Obstat   :   Fergus Ó hUiginn, *Censor Theologiae Deputatus.*

Imprimi Potest :   ✠ Joannes Carolus, *Archiepiscopus Dublinensis,*
                         Hiberniae Primas.

Dublini, die 13a Septembris, anno 1958